黄道婆

郁龙余 著

人民出版社

责任编辑:宫 共
封面设计:源 源

图书在版编目(CIP)数据

黄道婆/郁龙余 著. —北京:人民出版社,2022.9
ISBN 978-7-01-024863-9

Ⅰ.①黄… Ⅱ.①郁… Ⅲ.①黄道婆(约1245-?)-生平事迹
Ⅳ.①K826.16

中国版本图书馆 CIP 数据核字(2022)第 115427 号

黄道婆
HUANGDAOPO

郁龙余 著

人民出版社 出版发行
(100706 北京市东城区隆福寺街 99 号)

北京汇林印务有限公司印刷 新华书店经销

2022 年 9 月第 1 版 2022 年 9 月北京第 1 次印刷
开本:710 毫米×1000 毫米 1/16 印张:27.75 字数:444 千字 插页:4

ISBN 978-7-01-024863-9 定价:75.00 元

邮购地址 100706 北京市东城区隆福寺街 99 号
人民东方图书销售中心 电话 (010)65250042 65289539

作 者 简 介

郁龙余 教授，1946年生，上海人，国际著名印度学家。现任深圳大学印度研究中心主任，北京大学东方文学研究中心（教育部重点研究基地）学术委员、研究员，国际儒学联合会顾问，《深圳社会科学》学术顾问，曾任深圳大学中文系主任、首任文学院长，中国中外关系史学会副会长，中国外国文学学会印度文学研究分会会长。2016年12月1日获印度总统慕克吉颁授"杰出印度学家奖"。研究方向为印度文学、中印文学比较、中印文化关系、中国印度学、印度汉学（中国学）。出版《梵典与华章：印度作家与中国文化》《中国印度诗学比较》《中外文学交流史·中国—印度卷》《季羡林评传》《中国外国文学研究的学术历程·印度文学研究的学术历程》《"一带一路"开创人类文明新纪元——兼论中国印度的历史担当》等专著及编著30部，2000年执行主编《中国当代散文八大家》（海天出版社），2011年主编《泰戈尔作品鉴赏辞典》（上海辞书出版社），在《人民日报》《北京大学学报》《复旦大学学报》《文史哲》《中国社会科学报》《外国文学研究》《中国比较文学》《新华文摘》等报刊发表或转载论文百余篇，翻译印地语文学作品35万字。承担国家及省部级项目7项，其中3项研究成果曾获教育部第四届、第八届中国高校人文社会科学研究优秀成果二等奖、三等奖、一等奖。

刘群教授读《黄道婆》

黄道婆画像（黄菊天创作）

勤劳、勇敢、善良、智慧，是中国劳动人民的本色。七百年前从劳动人民中涌现出来的黄道婆，就是这样一位著名的历史人物。她的事迹与懿德，堪称国之豪英民之楷模，其善于总结实践经验、勇于技术创新的精神，更是千古垂范。郁龙余教授积五十年之功力，旁搜博征，妙笔成趣，写就了一部反映黄道婆生平与业绩的长篇历史小说，使这位创业于宋末元初的巾帼巨子重显于当今民族复兴的新时代，其心志与才情诚可钦矣！

滕文生

2022年6月13日

（原中共中央文献研究室主任，现国际儒学联合会荣誉会长、中国政策科学研究会会长）

勤劳勇敢善良智慧是中
国劳动人民的本色七百
年前从劳动人民中涌现
出来的黄道婆就是这样
一位著名历史人物她的

予画与题遍博得国之家

善民之楷模至善而扬

结实试经验勇于技术创

新的精神更是千古垂范

郁钫余友授绩五十年之

（2）

功力亨搜博征妙笔辈出

咏寄然了一部反映黄

道盎生平与苗族渊长

满历史小说女这位知

荒於宋末元初而巾帼

孔子童蒙求我古之民也
攷真而知时代其心志
与士情味可歆羡

滕文生

目　录

序

中华民族经历五千年风雨，自强不息，励精图治，在神州大地上建成了举世瞩目的多民族命运共同体。2020年这场人类史上最凶险的新冠肺炎疫情，极大地考验着世界上所有的国家与民族。在中国共产党领导下，在全国人民的努力下，不仅使疫情得到了有效控制，还为他国抗疫作出了人道主义的贡献。

中国人的这种优秀素质，是在漫长的历史长河中，向恶劣的生存环境进行艰苦卓绝的斗争过程中，不断积累养成的。其中士、农、工、商——中华民族的主体，所作的贡献最大。《春秋公羊传》说："古者有四民，一曰德能居位曰士，二曰辟土殖谷曰农，三曰巧心劳手以成器物曰工，四曰通财鬻货曰商。四民不相兼，然后财用足。"《管子》称："士农工商四民者，国之石民也。"即士农工商是国家的柱石。也有说这个"石民"是"正民"，区别于"闲民"。所以，《说苑》有"四民均，则王道兴而百姓宁"之句。

纵观中国历史，四民分工不同，一直有着"勿使杂处"的规矩。

按照四民分工，士人的职责在于书写记录历史，总结经验，观念引领和文化传承。农人、工人是劳动的主体，其社会贡献是基础性、决定性的。劳动创造财富，不仅是物质财富，同时包括精神财富。劳动创造人这个论断，正是从这个意义上说的。商人的价值在于流通，在于活跃经济。

中国的四民论，比英国亚当·斯密的分工理论早了两千年，和印度的四种姓判然有别。在四民论的观照下，中国人一直倡导耕读持家，重农轻商，创造了世界上最伟大、最丰富多彩的农业文明。和西方轻农重商，走上海盗经济、殖民主义道路迥然不同。

进入近代，中国遭受西方列强霸凌，成了半殖民地半封建国家。这本是少数民族政权封建帝制走到末路与西方殖民主义的双暴（暴利、暴力）本性相遇产生叠加效应所致，却被中外一些人恶意攻击，将脏水泼向中国文化，诬称是由中国文化落后所致。

1949 年，毛泽东主席领导中国共产党建立新中国，代表各民族绝大多数人的利益，以马克思主义（资本主义、殖民主义的天然抗体、克星）为指导思想，中国文化和中华民族立刻焕发出无穷的青春活力。七十多年来，从不能生产铁钉、缝衣针（进口者称洋钉、洋针）的一穷二白的旧中国，一跃成为世界第一工业大国，第一贸易大国，成为世界发展的重要引擎。目前，正意气风发地昂首阔步走在中华民族伟大复兴的康庄大道上。这足以雄辩地说明：中国人素质优良，中国文化充满朝气活力。

七十多年来，在中国的建设道路上，除了国有企业，还出现了大量的"社办企业""乡镇企业"，近四十多年来，涌现出了数亿计的"农民工"队伍。这向世人宣告，中国的农民、工人依然是中国劳动的主体，创造财富的主力军。

当代中国的成功，被许多人称为奇迹。其实是中国人摆脱了君主帝制和殖民枷锁之后回归到了常态发展。历史上，中国的士人总体上是极为优秀的，尤其是他们中的出类拔萃者，从先秦诸子百家到历代学而优则仕的精英人物。商人位列四民末等，而且有"无商不奸""为富不仁"的骂名，甚至还有"富不过三代"的诅咒。于是，重商思想在中国一直没有市场。真正"德能居位"之士，弃政从商能致富。春秋末的范蠡为典型之例。他助越王勾践灭吴后辞大将军，浮海齐国改名鸱夷皮子，治产致数千万。齐人闻其贤拜为相。他散尽家财去定陶，自号陶朱公，耕蓄转物，逐十一之利，又累资巨万。因其经商有道，后人奉为财神。

打开中国文学史，士人是风，商人是雨，农人、工人是大地。风调雨顺，五谷丰登，百姓安居乐业是人人向往的。于是，歌颂风调雨顺、五谷丰登、安居乐业的民歌、诗词、戏文数不胜数。大地之德在载而不言，故史上少有歌颂大地的文字。艾青的一句"为什么我的眼里常含泪水？因为我对这土地爱得深沉"，赢得了无数人的喝彩，在于他喊出了前人从未喊出过的心声。

《黄道婆》是一部历史题材小说，主要描写中国古代劳动人民的杰出代表、著名纺织技术革新家黄道婆，从出生到终老充满悲欢离合的一生。劳动人民是中国人的主体，是中国社会的大地，他们的品德决定着中国的命运和前途。这种决定是无言的，没有歌声，更没有锣鼓，就像大地决定森林、草原和庄稼一样。一部中国现代史充分说明了这一点。为什么戊戌变法失败？为什么辛亥革命果实被盗窃？最后由共产党领导中国工农红军，以及由其发展而来的八路军、新四军、人民解放军来扭转乾坤，建立社会主义新中国？因为共产党扎根中国社会的大地，依靠工农，扎根中国社会的大地，全心全意为人民谋幸福。

中国劳动人民的优秀品德主要有：勤俭、勇敢、和合、仁义、智慧、图新。这六德中，勤俭是最主要的，是中国人区别于他国人的第一标识。而勤俭在中国农民、工人身上体现得最充分。清代王士禛这样总结道：

> 绍祖宗一脉真传，克勤克俭；
> 教子孙两行正路，惟读惟耕。

因为受到劳动人民优秀品德的感召，我从1970年开始在废旧的印地语讲义的背面写作《黄道婆》，到今年已经整整五十年了。其间，我的工作、生活环境，发生了巨大变化。但是，我对《黄道婆》的写作、修改一直没有忘怀。在创作、修改过程中，我秉承班固称颂司马迁的"不虚美，不隐恶"精神，即实事求是的原则。

从2001年开始，《黄道婆》的打印稿在众多学生、老师中传阅，得到了他们一致的肯定与称赞。我想，这一定是黄道婆和她代表的古代劳动人民的优秀品德感动、滋润了他们的心。

中华民族走过了漫长的岁月，如今走到新的历史关头。毫无疑问，祖先的优秀品德不但不能丢失，而且要发扬光大。唯有如此，才能不忘本来，才能行稳致远走向光明的未来。

　　这是我五十年来克服各种困难，为《黄道婆》的写作、修改和出版而孜孜不倦的用心所在。可以肯定，小说问世之后，有关黄道婆的电影、电视剧、博物馆，也会陆续问世。因为，黄道婆是中国历史上家喻户晓的杰出女性，而且和我们的生活很贴近。

2020 年 8 月 30 日撰写

2021 年 2 月 23 日改定

第一章　乌泥泾出生

第一节　龙袖娇民落难

南宋理宗皇帝淳祐五年八月十六日上午，骄阳似火，万里无云。黄浦江像一匹巨大的白缎，在烈日下波光粼粼。高耸在黄浦江西岸龙华寺七级浮图——龙华宝塔，显得分外雄伟多姿。沿江两岸的平畴沃野上，处处呈现出一派风调雨顺、五谷丰登的景象。

龙华一带，在三国以前还是一片草莽，后来经过历代百姓辛勤开发，生产慢慢发展起来。到宋朝，这里已成了有名的鱼米之乡。当时有句谚语："走尽天边，惟富黄浦两边。"当然，富只是富了地主老财，广大农民则啼饥号寒，生活苦不堪言。

与龙华寺隔江相望，有一个不大的村镇陈家渡，是浦东与浦西之间的一个交通咽喉。镇上有百十户人家，大小十几家店铺。随着龙华寺香火日益兴盛，上这儿摆渡的香客一天多似一天，陈家渡的市面也一天天兴隆、热闹起来。

从陈家渡往南到张家渡，有一条二三十里长的蜿蜒曲折的堤坝。堤坝的西边，是狭长的芦荡；堤坝的东边，是阡陌纵横的农田。堤坝上是一条小路。沿着这条曲折的小路，从陈家渡南行十五里，有一片乱葬岗子。坟堆中长着百十来棵郁郁葱葱的柏树，所以本地人都叫它柏树坟。

离柏树坟不远，许多农夫农妇正顶着烈日在田间劳动。有的在耕地，有的在锄草，有的在踩着龙骨车往芋艿地里戽水，还有一些衣衫褴褛的老人和十来岁的孩子正在收割后的稻田里拣稻穗。

虽说已是中秋时令，但今年的秋老虎实在厉害。还没到中午，太阳就像一个大火球似的挂在空中，烤得地里干活的人一个个汗如雨下，那几位拣稻穗的老人汗已经流干了。他们的背上晒出了一层白花花的盐末。十多个七八岁的男孩热得实在受不了，就泡在黄浦江里玩水。他们像一群鸭子似的在浅滩里扑腾、打闹，玩得十分痛快。

"叽叽……嘎嘎，叽叽……嘎嘎……"从那条曲曲弯弯的小路上，传来独轮车推车的声音。一个三十来岁的壮年汉子光着脊梁，卷着裤腿，推着一辆破旧的独轮车由北而来。这汉子浓眉大眼，身体壮实得像头牛，小腿肚像两只酒坛子，让人一看就知道他是一个庄稼好把式。可是，他步履匆匆，满脸愁云，好像遇到了什么极不如意的事情。

推车汉低着头正往南赶，突然，田里一位正在锄草的农妇揩着汗，放声唱了起来：

> 泥水匠，屋顶漏，
> 裁缝师傅衣缺袖；
> 木匠老娘睡地铺，
> 卖油娘子水梳头；
> 铁匠家里没菜刀，
> 织布姑娘露臂肘；
> 种田人家最凄凉，
> 勒紧裤带做马牛。

听到这哀怨凄惨的歌声，推车的人不由得停住了脚步。这歌声勾起了他的伤心事。

这推车汉姓黄名永泰，家住浦西乌泥泾。家中只有他和妻子陆氏两个人。

大前天，眼看着妻子快要生养，可是家中却揭不开锅了。怎么办呢？他只得推着独轮车来到陈家渡，想挣几个脚钱买点米。黄永泰拼死拼活干了两天，昨天中午正想回家去，刚巧来了位大主顾。板桥镇大财主荣世根要上龙华寺还愿，带的东西不少。不用荣世根的家人招呼，黄永泰就帮着把物品往渡船上搬运。搬着搬着，黄永泰脚下一滑，把一桶豆油摔了。荣世根一见暴跳如雷，伸手就是两巴掌。

黄永泰掏出这两天挣的钱赔他，他仍不肯罢休，破口大骂："你这混蛋！这是孝敬龙华寺大法师的上等豆油，你这几个铜钱够赔啦？你给我把油从地上盛起来，一滴也不能少！"

黄永泰央求说："请荣大老爷开恩，饶了我这一回吧！"荣世根见时间不早，就叫家人把黄永泰绑在拴马桩上，自己带着家人上龙华寺还愿去了。

夜里，陈家渡好心的乡亲偷偷给黄永泰送吃的来，但谁也不敢解开绳索放他回家。

第二天早晨，荣世根带着家人还愿回来，陈家渡的乡亲再三替黄永泰讲情。荣世根叫家人扒掉黄永泰的蓝布上衣，才算放了他。荣世根临走时，指着黄永泰的鼻子大骂："你这混账东西！以后叫我撞上，非扒你的皮、剐你的肉不可！"

黄永泰正想着自己的伤心事，一位正在戽水的农妇接着刚才锄草的农妇唱道：

> 财主人家啊乐悠悠，
> 坐轿子，住高楼，
> 吃不完的肉，穿不尽的绸，
> 窖里的铜钿全长了锈。

黄永泰听到这歌声，心里想：这是什么世道？穷的穷死，富的富死！可是自己有什么办法呢？他痛苦地摇摇头，一声长叹准备继续往南赶路。

突然，正在黄浦江里玩水的孩子们一片哗然。一个光屁股小男孩飞奔着窜出芦荡，对田里的大人高声叫喊："发蟹啦！发蟹啦！"

一位正在耕地的老汉抬头笑了笑，问："嘿嘿！你们这帮小把戏又是在骗人吧？"

"真的！真的发蟹了，谁骗人谁的阿妈给野和尚驮走！"

田里做活的人一听光屁股男孩发了誓，都拿起各种各样的口袋争先恐后地朝黄浦江奔去。没有带口袋的就边跑边脱裤子，然后用绳子或茅草把裤管扎紧。

黄永泰也急忙从车篮里拿出一条麻袋，和大家一起奔下江去。一会儿的工夫，连大人和小孩一共有三十多人下了江。这光屁股男孩没有说谎，黄浦江真的发蟹了。而且，今天的发蟹不同往常，螃蟹来得特别猛、特别多。在水还不到膝盖深的地方，就已经可以摸到螃蟹了。过了一会儿，螃蟹越来越多，一伸手就能碰到，一挪步就能踩着。人们一个个都蹲在水里，昂着头，双手不停地摸，不停地往口袋里装。

大家也不说话，心里都在怨爹娘只给自己生了两只手，他们一股劲地暗暗催自己：快！快！！快！！！

突然，"哇"的一声，那个报信的光屁股的男孩大声哭喊着从水里站起来。众人一看，只见他的小屁股上挂着一只又黑又大的螃蟹，它那两只铁钳般的大螯钳得小男孩吱哇乱叫。

黄永泰一见，叫孩子赶紧蹲下。说着他三脚并作两步赶上前把男孩往水里一按，大螃蟹果然遇了水松了螯。男孩含着泪摸了摸屁股，蹲到水里又紧张地摸了起来。

不到一顿饭的工夫，一个小伙子举起鼓鼓囊囊的一口袋螃蟹，嚷道："装满了！一只也装不下了！"

其实，这时很多人的口袋都装满了，但谁也舍不得走，还都蹲在水里，不停地摸着，不停地往口袋里塞着，谁也不想回家拿了口袋再来。他们都知道，黄浦江发蟹是件神奇的事。这螃蟹说来就来，满滩皆是，有时甚至还会爬上岸。发蟹的时间一般很短，半个时辰算长的了。它们说去就去，霎时间影踪全无，一只不留。

由于发蟹如此神秘莫测，所以在民间就产生了各种各样的传说。有的说：东海龙王每年中秋节大摆庆功宴，封赏手下各路兵马。虾兵蟹将一听到龙王爷召他们的鼓声，纷纷赶奔东海。各路兵马争先恐后，一路上拥挤不堪。螃蟹仗着有脚，就夺路走浅滩，想抢在其它水族的前头。这时，如果让人们得知，就是所谓的发蟹。

还有的传说讲：东海龙王每年要嫁一位公主，年年在重阳节举行比武择婿大典。谁比武夺魁，谁就是驸马爷。所以每年夏秋季节，各路水族将帅带领自己的虾兵蟹将，赶往东海参加比武。各路兵马的路程有远有近，有先到的，有后到的，所以每年都要发几次蟹。

正当大家装又装不下，走又舍不得走的时候，一位五六十岁的白发婆婆提着中午带饭的"碗头篮"，趺趺撞撞地朝水边走来。她边走边说："几个月都不见油花了，我也尝尝荤。"

水里的人见了她，都说："和尚婆婆，别下来！我们都装不了了，还怕没有你吃的？"说着就随手噼里啪啦地向岸上扔螃蟹。和尚婆婆一边捡一边嚷："够了！够了！我没牙齿，吃不多的。"

滩里这三十多个男女老少，就数推车汉黄永泰的口袋最大。他拿的是一条能装一担半米的麻袋。不过，这时他这条麻袋也装得满满当当的了。黄永泰霍地从水里站起来，说了声"回家去"，拖着麻袋就往岸上走。

黄永泰上了堤坝，扎紧袋口，正推车要走，就听见滩里的人嚷道："蟹退了！蟹退了！"接着他们也都提着鼓鼓囊囊的各种大小口袋，陆陆续续上了岸。欢乐、兴奋的脸上，多少带着一点遗憾，埋怨自己带的口袋太小，装得太少。

"叽叽嘎嘎，叽叽嘎嘎……"，小路上又响起黄永泰的独轮车声。他愈往南走，心里愈觉沉重。发蟹带来的那点劲儿，不知不觉中溜得无影无踪。手中的这辆独轮车，路旁的柏树坟，勾起了黄永泰对自己凄凉身世的回忆。

黄永泰祖上是东京汴梁人氏，世代靠肩挑背扛沿街叫卖为生。虽说本微利薄，日子过得不很富裕，但也算是"龙袖娇民"。

原来，宋代居住在京城里的百姓，可以享受不少特殊待遇，比起边塞深受离乱之苦的百姓来，日子就安定康乐多了，故被称作"龙袖娇民"。然而好景不长，靖康二年，金人大破汴梁，掳徽、钦二帝北去，整个京城被洗劫一空。

黄家在汴梁待不下去，就随着南逃的难民来到临安杭州。俗话说：上有天堂，下有苏杭。但杭州城里米珠薪桂，不是穷人住的地方。黄家在杭州立不住脚，就合家来到松江乌泥泾。在穷乡亲的帮助下，在镇边搭了三间草屋，住了下来。

黄家几代人都租种镇上孟家的土地，受尽了欺凌和剥削。当时江南流传着这样一首歌谣："爷借一斗三，父还我也还，还了三代半，还欠三石三。"真是汗流得越多，债背得越多。黄家到了永泰这一代，竟欠下孟家二十七石租米。孟老太爷见黄家死的死，亡的亡，只剩下黄永泰小夫妇俩，知道无法还清，就收了佃，逼迫黄永泰夫妇自卖自身，给孟家当家奴，世世代代替孟家看守祖坟。黄永泰不肯依从，推起祖上留下的这辆破旧的独轮车，到处给人搬运货物行李，赚几个脚钱糊口。时间一久，人们都习惯地称他作"推车永泰"。

黄永泰在张家渡摆渡上了码头，推着车向西朝乌泥泾走，离家越近，他的心情越急切。他离家已经四天了，不知道妻子怎么样，他恨不得一步就跨进家门。可是他又一想，自己身上米无一升，布无一尺，只有一小包红糖，回到家里怎么办？想到这里，他的脚步变得越来越沉重。黄永泰急于想知道妻子的情况，可是又害怕见到她。

黄永泰的妻子陆氏是一位渔家女儿。她三岁那年就死了母亲，从小跟着有病的父亲打鱼为生。父女俩划着一条又旧又破的小渔船相依为命，到处漂泊。在严寒酷暑中，凄风苦雨里，女儿慢慢长大了，成了一位勤劳、温顺而刚强的姑娘。

乌泥泾离黄浦江不远，陆家父女常去镇上卖鱼，与镇边的黄家有来往。父亲见黄永泰为人忠厚，能吃苦，父母早亡，二十多岁还是独身一人，就有意将女儿许配给他。自从老人有了这个心思，就愈加拼命地打鱼，一心想积攒几个钱给女儿做一身过门的新衣裳。

就在这时，浦东板桥镇的大财主荣世根看上了陆家的女儿，几次逼迫老人将女儿送去给他做小。老人身体本来就有病，经这么一吓一累，病情很快就加重了。

一天黄昏，女儿正在船头上织补渔网，老人昏昏沉沉地躺在船舱里，做了一个可怕的梦。他梦见自己死了，女儿趴在自己身上哭得死去活来。突然，荣世根和家丁们来了，他们把女儿抢进花轿，女儿呼天喊地无人搭救……

老人从噩梦中惊醒过来，随着一阵猛烈的咳嗽，吐了好多的血。老人知道大事不好，就领着女儿连夜来到乌泥泾。老人对黄永泰说："我不行了，管不得你们许多了，我只盼望你和秀芳能恩爱过日子。苦，苦在一起；穷，穷在一块；死，也要死在一道！"

永泰和秀芳听了老人的话，眼泪像泉水一样地涌出来。

老人拉着他俩的手说："快，孩子，你们要是甘愿，肯照我说的去做，就在我面前拜一拜！"

"爸—爸！"永泰和秀芳跪在老人面前，泣不成声地拜了三拜。

老人把女儿女婿搀起来，抽抽噎噎地说："孩子，要争气，要好好地过日子！"说完老人从怀里掏出一枚穿着细绳的古铜钱，套在女儿的脖子上，说："秀芳，这枚崇宁通宝是你妈妈的遗物，你留着吧。要是身上不舒服，就用它刮一刮。"老人转身从门旁拿起一个罐子，对女婿说："永泰，这罐江猪油你收起来，夏天用它点灯不遭蚊子咬。"老人说完转身就走，但没走几步又回头望了望女儿女婿，说："爸爸对不住你们，没有给你们留下一件值钱的东西。往后过日子全靠你们自己啦。"

不管女儿女婿怎样苦苦哀求，老人就是不肯留宿，非要连夜赶回那只破旧的小渔船。女儿女婿要送他，他也执意不允。谁知老人一回到小船，就跳进了他漂泊一辈子的黄浦江。

两天后，在浦东柏树坟附近的河滩上发现了老人的尸体。黄永泰和陆氏哭得死去活来。买不起棺材，小两口就用那只小渔船收殓了老人，安葬在柏树坟里。

父亲一死，秀芳唯一的亲人就是丈夫永泰，永泰也无亲无故，只有妻子秀芳一个亲人。小夫妻俩没有辜负老人的遗言，恩爱过日子，同甘苦，共患难，从来没有发生过什么口角和不快。

第二节 无肠公子救命

光阴似箭，转眼几年时间过去了。前年，陆氏生下一个男孩，夫妻俩十分喜欢。可是，不上十天，孩子就死了。这回陆氏的身孕又足十个月，眼看着孩子就要生了，可是家中米无一升，布无一尺。丈夫去陈家渡已经三天了，还不见回来。他走的时候对陆氏说："去两天就一定回来。"为什么到今天还不回来呢？会不会在码头上出什么事？陆氏的心不由得害怕起来。她想到路上去看看，可是浑身没有一点儿劲，她已经一天没有吃东西了。

陆氏在灶上烧一点开水，喝到肚中，觉得肚子有点隐隐作痛。到了中午，肚子越疼越厉害，陆氏想把晒在太阳地里的益母草收回家，然后再进屋躺一会儿。可是没等她把益母草收好，肚子就疼得不行了。陆氏明白，孩子要临盆了。

丈夫不在家，没人去喊接生婆，怎么办？她想去喊邻居，可是自己家住在小河北边，去叫邻居要走一座小竹桥。陆氏全身无力，双腿直打颤，过不了这座小竹桥。

没有办法，陆氏只得往自己的屋里走。她艰难地一步一步地挪着，挪着，刚到床前，双腿一软跌倒了。陆氏咬咬牙关从地上爬起来，忍着阵阵剧烈的腹痛，挣扎着往床上爬，可是怎么也爬不上去。陆氏一个人呼天天不应，叫地地不灵，心里又着急又害怕。

当时，在江南一带，一般人家生孩子，都生在一种特制的高脚木盆里。黄家没有这种高脚木盆，陆氏前年那个孩子的接生婆就让生在一个洗衣服的木盆里。现在陆氏心里一慌，就乱了方寸，她双手扒着床沿，只知道拼命往床上爬。

突然，陆氏的手一松，身子晃了晃，重重地摔倒在地上，接着就什么也不知道了。

一轮金色的中秋明月冉冉升起，陆氏慢慢地苏醒过来。她听见一个婴儿在啼哭，声音小得如同小猫叫一般。借着从窗户射进的月光，她抱着婴儿一看，发现是个瘦小、羸弱的女婴。

陆氏吃力地从床下摸出一把镰刀，割断婴儿的脐带。她想去烧点儿温水给婴儿洗一洗，可是她的身子像铅坨似的，一步也动不了。没有办法，只得用衣襟给孩子擦了擦，从床上拉下一条破被单，把婴儿裹起来。

陆氏抱着婴儿，呆呆地坐在地上，坐了大约有半个时辰。陆氏想，老是这么坐着不行啊！孩子生下来了，胞衣还没有下来呢。她知道，胞衣长时间不下来，会出危险的。按照一般人家的做法，妇女生了孩子，接生婆就让她喝点红糖水，很快就可以把胞衣催下来。可是她哪来的红糖水喝啊？

陆氏慢慢用尽力气把婴儿托起来，放到床上，然后双手抓住床沿，慢慢撑起身子，从桌上拿下一把空茶壶。她一手抱住茶壶，一手按住壶盖，嘴巴衔住壶嘴，拼命往壶里吹气。吹着吹着，陆氏只觉得眼前一黑，胞衣下来了，可是她人又一次晕倒了。

到了下半夜，陆氏苏醒过来。夜，是这样的静，静得连一点儿声音也没有。陆氏突然害怕起来，她急忙伸手去床上摸，婴儿"哇"一声哭了。这声音虽然比上半夜更微弱了，但总算让她那颗惊恐的心安定了下来。陆氏爬上床躺下，心里琢磨着如何渡过难关。家中早已断顿，丈夫至今还不回来，也没有人去给邻居们送个消息。这样躺下去，母女俩非渴死、饿死在床上不可。这时，她多么希望有一碗热汤或稀粥喝啊！陆氏又一次仔仔细细地思索起来，希望能想起什么地方还藏着一点儿吃的东西。米桶早就空了；那几只装杂粮的坛子也早就底朝天了；墙上挂着的那一袋蚕豆种，也在丈夫走的第二天煮来吃了……唉，家里什么能吃的东西也没有了。难道我们母女俩命该饿死在床上？陆氏想到这里，两行眼泪滚了下来。泪珠落在破枕席上，发出微弱的卟卟声。这极微小的声音给陆氏带来了希望的信息，陆氏猛地一喜：这枕头里不是装满棉籽吗？棉籽的仁可以吃呀！俗话说：饥不择食。到了这步田地，塞饱肚子要紧，还管它好吃难吃！陆氏掀开枕席，伸手去拆枕芯。其实不用拆，枕芯袋上有不少窟窿眼。陆氏从窟窿眼里掏出几粒棉籽，塞到嘴里一咬，空的，没有仁。陆氏把整个枕芯全部撕开，找了半天，竟没有一粒是有仁的。仁早就让老鼠吃光了！陆氏头一低，伤心的眼泪扑簌簌地往下掉。

东方渐渐泛起鱼肚白，像每天早晨一样，各种鸟雀开始了一天的鸣叫。陆氏躺在床上，扁扁的胸脯在微微地起伏着。她已经没有力气再挣扎了，只能静静地等待新的一天到来。

此时此刻，陆氏并不为自己的性命担忧，她担忧的是丈夫和刚出世的女儿。她在心中默默地为丈夫祈祷。突然，裹在破被单里的婴儿又哭了。哭声比夜里更加微弱。陆氏抱起婴儿，用颤抖的手替她擦去小脸蛋上的泪水。正擦着，陆氏的手指碰在婴儿的嘴上，婴儿以为是母亲的奶头，就本能地吮吸起来。陆氏拔出指头，婴儿哀哭不止。陆氏急忙又把指头塞进婴儿口中。婴儿立刻不哭了，使出全身的力气，拼命地吮吸着。陆氏的眼泪奔涌而出，心里像刀绞一般难受。这个刚出世的女儿多么想活啊！不能让她饿死，一定不能让她饿死！陆氏牙一咬，心一狠，从婴儿嘴里拔出手指，抬腿就下了床。她要爬过小竹桥去敲邻居的门，请他们救救自己的孩子，请他们去陈家渡打听丈夫的消息。可是，她踉踉跄跄刚走几步，还没出屋门，就一阵天旋地转，昏倒在地上。

陆氏一直迷迷糊糊地躺在地上，不知过了多少时间，忽然听见有人在耳边呼喊："秀芳！秀芳！你醒醒！"陆氏吃力地睁开眼睛，见自己躺在丈夫的怀里，丈夫正在惊慌不安地呼喊着自己，禁不住鼻子一酸，两行泪水夺眶而出。她抬起右手朝床上指指，吃力地说："孩子！孩子！"

黄永泰见妻子苏醒过来，好似压在心头的千斤重石落了地，赶紧对她说："我知道了，秀芳，你先喝点水。"说着他把红糖在水中泡开，慢慢喂给妻子喝。陆氏见丈夫回来，又喝了红糖水，感到舒服了不少，就催丈夫快去看小孩子。黄永泰抱起那裹在破被单的婴儿，婴儿已经哭不出声了，只有那个小脑袋在微微地摆动着。见孩子这付不景气的模样，黄永泰不觉皱紧了双眉。

陆氏忙问："怎么啦？孩子？"她问着就从丈夫手中接过婴儿，看了看，对丈夫说："快！拿糖水来。"黄永泰急忙把碗递给她。一个刚出世两天的孩子怎么会用碗来喝水呢？陆氏想了想，说："永泰，你去灶角上拿一个棉铃来。"

黄永泰来到灶边，见锅台边上放着一小堆棉铃。这是陆氏平时烧火时从棉花萁上一个一个摘下来的。这些没有绽开的棉铃，虽说里面棉花的质量不大好，但在陆氏这位克勤克俭的媳妇手里，是绝不会让它白白烧掉的。黄永泰挑了一个大而干净的送到妻子手里。陆氏掰开棉铃，取出一瓣棉花扯松，蘸饱了糖水送到孩子嘴里，孩子慢慢地吮吸起来。看到这情景，黄永泰和陆氏都松了一口气。陆氏将吸干了的棉花拔出来，孩子"哇"一声又哭了，陆氏急忙将蘸了糖水的棉花又送到女儿的口中。

陆氏刚才喝了一点红糖水，觉得有了精神，但腹中的饥饿却比任何时候都难熬。她对丈夫说："永泰，你快去淘把米煮点粥。"

"米？"黄永泰茫然了，半晌说不出一句话来。

"怎么？你没有籴米回来？"

"没有。"

"怎么？出了什么事？"

"唉，不小心打翻了荣世根的一桶豆油，挣到的几个脚钱全赔上还不够，衣裳也脱给了人家。"

"怎么？你给荣世根搬运东西？"

"嗯。"

"永泰，往后你千万别给荣世根干活。他是浦东地头上有名的恶霸，他会对你下毒手的！"

黄永泰一怔，莫非我被荣世根在陈家渡马桩上绑了一夜的事有人告诉她了？为了不引起妻子更大的伤心，他只得回答说："秀芳，我知道，你放心好了。"

陆氏见丈夫面容憔悴，光着膀子，心里一阵悲楚。刚才见他赤着膊，以为是天热，现在才知道是衣服让人家给扒了。她知道丈夫心里很难过，就安慰说："永泰，你能平安回来就好，快找件衣服穿上吧。"

黄永泰叹了一声，默默地找出一件破布衫穿在身上。

"你那一麻袋是什么东西？"陆氏指指躺在门口的麻袋问。

"喔，回来走到柏树坟时，刚好碰上发蟹，这一麻袋全是螃蟹。"

"螃蟹也行呀，快去煮一点来吃。我已经两天没有……"陆氏感到喉咙里一阵哽咽，再也说不下去了。

"秀芳，你躺好，我去邻居家借点米。"

"别借啦，永泰，我们还欠着孟家二十七石米呢！"

"咳！"黄永泰搭下脑袋，叹了口气，"好，我给你煮螃蟹吃。"

工夫不大，一大钵头红艳艳、热腾腾的螃蟹端到了床前的桌上。黄永泰拿起一只碗大的螃蟹，翻过来一看，见是团脐："啊，好大的一个雌蟹！"说着把蟹斗掰开，一股诱人的香气顿时充满了整个房间。黄永泰吹了吹烫得难受的手，兴冲冲地说："嘿！俗话说'九雌十雄'，现在还不到九月，这螃蟹就这么肥！瞧，这蟹黄多红！"

眼下正值桂子飘香，吃螃蟹的好时节开始了。中国人历来崇尚吃螃蟹。不论王孙贵胄、文人学士还是黎民百姓，都非常喜欢吃。不过，吃的方法和兴趣有所不同。阔佬阔少们认为吃螃蟹是一件很风雅的事。他们持螯赏桂、饮酒赋诗，称螃蟹为"无肠公子""横行介士"；称蟹壳为"金甲"，蟹肉为"嫩玉"，蟹黄为"红脂"。他们的吃法很多，光是吃清蒸螃蟹，一套餐具就有锤、刀、钩、镊等等，多达十余件，有的还用金银打成。一只螃蟹吃过之后，把空壳拼好还原，看上去就像没有吃过的一样。当然，黄永泰、陆氏这样的饥寒小民，决无这种闲情逸致，他们吃螃蟹只是为了果腹，为了活命。

陆氏将蟹斗中的"蟹和尚"（蟹胃，内有泥沙，吃不得）去掉，把蟹黄调成稀糊，还用棉花蘸着喂给婴儿吃。黄永泰坐在床沿上，将剥好的蟹肉不停地往妻子的嘴里送。

"你自己也吃吧！"

"你先吃饱，我待会儿再吃。"黄永泰一边把蟹肉往妻子嘴里送一边说。他望着妻子蜡黄的脸，心里默默地说：秀芳，实在对不起你啊。自从和我成亲，你一天好日子也没过上！

"秀芳，现在感觉怎么样？好些了吗？"黄永泰问妻子。

"好多了。我没有病，就是肚子饿，吃了东西就舒服多了。"

"下午我回到家，看见你倒在门口，可把我吓坏了，喊了好久，你才醒过来。"

"你以为我死了，对吗？我不会死，你不回来，我怎么能咽得了气呢？"

"秀芳，别说这些，当心自己的身体！"

为了让妻子换换心境，黄永泰用蟹螯的骨壳做成了一对蝴蝶贴在墙上，笑着问："秀芳，你看，像不像？"

陆氏抬头看见墙上的一双蝴蝶，神态飞扬，栩栩如生，嘴角露出了笑容，轻声说了句："穷开心。"

黄永泰把剥好的蟹肉送到妻子嘴里，说："爸爸要我们穷在一起，苦在一起，死在一起，我一百个甘愿。不过，我们还应该乐在一起！"

陆氏把脸紧紧地贴在丈夫的胸脯上，享受着丈夫的温暖，久久说不出话来，幸福的热泪奔涌而出。

黄永泰叫陆氏再吃点儿，陆氏说螃蟹是寒性的，月子里吃多了不好，不肯再吃。黄永泰见她讲得有道理，也就不勉强。他自己胡乱地吃了一会儿，就割来一小捆茅草，坐在小板凳上一边搓草绳一边说："把螃蟹一串串扎好，明天拿到镇上卖了换点儿米回来。"

"咱们这里靠着黄浦江，河鲜不值钱！"

"现在吃蟹的时节快到了，多少能卖几个钱。"

"你卖得了钱，请一位算命先生给咱们孩子算命、起名字吧。"

"咱们穷人家的孩子，自己起个名字就可以啦！"

"只认得扁担，不认得'一'字，还会给孩子起名字？"

"怎么不会？你听着，嗳——有了！咱们这个孩子一出世，头一顿吃的是螃蟹，我看就叫'蟹囡'吧！"

"啊！不行，不行！太难听了，你一定得去请算命先生！"

黄永泰见妻子竭力反对，笑了笑说："好，好！等以后有了钱，一定请算命先生给咱们的宝贝女儿好好起个名字。"

黄永泰用木桶装了一些螃蟹，对妻子说："秀芳，你躺一会儿，我给三家邻居送点螃蟹去。"

还没等黄永泰跨出门，邻居金祥的母亲迎面来了。她一见黄永泰就说："永泰，我托你一件事！"

"什么事？阿炎婶？"

"你哪天方便，给我捎一只石臼回来。"

"好啊，明天一早我就上板桥镇去。"

这时，从屋里传出婴儿的哭声，阿炎婶吃惊地问："怎么？秀芳生啦？"

黄永泰点点头嗯了一声。阿炎婶走进房间关切地问："秀芳，什么时候生的？"

陆氏告诉她是昨天生的。阿炎婶一听就生气了："秀芳，母鸡下蛋还叫阵子，你生孩子为什么一声不吭？怕我这个婶婶穷，帮不上忙？"

陆氏怕阿炎婶真的生气，就把事情如实告诉她。阿炎婶听罢抹着眼泪说："咳，都怪我不好，看你的肚子不大以为还早着呢。加上这几天穷忙，也顾不上来看看。秀芳，你躺一会儿，我回去一趟再来！"

阿炎婶的为人陆氏最清楚，知道回去准是拿东西，忙说："阿炎婶，你坐一会儿，别忙这忙那的！"

"你给我躺着别动，我告诉你，我专门给你留着糯米和红枣！"

"不！阿炎婶，你天天吃芋头、南瓜……"

"我们又不坐月子！再说过半个月，晚稻就要下来了。"阿炎婶说着就跑回了家。

时间不大会儿，阿炎婶和儿媳妇拿着红枣、鸡蛋、糯米、赤豆等来了。不容黄永泰夫妻说些什么，金祥嫂就帮着熬粥、烧益母茶。阿炎婶替陆氏包上头巾，然后又去照看婴儿。

一会儿，村上另外两家的文海婶和兰芸嫂也都闻讯前来道喜。黄家的茅屋里欢声笑语，喜气洋洋。

第二天一清早，黄永泰把扎成一串串的螃蟹拿到镇上去卖。由于价钱公道，买的人很多。尤其是泰和茶馆里那些吃早茶的茶客，几乎每人都买了一串。黄永泰心里好喜欢，半个时辰所有的螃蟹全卖出去了。

第三节　风高月黑夜逃

桂花谢，菊花开。黄家的女儿不知不觉地已经满月了。这一个月里，黄永泰不但没有请算命先生给女儿起名字，而且还总是叫她"蟹囡"逗着玩。陆氏说过他多少次，可是他已经叫顺了嘴，总是改不了。本来，穷苦人家的名字是不大讲究的，但陆氏却同别人不一样。陆氏知道，丈夫天天起早摸黑，忙得四脚朝天，可是连糊全家的三张嘴都困难，哪里还有钱去请算命先生！陆氏暗暗拿定了主意：每天往锅里少放一把米，一个铜钱一个铜钱地节省下来，等攒够了钱，自己去请算命先生。可是，这样积攒，要积攒到什么时候啊？为了能早一天给孩子起上名字，陆氏不顾自己身子还不干净，瞒着丈夫去割草卖给邻村的养牛人家。

孩子满月这一天，黄永泰的运气不错，太阳偏西不久，就已经有三位过往客人雇他托运行李。这三位客人见他手脚麻利，活干得地道，就多给了几个钱。

黄永泰惦记着女儿满月，就在张家渡买了一包红糖。正想再揽一趟活，肉店掌柜拎着一副猪下水往他车上一挂，说："永泰哥，我欠你不少的脚钱了。这副下水正新鲜，你拿回家吃了吧！"

黄永泰推辞不得，就收了下来。他也不再揽活，推起车兴冲冲地往家里赶。

刚要上渡船，一位五十上下的妇人一把抓住他，不问青红皂白，劈头盖脸就是一顿训斥："永泰，你这浑小子！你昏了头啦？你娘子还没出月子，你就天天叫她去割草卖钱！那一二百斤的草背在身上，人累垮了怎么办？你不心疼她，我这个做婶婶的舍不得！你自己说吧，到底是要钱还是要人？"

这位自称婶婶的老妇人，其实与黄家既不沾亲，也不带故。她是浦东谢家庄谢福桥的老伴，因为她心直口快，乐于帮助别人，所以附近村上的人都亲切地叫她福桥婶。

黄永泰父母的亲事，就是她一手撮合的。她最了解黄家的苦难和不幸。黄汉堂老两口去世后，她把黄永泰当成了自己的侄子。现在当听到媳妇在月子里干这么重的活，叫她怎么不着急呢？

她有一个女儿叫林珍，前年嫁到乌泥泾。林珍见黄永泰为人忠厚老实，每次回娘家，总是让黄永泰推车送。这样，渐渐地福桥婶和黄永泰一家熟了。她了解黄家的苦难和不幸，把黄永泰当成了自己的亲侄子。三天前，林珍让黄永泰接母亲来乌泥泾住几天。当福桥婶知道陆氏在月子里干这么重的活，又心疼又生气，连黄永泰的车都不愿坐了。

黄永泰被福桥婶这一顿突如其来的训斥搞糊涂了。他尴尬地笑了笑，说："婶婶，我不知道……"

"不知道？等秀芳累趴下来了，让你天天背着，你就知道了！"

"婶婶，我真的什么也不知道啊！"

"好了，回家好好问问自己的娘子去吧！"福桥婶转身想走，看见黄永泰的手推车上挂着一副猪下水，又补了一句，"哼，叫人家在月子里这么死做，吃龙肝凤胆也没用!"说完气呼呼地走了。

黄永泰摆渡上岸,推着独轮车忧心忡忡地回到家,见妻子抱着女儿坐在竹篱旁。竹篱外开着无数的野菊花,不少花枝把脑袋探进了竹篱。阵风吹来,散发出幽雅的清香。陆氏伸手摘了一朵菊花,在女儿的面前舞弄着:"妹妹看,花花!花花好看!"

孩子看见花,高兴得手舞足蹈,小嘴里咿咿呀呀地直叫唤。陆氏只顾逗女儿,连丈夫回来"叽叽嘎嘎"的手推车声音都没听见。

黄永泰放好车,轻轻地来到妻子身旁,深情地唤道:"秀芳!秀芳!"

陆氏依旧没有听见,仍一股劲地逗女儿玩。

"秀芳!瞧你们简直像姐妹俩,玩得这么起劲!"

陆氏回头一看,见丈夫回来了,说:"哟,什么时候回来的?今天怎么这么早就回来?"

"今天是女儿的满月。"

"你也记得孩子的满月?"

"秀芳,我有正经的话问你。"

"什么事?"

"你是不是给人家割牛草去啦?"

"谁说的?"

"福桥婶说的。她把我骂了一顿。秀芳,你怎么瞒着我去干这么重的活?在月子里干点轻活可以,可是你去割牛草,一背就是一二百斤,把你累垮了怎么办?"

陆氏见丈夫眼眶里闪着泪花,心里明白丈夫心疼她。可是嘴上却假装生气,说:"那你为什么不去请算命先生?"

"请!我明天就请!"

"明天就请?钱呢?"陆氏说着从怀里掏出一串铜钱,"喏,拿去。刚数过,一共二百文。"

"秀芳!你……"黄永泰看着这二百文铜钱,两行热泪夺眶而出。

"拿着,明天一定把算命先生请来。"

黄永泰接过钱,说:"秀芳,明天起你别去割草了,这活太吃力!"

"以后你还叫不叫她'蟹囡'？女儿哪一点让你看不入眼？"

性情温顺、敦厚，从来不和丈夫拌嘴的陆氏，今天真有点儿生气了。黄永泰赶忙说："好了，别发火了。以后我不叫了还不行吗？"

"说话得算数。别到时候一张口又是'蟹囡'！人家孩子有叫阿狗阿猫的，可是哪有叫蟹囡的？你想想，这名字多难听！以后你再叫她蟹囡蟹囡的，我就……"

"你看，是你自己叫个不停，刚才一会儿的时间你一连叫了多少个……"

没等丈夫说出蟹囡两字，陆氏急忙捂住他的嘴："你还要叫？"

"我是在说你。"

"怎么，你还想倒打一耙呀？"

"好了，明天我一定去请算命先生，给咱们女儿算算命，起个好听的名字！"

当晚，陆氏把猪下水做成几个菜，香飘满屋。可是，黄永泰心情沉重，怎么也吃不下去。他看见妻子用血汗挣来的那二百文钱，不禁想起了欠孟家的债。最近，孟家逼债越来越紧。今天早晨，他推车去陈家渡，在街上碰到孟府的管家孟如庆。那家伙就警告他：再不去替孟家看坟抵债，孟老太爷就不客气了。

黄永泰明白：不尽快还清那二十七石米，自己一家永远不得安生。

陆氏见丈夫皱着眉头，忙问："永泰，怎么啦？什么地方不舒服？"

"没……没什么。"

"到底有什么事？别瞒着我！"

黄永泰见妻子急了，就说："秀芳，我们还是把钱积起来，先把孟家的钱还了吧。"

听了丈夫的话，陆氏痛苦地低下了头，好久没有说话。草屋里一片沉寂。

突然，屋门砰的一声被踢开，闯进六个满脸横肉的家伙。黄永泰一看，认出是孟府的家丁，为首一个正是管家孟如庆。他冷冷地问道："黄永泰，老太爷要我最后问你一次，你到底肯不肯去看坟？"

"我欠东家的债，叫我干活还债，我愿意。但是要我们子子孙孙永远做孟家的家奴，我不干！"

"好！你这不知好歹的东西！既然你这么说了，那就别怪我们不讲情义了！"

孟如庆话音未落，另外五个家丁一起动手，将黄永泰按倒在地，往他嘴里塞进一块抹布，用一根结实的细绳把他的双手和双脚的大拇指紧紧捆扎在一起。别看尺把长的一根细绳，这么一捆，任凭你有万夫之勇，也挣扎不脱。

"你们要干什么？"陆氏冲着孟如庆喝问。

"干什么？孟老太爷的债是那么好欠的？"孟如庆说着，张开一条麻袋，对家丁吆喝道，"待着干什么！快把这小子装进麻袋！"

"啊！你们要……"陆氏护着丈夫，哭着说，"我们欠东家的债，我们还……"

"还？钱呢？拿钱来！"

陆氏从桌上拿起那串铜钱，说："今天先还这二百文，以后……"

"去你的吧！这么还，到猴年马月才能还清？"

仇恨在黄永泰胸中燃烧，可是他的嘴被堵住了，不能叫喊。他的双手双脚的四个拇指被紧扎在一起，整个人就像一只虾米似的，一点也挣扎不了，孟如庆他们轻而易举地把他装进了麻袋。

孟如庆冷冷笑道："黄永泰，你听着，明年的今日，就是你的周年！"

话一说完，家丁们拉起麻袋就往外跑。陆氏紧紧地抓住麻袋，大声呼喊："救命哪！救命哪！强盗抢人啦！他们要放水墩杀人哪！"

"放水墩"是黄浦江两岸的恶霸土匪常用的一种野蛮杀人办法，就是将人捆绑后装入麻袋，然后沉入水中。不管水性多好，被扔进江河里，十个有九个要丧命。

不管孟如庆他们怎么踢，怎么打，陆氏抓住麻袋死不松手，嘴角不停呼喊："救命哪！强盗要放水墩啦！"

陆氏凄惨急切的呼救声，响彻了乌泥泾的夜空。可是，大家都害怕强盗土匪，不敢出来相救。镇北沈家弄曹家离乌泥泾最近，只隔一条小河。曹家老大曹福是个开肉庄的，很有一点血性。听到陆氏凄厉的呼救声，他坐不住了。心想：黄家几代为人都不错，如今永泰有难，我怎么能见死不救呢？

他抓起一把剔骨头用的短刀，朝黄家走去。刚过了小竹桥，孟如庆喝道："什么人？"

"哎呀，是如庆弟！我当是什么人呢。"

"是阿福哥，你来干什么？"

陆氏见曹家的大哥来了，知道他是个路见不平拔刀相助的人，急忙向他连呼："阿福哥，救命！阿福哥，救命啊！"

曹福打量了一下孟如庆他们，对陆氏说："你孩子喉咙快哭哑了，快进屋看看去吧！"

陆氏惶惑地看了看曹福，然后又顺从地朝屋里走去。当她抱着孩子走出屋门，只听见曹福对孟如庆说："麻袋里放石头了吗？推车永泰的水性好得很哪！"

"哎呀，阿福哥，亏得你提醒，我差点儿忘了！"

"黄浦滩上没有石头，快把袋口解开。"曹福说着，将黄家门前一块磨刀石抱起来，装进了麻袋。

陆氏看到这情景，好似当头挨了一闷棍，身子一晃，就晕了过去。

等陆氏醒过来，丈夫不见了，孟如庆和家丁们也不见了。只见曹福和他的老婆张氏守在床边，自己的孩子躺在张氏的怀里。陆氏恨不得扑上去咬曹福的肉，她骂道："曹福，你好阴毒！我瞎了眼，把你这个披着人皮的豺狼当作了救命菩萨！"

"永泰嫂，你冷静一点，你听我讲！"曹福说。

"讲什么？你不但见死不救，而且还往麻袋里装石头……"

张氏递给陆氏一块手巾，说："永泰嫂，你别哭，听你阿福哥把话讲完。"

曹福说："永泰嫂，刚才我假装往麻袋里装石头，趁机用刀子替永泰割断了绳子。你放心好了，我的那把剔骨刀在永泰手里，凭着他的水性，他一定能割破麻袋，逃条活命。"

"真的？"

"真的。"曹福点点头，"我一个人斗不过他们，只得用这个办法。"

"阿福哥！"陆氏又是感激又是悔恨，"刚才我错怪你了……"

"自己人，说这些干啥？永泰到底如何现在还很难说。明后天就知道了。"

陆氏送走曹福夫妇，就一直在忐忑不安地等着丈夫的消息。一天过去了，没有消息，两天过去了，仍然没有消息。陆氏急了。这天晚上，她刚迷迷糊糊地合上眼，只听见一阵清脆的敲门声。陆氏心中一阵狂跳，莫非是丈夫死里逃生回来了？她急忙跳下床，开门一看，大失所望。敲门的不是丈夫，是林珍的母亲福桥婶。

福桥婶一进屋，就问："秀芳，昨夜又哭了吧？眼睛肿得像桃子！"

"婶婶……"陆氏一头扑到福桥婶的怀里，放声大哭起来。

"别哭！别哭！永泰他没有死……"

"什么？这是真的？"

"当然真的。他叫我先来给你捎个信，今天夜里，他来接你娘俩到浦东去……"福桥婶接着一五一十地把黄永泰死里逃生的经过讲给陆氏听。

原来，孟如庆他们用船把黄永泰载到黄浦江江心，把他推入水中。黄永泰就用曹福给他的剔骨刀迅速割破麻袋，凭着一身好水性，趁着茫茫的黑夜，神不知鬼不觉游到了对岸。

黄永泰爬上岸，茫然地沿着堤坝向北走去。走着走着，那片森然沉寂的柏树坟出现在眼前。他来到岳父的墓前，磕了三个头，发誓不忘岳父遗言，一定要和秀芳生在一起，死在一块。

黄永泰花了两天时间在柏树坟南边二里地荒滩上用曹福的那把剔骨刀割了芦苇搭起了一个窝棚。他决心把陆氏和孩子接来，在这黄浦江边上扎下根来。搭好窝棚的当天傍晚，黄永泰来到谢家庄福桥婶家中，把自己的遭遇和打算告诉她。福桥婶答应第二天一早她就去乌泥泾把消息告诉陆氏，要黄永泰等天黑了去接陆氏母女。

陆氏听了福桥婶的话，悲喜交集。福桥婶说："这个家待不得了，快收拾一下，能带走的东西都带走。"

两人正收拾着东西，曹福来了。他一进门就问："有消息了吗？"

"阿福哥，有消息了！"

曹福听陆氏把黄永泰的下落一说，长长地吁了一口气，说："我悬着的一颗心总算落了地！"停了一会儿，又说，"这件事千万不可张扬出去！"

陆氏和福桥婶点点头，说："嗯。"

当天夜里，陆氏正和曹福夫妇说着话，黄永泰回来了。陆氏扑到丈夫怀里，喊了一声："永泰！"就什么也说不出了。

黄永泰见妻子脸上身上满是伤痕，知道是那天夜里为了救自己被孟如庆一伙打的，伤心的眼泪像泉水似的往外流。

大家七手八脚把东西收拾停当，装上了手推车。曹福说："永泰兄弟，你们要绕远路，从龙华摆渡。到了浦东之后，别再推车。不能让孟家知道你们的下落。"说着从怀里掏出一块四五两重的银子，"永泰兄弟，这点银子带在身上，你们要保重啊！"

黄永泰不肯收银子。曹福把银子塞到他怀里，说："快走吧，天亮了走不方便。"

黄永泰夫妇向曹福夫妇拜了三拜，就转身朝龙华走去。黄永泰推着车，陆氏抱着孩子，在茫茫黑夜中离开了乌泥泾。

第四节　命里事报君知

黄永泰吃尽了没田的苦，他发誓不再租种地主的田。他和陆氏在隆冬腊月不知淌了多少汗，坏了多少铁锄，硬是在这荒滩上开出了几亩水田。后来，他们拆了小窝棚，盖起了两间草屋。黄永泰又将门前的低洼地挖成了一个池塘，在池塘边上栽上了柳树和榆树。

就在第二年春天，又有三户人家逃荒来到这里，于是这个僻静的地方成了黄浦江边上一个小小的村落。由于黄永泰来得最早，村里又有他挖的一口池塘，所以乡亲们都叫这个村庄为黄家浜。

农忙时，黄永泰夫妇都下地；农闲时，黄永泰就在家做竹器，编苇席。陆氏是渔家出身，她用芦苇在黄浦滩上打起了一里长的鱼篱，每天等潮水一落，便拿着篮子去拣搁浅的鱼虾。这样，这对患难夫妻虽说在这芦滩野村里日子过得很清苦，但摆脱了孟家的魔爪，过得还算自在。

光阴似箭。黄永泰夫妇逃难来到黄家浜已经快一年了，可是他们的女儿依旧没有名字。陆氏叫她"妹妹"，黄永泰叫她"小姑娘"，有时叫"蟹囡"，来逗一下陆氏。

割完田里的稻子，陆氏就催丈夫去请算命先生，给女儿算命、起名字。

八月十五这一天，黄永泰一清早推着小车来到三里外的板桥镇，请算命先生银岳齐。

银岳齐是位瞎子，年岁又大了，拉着马竿实在走不快。黄永泰请他坐上独轮车，推着他走。刚走出村口，黄永泰怕车子硌着老先生，就停车脱下自己的上衣，卷了卷垫到先生的屁股下。黄永泰推车走得很快，田里庄稼、路旁野草上的露水还没有干，他就推着银老先生"叽叽嘎嘎"地回到了黄家浜。

陆氏见算命先生银岳齐来了，赶忙上前道个了万福，把他让进屋里。黄永泰请银先生在一把竹椅上坐下。陆氏从碗橱里拿出一只擦洗了好几遍的瓷碗，倒上大麦茶端到银岳齐面前，说："银先生，请喝茶。"

银岳齐眨了眨干瘪的双眼，笑着说："不用客气，阿妹。我和永泰弟是熟人。每次出远门给人家批八字，我总是坐永泰弟的车。坐他的车又快又惬意。"

"银先生，你喝茶。"黄永泰见夸自己，觉得挺不自在。

"好，好。"银岳齐轻轻呷了一口大麦茶，咂咂嘴，仰起头，慢慢说，"永泰弟，你们这黄家浜不错呀，清静得很。不像我们银家村，整天人来人往，闹哄哄的。你们这儿的风也好，吹在脸上和顺得很。"

"是吗？银先生？我们在江边住惯了，倒也不觉得什么。"黄永泰一边答着话，一边拖过一条板凳，叫陆氏坐下。

陆氏低声问："永泰，我去把孩子抱来？"

"不用抱来，让小妹妹睡吧！"银岳齐的耳朵极尖，连忙回答。

"是啊，银先生算命只凭八字！"黄永泰说。

银岳齐又呷了一口茶，翘起右腿往左腿上一搁，轻轻咳嗽一声。黄永泰明白，银先生开始算命了。

"小妹妹是几时生人？"银岳齐将了将他那稀疏的山羊胡子，不紧不慢地问。

"今天是周岁。"陆氏毕恭毕敬地答道。

"什么时辰?"银岳齐又问。

"时辰? 时辰……"陆氏答不上来。

"说不上时辰不要紧的,说说是白天生的还是晚上生的?太阳月亮在啥位置?江里潮水怎么样?"

"潮水?太阳月亮……"陆氏茫然了。这一年来,她天天朝思暮想给孩子算命起名字,可就是没有想过孩子出生的时辰。现在让银先生这么一问,完全给问住了。

银岳齐见陆氏答不上来,又问:"接生婆是谁?"

"没有请接生婆,银先生。"黄永泰转过脸看了看妻子,"秀芳,你把那天的经过,给银先生说说吧。"

陆氏面有难色地望望丈夫,接着咬紧嘴唇想了想,低声把去年八月十五那天的前后经过说了一遍。

银岳齐一边听一边摇头。等陆氏讲完,他叹了一声,说:"你进屋里时太阳在头上,是午时。后来你在床前晕倒了,等你苏醒过来,天已经黑了,这中间有好几个时辰……"

"是啊,银先生,这孩子到底是哪个时辰生的,就说不准了。"黄永泰皱着眉头说。

"银先生,非得要个准时辰吗?"陆氏不安地问。

"那可不是!这生辰八字一点都不能含糊。各人的八字不同嘛!"

"是啊!"陆氏愈加不安了。

银岳齐似乎并不了解陆氏的不安,依然不紧不慢地说道:"有的时候差一个时辰,批起八字来就可能差一个月,甚至差一年。"

"啊,是吗?"黄永泰夫妇齐声问道。

"比方说,正月初四子时立春,那么子时生人就算这一年正月的干支。如果早一个时辰出生,就得算上一年十二月的干支了。你们看看,前后差一个时辰,批起八字来差了多少?"

黄永泰夫妇越听越没了主意。陆氏惶恐地问:"银先生,我们的孩子没有准时辰怎么办?"

"别急，阿妹，你们的小妹妹有准时辰。"银岳齐捻着胡须不慌不忙地说。

"是什么时辰?"黄永泰夫妇急忙问。

"未时。"

"未时?"

"嗯，未时。"银先生呷了口茶，问陆氏，"那天早上你就肚子痛，到中午痛得更厉害，对不对?"

"对——"陆氏低头应道。

"你进屋里时，正是午时，太阳在当空，所以不管肚子怎么痛，孩子就是不肯下来。等交了未时，太阳开始下落，嗳，孩子就生下来了。不过这时候你已经晕倒在地上，什么也不知道了。"

"噢——"陆氏茅塞顿开，不住地点头称是。

黄永泰自言自语说:"啊，原来生孩子跟太阳还有关系。那……"

陆氏怕丈夫说不得体，拉拉他的胳膊不让往下再说，自己赔着小心说:"银先生，现在时辰有了，请您老给算一算，看看这孩子运道怎样?"

银岳齐点点头，悠然自得地呷了几口茶，问了问黄永泰夫妇的八字，然后扳弄起手指，嘴里咕咕哝哝，一会儿仰头，一会儿俯首，掐算了好一阵子，说:"从八字上看，小妹妹从周岁到六岁平安无事。七岁上有个沟坎，恐怕小妹妹跨不过去。"

"啊——"陆氏不由得叫了起来。

"纵使跨过去了，后面还有三年落难。"银岳齐不动声色地说，"十岁之后慢慢交好运，一直到四十一岁。这中间虽然有一些沟坎，但是不要紧，都有贵人相助。四十二岁又有一个大沟坎，能跳过去，一直可以享福到老。"

"银先生，小姑娘以后的亲事怎么样?"陆氏问。

"不错，到了婆家不愁吃穿。"

"命里有几男几女?"

"三男三女。"

"有多少天年?"

银岳齐伸出右手的拇指和食指，说："能跳过七岁和四十二岁这两个沟坎，就可以一直活到这个数。"

"八十？"陆氏惊喜地问。

银岳齐笑着点点头。

黄永泰问："银先生，孩子七岁上和四十二岁上的沟坎，有办法解吗？"

"有啊。"

"请银先生开恩。"陆氏央求道。

"我这里有一张符。"银岳齐说着从衣袖里抽出一张画着符的黄纸，"今晚等小妹妹睡着了，你们把这张符在小妹妹头上兜三圈，然后把它烧掉，这样就可以一了百了，平平安安地过一辈子。"

陆氏感激涕零地说："全仗银先生恩典！"

"不必客气，祈福禳灾是我们的本分。我和永泰弟又不是一天两天的交情！你们看，我光顾说闲话，还没给小妹妹起名字哩！"

黄永泰边倒茶边说："银先生，喝茶，稍微歇一会儿。"

农家的大麦茶虽然不及名茶香茗可口，但是它消暑止渴，喝起来别有一番风味。银岳齐端起碗慢慢地品味着，一阵阵花香袭人的金风徐徐穿堂而过，银老先生贪婪地猛吸两口，顿时觉得整个五脏六腑都香透了。他在心中说：好香的野菊花！人家说，"居山寿，临水智"，依我看，住在这黄浦江边，人才受用长寿呢！

黄永泰见银岳齐端着茶碗出神，说："银先生，你喝茶呀！"

"好，好。"银先生连呷了几口茶，问，"小妹妹有几个阿哥阿姐？"

"一个也没有。前年生过一个男孩，得肚脐风没了……"陆氏说。

"叔伯的呢？"

"也没有。我没有阿哥兄弟。"黄永泰说。

"嗯。好——"银岳齐往常给别人家孩子起名字，首先考虑五行全不全，如果缺水，就给他起海根、海珍之类的名字；如果缺火，就起火根、火珍之类的名字。今天他一反常态，没有考虑这个女孩的五行缺什么，说："小妹妹叫'菊香'吧。"

"'菊香'？好啊！这个名字好！"黄永泰夫妇高兴地说。

银岳齐呵呵笑了。他觉得这个名字起得好。他又喝了两口茶，把茶碗放在桌子的一边，慢悠悠地从褡裢里取出文房四宝——笔墨纸砚。黄永泰帮着磨好墨，他就提笔写字，银岳齐不是假瞎子，但是他的一手毛笔字写得极好。他就是凭着这一招，在这四乡八里很有一点小名声。不多一会儿工夫，八字写好了。他一边递给黄永泰夫妇一边叮嘱说："八字要放好。福祸贫富、生儿育女，全凭这张八字。"

"嗳，嗳，多谢银先生！"陆氏应着双手接过八字。

黄永泰从抽屉里拿出铜钱，躬身对银岳齐说："银先生，这几个钱给您老买碗茶喝。"

"哎，这么客气做啥？永泰弟，我与你又不是外人！"银先生嘴上这么说着，手却把褡裢口张开了。

黄永泰"哗啦"一声，把铜钱放进了褡裢，说："银先生，一共是四百文，刚才你老的那张符也在里头了……"

"太破费了！太破费了！"银岳齐的脸上放出了光，他知道推车永泰是个爽快人，但没料到酬劳会这么丰厚。

银岳齐收了钱，稍稍坐了会儿，又喝了几口大麦茶，就起身告辞。黄永泰想用车送他回去，他执意不肯。黄永泰拗他不过，只得送到场头就回来了。刚进门，就听见银岳齐的报君知"叮叮当当"地响了起来。

陆氏站在窗前，双手捧着女儿菊香的八字，用心地看着。黄永泰走近她身边，从她手中接过八字，和妻子一起，仔细地看了起来。纸上的字夫妇俩谁也不认识，女儿将来的命运到底如何，他们俩更不知道。看了一会儿，黄永泰把八字交给陆氏，郑重地说："装在竹筒里，藏好。"

第五节　一粒麦不见白

西山的老虎吃人，东山的老虎也吃人。黄永泰夫妇从浦西乌泥泾逃到黄家浜，没过上几年安稳日子，浦东大财主荣世根的魔爪又伸向了他们。黄永泰和陆氏吃尽千辛万苦，花三年时间在这荒滩上一共开出了七亩水田。村上另外三家也陆陆续续开了不少，有四亩的、五亩的，金祥家最多，开了十亩。这些新开的荒滩田十分贫瘠，但黄永泰他们种得用心，肯花力气，所以到秋天每亩能打上二石左右的稻谷。这样，村上各家总算有了饭吃。可惜好景不长，第三年上，荣世根买通官府，硬说黄浦江沿岸的芦荡和荒滩都是他的，开出的水田得统统归他。在那乌天黑地的年代，穷人哪有说理的地方？金祥他们只得将眼泪往肚里咽，老老实实地当荣世根的佃户，把每年收的稻谷按四六开给荣府送去。黄永泰咽不下这口气，他也吃够了当佃户的苦头，干脆不再种田，推起小车又去给人搬运货物、行李，有时也给田多的人家做些短工。

黄浦江的潮水涨了又落，落了又涨。在江涛声中，黄家的小姑娘菊香不觉已经七周岁了。她越长越像妈妈：头发乌黑，鼻直口正，弯弯的眉毛下长着一双水灵灵的大眼睛，鹅蛋脸上有一对小酒窝，当她抿嘴一笑时，显得特别天真可爱。尤其叫人欢喜的是，她虽然年纪小，但是很会体贴父母，能替父母分担忧愁。去年春上，陆氏生下了一个男孩子，取名菊兴。菊香见自己当上了姐姐，高兴得欢天喜地。白天父母出了门，她就在家中照看弟弟。等弟弟睡着了，她就扫地、洗尿布、收拾柴火……

这天一清早，黄永泰推着小车和陆氏一起上陈家渡去了。今天是替榨油坊运豆饼，活多活重。陆氏怕丈夫累坏身体，就跟着去帮助拉车。这样，家里只剩下七岁的菊香和两岁的菊兴。菊香等弟弟睡醒，就喂他吃粥。喂饱了，就让他站在立桶里玩。她搬来一张杌子，摆在碗橱旁边，又在杌子上搁一只小方凳。然后她慢慢爬上小方凳，踮起脚跟伸手去拿碗橱顶上的藤斗。藤斗重，菊香力气小，身子一颤，藤斗"扑通"一声从手里摔到地上，藤斗里的棉花撒了满地。正在立桶里玩的弟弟菊兴吓得哭了。菊香急忙跳下凳子，跑到立桶前，轻轻拍着弟弟的背，嘴里不停地说："乖弟弟，不哭，姐姐疼你！"可是菊兴仍然哭个不停。菊香从地上拾起空藤斗，对菊兴说："好弟弟不哭，是这只藤斗不好，吓得我们弟弟一大跳，打死这藤斗！打死！打死！"她一边说一边装作很生气的样子，使劲打藤斗，打得藤斗"扑扑"直响。菊兴乐了，咧着嘴扬起小手也要打藤斗。

菊香把撒在地上的棉花捡起来，一面逗菊兴玩，一面剥棉花籽。过了个把时辰，立桶里的菊兴又哭闹起来。菊香晓得他要睡了，就把他抱进摇篮，

27

一边晃着一边不停地说:"弟弟困了,要睡觉了。弟弟困了,要睡觉了。"等摇篮里不再出声,她就用一只脚继续轻轻晃着摇篮,一双小手却又开始忙碌起来。一双大眼睛睁得圆圆的,十只手指非常轻巧而熟练。她是这么认真,这么用心,生怕剥得太慢、剥得不干净。指甲磨掉了,她不肯歇。指头磨破了,她还是不肯停手。在她幼小的心灵里,只有一个念头:多剥,快剥,让妈妈晚上早一点休息。

南宋末年,江南一带已有不少农户种植棉花。棉花比麻柔软、结实,比蚕丝便宜,很受百姓喜爱。但当时的制棉技术非常原始、落后。棉花去籽,完全靠手剥。这是一项吃力而费时的活计。许多穷苦农妇为了给家里增加一份微薄的收入,常常在夜里和雨天替别人家剥棉籽。陆氏是个一刻也闲不住的勤快人,不管白天多劳累,每晚总要剥一藤斗棉花。菊香一看见妈妈拿出棉花,就动手帮着一起剥。陆氏心疼女儿,总是叫她早点去睡,不让多剥,所以菊香在白天等妈妈出门干活去了就偷偷地帮着剥。有一次让陆氏发现了,心疼地对她说:"你看好弟弟就行,棉籽不用你剥。"从此,陆氏就把装棉花的藤斗放到碗橱顶上。菊香见藤斗放得那么高,也只好算了。可是昨天夜里,陆氏实在太累了,她一边剥棉花一边直打瞌睡。突然,她身子往前一俯,前额碰在灯台上,磕了一道口子,顿时血流满面。菊香从睡梦中惊醒,看见妈妈一脸是血,急得大哭。她暗暗下了决心:明天一定要想办法把藤斗从橱顶上拿下来,帮妈妈把棉籽剥好,让她晚上早点儿睡觉。

菊香咬着牙,忍着疼,不停地剥呀剥呀,剥了一朵又一朵,一把又一把,终于把藤斗里的棉花都剥完了。这时,她已经累得直不起腰了。但一看天色不早,就赶紧去淘米煮粥。她熬好粥,又把屋子里外都收拾了一遍。一会儿,黄永泰夫妇回来了。夫妇俩见女儿正逗着弟弟菊兴玩,晚饭做好了,屋子收拾得干干净净,一天的劳累顿时就消失了大半。黄永泰从立桶里抱起儿子,亲热得不行。陆氏打了一盆水,拧干手巾递给女儿,说:"去,给爸爸。"

黄永泰接过手巾,先给儿子的脸蛋轻轻揩了揩,然后在自己脸上随便抹了两下,说了声:"行了!"就把手巾扔给妻子。

陆氏接过手巾,嗔怪地说:"比猫洗脸还不如!"接着又对女儿说:"来,菊香，我们得好好洗干净。"

菊香的手刚放进脸盆，就痛得她"哎唷"一声叫了起来。

陆氏一惊，忙问："怎么啦，阿菊？"

"没什么。"菊香忍住痛说。

"没什么？给我看看你的手！"陆氏抓住女儿的手一看，呆住了：指甲磨掉了，指头磨破了，十个指头一个个像小红蜡烛似的。

陆氏突然松开女儿的手，转身去找那只盛棉花的藤斗。一看，只见斗里的棉花都已经剥好，雪白的棉花上洒落着女儿星星点点的血迹，陆氏的心都快要碎了。别人家总是嫌自己的孩子懒惰，不懂事，不体谅父母，可是黄永泰夫妇正相反，他只觉得女儿太勤快，太懂事，太体贴父母了。一个七岁的孩子，竟然这样乖，她从来不争吃，不争穿。叫她干的活，没有不干的；不叫她干的，她总是偷偷学着干。这样有心思，这样有孝心！陆氏蹲下身子，把女儿的手指放进自己嘴里，轻轻含了含，问："很痛吗？"

菊香点了点头，刚想说很痛，可是她看到妈妈额角的伤口，又立刻摇摇头，说："不，不太痛。"

陆氏把女儿紧紧搂在怀里，哭着说："以后妈妈叫你干啥，你就干啥。不叫你干的，就不要干。要不，妈妈会心疼死的。知道吗？"

"嗯。妈妈，你别哭，现在我不痛了，真的！"女儿的安慰使陆氏抽噎得更加厉害。

菊香问："妈妈，你怎么还哭呀，是不是额角上的伤口痛得很厉害？以后你剥棉花，别剥得太夜深了，昨天夜里多危险！妈妈，不哭，多难为情，弟弟在看你哩！"七岁的菊香一本正经地劝着妈妈，活像一个大人；而陆氏则像一个七岁的小孩，抽抽噎噎哭个不停。

黄永泰来到妻子身边，安慰说："行了，秀芳，你这样哭，菊香的手会哭好吗？别哭了，今晚早点睡，明天早些起来给菊香做点儿好吃的。"

第二天一早，当菊香从睡梦中醒来，陆氏已经把一碗碗热腾腾的面条凉在桌上。今天天还没亮，陆氏就起身了。她把菊香拣的麦子磨成面，做了顿面条。这新麦做的面条，虽说没放几滴油，但却是十分喷香诱人。今天早晨，芦荡里的鸟雀叫得格外欢，菊香全家显得特别高兴。黄永泰夫妇看着桌子上一碗碗香喷喷的面条，感到一种做父母所特有的欣慰。这是自己女儿一个麦穗一个麦穗拾来的呀！

农谚说："稻要养，麦要抢。"麦子熟得快，收麦就像救火一样，只要一开镰，掉在地里的麦穗，主人家就顾不得了，所以穷苦人家的老人、小孩纷纷来到刚割过的麦田里拾麦穗。他们踏露水，顶烈日，拾一个麦穗躬一回身，拾一个麦穗磕一个头。菊香只是一个七岁的孩子，可是她眼尖腿快手灵，又能吃苦，她拾的麦穗，比许多十几岁的大孩子还多，整个麦收里一共拾了满满的三栲栳。这需要她弯多少次腰，流多少汗！

今天最高兴的当然数菊香。当时的江南农家是难得吃面条的，因为小麦种得少，面粉比米贵，一般农家只是在过年过节或招待客人时才能吃上一顿面食。桌上这香气扑鼻的面条，馋得菊香直咽口水。菊香知道这白花花的面条是用自己拾的麦子做的，现在要让爸爸妈妈和弟弟亲口尝尝自己的劳动果实，她的小心窝甭提有多痛快！

一家人按照各自的座位在饭桌前坐下。黄永泰迅速地把自己的碗和妻子的对换了一下。陆氏白了他一眼，说："换个啥？一样的面条！"

黄永泰说："我知道，是一样的。"说着就大口大口吃了起来。

陆氏越看心里越疼得慌。原来这一碗是她专门给自己盛的，除了上面有几根面条，底下尽是南瓜。她猛地抓住丈夫的手，要把碗夺过来。黄永泰力气大，陆氏费了半天劲，也没有把碗夺到手。她猛地扑到丈夫身上，一口咬住丈夫的臂膀，热泪像泉水一般涌出来。这一下黄永泰可受不住了，连连告饶说："我给你！我给你！"听到丈夫这么说，陆氏急忙抬起头，夺过碗，扑哧一声，破涕为笑。

黄永泰指着妻子，对女儿说："阿菊，看你妈妈，一会儿哭，一会儿笑，真像一个小宝宝！"陆氏给丈夫这一逗，笑得更厉害了。正当陆氏前俯后仰，咯咯直笑，菊香突然哇的一声扑到她怀里。菊香边哭边说："妈妈，好妈妈，你别光吃南瓜，你不能老是饿肚子！"陆氏抱起女儿，在她腿上拧了一把，说："傻姑娘，妈什么时候饿肚子啦！"

"就是！就是！每天中午你叫我给爸爸送饭时，总是……"不等女儿说完，陆氏急忙掩住她的嘴。

　　菊香挣脱妈妈的手，说："你别掩我的嘴，我早就给爸爸都讲了。你把饭让给我们吃，自己只吃一点儿剩饭剩菜，还叫我学乖一点儿，别告诉爸爸！"

　　黄永泰从妻子怀里慢慢抱过女儿，深情地对陆氏说："秀芳，我都知道了。我能有你这么一个好娘子，是祖宗积的德。来世我黄永泰做牛做马，结草衔环，也一定报答你的恩情。不过，秀芳，我们是一口锅里吃饭的人，怎么能吃两样的饭？你说，叫我怎么咽得下去！"

　　陆氏扑到丈夫怀里，央求说："永泰，别说了，别说了！"

　　站在立桶里的小菊兴，好奇地望着紧紧抱在一起的爸爸、妈妈和姐姐，不明白他们为什么一会儿笑，一会儿哭。

　　忽然，篱笆门响了。屋外传来了邻居金祥的声音："永泰哥，今天去罱泥吗？"

　　黄永泰赶紧擦擦眼睛，迎出来，说："金祥弟，屋里坐。"

　　"不，外面凉爽。"金祥说着，蹲在门前树荫下，呼噜呼噜地喝起粥来。

　　"今天我们家吃面条，你来一碗？"

　　"哟，今天你们家谁生日？"

　　"什么生日。菊香拾的那点儿麦子，今天……"

　　"不吃，不说，我吃了太罪过。俗语说：'一粒麦，不见白。'这一碗面条不知她要磕多少头才能拾来！我是来问你，永泰哥，多少天你才能罱完泥？今天去不去？"

　　"今天我去。大概得五六天才能罱完。"黄永泰说着从屋里端出一碗面，见金祥实在不肯吃，就倒进自己的碗里蹲下吃了起来。

　　"永泰哥，等你罱完泥，咱们俩再做几把竹椅，挑到庙会上卖去，怎么样？"

　　"好啊，六月十五快到了，我也正琢磨这件事呢。"

　　"永泰哥，不是兄弟我爱叨光，你的手艺强，跟你一块做，椅子容易脱手。"

　　"金祥弟，咱们是多少年的老搭档了，你怎么还这样客气？"

　　黄永泰和金祥正说着话，吃得满头大汗的菊香端着碗来到屋外。黄永泰见了，忙说："阿菊，进屋去，小姑娘家卖饭碗不好。"

菊香小嘴一撇，说："你们俩也都在卖饭碗，还说我呢！"

金祥笑了笑，说，"嘿！阿菊，你这张嘴巴真厉害！"

菊香故意不说话，只顾吃面条。金祥见菊香吃得这样起劲，不搭理自己，就逗着说："哎呀，阿菊头，你碗底有个洞，面条漏啦！"

菊香急忙翻过碗，一看，根本没有什么洞。碗里剩下的一点面条和南瓜全撒在了地上。金祥乐得哈哈大笑，笑得他眼泪都流出来了。菊香见金祥叔存心捉弄自己，看看撒在地上的面条，忍不住哭了。嘴里不停地喊着："你赔！你赔！"哭着哭着，突然，啪的一声，她把空碗朝金祥砸去。笑得前俯后仰的金祥急忙闪身，碗从耳朵边飞过去，落到晾在篱笆上的罾网里。

黄永泰上前狠狠打了女儿一巴掌，说："没大没小，拿碗砸起叔叔来了！"菊香捂着脸，哇的一声跑进了屋。

金祥责怪地对黄永泰说："小孩嘛，怎么能这么打？"

"还不该打？再吃一年饭，她就八岁了。这副脾气不改，还了得？"黄永泰刚说完，陆氏走出屋，低声埋怨丈夫不该打孩子的头，应该打屁股。

金祥说："阿菊这样的乖孩子，踏破铁鞋无处觅，刚才也是我做叔叔的不好，哪能怪她呀？"

黄永泰也后悔自己刚才太冲动，落手太重。听妻子和金祥这么一说，不吭声了。

"永泰哥，你是推车挑担的人，手脚有力气，往后打孩子可要手下留情啊！"金祥说完端着空碗回家去了。

黄永泰进屋见女儿偎在妈妈怀里，小脸上五道指印特别显眼。他俯下身子，低声问："痛吗，阿菊？"菊香点点头，不说话。黄永泰叹了口气，说："你这孩子样样好，就是这脾气。"

陆氏一边抚摸着女儿的脸，一边自言自语地说："唉，这脾气不改，以后到了婆家，要吃苦哩！"

第六节　龙生龙凤生凤

　　中午，陆氏又叫菊香给黄永泰送饭。黄永泰在罱泥船上抬头望见女儿提着饭篮走来，心中很是高兴。从船头上拿起两根雪白的、有小孩手臂粗的芦根在水里重新洗了洗，一跃跳上了岸。他把芦根递给女儿，说："吃吧，多大多嫩的芦根！"菊香接过芦根，坐在树荫下，津津有味地嚼了起来。黄永泰一边吃饭，一边看着女儿脸上的手指印，心里感到很难过。女儿长这么大，自己还从来没有这么打过她，都怪自己一时性起，下手太重。黄永泰轻轻抚摸着女儿的脸，问："还痛吗？"

　　菊香摇摇头，没有说话。

　　黄永泰又问："你恨爸爸吗？"

　　菊香摇摇头仍然没有说话。黄永泰心里想，自从早晨打了她，她就不再跟我说话，光是摇头或点头，难道这么小的孩子也会记恨吗？他叹了一口气，重复早晨陆氏说过的话："你这脾气不改，以后到了婆家要吃苦的……"

　　黄永泰吃完饭，又问："哎，阿菊，今天午饭妈妈吃饱了吗？"

　　菊香终于开口了，说："吃饱了，我看她吃饱了才来的。不过……妈妈说我了。"

　　"说你什么？"

　　"说我样样乖，就是这件事不乖。"

　　"不，不，这才是乖孩子呢！以后每顿饭你都看着妈妈吃，她不肯吃饱，你就……"

　　"我就哭！"

　　"对！她最疼你，你一哭，她准肯吃！"

　　由于东家活催得紧，黄永泰一吃罢午饭，又上船开始罱泥。菊香说，天气热想游一会儿水。因为黄家浜周围尽是大小河流、池塘，有的年头黄浦江发大水，鱼都会跳到锅台上，所以这儿的人从小都得学游水。黄永泰见天气确实很热，就答应女儿下水凉快一会儿。菊香在池塘里扑通扑通地游了一会儿，就来到黄永泰的罱泥船旁，双手抓住船沿仰着头休息。爸爸告诉她，船周围水浑，快起来吧，可是她舍不得起来。黄永泰把罱泥船撑到一片干净的水面上，刚把罱网下到池塘底，只觉得罱网的两根把竿在剧烈地晃动。他立即用劲合拢把竿，急呼："阿菊，快，快上船！"

菊香一骨碌爬上小船，问："什么事？爸爸？"

"罱网里有东西，力气很大！"

"什么东西？鱼？"

"吃不准。鱼不会这样有劲。"

"那是什么？落水鬼？"

"瞎说！快，快把缆绳解下给我！"

黄永泰接过菊香递上的缆绳，把罱网的两根把竿紧紧捆在一起，对女儿说："阿菊，你扶住把竿，我下水去看看。你千万别松手，我在水底往上抬一点，你就往上提一点。"

黄永泰潜到池底折腾了好一会儿，上来换了口气，又钻下去，右手紧紧抓住罱网口的两根铁刮条，慢慢地把整个罱网托上船来。菊香圆睁双眼一看，只见罱网里黑乎乎地一大团，蒲扇大的一个黑尾巴露在两根铁刮条的外面。黄永泰喘着气说："原来是条大乌鳢，怪不得这么有力气。今天亏得碰上我的新罱网，要不哪能逮得住它啊！"

菊香见这么一条大鱼高兴得直蹦："哎呀！多大一条黑鱼！"

"唔！不叫黑鱼，叫乌鳢！"黄永泰纠正女儿说。

"乌鳢就是黑鱼嘛。"

"嗳，叫黑鱼难听，没有口采，要叫乌鳢！"黄永泰深知乌鳢的力气和脾性，他的右手始终没放松。费了不少劲，才将这条大乌鳢弄上岸。

这条鱼确实不小。黄永泰回家用秤一称，小二十斤！浦东有个习俗，认为乌鳢头上长鳞，是鱼中的怪物，不能用来请客、敬神、祭祖宗。所以，这种鱼在市上卖不出价钱。黄永泰逮的这条乌鳢，大得出奇，一般人见了都会望而生畏。陆氏是渔家出身，在这方面没有什么忌讳，管它什么黑鱼精、鲤鱼精，统统照吃不误。她把这条大乌鳢用盐淹了一段，剩下的烧了满满一大钵头。鱼烧好后，陆氏盛了三大碗，叫菊香给三家邻居送去。黄永泰叮咛女儿说："人家要是问什么鱼，你就说是乌鳢，别说黑鱼。记住了吗？"

陆氏笑着说："你放心吧，哪家也不会送回来！"

五天后，黄永泰鬻泥的活干完了。他从东家那里算了工钱，就和金祥一起开始做竹椅。他们俩锯的锯，凿的凿，削的削，每天能合做六七把椅子。黄永泰手艺好，心思巧。这一回他又琢磨出个新花样，做的这个新家什看上去是张凳，大人可以坐；把它放倒了，则成了一辆小孩的坐车。金祥快活地在上面坐了坐，满意地说："行，高矮正好，很结实！"

黄永泰只是嘿嘿地笑，没说话。金祥把这家什放倒，对站在旁边的菊香说："阿菊，快把你弟弟菊兴抱来！"

菊香从屋里抱出弟弟，往新做的家什里一放，嘿！不高也不矮，不宽也不窄，正合适！

"行啊，永泰哥，你真有两下子！这家什我看得多做一些，准好卖。"

"嗯，是得多做一些。不过还得给它起个名，你说叫什么好？"

"对，得起个好名，让我想想。"

"我想了好些日子，总是不称心。现在东西做出来了，可是名字还没有。"

"它既能当凳子，又能当坐车，大人、小孩都能用……哎，有了！叫'两受用'怎么样？"

"'两受用'，大人、小孩都受用。好，这个名字起得好！"

菊香也觉得这个名起得好，咧开小嘴笑了。

黄永泰看了看屋檐下的日影，对女儿说："阿菊，你去牛车棚看看，让牛歇一会儿，给它吃点草、喝点水。"

菊香应了一声就往村外走去。金祥望着菊香的背影，对黄永泰说："你这女儿真行，又能干，又听话！我家阿国，只知道玩！"

"男孩嘛，哪能跟女孩一个样！你那阿国，长大准有出息。"黄永泰说完又埋头干了起来。

金祥一边手里忙着，一边问："'这两受用'怎么卖，永泰哥？"

黄永泰用满是胡茬的下巴蹭了蹭发痒的胳膊，说："比一把椅子多一点，比两把椅子少一点。你看怎么样？"

"行，就这么个价。我看人家准抢着买。"

黄永泰和金祥正在说话，菊香回来了。黄永泰问："稻田有多少水？"

菊香说："水不多，我去的时候，牛站着……"

"怎么？不会的！叶家的这头牛最老实，不会偷懒。"

"是水车坏了，一节龙骨上脱了销子。"

"嘿，这牛有灵性，车坏了就不走。"金祥说。

黄永泰拿起竹刀，正要去修水车，菊香说："现在修好了，牛正在车水呢！"

"修好？谁修的？"黄永泰问。

"我修的。"

"你？"

"嗯。"

"你怎么修的？"

"就像你上次那样，把两节龙骨的销眼对准，然后把销子打进去。"

"那龙骨你能套上轴盘？"

"我用一根棍子顶在肩膀上使劲撬上去的。"

"嘀，真是龙生龙，凤养凤，阿菊跟你一样巧心思巧，永泰哥，行！"金祥拍拍黄永泰的肩膀，快活地说。

"不行，我得去看看。"说着黄永泰就往牛车棚的方向走去。

时间不长，黄永泰笑呵呵地回来了。

金祥问："怎么样，阿菊修得可以吧？"

"没什么，那榔头和销子都是我预备在那儿的，她只是敲一敲……"

"这就不简单了，人家才七岁！"

"嘿嘿，小姑娘笨倒是不笨……"

菊香见得到了父亲和金祥叔的赞许，抿着嘴进屋去了。

"这个阿菊头，真有意思，夸她两句，就难为情了，真像个小大人！"金祥说。

黄永泰朝屋里看了看，只是呵呵地笑。

"哎，永泰哥，今天时间差不多了，算了吧。"

"好，你先回去吧。"

"不，我来清扫清扫。永泰哥，这些竹梢给你抱到灶边去？"

"不，这些竹梢还有用，烧火太可惜了。"

"一节节都这么短了，还有啥用？"

"有用，有用，明天我告诉你。"

"你又有什么新花样啦？好，明天我来瞧。"

金祥走后，黄永泰把那些细竹梢锯成寸把长的菱形小段，每段两头钻上小孔，然后用销子一节节连起来，做成一条条竹龙。他手拿在龙尾上，龙头、龙身就左右来回游荡起来。摆弄了一会儿，他又从墨斗里取出一些墨汁涂在竹龙上。顿时，竹龙显得更加逼真了。

"阿菊，快来！"黄永泰朝屋里喊。

"什么事？爸爸？"

"你看，这是什么？"

"哎呀，长虫！别让它咬你呀！"菊香惊呼着。

"不会咬，它可听话啦。叫它往左就往左，叫它往右就往右。"黄永泰一边说一边摆弄着。

"爸爸，你是哪儿抓的？怎么这么听话？"

"哈哈，不是抓的，是爸爸做的。来，给你！"

菊香害怕，不敢伸手去接。黄永泰乐了，说："拿呀，竹子做的，不会咬人。"

菊香壮着胆子接过来看了看，真是竹子做的，就快活地玩了起来。

"好玩吗？阿菊？"

"好玩。爸爸，你的手真巧！"

"你可别拿去吓人，人家猛一见，准会吓得跳起来。"

"别人我都不吓，只吓金祥叔一个人。"

"为什么要吓他？"

"他骂我！"

"骂你什么？"

"骂我蟹囡！"

"哈哈！好，明天早晨他来，你先问问他，还叫不叫你蟹囡？如果他说还叫，你就拿这个吓他。"

第二天一早，金祥刚吃完早饭，手里拿着汗巾就朝黄家走来。刚跨进门槛，菊香背着手，笑眯眯地问："金祥叔，你以后还敢叫我蟹囝吗？"

金祥看了陆氏一眼，笑着对菊香说："傻孩子，是叔叔跟你说着玩的。"

"以后还叫不叫？"

"以后……以后不叫啦。"

"以后你再敢叫，我就……我就叫它咬你！"菊香说着就猛地把藏在背后的竹龙伸到金祥面前。

金祥冷不防吓得一跳，大叫："菊香，蛇！"菊香和黄永泰夫妇哈哈大笑，连站在立桶里的小菊兴也咧着嘴直乐。

黄永泰从女儿手中接过竹龙，笑着对金祥说："金祥弟，我不是说，今天要告诉你那些竹梢有什么用处吗？看，这就是用处。"

金祥惊魂方定，仔细看了看黄永泰手中的竹龙，接过来摆弄了一阵，猛地一拍大腿，眉开眼笑地说："永泰哥，你真有招！做得跟真的一样！"

"我们今天再做一些'两受用'，然后把那些细竹梢统统都做成竹龙。"

"好，永泰哥，兄弟听你的。"

第七节　今朝只准说龙

六月十五，是射猎庙一年一度的庙会。

这射猎庙在浦东地面上名气很大。相传三国时东吴孙权孙大帝曾在这一带打过猎，后人为了纪念他，就在这里修建了这座庙宇。历经改建，到南宋末年，这座庙宇的规模已经十分可观。它粉墙青瓦，雕梁画栋，飞檐高翘，不仅气势宏伟，而且精巧、秀丽，很有江南寺庙建筑的艺术风格。院墙外，东、西、北三面是松柏修竹。门楼前，是一片宽阔的庙场。庙场西侧，一株参天古树，郁郁苍苍，十分壮观。这是一株银杏树，相传为当年孙权亲手所种，到宋理宗年间，已有千年历史。这古银杏树有十几丈高，四五个大人都合抱不过来，到三四丈的高处，树分成南北两枝，南枝大，北枝稍小，远远看去，像倒挂在天幕上的一把巨大的扫帚。这古树虽然历经各种灾祸，但仍然枝繁叶茂，年年果实累累。夏天，不管天气多热，一走到这树下，顿时就觉得阴凉、舒畅。不过，要是一个人来到这树下，听到那沙沙的叶响声，会让人马上产生一种阴森可怕、毛骨悚然的感觉。

六月十五这天早晨，天刚蒙蒙亮，菊香就起床了。她高兴得心差点儿都要飞出心窝了。这个生长在黄浦江边，连三里外的板桥镇都难得去的小姑娘，今天要跟着爸爸和金祥叔到十里外去赶庙会，心里能不高兴吗？吃好早饭，陆氏给女儿擦了擦脸，又拉了拉她的衣襟，说："去的时候这十里路要靠自己走，行吗？"

"行，一百里也行！"

"小姑娘家，说话不着边际，出门不能这么疯！"

"不信你看着，回来时我也不坐车！"

今天大人们也都很高兴。金祥觉得浑身特别有劲。他十分利索地将二十把竹椅，分做两头穿在一根特制的长扁担上，挑上肩，走几步试了试，觉得很顺肩。黄永泰一边装车，一边乐滋滋地盘算着：如果价钱卖得好，就一定给妻子和女儿一人扯一块衣料。他的独轮车装得满满当当的，要是换了别人，这么多的东西根本没办法装上去。你看，他装了十把椅子，十二个"两受用"，一筐甜瓜，五十双草鞋，八双芦花靴和金祥的一袋新绿豆。黄永泰正要把一只竹篮往车上放，菊香跑到他跟前，说："爸爸，这一篮竹蛇我拎着。"

"不能说竹蛇，要说竹龙！"黄永泰大声纠正着女儿。菊香怕爸爸生气，不让她去赶庙会，就赶忙说，"我知道了，叫竹龙。"

黄永泰仍然不放心，说："今天去射猎庙，你一定要老老实实，千万不要乱指乱点，乱说乱道！"

陆氏也来到女儿跟前，蹲下来理了理女儿的刘海，叮咛说："阿菊，爸爸讲的要记住，到了那里别瞎说，别乱跑！"

黄永泰夫妇的这一番叮咛，不是没有原因的。当时的老百姓很迷信，对鬼神特别敬畏。夫妇俩不约而同地想起了发生在两年前的一件事：板桥镇有一个叫阿四的男孩子，前年六月十五跟叔叔去射猎庙赶庙会。他一进庙门看见一个手拉马缰的武士泥塑，张口说："看，马夫！"结果得罪了神灵，回家他就病倒了，一直病了三个月。家里不知烧了多少香，许了多少愿，没用，最后还是死了。

黄永泰夫妇怕吓着女儿，所以谁也没有把这件事讲出口，只是嘱咐女儿到了那里必须规规矩矩。黄永泰把篮子递给女儿，说："你先拎一段路也行。要记住，今天只准说龙，不准说蛇！"

金祥说："放心好了，永泰哥，阿菊灵得很，不会说错的。"他又转过身，对菊香说："阿菊头，要说竹龙，说竹龙好听，有口采，买的人多。你听话，等卖了钱，叫你妈买点儿丝线，跟红菱姐学绣花。"

"真的?"

"真的。你妈不买，我叫红菱姐给买去。"

"哎呀，太好了，太好了！"

金祥挑起担子走在前面，菊香挎着竹篮走在中间，黄永泰推车走在最后。陆氏抱着儿子菊兴，站在篱笆门旁望着他们远去的背影，一直到看不见了才进屋。

尽管黄永泰他们一路紧赶慢赶，但等他们赶到，那里已经人山人海。整个庙宇，香烟缭绕，一片钟磬之声。大殿内，院子中，甬道上，走廊里摩肩接踵挤满了人。他们大都是浦东一带的农民，也有来自浦西各地的香客，有求签的、讨仙药的、来还愿的，更多的是来买卖东西的。在这川流不息的人群里，也有少数是富家子弟。他们衣着华丽，在人堆里挤来挤去，见到谁家的姑娘长得俊，就趁着拥挤在姑娘胸前摸一把，或者假装掉了扇子，蹲下身去捏姑娘的脚。

大门楼前的庙场上，摆满各种各样的摊子。有卖香表的，卖吃食的，卖竹、木器的，卖缸甏的，卖粮食的，卖布匹的，卖农具的，还有卖鸡、鸭、兔、羊的，真是应有尽有。几家大买卖搭着高大的凉棚，一般的小摊贩，只是在头顶上张一块布单或苇席。黄永泰他们什么遮阴的东西也没有，只能向那棵大银杏树借一点荫凉。等他们好不容易挤到大树下，找到一席之地，一个个都已经累得汗流浃背，气喘吁吁。

黄永泰刚从车上取下一个"两受用"，一位长得很俊俏的中年农妇挤过来，打量了一会儿，问："大阿哥，这做的是什么机关?"

"呵，不是什么机关，是'两受用'。"

金祥上前一步，笑着说："大嫂，你看，这么摆，是凳子，大人坐正合适，这么放倒了，就成了小孩的坐车……"

"哎呀呀，你们的心思真巧，做工也地道。多少价钱？我买一个回去。"

"五十个铜钱一个，大嫂。"黄永泰说。

农妇觉得这个卖主很憨厚，价钱也不贵，不好意思再压价，但她又想，买东西哪能有不讨价还价的？农妇正在犹豫，黄永泰又说："大嫂，你是开头第一个，真的要，我就讨个利市，给四十个铜钱得啦，一把竹椅的价！"

农妇那俊俏的脸上露出了笑容，急忙掏出用手绢包着的铜钱，数了起来。

农民是讲究实惠的。他们称赞这"两受用"做得好，价钱公道。不多一会儿的工夫，就买走了好几个。

金祥从车上抱下那筐甜瓜，大声叫喊着："哎，买瓜吃，买瓜吃！你们看，真正的'茅草青'。看人看气色，看瓜看皮色。"说着他用手拍开一个瓜，又叫开了，"大家看，这叫真正的'茅草青'，青皮绿肉黄瓤红籽，不甜不要钱，不脆不要钱，不香不要钱！"

一位白胡子老人对金祥说："后生家，给我挑两个熟点儿的，要拿回家留种。"

"好嘞，老伯！"金祥说着把手中打开的瓜递给菊香，叫她快吃，自己熟练地给老人称好瓜，收了钱。

黄永泰和金祥忙乎了一阵子，突然想起那一篮子竹龙还没有拿出来卖。金祥让菊香站在一张竹椅上，然后从篮子里掏出几条竹龙叫她拿在手中摆弄。立刻，吸引了许多人，他们怀着好奇心，看着这个清秀、水灵的小姑娘和在她手中摇头摆尾的竹龙。一个四十上下，额角上长着一个馒头大小黑瘰的汉子从菊香手中接过一条竹龙，看了看，又拿在尾巴上晃了晃，连声说："妙！妙！多少钱一个，小妹妹？"

菊香望了望父亲。黄永泰说："四个铜钱。"

黑瘰说："两个铜钱卖不卖？肯卖这一篮子我全买下了。"

黄永泰犹豫了一会儿，说："好吧，卖给你。"

正当黑瘘往自己的藤箱中装着竹龙，一个十一二岁的男孩，挤到菊香跟前，说："我也要一条！"菊香又转身看了看父亲，黄永泰说："好吧，给你一条。"

"我没钱，用鸡蛋换成吗？"男孩说着，举起了盛鸡蛋的小篮子。

黄永泰打量了一下这个男孩，问："怎么？你的鸡蛋一个还没卖出去？"

"嗯。人家都说现在的鸡蛋都给蚊子叮过，搁不住。我来小半天了，一个还没卖出去。奶奶还等我拿米回去煮饭呢。"

"你奶奶为什么不来？叫你这个小孩来卖，你又不会吆喝！"金祥在一旁问。

"我奶奶是瞎眼，今天人多挤，她来不方便。"

黄永泰从女儿手中拿过一条竹龙，递给男孩，说："送你一条，快卖鸡蛋去吧！"

"白送我不要，我拿一个鸡蛋换。"男孩说着把篮举到菊香面前，"你挑吧！"

金祥说："那好，阿菊，叫你拿你就拿一个吧。"

菊香瞪大眼睛挑了一阵子，最后挑了一个最小的。可是她很快又把鸡蛋放进了篮子说："我不要鸡蛋，你拿去卖钱吧。那竹龙送给你。"

金祥从黄永泰手中接过竹龙，对男孩说："快拿着，真的送给你！"

男孩接过竹龙，向三人一躬身，一溜烟似的跑了。

篮子里的和菊香手里的竹龙，都叫黑瘘买走了，可是菊香仍然呆呆地站在竹椅上。黄永泰问："怎么啦，阿菊？是不是不舒服？"

菊香摇摇头，不说话。

黄永泰又问："肚子饿啦？"

菊香仍然摇摇头，不说话。

"说话呀，菊香，在家里不是一直挺乖的嘛！"

"爸爸！"菊香抹着眼泪从椅子上下来，走到父亲跟前。

"怎么啦？孩子？"

"爸爸，刚才那个哥哥的鸡蛋卖不出去，拿什么籴米呀？他的瞎眼奶奶还在家等着籴米回去呢！"菊香说着就呜呜地哭起来。

金祥笑了笑说："你这阿菊头，跟你妈一个样，菩萨心肠！好了，好了，别哭了。我们把他的鸡蛋统统买下来！"

费了好大劲，金祥才把那个男孩找到。黄永泰问了问价，数了数一共是二十七个鸡蛋，就掏出铜钱，对男孩说："这是八十个铜钱，拿去吧。"

"不，不要这么多，我奶奶说，谁要一块儿买，便宜四个铜钱，给五十个就行了。"

"好孩子，听叔叔的话，快拿去籴米，奶奶还等着你呢！"黄永泰说完把钱放进了男孩的空篮里。

男孩看了看黄永泰，看看金祥，又看看菊香，突然给他们磕了一个头，提起篮子籴米回家去了。

第八节　神灵不再附体

太阳偏西不久，黄永泰他们只剩下三把椅子和两双芦花靴了。金祥说："不着急，我们先吃点东西。"他掏出一把钱，又说："我们带的大麦饭太干，我去买几碗馄饨。我请客！"说着他一阵风似地朝吃食摊奔去。

一会儿，金祥用托盘托了三碗馄饨和一盘白切羊肉，回到大树底下，大声说："永泰哥，你和阿菊先吃，我还托盘去，人家正等着用。"

金祥还了托盘回来，见父女俩还没有吃，就生气了，说："永泰哥，干吗不吃呀！你们全家日做夜做，一年能见到几滴油？今天我请你一碗馄饨，你做阿哥的就消受不起？"

"金祥弟，你说哪里话！你已经买来了，还客气啥？"

这庙会上的馄饨味道极好，就是太热，没办法吃。金祥一边用草帽替阿菊扇馄饨，一边对黄永泰说："永泰哥，你说那个黑瘪心黑不黑？从我们这里两个铜钱一条买的竹龙，他一转手就卖十个铜钱一条！"

"唉，真是罪过，从小孩手里赚亏心钱！刚才我看他也是个小本生意，就便宜一些卖给他，也好让他赚几个钱。没想到他会卖得这么贵！"

"你还别说，真还有人买他的。我见他藤箱里没剩下几条了。"

黄永泰他们刚吃完饭，突然风声大起，传来隆隆的闷雷声。金祥抬头一看，嗬！东北角上乌云滚滚，像潮水一样奔腾而来。霎时间，狂风一阵紧似一阵，雷电也越来越猛。庙场上顿时乱腾开了：狂风中，那些高大、结实的凉棚，如同惊涛中的篷帆，剧烈地晃荡着、颠簸着，发出可怕的格格声；各家摊主手忙脚乱地一会儿按这个，一会儿按那个；草帽、汗巾、衣裳、雨伞在庙场上空乱飞乱舞。一场雷阵雨眼看着就要来临，人们纷纷往庙堂里跑，往廊檐下跑。黄永泰他们在门楼右边的廊檐下找到一块地方，坐在卖剩下的三把竹椅上，等待这场雷阵雨早点儿过去。

一会儿，铜钱大的雨点开始掉下来了，一些满身大汗、仍在庙场上忙碌的人，淋到这冰冷的雨滴，一个个嗷嗷直叫。雷越来越猛，雨越来越急。廊檐下挤满了躲雨的人，有的卷着自己的裤管，有的望着天空翻滚的乌云，有的看着庙场旁的那棵大银杏树在和狂风暴雨搏斗。突然，金祥叫起来："看！那是什么？"

"什么？在哪儿？"黄永泰问。

"那儿，银杏树的两杈中间！"

"啊？"坐在一边的驼背老头有些惊恐。

"那是人，谁家小孩上了树。"黄永泰说。

"不对！小孩没这么细长！"金祥反驳说。

"不是小孩，小孩爬不上去！"一个二十岁左右的小伙子说。

"你们后生家眼睛好，仔细看看，到底是什么东西？"驼背老头说。

廊檐下所有躲雨的人，都瞪大双眼透过雨帘，看着那银杏树的两枝分杈处，心中都在嘀咕：这银杏树只有南北两大杈枝，分杈口没有枯枝什么的。现在突然出现的那一段像树桩似的东西，到底是什么呢？

"蛇！蛇！那是一条大蛇！"菊香突然惊呼。

她的话音刚落，只见金光一闪，一团火球从天而降，同时天崩地裂似的一声巨雷。等到人们睁开眼睛，只见那棵银杏树的整个南枝被雷电劈掉了，分杈口的那一截怪物也不见了。很快，风停了，雨小了。廊檐下的人都庆幸自己命大。一些有胆量的人慢慢朝大树走去，只见那个黑瘘被大树枝砸在头上，当场就丢了性命。人们再抬头一看，都吓得魂飞丧胆：从树杈上垂下一段碗口粗、六七尺长的腥怪东西，浑身都是亮闪闪的鳞，脑袋有脚炉一般大。菊香小姑娘没有说错，果然是一条大蛇！人们看到后拔腿就跑，只恨爹娘没给生一对翅膀。黄永泰和金祥也吓得脸色刷白，顾不得怜悯那个黑瘆，一个推车，一个背起菊香就往东奔去。顿时，整个射猎庙大乱起来。在庙里的人，拼命地往门外挤，不少人纷纷跳窗户往外逃；还有一些人则跪在孙大帝神像前，像捣蒜般地磕头。庙场上摆摊的人也顾不得他们的摊子、家什了，拿起钱匣就逃命，有的连钱匣也不要了。

往东奔出一二里路，惊恐万状的人们才渐渐放慢了脚步。于是人流里议论开了。

"哎呀，我的娘，这黑蛇足有吊桶那么粗，那该有多长！"一个长脸中年人喘着气说。

"那树洞有多深，这蛇就有多长。"白胡子老人说。

"原先谁也不晓得这树上还有个洞。"长脸说。

"那个小姑娘是谁？一喊是蛇，雷就把这长虫劈了！"挑空筐的矮个子问。

"就是站在椅子上卖竹龙的那个黄家浜的小姑娘。"白胡子答道。

"就是她？今天一看到她，我就觉得她与众不同！"矮个子惊异地说。

"嗯，这条黑蛇至少修了五百年，结果死在她一句话下。"长脸说。

"五百年？不止！自从孙大帝种下这棵白果树，这黑蛇就有了，这么算来，至少也有一千年的根基。"白胡子说。

"这黑蛇精为什么偏偏今天出来？"矮个子问。

一直没有开腔的驼背老人终于说话了："老弟，不管什么精，修到了年数，就要出来讨封。今天是庙会人多，这黑蛇精就从树洞里探出脑袋，只要有一个人说：'唔，是一条龙！'它就立刻腾云驾雾飞上天，就算真正修成功了。也算这黑蛇精倒霉，碰到这个黄家浜小姑娘。她喊了句：'是条大蛇！'跟着就是一个霹雳，一千年的修炼全完了！"

白胡子说："常言说皇上是金口玉言，这小姑娘比金口玉言还厉害，雷公都听她的！"

"这黑蛇精不知作了多少孽，这附近的鸡鸭鹅羊不知丢过多少，准是让它吃掉的！"长脸说。

"庙南朱家村钟寡妇的小女儿,去年夏天突然不见了,生不见人,死不见尸,八成也是填了这黑蛇精的肚子!"矮个子说。

"这黑蛇精吃的人多着呢!谁要有胆量把它剖开,蛇肚里肯定有许多金银财宝!"驼背说。

"金银财宝?"长脸问。

"嗯。它吃了人,人化成了粪,但人身上的金银、首饰化不了,全留在它肚子里呢!"驼背说。

雷劈黑蛇精的消息,像长了翅膀一样迅速飞向四方。一传十,十传百,越传越神,越传越离奇,不上几天工夫,方圆几百里的地方全轰动了。

随着雷劈黑蛇精的消息越传越广,黄家浜小姑娘的名声越来越大。人们不远数十里、上百里来到射猎庙,朝黄家浜赶去。他们怀着敬畏和好奇的心情,一定要看一看这位下凡的星宿,其中有的人专门备了香表、财礼来"求仙"的。黄家浜这个偏僻荒凉的江边小村,一下子变得热闹非常,村边的草都给络绎不绝的人群踩光了。

黄永泰夫妇是善良、朴实的农民,不知道如何应付眼前出现的局面。来求仙的人,都说菊香是星宿下凡。开始黄永泰和陆氏不相信,后来日子一久了,不由得半信半疑起来。一天傍晚,阿炎婶悄悄对他俩说:"你们今晚等阿菊睡熟了,偷着看看她的鼻子、嘴巴里有没有龙、蛇、虫呀什么的穿进穿出,如果有,准是星宿!"

当晚夫妇俩就按着阿炎婶说的做了。结果,什么也没看见。第二天天还没亮,黄永泰偷偷地把菊香送到邻村谢福桥家中藏起来。可是很快就走漏了风声,人们又把谢福桥家围了个里三层外三层。福桥婶没办法,只得把菊香送回黄家浜。黄永泰夫妇十分忧虑,这些求仙的人,劝不退,轰不走,菊香只得整天躲在房间里。这样长久下去怎么了得?更叫黄永泰夫妇担心的是,如果求仙的人中有孟府的人,被孟老太爷得知了自己的下落,岂不是又要遭殃?

正当黄永泰和陆氏愁眉苦脸、毫无办法的时候,板桥镇的算命先生银岳齐来了。黄永泰问他:"银先生,我家小姑娘周岁,你老给算的命。现在人家都说她是星宿下凡,是仙人,来看热闹求仙的人像潮水一样。你说说,怎么办才好?"

银岳齐没有回答黄永泰，反问道："你们做爹娘的怎么想，是要她当仙人呢，还是做个种田人?"

"这话怎么讲，先生?"陆氏问。

"我给你们讲实话，如果你们想让她当仙人，就把她交给我，包你们一家不愁吃穿。如果你们要她做个种田人，那我就不好说啦。"

黄永泰说："银先生，我和她娘的意思，当然做个种田人好。"

银岳齐说："人的命，八字定。这命里的事，恐怕爹娘也做不了主，还是由小妹妹自愿吧。她人呢?"

陆氏从里屋领出女儿。银岳齐和颜悦色地问："小妹妹，你要当仙人呢?还是当种田人?"

"我不当仙人，我要当种田人!"菊香噘着小嘴说。

听到菊香干脆利落的回答，黄永泰夫妇很高兴。银岳齐却觉得心里一凉，半晌说不出话来，暗暗责怪自己不该这么简单从事。

原来，自从六月半庙会以来，在这半个多月的时间里，这位算命先生的生意十分清淡。在人们的眼光里，黄家小姑娘是星宿下凡，是仙人，比金口玉言还厉害。一个批八字的瞎眼先生怎么能跟她比呢?于是纷纷来到黄家浜求仙。无奈黄家是老老实实的种田人家，不会趁机装神弄鬼骗人钱财。

黄永泰夫妇整天把女儿关在屋里，叫她什么话也别说。来求仙的人更是觉得金口难开，于是有的人就一趟、两趟、三趟地来，他们认为"心诚则灵"。可是以算命为生的银先生受不住了，半个月没生意，急得像热锅上的蚂蚁。他琢磨来琢磨去，觉得必须亲自来趟黄家浜。来的时候，他心中做了两种打算。如果黄家有心吃跳神这碗饭，自己就与黄家合作，暗中给予开导、指点，这样可以赚一笔大钱。这是两全其美的上策。他的第二种打算是，黄家如果不想靠跳神吃饭，那必须把求仙的人从黄家浜轰走，让他们慢慢回到自己那儿去。不过这是一个不得已而求其次的下策。现在银岳齐听到黄家大小都不愿意靠跳神吃饭，不觉十分失望。不过他知道，强扭的瓜不甜，这种事情更不能勉强。于是他搓搓手说道："那好，还是当个种田人吧。不过，每天围着那么多人……"

"是啊，银先生！弄得我们进不能进，出不能出，我们是靠两只手做活吃饭的人，老这样下去怎么行啊？"黄永泰着急地说。

"永泰弟，不要急，我有个办法。"银岳齐俯在黄永泰耳边低声嘀咕了一阵，就告辞走了。

第二天一早，黄永泰将金祥家的大黄狗杀了。快到中午时，他把狗头、狗皮挂到篱笆门上，递给女儿一条煮得烂熟喷香的狗腿，叫她到门前大榆树下去吃。来看热闹和求仙的人，一见菊香津津有味地啃着狗腿，都垂下头惋惜地说："唉，完啦，仙气跑了！"

原来，在那个时代封建迷信盛行，以各种面目出现的神汉、巫婆、仙人大有人在，他们专靠装神弄鬼来愚弄、盘剥百姓。当然，这些神汉、巫婆和仙人也有不少禁忌，吃狗肉是他们最忌讳的。认为一旦吃了狗肉，神灵不会再来附体，就不再灵验了。

银岳齐的这一招真绝，不上几天工夫，来看热闹、求仙的人踪影全无，黄家浜变得又像从前一样僻静和冷清。

第九节　造石桥起风波

板桥镇，是南宋末年浦东地面上一个热闹的市镇。它紧靠青羊河，大大小小有上百家店铺，住着八百户人家。青羊河上那座高高的木板桥，把镇分成两半。桥西是原来的老街，桥东是大土豪荣世根刚建的新街。在这新街上，除了荣家的深宅大院，就是一爿爿挂着荣记招牌的酒楼、饭馆、客栈、茶庄、肉铺、米店、布店、杂货店、竹木行……荣世根原来不是板桥镇的人，他的老家在镇东南十八里的荣家村。他嫌老宅偏僻、寂寞，就在板桥镇造了一座三大进深的新宅，还带一个偌大的后花园。在镇上住了几年，他见做买卖好赚钱，就陆陆续续在桥东开起了三十多爿店铺，把一片荒滩变成了一条闹街。由于荣世根财大势大，这一带的老百姓都叫他荣半镇。

荣世根到底有多少家财，没有人能说清楚。他的家财的来历，也是众说不一。有的说，他家里养着一只夜里会衔元宝的猫；有的说，从前有一个游方僧到他家化缘求宿，第二天早晨就变成了一个金和尚；有的说，从前有一日，突然天上下了一阵金雨，全落在他家后花园的水池里。还有一种说法更离奇，说有一年夏天，荣世根对他儿子说："老坟上有一只坛子盖没盖好，坛里的金条都露出来了。你午睡后去把它盖好。"这话叫荣世根的远房叔伯哥荣世桂听到了，他就一个人偷偷地跑到老坟，一看果然有一只敞口的坛子。可是坛子里不是什么金条，而是一条条赤练蛇。荣世桂心想，一定是荣世根故意捉弄自己，于是就起了报复之心。他用砖盖住坛子口，把它扛了回去。见荣世根睡得鼾声如雷，就把这一坛赤练蛇从窗口倒进去。谁知刚一倒，只听见哐啷啷一声，倒下去的不是蛇，是金条。荣世桂急忙住手，可是坛子里只剩下一根了。荣世根惊醒过来，问出了什么事。荣世桂知道瞒不住，就说了实话。荣世根听了哈哈大笑，说："坛子里的那根金条是给你的工钱。"

这四种传说，相信的人不少。这是为什么呢？这得从荣世根的四个癖好说起。

荣世根喜欢养猫。他一共养了几百只，都是各地买来的名贵品种，每只猫都有名字。荣世根最喜欢的是一只从青龙镇外国商船上买来的名叫"碧丽"的波斯猫，整天形影不离。荣家的猫，活鱼鲜肉都吃腻了，从来不逮老鼠，一只只养得体大膘肥。荣世根上街外出，只要一声吆喝，它们就颠着屁股，大摇大摆地跟在主子的后面。

荣世根喜欢烧香拜佛。他脖子上总是挂着念珠，不时地给附近的寺庙施舍钱财。有来化缘的云水僧，他必定殷勤招待。有一年，从天童山来了一位老和尚，由于年迈体弱，到了板桥镇就走不动了。荣世根替他在镇北盖了一座福德寺，这位远道而来的老和尚就坐化在这庙里。

荣世根喜欢玩"金雨落玉盘"。这个土财主胸无点墨，琴、棋、书、画一窍不通，不能像别的有钱人那样附庸风雅。可是他又不甘人后，挖空心思想出了这个"金雨落玉盘"的玩法。就是命丫环们把一个个瓷碗放进水池，任其在水面上荡漾，互相叩击发出叮当叮当的声音。荣世根在池边柳荫下搂着美女，一边听着这悦耳的碗声，一边大口吃肉喝酒。高兴了，他就大把大把地往水上撒铜钱。铜钱像雨点一样从空中落下来，有的落在池里，有的掉进碗里，美女们见了一个个乐不可支。这碗碰碗的声音，铜钱打在碗上的声音，铜钱掉在水里的声音，美女们咯咯笑的声音，给荣世根这个土财主带来了无穷的乐趣。他立了一个规矩，哪个女人伴他玩，落在瓷碗里的铜钱就归她。所以他那一大帮妻妾，只要一说起玩"金雨落玉盘"，就眉飞色舞，喜笑颜开。

荣世根特别宠信管家荣世桂。他们俩狼狈为奸，沆瀣一气，以致到了不分彼此的地步。有一次，荣世根九太太的一个贴身丫环向荣世根密告说："总管老爷和九太太行为不轨。"当晚，荣世根交给荣世桂一把钢刀，叫他手刃了那个丫环。荣世桂原是荣世根的一个远房叔伯哥哥，比他大一岁。以前荣世桂也有一份不小的家产，但是由于他游手好闲，吃喝嫖赌无所不为，没有几年工夫就败落下来，最后连房子老婆也卖了。荣世根见他这个穷困潦倒的光棍堂哥一肚子坏水、满脑袋鬼主意，自己正用得着，就收留了他。荣世桂绝处逢生，对他的堂弟当然感激涕零。

由于荣世根有这四个癖好，所以不少老百姓对他如何发财的传说信以为真。他们认为：荣世根确实有一只夜里会衔元宝的猫。他怕别人偷他的宝猫，就养了几百只，叫人家辨认不出。他们认为，真的曾经有一个化缘和尚在荣家睡了一夜，就变成个金和尚，要不荣世根这个一毛不拔的铁公鸡对僧尼怎么会那么慷慨大方。他们对第三个传说也深信不疑，认为肯定在荣家水池里下过一场金雨，不然荣世根怎么想得出"金雨落玉盘"的玩法呢？对最后第四个传说，这些人也认为完全是真的。正是那一坛子金条使荣世桂明白了命里没有莫强求的道理，更加死心塌地地为荣世根效劳；荣世根也更加信任这个远房哥哥了。

不过，不是所有的人都相信，不相信的人也不少。他们有的说："穷人的血汗，富人的铜钱。"有的说："马无夜草不肥，人无横财不富，荣半镇的钱肯定来路不正。"还有的说："冷在十二月的风里，穷在荣半镇的租里。"荣世根自己心中也清楚。俗语说：做贼心虚。荣世根为了掩人耳目，除了编造他如何发财的种种鬼话，还装出一副大慈大悲的菩萨面孔，不时地搞修桥呀、补路呀的名堂，借以沽名钓誉、收买人心。不过他总是雷声大、雨点小，做做样子。

真是西天出日头，前年元宵节，荣世根突然宣布：他要在青羊河上造一座既可走人又可走车的大石桥。消息一传开，板桥镇及附近的老百姓都很震惊。这条青羊河有七八丈宽，两岸十多里的人东来西往全靠板桥镇上的这一座木板桥，板桥镇的名字也是由此而来。但是这座木板桥又高又窄，加上年久失修，来往行人总是提心吊胆。一到刮风下雨的时候，只有空身的壮年人才敢过桥，老人、小孩及推车挑担的是无论如何也不敢上桥的。多少年来，当地百姓渴望能造上一座不怕风雨的石桥。但是，浦东这地方没有山，造桥用的每一块石料都得从外地运来，加上这青羊河水深河宽，要造一座石桥，谈何容易！刚刚听到荣世根要造义桥的消息，许多老百姓心中很纳闷：难道荣半镇真的成了菩萨？

没有过多少时间，人们就一切都明白了。造桥的石料还不见影子，荣世根就派人把那座木板桥拆了，在旁边搭起一座浮桥。谁要从浮桥上走过，不管男女老少一律要交过桥费，来往的船只也都得付钱，否则不给让道。荣世根是这一带的土豪，谁也不敢惹他，只得乖乖地掏腰包。整整一年时间过去了，造新桥的石料终于陆续运来。石料刚到，荣世根干的第一件事情，就是叫石匠凿了两块刻着"世根桥"三个大字的石匾，准备造桥时，把它们砌在桥洞上方，好替他流芳百世。原来，荣世根造石桥是假，让众人出钱替他造牌坊是真。

黄永泰，这个失去了土地的农民，只得凭着一身力气靠打短工、推车运货挣几个钱养家糊口。自从板桥镇的石桥动了工，就一直在造桥。他为人忠厚，力气过人，干起活来能抵两个人，所以很受桥工领班石匠顾松泉的称赞。时间一长，他俩慢慢有了交情，成了一对好朋友。顾松泉的二叔老石匠顾重希和所有的桥工也都很喜欢永泰。工匠们不论大小一律都亲热地称呼他永泰哥。黄永泰觉得与这些桥工在一起，心里特别畅快。唯一叫他不称心的是，在这儿干活工钱太少。荣世根既想造桥给自己立牌坊，又舍不得花钱，对桥工们十分苛刻。像黄永泰这样的好把式，每天只给三十个铜钱，别的桥工更不用说了。

由于荣世根对待桥工太刻薄，桥工们就用消极怠工来回敬他。几乎用了整整一年的时间，才把石料凿好配齐。明天就要开始打桥基，今天下午大家没事，坐在席棚里闲聊。一位中年石匠说："我们每个人说一个小气鬼的故事，看谁讲得最好。"

一个青年石匠立刻说："我讲一个给大家听听。从前，有一个小气鬼，小气得不得了。他喝酒舍不得买下酒菜，在盘子里倒一滴醋，喝一口酒，用钉子蘸一蘸醋，然后放进嘴巴吮吮钉头。你们看，这个人小气不小气？"大伙听完，都哈哈大笑。

一个老头挪挪身子，说："我也讲一个。以前有个小气鬼，特别贪小利。有一次他去丈人家，发现路上有一匹马的铁掌松动了，就跟随着马一直往前走，等那块铁掌掉下来他好拾回家。他两眼盯着马蹄，走啊走啊，也不知走了多少天。最后，一直走出了玉门关！"老头讲完，席棚里又是一阵哄笑。

一位矮墩墩的桥工接着又说："你们听我讲一个，看怎么样？不知道哪个朝代，有一位老兄小气得不行，他老婆的梳子只剩一根齿了，还不让买新的。他甚至到了要钱不要命的地步。有一次，他家的屋顶漏了，他自己上去修。不小心，他一脚踩空从房顶上掉下来。掉到半空中，看见他娘子正往锅里下米，他急忙喊：'孩子他妈！别把米都下锅，今天的晚饭我不吃啦！'"

许多人听完都捧着肚子笑得前俯后仰。老石匠顾重希没有笑，他说："你们说的都是过去的笑话，我讲个现在真实的故事。有这么一个小气鬼，他的田多得望不到边，钱多得数不清，可是他比谁都小气。他恨不得从我们石匠身上剥皮，从这些造桥的石头里榨出油来！"

听了老石匠的话，大家脸上的笑容立刻消失了。桥工们深知荣半镇的吝啬与刻薄，而且最近已经听到风声：他又要克扣工钱了。

正在这时荣世根的管家荣世桂闯进了席棚。他传荣世根的话说："造义桥人人有份，有力出力，有钱出钱。明天起每人减发五个铜钱。"好似冷水滴进滚油锅，桥工们一下子都炸开了。眼下正是青黄不接的时候，家家都指望着这几个工钱糊口。现在又要每天克扣五个铜钱，这不是存心不让人活吗？荣世桂见桥工们骂骂咧咧，满脸怒气，说："你们别又'吃纣王水土，又骂纣王无道'。不愿意干，咱们不强留！"说完他甩甩袖子扬长而去。

这下把桥工们激怒了。他们围着领班顾松泉嗷嗷直叫，要他替大伙拿个主意。

顾松泉是个走南闯北见过世面的人。这一年多来，他也受尽了荣半镇的气。桥工们的工钱本来就少，现在又要无缘无故地每人每天克扣五个铜钱，气得他脸都青了。他和桥工们暗中商量了一个对策，决定给荣半镇一点颜色看看。

第二天开始找桥基。就是将一根根杉木打进河底，以后桥墩就造在这些杉木桩上。这天，整整打了一个上午，一根木桩也没打下去。顾松泉对荣世根说："打桩前没有请河神，木桩也没有用血祭过，所以打不下去。"荣世根没办法，只得在河边办了一桌酒席，叫法师道士来请河神。第二天，桥工们向荣世根讨了一只九斤重的大公鸡杀了，将鸡血抹在木桩上。这样，木桩就顺顺当当地打了下去。可是等打第二根时，又打不下去了。顾松泉告诉荣世根："光请河神还不行，还得请土地老爷，鸡祭也得换成羊祭。"荣世根又办了一桌酒，请土地老爷。第二天打桩前，桥工们从荣家牵来一头大山羊杀了，把羊血涂在木桩上。木桩又顺利地打下去了。可是，没打上几根，又打不下去了。顾松泉又跑去对荣世根说："这青羊河属东海龙王管辖，看来非得请东海龙王不可了。要不这木桩没法打下去。而且，这一回鸡祭、羊祭都不行，得用牛祭。"荣世根不是省油的灯，开始时就对顾松泉半信半疑，现在见他几次三番折腾，就知道他是故意与自己作对，差点儿没把鼻子气歪。这简直是在太岁头上动土！但是他又不好发作，在那个年代，祭神祭鬼是常有的事。荣世根压住心中怒火，问顾松泉："如果明天牛祭还不行，怎么办？"

"那就得人祭。"

荣世根觉得自己骑虎难下。这座石桥要造两个大桥墩，每个桥墩打九九八十一根杉木桩做桥基，现在只打了几根，就已经花了不少冤枉钱。明天还得杀一头牛，如果牛祭不行，还得用人祭。这不是存心要我荣世根破财吗？荣世根脸色很难看，摆了摆手说："顾石匠，你先回去。这事我要好好想想。"

荣世根等顾松泉一走，马上找管家荣世桂商量对策。荣世桂不等荣世根开口，拍了拍荣世根的肩膀，嘿嘿直笑。

荣世根问："阿桂，我现在是'船头上跑马——走投无路'，你还笑啥？"

荣世桂诡秘地眨了眨老鼠眼，尖声尖气地问："世根，十三年前的那个鱼美人你还记得吗？"

"唔？阿桂哥，你突然问这个干什么？"

"一会儿你就明白了。你先告诉我，你还记得吗？"

"记得，当然记得。她男人推车永泰不是天天都在造桥吗？"

"你还想她吗？"

"哎，花无百日红。她嫁给推车永泰十多年了，没好穿，没好吃，恐怕都成老太婆了！"

"不！不老，不老，比十三年前还年轻，还水灵。"

"阿桂哥，你别拿我开心了！"

"真的，是我亲眼看见的！"

"什么？你看见那个鱼美人啦？"

"我看到了她的女儿，和她娘长得一模一样！"

"真的？"

"真的。她经常来给推车永泰送午饭。我头一回看见时，还以为是那个鱼美人又投了一次胎呢！"

"哦！"

"世根，你想不想把她弄到手？"

"恐怕年纪……"

"嗳，让她先给你捶捶腿，叠叠被，过了三四年就可以……"

"阿桂哥，今天先不谈这个，谈正经事。"

"我这就是正经事。刚才你和顾石匠的谈话，我在隔壁都听见了。你说他们打桩为什么总是打不下去？"

"是这帮穷小子故意和我作对！"

"说得对！他们不是说要请东海龙王，要牛祭，牛祭不行还得用人祭吗？"

"是呀，杀头牛要花我多少两银子！"

"世根，我们不用牛祭，用人祭。"

"人祭？"

"对，无毒不丈夫！"说到这里，荣世桂突然附在荣世根的耳朵边小声地嘀咕起来。荣世根边听边点头，最后咧开大嘴笑了。

荣世桂说："这叫一箭射双雕！这一招高！"

"我说的是不是都是正经事？"

"是，是。"

"就这样吧，你给我一条船两个人，一切都包在我身上了。"

"好！事成之后，我亏待不了你阿桂哥！"

第十节　黄浦滩哭断肠

这一天，风和日丽。黄浦江上有几只帆船正顺风顺水向北驰去。岸边的芦苇已经长得半人高了。远处几个高大的罾网正在忙碌地起落。看得出来，今年的桃花汛鱼不少。紧靠芦荡边的那条护田堤上，菊香和弟弟菊兴正在走着。十岁的菊香，由于长得瘦，又穿着一件母亲的蓝布衫，显得很苗条。弟弟菊兴今年七岁，一看他的脸盘和身架，就知道他长得像爸爸。眼下正闹春荒，没有饱饭吃，姐弟俩都面带菜色。菊香手里提着水桶、木橛和钩子。菊兴牵着一只欢蹦乱跳的小山羊。实际上，不是他牵着羊，而是羊牵着他。他生怕绳子拉紧了会勒伤小山羊的脖子，所以小山羊跑到哪里，他就跟到哪里。突然，菊兴叫了起来："阿姐，阿姐，你看，这儿的茅针真多！"

"哎呀，真的！"菊香说着放下手中的东西，从弟弟手中接过羊桩，插进附近的一个蟛蜞洞，又用脚使劲踩了两下，对弟弟说，"菊兴，快拔。"

一会儿，姐弟俩就拔了一把茅针。菊香说："弟弟，快吃。我们一边拔一边吃。"说着剥了一针送到弟弟嘴里，"怎么样？好吃吧？"

"好吃，真好吃，甜津津的！"菊兴吃得很高兴，"今天我光吃茅针，吃得饱饱的，把午饭省给你和妈妈吃。"

"你省一半给妈妈吃吧。今天我也光吃茅针，不吃饭了。这茅针多嫩多甜呀！"

"阿姐，那一丛茅针多大呀！"

"哎，要拔这种小的吃，不能吃大的。"

"为什么？"

"大的老，吃多了会拉不出屎，屁股痛的。"

姐弟俩不停地拔着，吃着，说笑着；那只小山羊也在不停地啃着，嚼着，咩咩地叫着。

过了一会儿，菊香对弟弟说："我要钩螃蜞去了，你一个人在这儿拔茅针吃吧。"

"不，阿姐，我也去。"

"芦荡里地湿，你在这儿看我钩。"

"不，我要帮你看提桶，不让螃蜞爬出来。"

"好吧，不过你要站在干的地方。"

姐弟俩走进芦荡。菊香熟练地用一根锹把似的木橛，塞进一个螃蜞洞捅了捅，将弯曲的洞穴作直作大，然后拿起那根头上绑着铁钩的细竹竿，慢慢伸进洞去，稍稍探了一会儿，一只很大的青壳螃蜞被钩出来了。弟弟菊兴乐得直叫："哎呀，真大，真大！"菊香脸上也露出了笑容。

螃蜞与螃蟹不一样，它个小，分青壳红壳两种，螯上无毛，味道不及螃蟹鲜美，但数量极多。浦东、浦西一带到处都是，每年惊蛰一到，河岸上、池塘边，千洞万穴都开了。这时候，正是青黄不接的春荒时节。于是，穷苦人家纷纷去捉螃蜞充饥。有用铲子挖的，有用手伸进洞里摸的，也有用钩子钩的。这钩的办法不用脱鞋袜，老人和孩子很喜欢用。菊香是钩螃蜞的能手。她根据洞口的位置和形状，不单能知道洞里有没有螃蜞，还能知道螃蜞是青壳的还是红壳的。她的这种本领，是连年春荒逼出来的。

不到一个时辰，提桶里的螃蜞快满了。不管菊兴怎么不停地晃，它们还总是要爬出桶外。菊香收起工具，对菊兴说："弟弟，回家。"

菊兴回答说："我肚子又饿了，还要吃茅针。"

"你自己拔来吃吧。别乱跑，吃饱了牵着羊就回家！"说完菊香提起桶就走了。

躺在竹椅上的陆氏，见女儿提着一大桶螃蜞回来，挣扎着起来想帮助收拾。菊香急忙放下桶，扶母亲坐下，央求说："妈妈，你坐着，别动。"

"快，快去收拾螃蜞，都爬出桶了！"陆氏说着就无可奈何地坐了下来，喘着气看女儿忙碌。

　　原来开春以来，陆氏一直觉得四肢无力，人一天比一天消瘦。今天早晨，她觉得胸口很闷，嗓子发痒，一阵咳嗽之后，吐出一口血。陆氏吓得一跳，感到事情不妙。难道自己也得了父亲那样的病？她不敢多想，用刀子挖起地上的那口血，放在一张瓦片上煨成灰，然后用清水将这血灰吞进肚去。这里的农民认为：谁得了吐血的病，必须把第一口吐出的血煨成灰吞进肚子，这样才能制止病情发展。

　　陆氏吞下血灰之后，对女儿说："阿菊，这事别告诉你爸。他在修桥，天天抬大石头，一点差错都出不得。懂吗？"菊香含着眼泪点点头说："我懂。不过，妈妈，你不能再劳累了，从今天起，家里的活都由我来干。"陆氏点点头，答应了。

　　陆氏的手是闲不住的。坐了一会儿，她对女儿说："阿菊，还是我来收拾这蟛蜞，我悠着干，不会累的。你快去绣花吧。"菊香知道妈妈的脾气，让她坐着看别人干活，像凳子上有刺扎她一样，是无论如何坐不住的。只得说："好吧，你来收拾。不过你一定要慢慢干，千万别累着。"

　　"晓得，晓得，你快去绣花。"

　　菊香洗了洗手，就朝红菱家走去。走出篱笆门，她回头对母亲说："妈，弟弟在黄浦滩上放羊，拔茅针吃，还没回来。"

　　"知道了。让他玩一会儿，等我煮好蟛蜞去叫他。"

　　在红菱家的东厢房里，并排摆着三副绷带，三个姑娘正在绣花。坐在中间的红菱，是金祥的大女儿，今年十五岁。金祥虽然比黄永泰小两岁，但黄永泰成亲晚，第一个小孩又没了，所以红菱比菊香大了好几岁。她个子高高的，几乎比菊香高了一个头。由于天天在屋子里绣花，皮肤十分白嫩。加上她腼腆，不爱多说话，显得很文静、秀气。坐在红菱右手的是邻居火家兰芸嫂的二女儿。由于她从小长得黑，家里人就叫她阿黑，村上的人也都跟着这么称呼她。现在这姑娘已经十三岁了，仍然没有一个正经的名字。不过阿黑姑娘不在乎这些。她天生口快手快，绣的花虽不及红菱的精细，但比她要快得多。菊香坐在红菱的左手，她虽然年纪最小，但心灵手巧，学得又十分用心，现在她绣出的花与红菱姐的不相上下了。

　　三个姑娘低着头，飞针走线地绣着。绣花是一件辛苦的事情。绣成一件绣品，千针万线，万线千针，一点不能偷巧，一点不能作假。真是一针不来，一线不去，一线不去，一针不来。绣的时候必须全神贯注，要手到眼到，眼到心到，丝毫马虎不得。俗语说："一根绣花针二分重，廿四根肋骨根根动。"真是一点也不假！姑娘们怕耽误手里的活，嘴里都不说话。但心中各有各的心事。她们绣的都是大户人家闺女的嫁妆，什么"鸳鸯戏水""彩蝶双飞""花好月圆""百年好合"等等。这些绣花姑娘自己也都快到出嫁的年龄，心里能不起波澜吗？阿黑姑娘终于憋不住了："红菱姐，你的新郎官长得怎么样？"红菱白嫩的脸蛋一下子全红了。见红菱没有回答，她又问："听说长得挺俊，是吗？"

"嗯。"红菱点点头。

"你什么时候见到他的？"阿黑忙问。

"没有！没有见到！"红菱有点急了。

"没见面怎么知道长得俊？"

"是听我奶奶说的。我可没见过他，阿黑妹妹，你可别瞎说呀！"老实的红菱央求说。

在那个时候，男女订了亲是不能互相来往的，有的一直到拜堂那天才知道对方是个什么模样。女孩子们都想早一点知道自己未来的男人长得怎么样，脾气好不好。这位十三岁的阿黑姑娘订婚已经一年整了，她做梦也想知道自己将来的新郎官的情况。阿黑攀的是红菱外婆家村上的人，她想红菱肯定了解一些他的情况，所以故意说红菱，想挑逗她说自己。可惜红菱太老实，面皮太嫩，什么也不敢说。三个姑娘中只有菊香没有订亲，她不怕阿黑姑娘说自己。她见红菱红着脸，一句话也不敢说，就用胳膊肘碰了碰她，说："红菱姐，人家说你，你就不会说人家！"

阿黑姑娘忙说："我可不怕，说吧！说吧！"等了一会儿，见红菱仍然不吭声，她又挑逗说："说呀，谁不说是小狗！"

红菱看了阿黑一眼，想说又不知说什么。菊香有点急了："红菱姐，你为什么不说？上次你外婆来，不是说'阿黑的新郎官样样好，就是夜里会尿床！'"

阿黑姑娘的脸顿时红得像只熟透了的柿子。红菱和菊香发出格格的笑声。

菊香用手擦了擦笑出的眼泪，突然看见母亲神色慌张地跑来，还没进门口，就急忙问："阿菊，你弟弟上这儿来了吗？"

"没有。他不是在黄浦滩上吗？"

"糟啦！你弟弟丢了！"

"啊！"

母女俩立刻奔出门槛，发疯似的朝黄浦江岸边奔去。红菱和阿黑也跟着跑了出去。

芦荡边的那条堤坝上，小山羊正在不安地张望。见陆氏和菊香来了，就咩咩直叫，像是有要紧的话要跟主人诉说。菊香指指小山羊说："刚才弟弟就是在这儿拔茅针的。"陆氏没说话，走下堤坝，穿过芦苇丛，一直朝水边走去。现在正是落潮，泥滩上几行大人的脚印显得特别醒目。一切都清楚了，菊兴是让强盗船抢走了。陆氏双腿一软，扑通一声，倒在泥滩上，一口口血从她嘴角流了出来。菊香哭叫着去扶母亲，可是刚把她扶起来，两人又都跌倒了。母女俩坐在泥滩上，望着茫茫的江水，呼天抢地痛哭起来。跟在她们后面的红菱和阿黑，一边抹眼泪，一边安慰母女俩。在这两位姑娘的搀扶下，哭成了一摊泥似的母女俩总算回到了家。

村上的人闻讯都赶来了。金祥立即叫女儿红菱上板桥镇叫永泰伯伯回来。金祥的母亲嘱咐孙女说："红菱，你到镇上找到永泰伯伯后，别告诉他出了什么事。到了村上，你让他先到我们家。"

陆氏脸色惨白，躺在床上一句话也不说，只是呆呆地望着屋顶。菊香伏在桌子上，肩膀一耸一耸地抽泣着。邻居们一边安慰着母女俩，一边自己也都直落眼泪。

不到半个时辰，黄永泰回来了。金祥的母亲阿炎婶本来想拐个弯儿慢慢地把事情告诉他，免得他猛一听受不住。可是她一看见黄永泰，喊了声："孩子！"就哭了起来。

"出了什么事？阿炎婶？"

"菊——菊兴叫强盗船抢走啦！"

"啊！"好似晴天一个霹雳，黄永泰脑袋轰地一下，什么话也说不出来，只是呆呆地望着阿炎婶。刚才回来的路上他很纳闷，红菱突然叫他回家，心想家中准是出了什么事。可是他万万没想到是儿子丢了。黄永泰猛地抓住阿炎婶的手，发疯似的问："婶婶，是真的？你是骗我吧？"阿炎婶心里明白，黄家从东京汴梁逃难出来，如今只留下菊兴这一根独苗苗。现在突然丢了，做父亲的会不着急吗？阿炎婶婶抹着眼泪说："孩子，你自己要当心身体，别太难过。孩子，你要听婶婶的话呀，婶婶是看你从小长大的……"说到这里，她喉咙像堵了什么东西似的再也说不下去了。黄永泰松开阿炎婶的手，转身朝自己家里走去。阿炎婶说："你回家不要发火，秀芳已经急得吐好几回血了。"

"什么？吐血！"黄永泰好像又挨了一个霹雳。他和陆氏一样，对吐血特别敏感，特别害怕。他意识到了事情的严重。在冷酷无情的现实面前，黄永泰慢慢变得冷静起来。

守候在黄家的邻居，见黄永泰跨进门槛，都站了起来，用同情和安慰的眼光看着他。黄永泰向大家点点头。兰芸嫂拉过一把椅子，说："永泰哥，你坐。"黄永泰没有坐下，对邻居们说："时间不早了，大家回去吧。谢谢你们。"邻居们又说了一些劝慰的话，就陆陆续续地走了。

陆氏依然躺在床上，一句话也不说，呆呆地望着丈夫。一直伏在桌上抽泣的菊香，突然跪到父亲跟前，哭着说："爸爸，弟弟是我丢的，你打我吧！爸爸，你打死我吧！"黄永泰抚摸着女儿的头，说："阿菊，快起来，别说傻话。你熬点儿粥给妈妈喝。"

两颗滚烫的泪珠从陆氏发呆的眼睛中滚落下来。黄永泰坐在妻子床前，握着她的手说："秀芳，别难过，身体要紧。"陆氏蓦地坐起来扑到黄永泰的怀里，殷红的血从她嘴里大口大口地涌出来。她紧抱住丈夫，口里大声喊着："永泰！永泰！"陆氏已经感到绝望：儿子丢了，自己病入膏肓。现在她只想呼着丈夫的名字死在丈夫的怀里。

费了好大工夫，总算慢慢让陆氏安静下来。一会儿，菊香端来煮好的粥。黄永泰用调羹喂妻子吃，可是陆氏紧闭着嘴，不肯吃。任凭黄永泰怎么劝，陆氏就是不张嘴。黄永泰说："秀芳，我们做了十多年夫妻，你怎么能这样绝情？"菊香见妈妈不肯吃东西，搂住她的脖子直哭。黄永泰又说："你不吃，我和菊香也不吃，要死我们一起死。"菊香双膝跪在母亲床前，哭道："妈妈，你再不吃，我就跪死在你面前。"陆氏看看女儿，见她眼睛哭得像熟透的桃子，喉咙也哑了；又看看丈夫，觉得他一下子老了许多。天下哪有不爱丈夫的妻子，哪有不疼女儿的母亲！陆氏终于开口吃东西了。黄永泰一边喂，一边安慰说："秀芳，你别着急，明天我去请郎中。只要你的病好了，什么都好办，儿子我托人去找。"稍微停了一会儿，他又说："以前，文海公公得的也是这种病，后来好了，现在都六十多了。"

"文海公公真的得过这种病？"陆氏问。

"当然真的。吃的是'拖脚郎中'开的方子，明天我就去请他。"

黄永泰说的这位拖脚郎中，姓卢名越，是这一带有名的医生。他从小双腿瘫痪，深知疾患的痛苦，所以立志学医。他虚心好学，勤奋刻苦。皇天不负苦心人，几十年的行医生涯，不仅使他精通了儿科、妇科，而且对内科和创伤也很在行。他知道老百姓穷，抓药花不起钱，就在针灸、推拿、火罐上用功。他的双脚有残疾。走路时，双手抱住一张凳子，拖着双脚向前爬，所以当地的农民都习惯地称呼他"拖脚郎中"，他的真实姓名却极少有人知道。

第十一节　童男祭海龙王

第二天一早，黄永泰用小车请来了拖脚郎中。他给陆氏搭了好一阵脉，又看了看她的舌头，问了问吐血的情况，说是操劳过度，积劳成疾，得了痨病。他开了一个方子，递给黄永泰，说："先吃七天药，到时候我再来改方子。除了吃药，还要注意调养。不能急躁、烦恼，饭菜也要好一些。"拖脚郎中正说着，突然有一个面黄肌瘦的小男孩，挺着个大肚子走过来。拖脚郎中说他得了疳膨食积。男孩的母亲兰芸嫂说，她这个小儿子，不肯好好吃东西，肚子硬得像石臼。拖脚郎中点点头，打开针包，取出银针在男孩的四缝穴上浅刺，挤出一些像鸡蛋清一样的黏液。小男孩哇哇大哭。郎中说："你们看，这孩子光哭不流眼泪。凡是得这病的都是这样。"

兰芸嫂问："要吃什么药吗？"

拖脚郎中说："你们家蟑螂有吧！捉一碗用油炸一下，给这孩子吃。"

"好吃吗?"

"准保抢着吃!不信,你试试。"拖脚郎中说着转过身对陆氏说,"阿妹,你放心好了。有我拖脚伯伯在,不用害怕。你安心养病,过几天我再来。"陆氏点点头,感激地说:"拖脚伯伯辛苦了,路上走好。"

黄永泰推车送拖脚郎中回了家,就到板桥镇抓药,然后到造桥工地对顾松泉他们简单地说了说家中发生的事情,就急急忙忙赶回家给妻子熬药。

拖脚郎中真是名不虚传。陆氏吃了药,顿时感觉舒服了不少。黄永泰坐在床沿上,温声地问:"秀芳,觉得好些吗?"陆氏点点头。黄永泰仔细端详着妻子的面容,发现她的气色是比昨天好了些。陆氏的双手扶着丈夫的肩膀,问:"永泰,昨天你生我的气了吧?"

"没有。"

"你别难过,菊兴要是找不回来,以后我再给你生个儿子。"黄永泰紧紧抓住妻子的手,不知说什么好。

从昨天到今天,陆氏的心里经历了几个变化。昨天早晨她吐第一口血时,害怕父亲的命运等待着她。但她没有失去生活的信心,希望自己的病慢慢好起来。后来突然丢了儿子,她悲痛万分,吐血不止,觉得一切都完了,只求在丈夫怀里一死了之。现在,她又坚强起来了,为了丈夫和女儿,为了黄家香火不断,她要顽强地活下去。

吃罢夜饭,邻居们又都来看望。阿炎婶抱来一只母鸡,红菱手里拎着一篮鸡蛋。黄永泰说:"眼下正是春荒,你们都自顾不周,还这样……"没等黄永泰把话说完,阿炎婶婶截住说:"你们别打岔!这东西都不是给你的,是给秀芳的。明天,你给我把这只鸡杀了,炖给秀芳吃。"火家兰芸嫂拿着一个小口袋,说:"永泰弟,不瞒你说,这点赤豆给了你,家中一粒也不剩了。你收不收?要是不收,我们这么多年的邻居就白做了!"屋子里正说得热闹,文海公公牵着一只高大的山羊走进屋。"啊,文海公公来了!"屋里的人都忙打招呼。文海公公对黄永泰说:"永泰,明天把这只羊宰了,熬成羊膏给秀芳吃。"

"文海公公,那怎么行?你老人家养了整整三年了!"

"你这孩子不懂事!公公又不是叫你做菜吃,是当药吃!"

"药?"

"对。二十年前,我的痨病是怎么好的?一是吃拖脚郎中开的药,二是那年冬天吃了一大锅羊膏。我为什么特别喜欢养羊?羊救过我的命呀!"

"文海公公,你这么一大把年纪,养大这只羊实在不容易,我吃到肚里太罪过了!"陆氏躺在床上不安地说。

"秀芳,你说到哪里去了!我们这个村的四户人家,就跟一家人一样。没有吃的,一块儿去逃荒;强盗来了,一齐出来拼命;发洪水了,一起躲到那棵大榆树上。还能分什么你呀我呀的!"

邻居们都点着头说:"文海公公说得对。咱们这穷苦人家,全靠互相照应。"

忽然,屋门"吱呀"一声开了。福桥婶肩上扛着一袋米、手里提着一个有盖的小木桶走进来。她向大家点点头,招呼了几句,在陆氏床前坐下,安慰说:"秀芳,别急。只要你的病一好,什么都好办。"说着她打开木桶的盖,从桶中的绿豆里掏出一把金橘,递给陆氏说:"嘴里很淡吧?来,吃点儿金橘。"

陆氏正想说些什么,文海公公先开了口:"这金橘可是好东西。你得这个病,吃它再合适不过了!"

金祥好奇地问:"福桥婶婶,现在都三月了,你的金橘怎么还这样新鲜?"

"嘿嘿,收藏金橘有个诀窍。金橘摘下来,别碰伤,把它和绿豆一起藏在缸甏里,半年都坏不了。"

"哎呀,真是门门有道,道道有门!"金祥说。

陆氏吃了一个金橘,说:"真好,你们大家都尝尝!"

"不不!你留着慢慢吃吧,我们又不生病!"阿炎婶等众人说。

福桥婶从桶里又掏出一把金橘,说:"桶里有的是。来,每人尝两个!"

众人见推辞不过,只得领情。他们一边吃,一边夸这金橘保藏得好,味道鲜美。

乡亲们坐了约半个时辰,都告辞走了。这一个晚上,陆氏翻来覆去睡不着。这个从小四处漂泊的渔家女,自从嫁给黄永泰,丈夫对她十分恩爱,乡亲也十分照应她。眼下正是春荒，家家的日子都很艰难。可是，乡亲们慷慨相助，恨不得把心都掏出来！这情景，叫陆氏永世难忘。

已经四天没有开工。桥工们家家都揭不开锅了。这天下午，顾松泉躺在席棚里，心里想：荣世根这老东西真狠毒，想用饿肚子来逼迫我们低头。这时，荣世根的管家荣世桂钻进棚子，笑嘻嘻地说："顾石匠，明天开工，你告诉大家一下。"

"明天开工？"顾松泉问。

"对。先请东海龙王，然后童男祭桩。"

"童男祭桩？"

"不错。为了买这个孩子东家花钱不说，还费了好大的心哪！"说完荣世桂就钻出了席棚。

顾松泉明白了：原来荣世根是舍不得宰一头牛，所以花了好几天时间去买男孩子。眼下正是春荒，买一个小孩，当然比买一头牛要便宜得多。这下子，顾松泉可为难了，明天怎么办呢？难道真的把那个男孩绑在桩尖上，打入河底？在那个愚昧的时代，造桥打桩用童男祭神是常有的事。但顾松泉从来没有干过。他那天说，如果牛祭不行就得人祭，只不过想整治一下荣世根，没想到现在反倒被他牵着鼻子走。顾松泉整整想了一个晚上，想不出什么好办法。心想：只得到时候见机行事了。反正，不能伤害无辜的孩子。

第二天早上，青羊河两岸挤满了人。祭坛上明烛高烧，香烟缭绕，三位法师道士步罡踏斗，口中念念有词。一班小道士在一边吹吹打打。荣世根及镇上的其他财主都沐浴更衣，恭敬地站在祭台的两侧。大约闹腾了半个时辰，请东海龙王的仪式结束。荣世根他们一个个眉开眼笑，一边说着什么，一边朝街里走去。

工夫不大，一个巫婆抱着一个身穿红衣红裤的男孩朝河边走来，惨不忍睹的童男祭神就要开始。许多看热闹的人都纷纷离去。黄永泰这个善良、朴素的农民，自己刚刚丢了儿子，不忍心看着别人家的孩子活活被整死。他低着头，刚想转身走。突然，巫婆抱着的那个红衣红裤的男童大声喊道："爸爸！"

"嗯？菊兴！"黄永泰的脑袋嗡的一声，他简直不敢相信自己的耳朵和眼睛。

那男孩挣脱巫婆，扑过来紧紧搂住黄永泰的腿，死也不肯撒手。嘴里不停地哭喊："爸爸，快救我！快救救我，爸爸！"

黄永泰抱起儿子，心里升起万丈怒火。他奔到大管家荣世桂的跟前，喝道："你们大白天抢人，抢我儿子来祭桩！你们还有王法吗？"

在场的人们先是大吃一惊，接着就喧哗、议论开了。

荣世桂嘿嘿笑了两声，说："推车永泰，你凭什么血口喷人？这孩子是东家花十两银子从松江买来的。不信？瞧瞧这张契书！"

黄永泰不认字，只见得契书上面盖有一方朱红官印，便像当头挨了一闷棍，张口说不出话来。

荣世桂尖着嗓门喊："顾石匠，你们还等什么？祭桩！"

顾松泉早就听黄永泰讲过，他的儿子菊兴六天前丢了。昨天下午，顾松泉听荣世桂说今天要用童男祭桩，心里曾动了一下，菊兴会不会落在荣世根他们手里？又觉得这不可能。常言道：兔子不吃窝边草，老鹰不吃窠下食。他没有料到，荣世根这一伙禽兽不如，什么伤天害理的事情都干得出来。菊兴这孩子肯定是他们自己用船抢来的。顾松泉听见荣世桂喊他，恨不得上前狠狠揍他几拳，把他扔进青羊河中。

顾松泉的二叔老石匠顾重希是一位识多见广的长者。他知道今天的事情荣世根他们蓄谋已久，而且买通官府，切不可硬来。他拉着侄子来到黄永泰跟前，说："走，我们到荣宅找东家去。"一路上，老人嘱咐他们俩，到了荣宅不可莽撞，要相机行事。

荣世根的宅院很近，没走一会儿就到了。荣世根和第七房白氏正在后花园水池边玩"金雨落玉盘"，两个丫环在一旁侍候。

见来了人，荣世根朝白氏和丫环挥挥手，叫她们退下。老石匠顾重希上前一步，说："东家，今天不能人祭。"

"为什么？"荣世根问。

"这孩子是永泰的独生子！"顾松泉回答说。

"胡闹。我是花十两雪花银从松江买来的，你们没看见契书？"

"东家，这孩子是六天前被强盗船抢去的。可能后来人贩子把他卖到松江，刚巧被东家买来了……"

"唔，会有这样的事？"

顾重希见荣世根语气和缓了一些，又说："东家，你修桥补路，是行善积德，让黄家把孩子赎回去吧！俗语说得好，救人一命，胜造七级浮图。"

"那我的桥还造不造？桩还打不打？"

"造桥、打桩包在我身上！"顾松泉说。

黄永泰抱着孩子，一言不发。他等候荣世根最后的答话。如果荣世根非要拿菊兴去祭桩，他就上前和老家伙拼了。

荣世根捻着胸前的念珠，好一阵子没有吭声。老石匠顾重希上前一步，说："东家，你高抬贵手，让黄家留条根吧。"

荣世根看了三人一眼，说："那好吧。不过咱们明人不做暗事，话给你们讲清楚，这孩子是我花十两银子买的，你们要把他领回去，银子一两不能少。还有，造桥不能再耽误，不能总是老牛拉破车，慢慢吞吞！今年八月十八发大潮之前，得给我把桥造好！"

"你放心。中秋节我们准把桥造好！"顾松泉说。

黄永泰救子心切，可是又没有银子，说："东家，眼下这十两银子我实在拿不出来。"

大管家荣世桂说："这不要紧，东家先借你十两垫上。"说着他从袖里取出一张早已写好的借契，"来，在这上面按个手印。"

黄永泰按了手印，抱着独生子和顾家叔侄一起出了荣家大门。荣世根、荣世桂望着他们远去的背影，嘿嘿一阵狞笑。荣世根说："哼，只有吊桶落在井里，哪能有井落在吊桶里！"荣世桂附和说："就是，小鬼怎能斗过阎王！"

出了荣家宅院，顾家叔侄回造桥工地，黄永泰大步直奔黄家浜。一路上，黄永泰的心里好似蜜糖拌苦胆，又甜又苦。苦的是，借的这十两银子到什么时候能还清？借契上写得明白，半年后到期还不清，任凭借主拆房、拉人。甜的是，自己的儿子终于找回来了。这消息让秀芳、阿菊和全村的人知道了，不知会多高兴！

不到一顿饭的工夫，黄永泰抱着菊兴回到黄家浜。陆氏见儿子突然回来，高兴得要发疯，好像她的病全好了，搂着儿子亲个没完，欢乐的眼泪止不住往下流。菊香使劲抱住菊兴的脚，嘴里"弟弟，弟弟"唤个不停。村上的男女老少，都闻讯赶来，每个人都抢着抱菊兴，问这问那，亲热得不行。

等村上道喜的人陆续走了，陆氏让丈夫说说找到孩子的详细经过。黄永泰一五一十地说给她听。陆氏听着听着柳眉就倒竖起来，牙齿咬得格格发响。"荣世根这只老脚鱼！旧恨未消，又添新仇！菊兴肯定是他抢去的，什么从松江买来的，骗人，完全是骗人！"

"秀芳，是怎么回事？"

陆氏望望丈夫，痛苦万分地说："永泰，有一件事已经十多年了，我怕你这个老实人伤心，一直没对你讲。"

陆氏在床前一把椅子上坐下，顺手拿起床头的一把鱼叉，说："十四年前的春天，我和爸爸在板桥镇卖鲈鱼。突然荣家的大管家荣世桂跑来，说今天世根大老爷要尝鲜，叫我挑几尾上等的鲈鱼送到荣家。我和爸爸挑了几条，跟着他走进荣家，只见荣世根正在水池边玩'金雨落玉盘'。他身边还围着一大群穿得花花绿绿的猫。他看了看鱼，对爸爸说：'老头子，你回去吧。叫你女儿陪我玩一会儿。'他指指满池飘浮着的碗和池边大斗铜钱对我说：'这铜钱随你撒着玩，落进碗里的都归你，怎么样？'说着他就要动手动脚。我急了，从爸爸手中操过这把鱼叉，对准他的胸膛，说：'荣世根，睁开你的狗眼看一看，叫花子门前也有三尺硬地皮，我们打鱼人的铁叉不是吃素的！'老脚鱼一看就傻了眼，只得放我和爸爸一起出了门。可是老脚鱼贼心不死，几次三番叫荣世桂找我爸爸，说：'秀芳姑娘到了荣家，就有享不完的福。'他还说：'事情成功了，镇上两爿肉庄都归你！'但荣世桂每次来，都被爸爸痛骂一顿。软的一套不行，就换硬的。有一次趁我上岸卖鱼，荣世桂带了两个家丁窜到船上，硬逼我爸爸答应。爸爸不肯，他们就拳打脚踢。爸爸本来就有病，从此，就一病不起了……"陆氏一边擦泪一边说。黄永泰用手巾替妻子擦了擦眼泪，凄凉地说："荣世根把这一带的百姓害得好苦哇。我父母也是死在他手里！"

陆氏稍停了一会儿，接着刚才的话说："从我爸爸被打以后，我们的船再也不进青羊河、板桥镇，我也有十四年没去了。这些年来，我每次外出，身边总是带着一把短鱼叉。晚上睡觉，这把鱼叉老是放在床头。十多年过去了，没想到这老脚鱼会对我们的孩子下毒手，菊兴肯定是荣世根叫人抢去的！"

听了妻子的诉说，黄永泰想起了许多往事。他浑身发颤，又气又恨，半天说不出话来。

第二天，黄永泰来到板桥镇，把昨天陆氏说的跟顾家叔侄一讲。老石匠顾重希就说："昨天我就知道菊兴这孩子是荣世根他们抢来的，不是什么花钱买的。可是有什么办法呢？在人矮檐下，不能不低头。明明知道是圈套，还不得不钻。"

"荣世根，你好歹毒！"顾松泉暴怒了，"桥，不造了！"

"不！桥还得造！"顾重希说，"桥不但要造，而且要造得好，造得快！"

黄永泰说："松泉弟，二叔说得对。我们不赶快把石桥造起来，还能老让荣世根用浮桥发财？"

"可是我吞不下这口气，难道真的没办法治这个恶霸了吗？"

顾重希看了看席棚外，低声说："有办法治他。"

"什么办法？二叔？"顾松泉问。

"你们看，这青羊河在板桥镇拐了个弯，我们把石桥造得斜一点，让石桥洞正对着荣家的宅基。七八丈宽的河，水全打一个桥洞里过，水势会有多凶？不冲它个七零八落才怪呢？"

"他用石头砌道护岸，不就没事了吗？"黄永泰说。

"他砌铁的也没用！"顾重希说，"从风水上讲，这叫'冲'。青羊河的潮水多急，荣世根的财气再大，也经不住青羊河日夜不停地冲！"

"好，二叔，就这么办！"顾松泉说。

第十二节　逃命回出生地

黄永泰为了还债，起早贪黑拼命干，常常一人干两个人甚至三个人的活，累得他喘不过气来。但他心里觉得有了奔头。儿子找到了，妻子吃了拖脚郎中开的药和文海公公的一只山羊，不吐血了，而且还能干一点轻活。菊香每天绣花、纺纱，多少也能挣几个钱。晚上，他自己抽空做点竹器，拿到镇上来卖。到时候，向穷哥们再借上一点，只要连本带利凑足十五两银子，把荣世根的债还上，往后的日子就好说啦。

可是俗语说："屋漏更遭连夜雨，船破偏遇顶头风。"十五两银子还没凑上多少，黄永泰这个铁打一般的汉子，终于劳累过度，病倒了。他面孔蜡黄，浑身虚肿。可是，为了还债他仍硬撑着身子去干活。

这天上午，他推着满满的一车土上河堤，累得他双腿打颤，两眼直冒金星，满头挂满了黄豆般的汗珠。突然，不知道什么人把一块斗大的石头从河堤上蹬下来，黄永泰躲闪不及，连人带车栽倒了，顿时就不省人事。等他苏醒过来，发现自己躺在家里的床上，老婆孩子都哭成了泪人。在黄家浜没有人记得黄永泰曾经生过什么病。"铁汉不得病，一病难起身。"黄永泰这一躺下，就没能再起床。眼看着还债的限期越来越逼近，而自己躺在床上动弹不得，急得他像热锅上的蚂蚁。陆氏见丈夫病成这副样子，还天天念着还债，不知偷偷流了多少眼泪。但当着丈夫的面，还得强装笑脸，安慰他好好养病。这天早上，陆氏对黄永泰说："你不要着急，先养好病再说。今年春上，我吐血那一阵，病得多凶！后来还不是慢慢好了吗？"陆氏的病的确好转过一段时间。但自从丈夫卧床不起，她去帮邻村叶家戽了几天水，又开始吐血了。这样，菊香的担子更重了。她白天洗衣做饭，煮药喂药，照看弟弟；晚上，还要抽空绣花、纺纱。

常言道："坐吃山空。"何况是毫无家底的黄家。原来苦积苦攒的那几个准备还债的钱，这近半年来看病吃药全花光了。村上的邻居家家穷得叮当响。黄永泰想找顾家叔侄想想办法，金祥去一打听，才知道他俩逃到外码头去了。原来今年八月潮水特别大，汹涌的河水从桥洞里冲出来，没多久就把荣世根的一家酒店冲垮了，荣家的宅院也受到了威胁。荣世根知道遭到算计，就在县衙买通了关节，准备对顾家叔侄下毒手。顾家叔侄听到风声只得和几个挚友一起连夜远走他乡。这样一来，黄永泰更没有指望还清债了。

还债的限期十月初八终于到了。这天中午，荣半镇的大管家荣世桂拿着借契来到黄家。一进门，就说："推车永泰，我知道你腿脚不方便，所以就亲自跑一趟。怎么样？把银子还了吧！"

黄永泰半躺着说："我病了这么长时间，家里锅都揭不开了，现在还不起……"

"推车永泰，上有天，下有地，人的良心在中间，你说话也得摸摸胸口。半年前，你求老爷放人，老爷答应了；你没银子赎孩子，老爷又借给你；这么好的老爷你上哪儿找去？"

"等我病好，一定还给你们。要不，等菊兴再大一点，叫他去放几年牛……"

"推车永泰，我看你困了几个月，困扁了头。你欠了老爷的银子，还想叫一个六七岁的孩子去老爷家白吃饭？老实告诉你吧，今天还不了钱，就让你女儿去顶债！"荣世桂说着，一双鼠眼贼溜溜地直打量正在熬药的菊香。

突然，在里屋的陆氏像一头发怒的狮子冲了出来，厉声喝问："荣世桂，你说什么？"

荣世桂先是吓一跳，定睛将陆氏打量了一番，就阴阳怪气地说："唉！没想到哇，当年像花朵一样的姑娘，如今竟落到这副田地。你好好想想，当初你要是顺从了我家老爷，会有今天这……"

"呸，你少放屁！"陆氏骂道。

"滚！滚出去！"黄永泰吃力地坐起来，指着荣世桂骂道。

"叫我滚？没那么容易！银子呢？没银子，叫女儿乖乖地跟我走！"

陆氏进里屋拿出鱼叉，对准荣世桂的胸膛喝问："荣世桂，你滚不滚？"

荣世桂吓得面无人色。他没料到这个一身是病、穷困潦倒的女人，竟跟十几年前一样倔强、威严。看见那抖动着的鱼叉，荣世桂连连后退。光棍不吃眼前亏，他急忙满脸堆笑，说："何必发火，我走，我走。"

等走出篱笆门，荣世桂突然又凶相毕露，叫喊道："好大胆子！你们敢赖账，明天走着瞧！"

荣世桂一走，菊香扑到妈妈怀里呜呜直哭。陆氏抚摸着女儿的头，说："孩子，别哭，不要怕！"

一会儿，邻居们都来了。他们听黄永泰夫妇把刚才的事一讲，都发急了。金祥从门旁操起一把铁铲，吼道："明天谁敢来抢我侄女，我就跟他拼！"

兰芸嫂说："硬拼不行。我看还是叫菊香到我娘家去躲一躲。"

"唉，躲得了初一，躲不过十五。你娘家苗家村还不是也在荣世根的手里？"文海公公说。

大家一阵沉默，谁也想不出什么解救菊香的好办法。正在这时，谢家庄的福桥婶挎着竹篮来了。她见满屋的人都愁眉苦脸地不说话，忙问："怎么啦？出了什么事？"

金祥嫂让她坐下，把刚才的事情说给她听。福桥婶越听越着急，说："永泰，不能把孩子往虎口里送。荣半镇这个畜生不知道糟蹋了多少女孩子！不管多好的姑娘到他那里，新箍的马桶香不了多久！"

金祥的母亲阿炎婶说："老嫂子，刚才我们大家都在商量，怎么把菊香救出去，可是谁也想不出办法！"

福桥婶自言自语地说："难道阿菊这姑娘命中注定非回乌泥泾不可？"

陆氏问："福桥婶，你在说什么？"

福桥婶看了看陆氏和黄永泰，说："有一件事，压在我心中已经有半个多月了。我一直不愿说。现在看来不说不行了。你们几位邻居也都在，我说出来，咱们一起合计合计，看到底怎么办好。"

"这儿没外人，你快说吧！"金祥的母亲阿炎婶说。

福桥婶说："我女儿林珍上个月从乌泥泾婆家回来，看她刚出生的阿侄，同时给她弟媳洗洗涮涮。她一回来就跟我讲，乌泥泾有一户人家，要找一个属小龙的童养媳，要不这个男孩子也保不住。孩子娘的人品脾气都不好，本地谁也不肯把女儿给她做童养媳。急得孩子的父亲像热锅上的蚂蚁，知道林珍要回娘家，就央求她在浦东找一个，彩礼都让带来了。我想，菊香的生肖倒正好，就是那家的女人不好，孩子去了会吃苦。所以我一直压在心里，几次来这里都没有说。"

"唉，婆婆的人品、脾气就算好，做童养媳的还能不受罪？"阿炎婶婶说。

"那男孩属什么？"文海公公问。

"属羊的。"

"哎，行啊！"兰芸嫂说，"俗语说，'女大三，屋角塌；男大三，金银山。'男的属羊，不是正好比阿菊大三岁！"

福桥婶说："不是大三岁，是小九岁。"

"女的比男的大五六岁的，倒有的是。一下子差了九岁，那真的成了'小男人，大娘子'了！"阿炎婶说。

"我说老嫂子，现在时兴这个！"文海公公说。

邻居们发表着各种各样的意见和看法。黄永泰夫妇没有说话，他们正在苦苦思量。陆氏抬起头，望着黄永泰，希望丈夫拿个主意。黄永泰想：自己死里逃生，从乌泥泾来到黄家浜；现在又要把女儿送回乌泥泾，实在拿不定主意。他对福桥婶说："你能不能叫林珍妹妹来一趟，让她把情况详详细细说一说。"

金祥的母亲阿炎婶说："事情要抓紧，拖到明天就晚了。"

福桥婶一边从竹篮里往外掏鸡蛋，一边说："我回去叫林珍马上就来。"

不到半个时辰，福桥婶领着女儿林珍来了。陆氏拉住林珍的手说："林珍妹，那家到底怎么样？你能详细说说吗？"

林珍说："这一家姓曹，男孩叫宝弟……"

"姓曹？是不是住在镇北？"黄永泰问。

"对呀，乌泥泾姓曹的只有他们一家，住在镇北。你认识？"

"曹家老大救过我的命，对我家有恩啊！"黄永泰想起了曹家老大当年救自己的事。

林珍说："我说的这个宝弟不是曹家老大生的，是老二家的独生子。他们家有房子，有地，不愁吃穿。宝弟的爷和伯伯脾气很好，就是两样不好，一是宝弟的娘不好，二是年纪相差太大。上次我回来跟我娘一说，她把我骂了一顿。好，要讲的我都讲了，你们拿主意吧。"

屋子里顿时静了下来，大家都把目光集中到黄永泰夫妇身上。陆氏对丈夫说："辰光不等人，你快拿个主意。"

黄永泰躺在床上，长长地叹了口气，说："让菊香逃条活路去吧！"

金祥的母亲阿炎婶说："事到如今，只能这么办了。婆婆不好，总是要死的。宝弟年纪小几岁，总比让荣半镇那老棺材抢去强。"

文海公公说："事不宜迟，快给孩子收拾收拾东西，今夜就走，拖到明天就走不了啦。"

金祥嫂突然抱住菊香，呜呜地哭了。顿时，屋子里一片哭声。但是，眼泪解救不了菊香。大伙商量决定：林珍和菊香今天半夜动身去陈家渡，明天一早就摆渡去浦西龙华，然后到乌泥泾。

陆氏替女儿梳头。一边梳，一边说："孩子，到了乌泥泾要手脚勤快，敬重公婆。你在婆家不挨骂，不挨打，过得自在，爹娘心里就高兴。"

菊香听着，没有说话。这一天的变化，对菊香来说，实在太大、太突然了。她在黄家浜生活了十一年，现在突然要离开，她心中有千言万语要对亲人们讲，可是她一句也说不出来。她牢牢记着红菱姐姐对她的告诫：今天是你出门的日子，一切得听父母的安排。

陆氏给菊香梳好头，邻居们都来给菊香送行。生怕走漏风声，大人们都没有把这件事告诉自己的孩子。所以，菊香的伙伴除了红菱，阿黑、国福等等都没有来。金祥媳妇今天很伤心，她紧紧搂住菊香，两眼直流眼泪，一句话也说不出来。文海公公说："阿菊，到了乌泥泾，别忘了黄家浜，别忘了这三尺血土。"

金祥的母亲阿炎婶说："孩子，你放心去吧。别老惦着家里，有我们大家呢。"

兰芸嫂说："到了那里，人生地不熟，一切都要自己当心。"

亲邻们有无数的话要说，可是，今天的时间过得特别快，转眼已经到了半夜。一会儿，福桥婶和林珍匆匆赶回谢家庄，又急急忙忙来到黄家浜。林珍把曹家的彩礼放在黄永泰的床头。福桥婶说："时间不早了，走吧，走到陈家渡赶头渡正好。"

陆氏从自己脖子上取下一枚铸有"崇宁通宝"四个字的古铜钱，挂到女儿的脖子上，说："这是你外婆的东西，你留着吧。什么时候有痛痒，就用它刮一刮。"

金祥的母亲阿炎婶说："菊香，快去给你爸爸磕头告别，叫他安心养病。"

菊香含泪来到父亲的床前，给他磕了头，说："爸爸，我要走了，您要多保重……"

黄永泰吃力地伸出一只蜡黄的手，放在女儿的肩膀上，眼角滚出两颗浑浊滚烫的泪珠，说："去吧，孩子，别惦着家里。"

菊香向屋里的邻居一一告别完，然后来到里屋，见弟弟菊兴睡得正熟，就俯下身子，轻轻拿起他的小手放到自己的脸上，低声说："弟弟，姐姐走了，你要听爸爸妈妈的话……"说着大滴大滴的眼泪滚落在弟弟的脸上。

福桥婶扶起菊香，说："孩子，不能再拖了，走吧！"

菊香刚走出篱笆门，突然又跑进屋子，抱住父亲的脖子失声痛哭。她一边哭，一边哽咽着说："爸爸，你和妈妈一身是病，弟弟又小，我走了，你们怎么办呀！"

黄永泰欠了欠身子，喘着气说："菊香，要听话，走吧，快走吧！"

菊香在妈妈、金祥叔、福桥阿奶和林珍姨的护送下，顶着满天星斗，踏着江边堤坝上这条弯弯曲曲的小路，向陈家渡走去。一路上谁也没有说话。今天，陆氏一直控制着自己的感情。她觉得作为母亲，让女儿尽快逃离魔掌，是自己最要紧的事情。向前走着走着，眼前出现了那一片黑苍苍的柏树坟，陆氏想到自己的双亲，又想到自己和丈夫不久也将埋进这乱葬岗子。立刻，她的感情像决堤的洪水，失去了控制。她抱住女儿放声痛哭，像发疯似的紧搂着女儿，嘴里哭喊着："孩子，你什么时候回来？等你回来时，我和你爸爸早就躺在这柏树坟了。孩子，你是妈妈心上的肉呀……"

萧瑟的夜风中，在满是杂草的江边小路上，母亲搂着女儿，女儿抱着母亲，哭得死去活来。

黄浦江在鸣咽，芦苇荡在抽泣，月亮和星星钻进了云层。

金祥见陆氏瘫在地上一点劲也没有了，对福桥婶说："婶婶，你搀永泰嫂回家吧，我送他们俩。"说完他背起菊香，和林珍一起往北走去。

陆氏已经没有力气挣扎、叫喊了，她倒在福桥婶的怀里，看着女儿远去的背影。

第二章　苦难童养媳

第一节　曹家喜得贵子

乌泥泾位于龙华西南十五里，是一个有一千来户人家的集镇。它比起浦东的板桥镇要大一些，但市面却不及板桥镇热闹。镇上七八十家店铺，多数是些本钱不大的夫妻店、小作坊。全镇大多数的人家靠务农为生，种着四周七八千亩土地。但这些土地大多集中在孟、何、周、邵等少数大户手中。尤其是孟家，一户就占了二三千亩。乌泥泾镇上及镇周围的七八个村庄，到处都是孟家的佃户。乌泥泾这一带，虽然地势平坦、无旱涝之患，但土质贫瘠，稻、麦、果、蔬的收成总是不大好。到了南宋末年，这里的农户开始大量种植棉花。但当时剥籽、弹棉、纺纱、织布工具十分原始、落后。棉花并没有给乌泥泾的百姓带来多大好处，他们仍然过着穷困贫苦的日子。

曹家住在镇北一条叫作沈家弄的小巷子里。乌泥泾镇本来就不大，沈家弄又是在镇边上，所以完全是一派农村的景象。曹家一共兄弟三人。老大曹福和老二曹禄住着一排五间朝南的瓦房。老三曹喜住在三间新建的西厢房里。曹家的院子不小。前院中央有一棵百年的老桑树，靠东边的院墙根还有一棵阔叶冬青树。院子四周长着不少凤仙花、鸡冠花之类的花草。这些年来，没有什么人用心栽培、浇灌，自枯自荣。正房后面，是一片偌大的菜园。兄弟三人分成三块，为了防止鸡鸭的糟蹋，各家都用芦苇围上了鸡篱。菜园的尽头有一片竹林。虽然这片竹林面积并不大，但却长得重碧叠翠、郁郁葱葱。竹林的北边是一条水流清澈缓慢的小河，河岸上长着各种各样的树，有榆树、皂角、乌桕、柳树和别的许多叫不上名的树木。在这树丛和竹林中不时传来百鸟的鸣啾声。一看这宅院，就知道曹家在这乌泥泾镇上也称得起是一户小康人家。

老大曹福是个肥头大耳的大胖子，右耳下还挂着个拳头大小的肉瘤。他一天到晚挺着个大肚子坐在门口椅子上闭目养神，不时地发出轻轻的鼾声。他极少开口，家中的事、邻居们的事、镇上的事，他一概不闻不问，所以得了个"百不管"的外号。

这位"百不管"先前并不是这样的。他曾在镇上开着一爿双开间门面的肉庄，买卖虽然不大，但在这乌泥泾镇上，也算得上是一位小财东。平时，曹家鱼肉荤腥很少间断，到年节上，还总能有一二十两银子的结余。两个弟弟及弟媳妇对他十分敬重，事无巨细，一律都得请大哥定夺。镇上的人见了他，都带着几分敬意和羡慕。上年岁的都亲昵地叫他"阿福哥"，年轻的都尊敬地称呼他"阿福伯伯"。曹老大买卖公道，童叟无欺。有人来赊账买肉，他总是笑脸相迎笑脸相送。也许是老天爷给曹福在右耳下多生了一个肉瘤的缘故，他卖肉时总爱给买主一个饶头。不管谁买他的肉，不管买多少，称好之后他总要奉送一块两把重的五花肉。这样一来，他的生意就比别的店兴旺多了。时间一长，乌泥泾镇上就传出这么一句歇后语："曹福卖肉——有饶头。"因为曹老大为人厚道，在镇上很有人缘，又有了几岁年纪，所以镇上街坊发生了口角，不少人爱请他明个理、断个是非。曹福是个急公好义而极要面子的人，遇到人家请他排解纠纷，他从不推辞。为了当好调停，贴上几斤肉、赔上几吊钱，是常有的事。日子一久，曹福在镇上成了一个很有名声的人物。有一年过年，一位馆塾先生送给他这样一副对联：

德成言乃立
义在利斯长

曹福将这对联贴在肉庄的大门上，乐得心里美滋滋的。

可是，好景不长。就在这一年的六月，一天中午斜对面馄饨铺的李二顺来割五斤肉做馅。刚巧曹老大这一天生意特别好，到中午时案板只剩下一块不大的肉了。曹老大用秤一称，五斤还差六两。李二顺摸摸曹福脖子上的那个大肉瘤，开玩笑说："把你这瘤子割下来，不是够了嘛！"

曹老大见老主顾又拿他的肉瘤寻开心，抬腿往他的肚子上踢了一脚。李二顺挨了一脚不但不生气，反而捧着肚子哈哈大笑。曹老大见李二顺笑得鼻涕眼泪都出来了，不禁也乐了。他笑着对李二顺说："算你四斤半肉（一斤十六两），那二两饶你嵌砧墩。快拿回去剁馅吧！"

李二顺只顾笑，不接肉。曹老大把肉递给他，可是他仍然只顾捧着肚子笑，没有接肉。曹老大觉得这个李二顺今天有点荒唐，就一本正经地说："别笑了！你下午还卖不卖馄饨？"看热闹的人也都说："这个李二顺，笑成这副样子，简直跟疯子一样！"李二顺好像根本没有听见曹福和众人说的话，依旧捧腹大笑，一直笑了一个多时辰。笑着笑着突然他不笑了，倒在地上双脚一蹬，死了。

李二顺一死，他的老婆许氏要告官，曹福只得花重金买她的状纸。接着就是买棺材、买寿衣、做道场、抚恤遗属，使曹福一份好端端的买卖全完了，除了两间空店房，所有的本钱、家什、连砧墩、砍刀和挂猪肉的铜钩都归了人家。

俗语说："人情薄如纸""手里无钿活死人"。曹福一破产，原先见了他总是热情打招呼的那些人，现在极少再有叫他"阿福哥"和"阿福伯伯"了，而是叫他"倒霉阿福"。有的还骂他"晦气星钻进了屁股眼"。叫曹福更伤心的是，原来一直大哥长大哥短的老三曹喜和二弟媳尤氏也对他翻了脸。按照本地的规矩，兄弟之间分家，长兄应该住老房子。曹福怕老三曹喜吃亏，特地给他盖了三间新厢房，十分高爽响亮。当时，曹喜夫妇十分喜欢，成天念叨大哥的好处。可是现在完全变了。曹喜说老屋里的客堂是祖宗传下来的，三个兄弟应该都有份，如果你大哥作不起主张，就把自己的房子让出一间来。老二曹禄的老婆尤氏见老三打客堂的主意，就向曹福提出要他街上那两间铺面房子。曹福自己没有生养，日后还得靠侄儿们送终，所以他不敢得罪三弟和二弟媳，准备都答应他们的要求。哪知这样一来，尤氏和老三曹喜之间的矛盾更加激化，你争我夺吵得不可开交，把整个乌泥泾镇都惊动了。最后，尤氏和曹喜又都把气出到曹福头上。他俩一个舞着扫把，一个拿着菜刀和砧板，把曹老大堵在门里骂了个狗血喷头。这一下真把曹福气坏了，他几天都没有吃下饭去。打这以后，曹福就完全变了，变成一个没有喜、怒、哀、乐，百事不管的人。他靠出租街上两间店面房子和老伴张氏替人纺纱织布，过着清苦的日子。

老二曹禄，是一个老实透顶的农民。他只知道在自家的八九亩地里忙碌，家中的一切全由老婆尤氏把持，他一点也作不起主张。曹家三兄弟中，就数老二曹禄长得端正，有模样。可是不知为什么，这么一个堂堂正正的汉子，竟然十分害怕老婆。只要尤氏把眼睛一瞪，他就搭拉下脑袋不敢吭声。即使老婆不对，他也决不争辩。所以外甥们都说："二娘舅像只老猪猡，二舅妈像只雌老虎。"

雌老虎尤氏，本是镇西尤家庄一家破落户的女儿。年轻时，很有几分姿色。可惜她是个"有了四两颜色就想开染坊"的女人，认为自己门第高、才貌出众，是下嫁到曹家来的，心中一百个不甘愿，动不动就拿老实的丈夫曹禄出气。有一回，她竟然在大街上脱下自己的绣花鞋当众打曹禄。街坊见了直咋舌，有的说："白天都这样，到晚上谁知道会怎样整治他哩！"后来由于尤氏的娘家更加败落，自己的年岁也大了，再加上大哥曹福不断调停、给钱花，她就不像刚过门那几年那样闹腾了。

老三曹喜，实际上是老四。他上面有一个三哥，叫曹寿，三岁那年夭折死了。后来生了曹喜，人们就称他为老三了。这老三曹喜长得尖嘴猴腮，没有几分人样。他比老大曹福小十五岁，比老二曹禄小八岁。由于父母的娇纵和哥哥姐姐们的疼爱，曹喜从小就好吃懒做。长大了越发变得奸刁、尖钻，一身邪气。他整日游手好闲，不务正业。曹喜别的本事没有，专门会打老婆。他老婆金氏几乎天天都给他打得鼻青脸肿。有一回他和金氏吵架，还没说上几句，他从门后操出杠棒朝金氏头上就砸，将金氏当场打晕在地。后来，金氏娘家来了十几个人，扬言要将曹喜捆进麻袋放水墩，这才使曹喜变得稍稍老实了一点。

曹喜和尤氏这一对现世宝，周身的骨头没有四两重。不知道从什么时候开始，他俩臭味相投，偷偷摸摸地干起那丧风败俗的勾当。常言说："没有不透风的墙。"时间一长，曹家叔偷嫂的丑闻就传遍了全镇。可怜那老实的曹禄，唯有他一人被蒙在鼓里。尤氏和曹喜见曹禄不闻不问，就越发肆无忌惮、为所欲为。后来，时间不长他们俩又闹成冤家对头，好比老鹰碰上了老蛇，恨不得我吃了你，你吃了我。

原来，尤氏先后生了五个孩子，一个也没留下，而曹喜和金氏则生了两个男孩和一个女孩，都长得好好的。曹喜心中盘算：大哥一个孩子也没有生，二哥生是生了不少，可是一个也没保住，将来那一排五间的正房还不是归自己的两个儿子？每当想到这里，曹喜总是有说不出的高兴。有一次，曹喜无意中说漏嘴，对尤氏透露了自己的心思。尤氏听了心中暗暗骂道："你这狗东西！居然算计到老娘的头上来了！"从此，尤氏就暗暗发誓要再生一个孩子，并一定要把他养大成人。她明白：自己没有孩子，日后连人带房子、土地统统落到老三和他的两个儿子手里，准没有自己的好日子过。

几年来，为了保住和养大自己的孩子，曹禄和尤氏到处求神拜佛，烧香磕头，可是一点也没用。有的孩子一临盆就咽了气，有的刚出世十天就死了，最长的一个养到三岁多，最后还是让阎罗王叫了回去。尤氏心里想，自己为什么生一个死一个呢？莫非是因为不守妇道？不对！镇上乱伦的人又不是我一个，人家为什么都子孙满堂？是自己不会照看孩子？也不对。自己孩子没了以后，曾经替好几家奶过孩子，那些孩子不都是长得好好的吗？那到底为什么自己的孩子一个也养不活呢？多少年来尤氏一直苦思苦想这个问题，可总是弄不明白。

尤氏又有了一个月的身孕。这些天，她心里越来越着急，担心这个孩子以后生下来又保不住。这一日吃过早饭，丈夫曹禄下地去了，尤氏一个人坐在窗前正唉声叹气地犯愁。突然，从巷里子传来一阵叮叮当当的报君知的声音。这些年来，尤氏没有少求那些算命的、拆字的、看相的、跳神的人，但除了破费钱财之外，一无用处。尤氏已经对那些巫婆、神汉失去了希望和兴趣。可是不知为什么，一听到这报君知的声音，她还是来到了院门口。尤氏探头一看，原来是赫赫有名的算命先生康神算，尤氏的脸上浮出惊喜的神色。这位康神算本名康敬秋，是本地人，家住镇西旗杆弄。他上知天文，下知地理，对相面、算命、卜课、拆字无所不精。当年在临安杭州城里他给人家算命，说一不二，从不改口，极为灵验，所以得了"康神算"这么一个雅号。在杭州城里，只要一提起康神算三个字，无人不知，无人不晓，可以说是名噪一时，誉满全城，许多达官贵人也与他多有来往。后来因为一件人命案，他仗义执言替苦主写了一张状子，得罪了当朝权贵贾似道。这样一来，原来与他相好的那班达官贵人，因为惧怕贾似道的权势，都断绝了与他来往。康神算一气之下，就离开临安，回到了家乡乌泥泾，过着半隐居的生活。他每日荷锄务农，或独自到江边垂钓，只有在极偶然的情况下，他才重操旧业，出来给人算命。

尤氏早就听说过这位康神算的大名，就是请不到他。今天，他居然自己找上门来了！真是天赐良机，万不可失。尤氏急忙上前道了个万福，说："神算先生，屋里请。"

康神算略微打量了一下尤氏，就跟她进了屋。康神算四十多岁，长着一张黝黑的长脸，双目炯炯有神，蓄着三绺乌黑的美髯，嘴巴总是紧紧闭着，给人一种高深莫测的感觉。他的衣裳、裤子和鞋子一色都是黑的，唯有那双袜子，白净得发亮。尤氏请他在一把靠背木椅上坐下，沏上了一壶香茶，就开门见山地请他算一算：自己命中到底有没有孩子。

康神算又瞥了尤氏一眼，见她的青狐脸上满是妖气，知道她确实不是一个正经女人。他问了问尤氏和曹禄的生辰八字，又看了看尤氏的手相。冷冷地说道："你的命中没有孩子。"

"啊！真的?"

"我康某人说一不二。"

"为啥我命中没有孩子?"

"因为你三冲子孙堂，所以生一个死一个。照你的八字，今年应该有一个孩子，不过生了下来也是保不住的。"康神算确实出语不凡，这几句话将尤氏完全镇住了。自己才有一个月的身孕，连丈夫曹禄还不知道哩，怎么让他给算出来了！真是位名不虚传的神算先生！她听康神算说腹中的这个孩子还是保不住，感到万分悲伤，问："神算先生，什么叫三冲子孙堂?"

"你小时候有一次过桥，桥下刚好有船驶过，船上的人见你从他们头顶上跨过去，就诅咒你断子绝孙。这是一冲子孙堂。你七岁那年，有一天和村上的小孩一起玩布娃娃结婚。你独出心裁，把你家的灶君老爷和观音菩萨面对面摆在一起，叫他们拜堂成亲。你得罪灶君老爷，亵渎送子观音。就是二冲子孙堂。这三冲子孙堂嘛，就是你……就是你犯了'六只眼'。"

"先生，什么叫犯了'六只眼'？"

"有道是：'六耳不谋事，六眼不得子。'办机密大事，只能你知我知，让第三个人知道了，必定办不成功。生儿育女是夫妻两人的事，如果……"康神算不再往下说。尤氏的脸顿时红得像盆火炭，心在怦怦地乱跳，她觉得坐在自己对面的这位算命先生简直太神啦。突然，尤氏扑通一声跪倒在康神算面前，说："都是我一时糊涂，结果害了自己……"

"不过常言道：天无绝人之路。只要你肯依我两件事，你今年的这个孩子还是能保住的。"

"真的，先生？"尤氏喜出望外，抬头问道。康神算让尤氏起来，然后说："第一件事，你去妙真庵捐一条门槛赎身；第二件事，一定要给这孩子找一个属小龙的配夫妻。"

康神算说完，没有喝茶，起身就要告辞。尤氏付了酬金，千恩万谢地一直把他送出院门。

尤氏对康神算佩服得五体投地，心里想：人家说康神算前知五百年，后晓五百载，白日在阳间谋生，黑夜在阴间理事。莫非他真的是一位神人？

其实，康神算并不是什么神人，他只是比一般的算命先生高明罢了。他这次来给尤氏算命，是有目的的。自从他前年回到家乡，就闻知曹家叔嫂的丑闻。知情的人见曹禄憨厚老实，怕他知道了真情除了伤心落泪，别无他法，所以谁也没有把事情告诉他。少数刻薄鬼暗中骂他是绿毛乌龟。康神算一向以"文侠"自许，曹家的事叫他实在看不下去，决定借算命来好好训导尤氏。他说的"三冲子孙堂"，前两件事，是他早年在家时听说的。这第三件事尤氏以为自己干得很机密，其实镇上的人谁都知道。康神算巧妙地把这三件事联在一起，从容不迫地说尤氏犯了"六只眼"。

那么康神算为什么敢断定尤氏今年会生孩子呢？原来康神算深通医道，他第一眼看见尤氏脸色，就断定她有了身孕。在看手相时，他又神不知鬼不觉地诊了尤氏的脉，证实自己的眼力不错。眼下正是年仲春二月，所以他敢说尤氏命中今年有孩子，但要保住这个孩子，必须做到两件事。这第一件事，到妙真庵捐门槛赎身，是惩戒尤氏痛改前非，重新做人。那二件事是凑数的，并没有什么意思，反正男大当婚，属羊的配属小龙的，也不犯什么忌讳。这样一来，尤氏对康神算十分敬畏和感恩戴德，决心改邪归正重新做人。

第二天，尤氏花七贯铜钱在妙真庵捐了一条门槛赎身。九个月后，她生下一个白胖胖的男孩，取名宝弟。曹禄和尤氏见宝弟长得十分结实、可爱，心中非常喜欢。孩子满月的那一天，曹禄和尤氏搞得十分排场，请了十多桌酒席，很是热闹了一场。为了表示对康神算的谢忱，尤氏特意叫曹禄给送去了一桌酒菜。

第二节　没有人肯攀亲

自从尤氏生了宝弟，照看得非常周到、小心。她一天到晚守着儿子，不知如何疼爱才好。真是抱在手里怕冷，含在嘴里怕化。以前农忙季节，尤氏也下地帮曹禄干活，所以家里很少请帮工。生了宝弟之后，尤氏就不再下地，只是在家中纺些纱、剥些棉籽。家中八九亩地全仗曹禄一个人，实在忙不过来，一到插秧、收割的大忙季节，就得请一两个短工。

老三曹喜对尤氏生下宝弟本来就很忌恨，现在见她整日在家哄儿子，养得又白又嫩，可是又不再跟自己来往，心中就更加恼怒。曹喜认为：正是这个宝弟，使他做了多年的美梦破灭了。二哥曹禄的房子、地自然不消说，就是大哥曹福的房子也极可能归了这个宝弟。因为曹喜心中清楚，大哥虽然百事不管，一天到晚打瞌睡，但他心中对二哥好，他临死前十有八九会把房产传给宝弟。曹喜越想越恨，天天诅咒侄儿宝弟早一点儿死掉。

宝弟刚过周岁不久，突然得了风疹块，周身起红斑，痒得他乱抓乱搔，大哭大叫。尤氏先是给灶君爷烧香上供，请他保佑孩子平安，接着她烧了一盆香樟木的水给他洗，后来又请郎中看，但都不见效。尤氏和曹禄都认为是邪鬼附身。晚上等儿子睡着了，尤氏在床前点燃了一炷香，对附在儿子身上作祟的鬼说："老爷，我们是自做自吃的小户人家，谢谢你高抬贵手，让我们的孩子平安无事。这几只元宝是给老爷的一点小意思，等孩子的病好了，一定多烧元宝。"尤氏说完就拔起香，拿了一些元宝和一个麦柴草团，引着鬼慢慢从房门出来。一边走，她一边说："老爷，当心，这儿是门槛。老爷，要拐弯了，请走好。"一直到镇外三岔路口，尤氏才停下来点燃了草团，把元宝和香一齐放在上面，连连拜谢，然后飞快地转了许多弯、绕着远路回到家中。尤氏的这一套做法，叫作"送客人"，在当时民间极为流行，认为这样能把缠身作祟的鬼神送走。

可是，尤氏送走了"客人"之后，儿子宝弟的病并不见好。第二天下午，她抱着儿子到妙真庵求观世音菩萨，烧香磕头，苦苦哀求。庵里的尼姑从香炉里撮了一点香灰，给她说这是菩萨恩赐的仙药。尤氏回家把仙药喂给儿子一吃，病不但不好，反而更加重了。孩子发烧、呕吐，有时连话也说不出来。尤氏心中十分害怕，难道这宝弟和以前的五个孩子一样，也保不住？尤氏想起了康神算的话：要想保住这个孩子，必须做两件事。现在自己才做了一件，另一件还没有办。看来事情就是坏在这里！尤氏越想越是害怕，越害怕越没有主意。最后她竟去问从来作不了主张的男人曹禄。曹禄说："去求求五圣老爷，看能不能有救。"

乌泥泾镇西南的乱坟堆中，有一座鸡窝大小的小庙，叫五圣堂，里边供着五个巴掌大的小泥人，这就是所谓的五圣老爷。俗语说："庙小神灵大"。据镇上的人讲，这五圣老爷十分了得，谁家有了病灾，求灶君、观音、关帝、如来不见效，只要到五圣堂求五圣老爷，准行。

尤氏听了丈夫曹禄的话，就提着一篮子香、烛、元宝、饭团，朝五圣堂走去。离五圣堂还有十多步远，尤氏看见有个人跪在地上正磕头，只听见那人一边磕头一边说："请五圣老爷显威，一定把宝弟这个小东西作怪死，只要宝弟一死，我一定来烧五栲栳元宝。"这个诅咒的人不是别人，正是宝弟的三叔曹喜。尤氏的胸中霎时腾起一股怒火：这杀千刀！是你，害得我犯了"六只眼"冲了子孙堂，孩子生一个死一个。如今我花七贯钱捐了门槛赎身，好不容易将宝弟养到这么大，你却在这里煞费苦心求五圣老爷诅咒他，怪不得宝弟的病怎么也好不了。你好阴毒！

"老三！你这杀千刀！"尤氏猛吼一声，像饿虎扑食一般向曹喜冲去。跪在地上的曹喜以为是五圣老爷显灵，吓得屁滚尿流，捣蒜般地磕头说："五圣老爷，饶命！以后，我再也不敢使坏了，再也不敢诅咒侄儿了，请五圣老爷饶命！饶命！"尤氏扭住曹喜劈头盖脸一顿好打。曹喜挨了好几个巴掌才发现，不是五圣老爷显灵，是二嫂在跟自己拼命。曹喜知道这雌老虎发了疯，会干些什么，所以他紧紧抓住尤氏的双手，一点也不敢放松。同时，他右腿膝盖猛撞尤氏的下腹。尤氏见自己干吃亏，急了，脖子一伸紧紧咬住曹喜的左耳朵。痛得曹喜吱哇乱叫，用拳头猛击尤氏的腰部。尤氏心一狠，眼一闭，用尽平生之力猛一咬，"咔嚓"一声，将曹喜的左耳咬了下来。痛得曹喜捂住耳根，没命地在地上乱嚎乱滚，把那座五圣堂撞了个稀里哗啦。尤氏一看五圣堂给撞倒了，吓得脸色煞白，急忙跪下连连磕头请罪。她许愿说：一定请人盖一座新的五圣堂，还要请和尚道士来做法事，以谢冲撞神灵之罪。

尤氏怀着惴惴不安之心回到家中，一看儿子的病更重了，满身的风疹就像天上的云块，一层未消，一层又起。尤氏知道，这是五圣老爷在作怪，孩子吉少凶多。她急得束手无策，抱起宝弟号啕大哭。

曹福的老伴张氏听见老二家里今天哭得这么悲切，知道出了事，对坐在门口正小声打着呼噜的曹福说："老二家里今天哭得不对，我去看看！"曹福微微点点头，然后又均匀而小声地打起呼来。

尤氏正哭得伤心，见大嫂来了，就把事情的前前后后讲给她听。张氏比尤氏年长七岁，是一个心地善良而有主意的人。前几年见尤氏一身邪气，自然与她不那么亲近。现在见尤氏有难处，就安慰她说："不用怕！你抱宝弟到我家鸭棚旁坐一会儿，别让招风！"

"这行吗？"

"试试看吧。"

尤氏抱着儿子坐在大哥家的鸭棚门口，低声和张氏说着话。过了个把时辰，尤氏撩开儿子衣服一看，只见身上的风疹块消得差不多了。尤氏又惊又喜，问："哎呀，怎么这么灵？"

"俗语说：'压（鸭）邪气，压（鸭）邪气'嘛！不管中了什么邪，一到鸭棚门口，就得给压下去！"

"噢！阿嫂，原来是这样！"

"这是我娘家祖传的办法，治风疹块极灵。"张氏撩开宝弟的衣襟看了看，说："瞧，风疹块全沉下去了！"

"真是太谢谢阿嫂了。"

"风疹块这毛病说奇怪也真奇怪，经常好了又犯，犯了又好。不过，你不用着急，明天起每天让宝弟在这鸭棚旁坐一个时辰，坐上它六七天，也就能好透了。"

"嗯，好。"

"还有，这几天别让孩子吃荤腥。等病好好再吃。"

"好，阿嫂，照你说的办。"

第二天，尤氏让男人曹禄请人去修五圣堂，自己抱着儿子又来到大哥家的鸭棚旁。这样连续五天，宝弟的风疹块全好了。与此同时，新的五圣堂也修好了，谢罪请安的法事也做了，尤氏、曹禄的心中好似放下了一块千斤巨石。

自从尤氏和曹喜大闹五圣堂之后，这叔嫂俩的关系就坏到了极点。曹喜本来就长得丑陋，现在被咬掉了左耳，越发显得没有人样。街坊邻居总是爱拿这件事寻他开心，一次又一次地当众问他："老三，跟谁这么好，说悄悄话把耳朵都咬掉了！"曹喜一进馄饨铺，老板总是大声叫着说："掌勺的，给老三的这碗多添一只馄饨，好让他拿回家贴在耳根上！"店里的吃客一听都哄堂大笑。曹喜去肉铺买肉，掌柜的总是说："老三，来副耳朵吧！是我特意给你留的，吃了包你能长出新耳朵！"曹喜每当听见这些捉弄取笑他的话，就对尤氏恨得咬牙切齿。

叫曹喜最痛恨不过的，是自己的老婆金氏非但不对他表示同情，反而幸灾乐祸，口出不逊。她对曹喜说："这是你干的好事得的好报！咬掉一只耳朵算啥？当心下次咬掉你的鼻子、咬掉你的舌头！咬掉你的……"曹喜一听不由勃然大怒，一个漏风巴掌打得金氏直冒金星，几乎跌倒在地。金氏想：自己平时受尽了他的欺凌，现在他被咬掉耳朵，被镇上人人耻笑，在我面前却又这样威风？积压在金氏胸中多年的怨气，一下子变成了怒火。她再也捺捺不住了，像一头发怒母狮，猛地将曹喜扑倒在地。金氏长得十分壮实有力，但不懂得打人，她骑在曹喜身上只是拼命地上下不停地敦，双手在曹喜的脸上、身上乱抓乱挠。俗语说："阎王也怕拼命鬼。"何况曹喜是个干巴猴，哪经得起金氏这么折腾！他也顾不得面子了，扯着嗓子喊救命。尤氏听到了，高兴得差点儿没上房敲锣。大哥曹福就像没听见一样，依旧坐在门口闭目养神，等到大嫂张氏和邻居洪良的母亲赶到，只见曹喜在金氏的胯下直翻白眼。金氏骑在他身上死活不肯下来，非要他求饶不可，曹喜没办法，只得在老婆的屁股底下哀求说："孩子他妈，饶了我吧！"这时来拉架和看热闹的街坊围了一大堆，金氏看在众人的面上饶了他。曹喜从金氏胯下爬起来，咧着嘴说："好狗不跟鸡斗，好男不跟妻斗，不跟你一般见识！"街坊们听了都哈哈大笑。从此，曹喜得了一个"好狗"的外号。

自从金氏这次征服了曹喜，曹喜在老婆面前再也不敢随便发威。有时他面子上过不去，还想摆摆男人的架子，但也只是虚张声势，不敢真的惹恼金氏。

曹喜心中明白，自己在镇上和家中地位的急剧变化，都是二嫂尤氏咬掉他的耳朵引起的。这位昔日的姘头，如今成了他的头号仇人。他时时刻刻都想着报复。可是尤氏是个泼妇，并不是那么好惹的，曹喜不敢轻易下手。于是，他把主意打到了侄子宝弟的身上。心想，只要搞掉宝弟，就好比挖了尤氏的心肝，她非发疯不可。但是尤氏防范很严，时时刻刻都守着儿子，没有下手的机会。

一天，尤氏提了一大篮子衣服到河边去洗，把儿子托给大哥曹福看一会儿。尤氏一走，宝弟就在院子里玩开了。他看见三叔在门口磨镰刀，不时发出"哗啷哗啷"的声音，就好奇地走过去看。看了一会儿，他突然发现三叔少了一个耳朵，就惊奇地用小手指指，问："叔叔，朵朵？"

曹喜一听，火从心冒，操起手中正在磨的镰刀，就要往宝弟头上砍。突然，传来曹福的声音："宝弟，过来，上老伯伯这儿来。"

曹喜一见大哥坐在自家门口，就悻悻地放下高举的镰刀。宝弟的小命虽然没丢掉，但刚才那危急的情景被刚洗完衣服跨进院门的尤氏看见了。她本来想扑上去打曹喜几个耳光，但一想他手中拿着镰刀，就抱起儿子进屋去了。尤氏心中十分害怕：只有千日做贼，哪能千日防贼？自己再经心、再留神，总不能时时刻刻都守着儿子。万一让老三得空害了儿子，怎么办？刚才要不是大哥喊一声，宝弟的小命不就完了吗？尤氏越想越怕，饭吃不下，觉睡不稳。怎么办呢？与老三和解吧，这是不可能的，就像他的耳朵被咬掉以后再也装不上去一样。尤氏很清楚，老三要的是房子和地，侄子是绝对不要的。想来想去，尤氏又想到了给儿子娶童养媳。自从生下宝弟，她就没忘记康神算的嘱咐。宝弟得风疹块那一阵子，尤氏更是把这件事日夜挂在心头。可是儿子刚两岁，比他小的属小龙的女孩还没有出世，要不就得找一个大九岁的。这年龄相差太大，尤氏心里很犹豫。跟男人一说，曹禄也说不太合适。所以等儿子的风疹块一好，这件事也就在心中搁了起来。现在尤氏转念又一想：媳妇年纪大一点才好，叫她天天照看宝弟，一时一刻不准离开。同时，还可以让她纺纱、织布、干家务……哈哈！这岂不是一举两得的美事吗！

尤氏打定主意，就托孙媒婆说亲。孙媒婆能说得罗汉动心、嫦娥思嫁。可是无奈尤氏名声太坏，镇上的人一听和曹家攀亲，脑袋摇得像拨浪鼓。有的甚至说："我宁肯养女儿一辈子，也决不让她进曹家门！"尤氏一看情况不妙，就告诉孙媒婆，镇上的不行，就找乡下的。可是一个多月过去了，仍旧毫无头绪。这下尤氏着了急，她狠了狠心，决定多给花红彩礼，对孙媒婆说："哪家女孩子肯上门，我出十吊钱的彩礼！"

在那个时候，只有当父母实在养不起女儿了，才把女儿送给人家做童养媳讨条活路。所以，一般来讲，领童养媳的男家是不用花钱的，或者只花很少的钱。尤氏肯出十吊钱的彩礼，的确是够大方的了。这个巧舌如簧的孙媒婆又整整忙了一个月，仍然没有人肯攀这门亲。尤氏没办法，就叫孙媒婆把镇上和镇周围四乡八里凡是十一岁属小龙的女孩子统统记下来，然后挨家挨户去说。还说，事成之后，必有重谢。天下没有不贪财的媒婆。孙媒婆一听"事成之后，必有重谢"，又颠颠地奔了一个多月，跑得她两条腿都细了一圈。可是，事情不成不说，她还挨了不少白眼和臭骂。孙媒婆做了二十年的媒人，能叫扁担和箩筐拜堂成亲，能说得香炉嫁给蜡台，可是这一回她丢尽了脸，只得自认晦气，暗暗叫苦。

说来也巧，正当孙媒婆准备辞掉不干的时候，突然得到消息：镇南十二里小冯庄的冯铁匠的老伴刚死，正没钱安葬，愿意把女儿卖给人家做童养媳，而他的女儿正好是属小龙的！孙媒婆听到这消息，眼睛前猛地一亮，心想这回有门了，一是人家刚死了人，正等钱买棺材；二是冯铁匠又聋又哑，好蒙骗。哈哈，这回非得让曹家好好酬谢我不可！孙媒婆真不含糊，连夜赶往小冯庄，来到冯铁匠家中，见一家人正哭得死去活来。她也抹了两把眼泪，就连说带比画地告诉冯铁匠：如果你女儿愿意上曹家，不愁没钱买棺材。冯铁匠看看老伴的尸体，又看看女儿，希望女儿自己拿主意。女儿含着泪点了点头。但冯铁匠要求明天去曹家看看，然后再最后决定。孙媒婆当然满口答应。

第二天，冯铁匠跟着孙媒婆来到曹家。尤氏招待得十分殷勤。她和孙媒婆俩比比画画地说了半天，又让冯铁匠看了房子、菜园和女婿宝弟。冯铁匠看到自己的女儿将要嫁给这个还戴着围嘴的女婿，心中又犹豫起来。尤氏是个十分乖巧的人，急忙用红木托盘送上盖着红纸的十吊礼金，孙媒婆不容冯铁匠说什么，就把铜钱一吊一吊地挂在他的脖子上。冯铁匠想到家中正等钱买棺木给老伴入殓，就一狠心答应了这门亲事。

这一下，乐得尤氏和孙媒婆喜笑颜开。等把冯铁匠一送走，孙媒婆心想，俗语说："新娘进了房，媒人扔过墙。"现在是该我伸手的时候了。于是她就开始一个劲地邀功请赏，说自己如何如何辛苦，磨坏了多少双鞋，挨了多少白眼和臭骂，又说冯铁匠的女儿如何聪明，如何俊俏，如何贤惠，到了曹家一定早生贵子……孙媒婆正滔滔不绝地讲着，冯铁匠突然又回来了。他把十贯礼金往桌上"哐啷"一放，啊喔啊喔地说了几句什么，转身走了。尤氏和孙媒婆的两双眼睛我瞪着你，你瞪着我，都像傻了一样，半晌说不出话来。俗语说："十个聋哑九个精。"这个冯铁匠一点也不傻。他打曹家出来，就比画着手势问街坊："曹家怎么样？"街坊伸出小手指，直摇头。冯铁匠一连问了四五家，家家都是这么回答他。冯铁匠心里急了，他想：宁肯让老伴睡草窠棺材，也不能把女儿往曹家门里送。于是他三脚并作两步，闯进曹家退了彩礼。

尤氏整整一天没有吃饭，躺在床上直跺脚。她真不明白，自己有地有房子的人家，宝弟又是个独生子，为什么一个哑巴铁匠宁愿让自己的老婆睡草窠棺材，而不肯把女儿嫁过来。尤氏已经毫无办法了，她不得不把娶童养媳的这件事先放一放。尤氏天天抱着宝弟，就像抱着一筐满满的鸡蛋，一点不敢磕碰，一刻不敢松手。

第三节　泪汪汪到婆家

时光如流水，昼夜不息，转眼就到了八月中秋。这天晚上，碧空万里金风送爽，星斗闪烁，又大又圆的明月就像挂在天幕上的一块白玉盘；蛐蛐、蟋蟀、纺织娘在草丛中尽情歌唱。这是一个多么迷人的中秋之夜啊！尤氏吃罢晚饭，抱着儿子坐在院子里赏月。曹禄则在屋子里黑着灯搓草绳。尤氏叫他出来一起赏月，他就坐在门槛上一边搓绳，一边仰起头看着月亮。

江南一带的农民，都有中秋节赏月的习惯。不过他们的赏月，不同于文人学士，不是为了赋诗填词、吟风弄月，而是为了表达他们对美好生活的憧憬和摆脱人间苦难的愿望。在民间，自古就流传着许许多多有关月亮的神话传说。在这些神话和传说中，最为尤氏喜欢的是这样一个故事：

不知多少年以前，有一个孩子死了母亲，后娘待他特别狠毒、刻薄。有一年八月中秋，后娘把这个孩子关在门外，不让他吃饭、睡觉。这孩子就对月亮哭诉自己的不幸。突然，他看见月亮四周有五颜六色的月华在飞动，觉得非常奇怪、有趣。他脱下一只鞋子扔上去，等他的鞋子掉下来时，竟变成了一条金船。

从此，每年中秋节，家家户户不管男女老少都要赏月，八月十五晚上农民称之为"看月华"。当然，这月华不是每个人都可以看到的，只有那些有福气的人才能看见。尤氏每年中秋节，都要瞪大眼睛看两个时辰月亮。今天晚上也不例外。她伸直脖子望着月亮，手里提着儿子宝弟的一只鞋子，只要一出现月华，她就立即把鞋子扔上去，好让它变成一条金船落下来。可是，脖子硬了，腰酸了，怀中的儿子睡熟了，又是跟往年一样，没有见到什么月华。尤氏只得懒洋洋抱着儿子进屋去睡觉。

睡到四更，尤氏发现宝贝儿子病了，浑身烧得烫人。尤氏心中暗暗叫苦，后悔自己昨晚看月华看得太晚，让儿子着了凉。尤氏还是老办法，第二天一早，在灶角上点了一炷香，供上一碗肉丝面，求灶君爷保佑儿子太平无事。等那炷香燃完，尤氏又烧了一些元宝。可是灶君爷并没有帮忙。到中午，宝弟烧得更厉害了。曹禄一看儿子的气色不对，就叫老婆赶快请郎中。尤氏正急得没主意，听男人这么一说，就急忙上街去请来了郎中。郎中给宝弟诊了诊脉，又看他的舌头和身上，说是出痘。郎中给开了一个方子，临走时交代说："别让孩子招风和见生人。"

曹禄夫妇一听儿子出痘，吓出了一身冷汗。俗语说："孩子没出痘，只算半条命。""出痘好比鬼门关，小孩留去各一半。"这出痘又叫天花，确实是一种十分凶险的疾病，镇上每年都要死好几个孩子。自己的儿子年纪这么小，能渡过这道鬼门关吗？曹禄说："康神算向来说一不二，不赶快给宝弟找个属小龙的童养媳，恐怕他的这条小命真的难保。"

一听丈夫这话，尤氏又害怕，又着急，说："你别现钟不打打铸钟！快去抓药！等你回来后我去妙真庵许愿，求观音菩萨保佑。"

不到一顿饭的时间，曹禄抓药回来了。他一边往药罐里倒药，一边说："刚才路上碰见林珍嫂，说她月底要回浦东娘家去。"

"真的？"

"真的。她说她妈捎信来，要她回去伺候弟媳妇坐月子。"

"你想怎么办？"

"宝弟他爹，我们能不能托林珍在浦东给宝弟找一个？"

"我心里也这么想。"

"你快煎药。我现在马上去妙真庵，回来后我给宝弟喂药，你去林珍家，托她做媒。"

"你去说吧。"

"别推了。你人老实，人缘好，你去比我强！"自从尤氏嫁到曹家，难得说出一句这样看得起曹禄的话。

"那好吧，我去说。"

尤氏拿了香烛元宝一路小跑来到妙真庵。她点燃香烛，跪在观世音的莲花宝座前许愿说："观世音菩萨，大慈大悲，请一定保佑我儿子平安无事，我一定尽快替儿子找一个属小龙的姑娘做童养媳。等儿子病好之后，我一定出钱油饰庵门前的那座牌楼。"尤氏许完愿从妙真庵出来，心中觉得宽慰一些。她想，我也不必分几趟跑，干脆趁着路顺，再去求五圣老爷吧。于是她在镇边的一家香烛店赊了香、烛、锡箔等物，朝五圣堂走去。

这座坐落在乱坟岗中的小小五圣堂，自从上回重修以后，香火比以前更盛了。尤氏走近五圣堂，只见地上满是香灰、烛泪、纸锭灰、饭团一类的东西，就诚惶诚恐地点燃香烛，跪在地上念念有词地求五圣老爷保佑儿子。最后，她又烧了刀锡箔，磕了几个头，回家去了。

尤氏一到家，就叫曹禄去找林珍，自己给孩子喂药。宝弟吃完药，合上眼睡了。尤氏见儿子安稳了一些，自己的心绪也安定了许多。她坐在竹榻上寻思开了：不知道孩子他爹去说得怎么样？要是能成功，给咱宝弟找个浦东媳妇，真算是我前世修的福。浦东的姑娘是数一数二好媳妇，庄稼活、针线活样样拿得起来，对公婆孝敬着哩！要是我能娶到这么一个好儿媳，那该多……尤氏想得正美，丈夫曹禄耷拉着脑袋回来了。尤氏一看事情不妙，就急忙问："怎么样？"

"林珍嫂不肯做媒人，她说……"

"她说什么？"

"她说你像只雌老虎，谁肯把女儿往虎口里送？"

尤氏的脸上青一阵，红一阵，无可奈何地低下了头。放在以前，要是曹禄敢传别人骂她的话，她非闹个天翻地覆不可。可是如今，她为给儿子找媳妇，已经碰得鼻青脸肿，再也抖不起旧日的威风了。

曹禄又说："林珍嫂这个人你也知道，是个心直口快的人。我看如果你自己去跟她说，事情说不定还能成功。"

"我去跟她说？"

"嗯。她说浦东好姑娘有的是，就是害怕你的老虎脾气，以后媳妇进门受虐待，她这个当媒人的怎么向人家交代？"

"我哪会虐待！"

"你自己去跟林珍嫂好好说一说，向她发誓：你以后一定改脾气，媳妇进了门，决不打骂，决不虐待！这样，林珍嫂不就放心了吗？"

"对，我得亲自跟她说去！"尤氏说完，换了件干净的衣服朝林珍家走去。

尤氏来到林珍家，把这半年来给儿子找媳妇的经过老老实实地讲给林珍听，还抹着眼泪说："林珍嫂，你千万要救救我的孩子！你放心好了，姑娘来到我家，我一定待她像自己的亲生女儿一样，决不会虐待她。你想，为了找媳妇，我的命都差点儿赔上了，等进了门，我心疼都来不及，怎么会虐待她呢？"林珍知道尤氏平时的为人，但转念又想，人总是会变的。听说这两年她和小叔曹喜也不再胡来了，这不就是变正经了吗！况且刚才她说的都是真话，我哪能眼看着人家有难处不伸手帮一把呢？于是林珍说："那好吧，等我到了浦东，替你想想办法。"

"你把彩礼也带去吧。"

"这不忙，等有了头绪再说。"

"那就辛苦你啦，林珍嫂，事成以后，我一定好好谢你。"

尤氏告辞了林珍，兴冲冲地回到家中，把事情和男人曹禄一说，曹禄说："不成，事情没有办着实。林珍嫂不肯把彩礼带去，说明她心中还在犹豫。"

"对呀！要不她为什么不肯带彩礼呢？"尤氏第一次发现自己的男人不是傻瓜，而是一个很精明、很有见地的人。

"来，你看好孩子，我送彩礼去。倘使她肯留下来带去，事情就可能成功，倘使她一定不肯带去，那么这件事算黄了。"曹禄说完，拿起彩礼就出了门。

曹禄来到林珍家，央求林珍一定要把彩礼带到浦东去，说："只要你看得中，就把彩礼给女家，然后把姑娘领回来。"

林珍心中十分为难。这婆媳妇嫁女儿是件大事，哪能叫我一个人包办？林珍正在迟疑突然听见扑通一声，曹禄跪在地上说："林珍嫂，你心里在想些什么，我明白。你是怕我老婆厉害，我又作不了主张，以后媳妇进了门会受虐待。林珍嫂，我对你说一句真心话，只要你把媳妇送进我曹家门，我担保决不亏待她，决不让她受委屈。你放心，今后我曹禄再也不做瘟生了！"

林珍急忙扶起曹禄："他二叔，你快起来，我一定替你尽心。"

"那就谢你的大恩大德了！"曹禄说着把彩礼托到林珍面前，说："这是彩礼，你一定带去。事情成功之后，我决忘不了你这个大媒，一定好好谢你！"

"谢不谢倒不要紧，要紧的是你说话算数，别叫我以后没脸回娘家浦东！"

"林珍嫂，你一百个放心好了。"

林珍知道曹禄生性老实，不会说瞎话，就伸手接过彩礼。曹禄这才千恩万谢地回家去。

尤氏正在家中等得焦急，突然见曹禄面有喜色地回来，就问："事情办得怎么样？"

"八九不离十。"

"她把彩礼留下了？"

"我还能扔在路上？"

"哎呀，你真行！"尤氏破天荒地夸奖自己的男人。

曹禄说："不过有一样，以后媳妇进了门，不准你打，不准你骂。"

尤氏因为曹禄今天有功，所以不但没发火，反而笑着说："好了，好了，等媳妇进了门，我天天抱着她！你这个瘟老头子也怕我虐待媳妇，怪不得人家都不肯把女儿给咱宝弟！"

总算老天爷保佑，宝弟的烧慢慢退了。浑身的红疙瘩变成了一个个小脓疱。十来天之后，这些小脓疱都结了痂。宝弟觉得浑身非常痒痒，伸手抓这些痂。尤氏知道，这些痂掉了之后，留下的疤痕就是麻子。她还听别人说过：如果能让这些痂慢慢自行脱落，那么留下的麻点就会小一些，浅一些；如果硬是用手抓掉，那么留下的麻点就会又大又深。尤氏别的都不在乎，就是对儿子脸上的那五六个痂十分留意。她一心想让这五六个痂自己慢慢脱落下来。为了防止宝弟抓掉脸上的痂，尤氏用带子把他的两只手捆在胸前。孩子本来就痒得难受，用带子一绑，更难受了。他用力挣扎，大哭大喊，弄出了一身大汗。汗一出，浑身上下更是奇痒难熬。他在床上像发了疯似地乱蹦乱跳，乱钻乱蹭，把脸上、鼻子上的五六个痘痂全蹭掉了。尤氏急忙抱起儿子一看，真是哭笑不得，好端端的一个男孩，如今却变成了一个麻子。虽说麻点不多，但鼻尖上的那两粒特别惹眼。尤氏苦笑了两声，说："我到处烧香磕头，求神拜佛，到头来老天爷还是不肯把完整的孩子给我，还是挖了几块肉去。"

曹禄在一旁安慰说："孩子能平安无事，已经是老天爷有眼了。别人家出痘，坏了多少孩子！"

"那他一脸麻子将来怎么办？"

"俗语说，'十个麻子九个俏'。何况宝弟脸上又没长几粒麻子，还怕娶不到媳妇？"

"嗳，这事可别让林珍知道！"

"咱明人不做暗事。知道了怕啥？"

"你胡说什么？要是林珍知道宝弟变成了麻子，她到浦东跟人家一讲，还有谁肯把女儿给你做儿媳妇。"

"瞒得过初一，瞒不过十五。以后人家知道了，怎么交代！"

"这你别多管！"尤氏又摆出了一副悍妇的架势。

曹禄确实是个老实人，让老婆这么一吼，就不作声了。但他心里想：我得跟林珍说实话，不能叫她以后在浦东难做人。第二天，他抽了个空来到林珍家，可是林珍已在当天早晨去浦东了。

尤氏把儿子在屋子里关了一个多月，待身体完全恢复了，才让他到院子里晒日头。这一个月来，院子里的孩子们一直都没有见到宝弟。今天，突然看见宝弟在门口石阶边玩，就都围了上去。很快这些孩子发现宝弟的脸上鼻子上添了五六粒麻子，都新奇地叫了起来："小麻子！小麻子！"

这群孩子中，有一个是曹喜的小儿子德明，他跑回家对曹喜说："爸爸！宝弟变成麻子了，你快去看，快去看呀！"曹喜走到院子里一瞧，心里乐得比吃蜜还甜。他心想，怪不得在屋里躲了一个月，原来是得了天花呀！可惜老天爷没有要了这小东西的命！

曹喜是个头顶生疮、脚底流脓，坏透了的家伙。他把大大小小的孩子都叫到家里，对他们说："今天起，你们都别叫他宝弟了，叫他烂麻皮！"

"我叫他麻弟弟！"小儿子德明说。

"什么麻弟弟！烂麻皮，叫他烂麻皮！来，我教你们唱一首《麻皮歌》！"

时间不多，这六七个小孩都学会。他们把宝弟围在中间，摇头晃脑地唱着：

……

鸡啄西瓜皮，

翻转石榴皮，

大雨落在灰堆里，

钉鞋乱踏湿泥地，

脚炉盖上摊蛋皮，

……

两岁的宝弟不懂得他们在唱什么，见他们咿咿呀呀地唱得这么起劲，这么好听，咧着嘴直乐。尤氏从屋里出来，听到这帮孩子在唱《麻皮歌》，气得七窍生烟。她大喝一声，问："你们这些小畜生！是谁教的？"孩子们见尤氏凶得要吃人，一个个吓得直哆嗦。邻居施家的男孩洪良指着德明说："是德明他爸爸教的。"

尤氏一听，更是火上浇油，她像旋风一样扑到曹喜门前，拍臀拍腿地大骂起来。曹喜走出来，背靠在门框上，阴阳怪气地问："小孩子们唱山歌，有什么不可以？天下麻皮有的是，又没有说唱的是哪一个！"

曹喜九岁的大儿子德光，是个不学好的孩子，给他父亲帮腔说："就是嘛！唱山歌怎么不行？来，洪良，德明，我们唱，看她怎么样！"

曹喜更是怂恿说："唱！大声唱！预备——起！"院子里又哩哩啦啦地响起了《麻皮歌》……

这一下把尤氏气得直翻白眼。她操起一把扫帚，一边骂一边去追那些孩子，院子里顿时乱作一团。儿子宝弟在她怀里吓得直哭。正在这时，院门突然开了，走进两个人来。这两人见院子里这副情景，转身就走，刚好被挑着一大担棉花箕刚刚进院门的曹禄拦住："哎呀，林珍嫂！怎么刚进门，转身就要走啊？"

曹喜和起哄的孩子们见来了人，都不作声了。尤氏急忙扔掉手中的扫把，一边向林珍打招呼，一边打量着跟在林珍身后的那位姑娘。曹禄说："屋里坐，屋里坐，别在这儿站着。"

进到屋里，尤氏正要开口问林珍，这身边的姑娘可是给宝弟找的媳妇。突然，林珍发现宝弟变成了一个麻子，急忙问："这孩子的脸上是怎么回事？"

"出了几粒痘。"尤氏说。

"什么时候出的？为什么瞒着我？"

"嗯……"尤氏无言以对。

"你们存心骗人！"林珍很生气。

"林珍嫂，你别动气。是这样的，我托你做媒时，孩子还没有出花。等出了花我去找你，想把事情告诉你，可是那天早晨你已经去浦东了。真的，你如果不信，可以回去问问你的婆婆。要是我曹禄有半句假话，天打五雷轰！"

林珍见事已至此，只得算了。她说："告诉你们，我给你们提的亲，是我的干女儿，以后你们说话、做事可要对得住人啊！"

"林珍嫂，我的干亲家，你一千个放心！"尤氏高兴得嘴都合不拢。

"菊香，快叫！这是爸爸。"林珍说。

"爸爸。"一直低着头的菊香轻轻地叫道。

"唉！"曹禄乐得眼睛里闪着泪花。

"这是妈妈。"林珍又说。

"妈妈。"菊香喊道。

"唉！孩子！"尤氏满脸堆笑说。

菊香一路上哭哭啼啼，惦记着病中的爸爸、妈妈和七岁的弟弟，惦记着黄家滨的乡亲。快到乌泥泾时，菊香的心突然砰砰乱跳起来，不知道自己的婆家是个什么样子？公公和婆婆是怎样的人？自己将来的男人的情况又怎么样？

现在菊香一切都清楚了：这位刚干活回来满脸是汗的中年汉子，是自己的公公；这位刚才拿着扫帚满院子乱舞乱骂的女人，是自己的婆婆；婆婆怀中这个流着鼻涕的小麻子，就是自己未来的男人。

在菊香的那颗凄怆痛苦的心中，顿时又充满了陌生、惶恐和失望。

第四节　不压石头不行

菊香知道自己的婆婆是出名的雌老虎，所以时时留神，处处小心，生怕出什么差错，真是度日如度年。白天好不容易挨了过去，到了晚上更加难熬。只要一躺到床上，重病中的爸爸、妈妈和年幼的弟弟，就一齐出现在她的眼前。爸爸躺在病床上整天不说话，妈妈总是默默地流泪，弟弟菊兴站在黄浦江岸边的堤坝上哭喊着自己的名字。村上的邻居文海公公、阿炎奶奶、金祥叔、金祥婶、阿黑妈等等，总是愁眉苦脸，茶饭不香。红菱、国福、阿黑等小伙伴天天聚在一起哭，红菱姐的眼睛哭得又红又肿，像两只桃子。有一天夜里，菊香突然梦见爸爸妈妈都病死了，弟弟菊兴趴在父母的坟头上哭得死去活来。菊香自己更是哭断肝肠，痛不欲生。等她哭醒过来，才知道自己又是做了一个梦。

自从来到曹家，可怜的菊香没有一夜不做梦思念亲人，没有一夜不哭湿枕头。可是她只能偷偷地哭，不敢哭出声来，第二天一早起床后，还必须装着没事一样，赔着笑脸去伺候公婆和自己将来的男人宝弟。为了让自己尽量少惦念家里，菊香就拼命地干活，不叫自己有一刻的空闲。菊香本来就勤快麻利，现在这么一拼命，四邻八舍见了人人都夸，婆婆尤氏也乐得合不拢嘴。

菊香给曹家带来了新的气息。被人称为"百不管"和"半死人"的老大曹福，虽然每天仍旧坐在门口似睡非睡地闭目养神，但他的眉头却悄悄地比以前舒展了不少。别看他还是终日一言不发，心里却在想：俗话说"一喜冲百忧"，菊香姑娘这一来，说不定咱家又会和睦、兴旺起来。你看自从菊香进了门，老二曹禄总是乐呵呵的，原来略微有些驼的背也挺直了，走路干活显得特别利落有劲，好像一下子年轻了十岁。尤氏的变化更大，脸上成天挂着笑，对菊香一口一个阿妹，逢人就夸她如何勤快、如何懂事。尤氏对曹禄也比以前温存多了。曹家的小祖宗宝弟自从来了菊香，天天由她抱着、背着，高兴得手舞足蹈。说来也奇怪，原来多灾多病的宝弟，如今什么痛痒也没了。尤氏和老三曹喜的关系也大有好转。尤氏为了给新媳妇做个好样子，就不再向曹喜寻衅。由于菊香总是三叔长三叔短地叫，曹喜心中也有几分喜欢，不好意思再找二嫂尤氏吵架，害死宝弟的念头也收了起来。大人们一和解，孩子们就更没有隔阂了。曹喜的两个儿子德光、德明和女儿德芳，邻居施家的男孩子洪良和其他街坊的孩子，成天在院子里玩耍，什么捉迷藏呀、假烧饭呀、抽陀螺呀、踢毽子、骑竹马呀，等等。宝弟年纪小，不会玩，但他总爱跟在他们后面看热闹。

来到婆家虽然日子不多，但菊香也有了几个相好的伙伴。西厢房的凤英、德芳，邻居施家的童养媳文娟等都和她谈得来。但在这些新伙伴中，与菊香关系最好的是凤英。她是三叔的大儿子德光的童养媳，与菊香同岁，只比菊香小一个月，但她进曹家已经六年了。她原来是金氏的叔伯外甥女，一岁时死了爹，五岁时又没了娘，成了无人收留的孤儿。金氏和曹喜一合计，就把她领回了家，准备等以后长大了给大儿子德光做媳妇。凤英身材不高，乌黑的头发，圆圆的脸盘，笑的时候，总是露出她那一对白净的犬齿，显得十分天真、可爱。不过她总是泪痕满面，难得有笑的时候。不知为什么，她见了菊香，总是很亲热，只要没有旁人，总爱和菊香说上几句话。

这天下午，尤氏跟着曹禄下地去了，菊香坐在门口一边纺纱，一边照看宝弟。院子里孩子们又在玩捉迷藏，一个个玩得兴致勃勃、满头大汗。他们有的像猴子一样地躲到门后，有的躲到草垛中，有的躲到羊圈里，就数德明最机灵。他爬到院墙边的冬青树上躲了起来，他哥哥德光找了半天也没找着他。这一回轮到洪良捉了，他刚把眼睛蒙上，其余的孩子就赶快找自己藏身的地方。德明窜进宝弟家的厨房，想躲在灶后的柴垛里，可是柴火太少，藏不住人。这时，洪良口中已经数到十五，另外再找躲的地方来不及了。德明急中生智，一猫腰进了灶膛，洪良数到二十，就开始找人。别的伙伴很快一个个都给他找到了，唯独没有发现德明。洪良轻声问宝弟，宝弟不说话，用小手朝自家的厨房指了指。洪良进厨房找了好一会儿也没找着。正在这时，尤氏回来了。她见隔壁大哥家的烟囱冒烟了，就拿了根蒲棒去引火。引回火点着稻草团正往灶膛里塞，德明突然从灶膛里窜出来，吓得尤氏"啊呀"一声跌倒在地，尤氏不知出了什么事，半天说不出一句话来。洪良见德明满脸满身都是锅黑和灶灰，一把抓住他，哈哈大笑说："捉住啦！捉住啦！"其他的孩子也都嚷："捉住啦！捉住啦！"菊香见德明从头到脚弄得像个花田鸡，忍不住笑了起来。德明争辩说："这不算！这不算！要不是二妈妈烧火，你们能找到我？"这时尤氏才明白过来，她从地上爬起来，又气又恼地说："你们这帮小祖宗，怎么越来越没边了？哪有捉迷藏钻灶肚的！"孩子们见尤氏发了火，就一哄而散。但尤氏余怒未消，见菊香笑得那么高兴，心中暗暗骂道：小贱人！笑什么？你没看见老娘摔得差点儿爬不起来？难怪别人都讲，童养媳好比腌在缸里的菜，不压石头不行！尤氏正想发作，曹禄扛着铁锹回来了。于是尤氏压了压火气对菊香说："阿妹，以后别让这帮捣蛋鬼进屋里玩！"曹禄问出了什么事，尤氏就把刚才的事学给他听。曹禄听完说："这帮小孩子皮得很，菊香哪里管得住！这样吧，明天起你留在家里看宝弟，叫菊香跟我下地去。"

跟公公下地干活，菊香觉得比待在家里痛快。到了田头，曹禄递给菊香一只口袋，说："菊香，你在前面摘落脚花，我在后面拔棉萁。"

摘棉花，菊香很在行。在浦东娘家每当棉花成熟时，她总是去帮别人家收摘。她的一双手这样灵巧，摘得这样快这样干净。曹禄在后面拔棉萁，累出了一身汗也没有赶上她。看着菊香那娇巧、敏捷的身影，曹禄心中很是感慨：娶媳妇还是娶穷人家的姑娘好！只怨爹娘当初一心想高攀，结果害得我一辈子受罪。曹禄一边拔棉萁，一边感叹自己的不幸。突然，他看见前面有一根瓜藤，用手一拉，从满是枯叶的田沟里拉出一个拳头大的甜瓜。曹禄摘下甜瓜，兴奋地用衣襟擦了擦，大声喊道："菊香，来！快来！"

菊香一边走一边问："什么事，爸爸？"

"嘿嘿，你真有吃福。都快立冬了，想不到还有甜瓜吃。来，快把它吃了！"

菊香接过甜瓜，看了又看，十分欢喜，舍不得往嘴边送。

"快吃吧，熟了。"

"爸爸，你吃吧。"

"我不吃。你坐下来歇一会儿，吃了瓜再干。"

"我也不吃，带回去给宝弟吃。"

"那好吧。"曹禄心中又是一阵感慨，想不到自己的儿子娶到这么一个好媳妇。

菊香摘了满满一口袋棉花，倒进了田埂上的麻袋。正往回走，突然不小心，一脚踩在田沟里，觉是踩着了什么东西，蹲下身子扒开枯叶一看，发现自己踩死了一只螃蟹。她急忙沿沟往前寻找，一会儿的工夫，找到三只不会动弹的螃蟹。用鼻子闻了闻，一点臭味也没有。她高兴得大叫起来："爸爸，快来看，螃蟹！"

"那都是死的。"

"不，是活的。如果是死的，早就臭了！"

曹禄走过来拿起螃蟹闻了闻，果然一点不臭。他心想：这些螃蟹好几天以前就发现了为什么到现在还不发臭，难道它们真的没有死？

"爸爸，这些螃蟹真的没死，我拣一些回去好吗？"

"好吧。"

不到半个时辰，菊香拣了满满的一小口袋螃蟹，有五六斤重。她把袋口用绳子系牢，放在一边，又继续摘棉花。

由于菊香手快脚快，没等太阳落下去，就全部摘了。回家路上菊香争着要挑担，曹禄怕压着她，不肯让她挑。曹禄颤悠着毛竹扁担，迈着不紧不慢的步子，心中寻思道：今年棉花的收成真不错，这落脚花还收了四五十斤。现在就看明天立冬了，要是明天无风无雨，那么今年这个冬天不会冷，棉花的价钱上不去，一年的辛苦也就换不上几个钱。俗话说得好："卖絮婆子看冬朝，无风无雨哭号啕。"想到这里，曹禄不由抬头看了看西天，不见有什么风雨的征兆，不觉长长地叹了口气。菊香听见公公叹气，以为他心口痛的毛病又犯了，就争着一定要接他的担子。曹禄见离家不远了，就把担子给了她，同时从她手中接过那袋螃蟹。

曹禄、菊香走进院门，尤氏正要去河边淘米。她见曹禄手中提着鼓鼓囊囊的一袋东西问："你拎的是什么？"

"螃蟹，菊香在田沟里捡的。"

"捡的？"尤氏接过口袋打开一看："都是死的！捡回来干啥？"

"没有死，妈妈！"菊香拿出一只螃蟹，拨弄了两下说："真的没死，你看，脚还有点儿动呢！"

"动啥？早死了！快拿去给人家喂猪。"

"没有死，都活着。你看，把蟹脚拉直了，自己会勾起来。看，是不是？"

经菊香这么一说，尤氏心里也有点动了，嘴上却说："这丫头，瞧你这张嘴，把死螃蟹都说活了！"

这时，曹福的老婆张氏从院门进来，她凑近一看，又用鼻子闻了闻，说："活的，没有死。"

"那怎么像死的一样，动都不会动？"尤氏感到很奇怪。

"螃蟹这东西最爱吃芝麻。你家棉花地里种了不少芝麻吧，它们就是去吃落在地里的芝麻的，因为贪嘴，吃得太多，撑得动不了了，所以看上去像死了一样，其实没有死。快洗洗干净拿去煮，包你满锅飘油，只只香！"尤氏听了大嫂的这一番话，满心高兴。她把螃蟹洗净用大火一煮，果然跟张氏说的一样，香气扑鼻，叫人直流口水。趁着高兴，尤氏叫菊香给大伯和三叔家各送去一大碗。

这顿晚饭曹禄全家吃得十分快乐。尤氏想，菊香这孩子真行，不仅干活勤快，还能拾到外快。曹禄掰开一只乌壮蟹，说："这些螃蟹我看见许多天了，以为是死的，一直没敢捡回来。没想到煮来一吃，竟是这般鲜美！"吃得最高兴的是宝弟。他的一双眼睛紧紧盯着菊香的手，尤氏、曹禄也帮着剥，吃得他摇头晃脑，手舞足蹈。曹禄合家正吃得高兴，突然从西厢房里传出了叫骂声："你这贱骨头，也想吃螃蟹！"这是金氏在骂童养媳凤英。

"看看人家菊香，才比你大一个月，多能干！不湿鞋就能抓到那么多螃蟹。你呢？只会在碗里捉！"这是曹喜的训斥声。

"还站在那里干什么？快把那一海碗芋头拿来！"金氏喝道。突然，只听见"哐当"一声，紧接着传来的是拳打脚踢和叫骂的声音。

"你这阴毒鬼！不让你吃螃蟹，你就摔盆摔碗！"金氏说着就像发了疯似的猛踢起来，痛得凤英左躲右闪，哭爹喊娘。

"这只海碗是老祖宗传下来的，今天让你这败家精打了！"曹喜的一对小眼睛瞪得圆圆的，恨不得扒了凤英的皮。

金氏的手打痛了，就训斥大儿子德光："你站在这里看什么？打她你舍不得？快去拿烧火棍，给我打！往死里打！"

接着棍棒声、呼救声一阵紧似一阵。听到凤英的惨叫，菊香的心都快要碎了。烧火棍好像不是打在凤英身上，而是打在自己身上。

曹禄实在坐不住了，他刚要出去劝解，尤氏一把拉住他说："童养媳是腌在缸里的菜，不压石头不行！你去多管什么闲事？"

听到婆婆的这几句话，菊香像三九天浇了一盆冷水，里外都凉透了。

第二天清早，曹禄一起床就下地去了，菊香在家里烧早饭，尤氏和宝弟还睡着。菊香烧好饭焖在锅里，就去河边挑水。挑满一缸水，天已经亮了，可是婆婆和宝弟还没有起床。菊香又拿起扫把扫院子。倒垃圾时，菊香在垃圾堆上看见昨晚凤英打破的那只海碗，心里十分难过。她在心中说：自己拣几只螃蟹回来，竟让凤英挨了一顿毒打！难道童养媳的命不如一只碗吗？菊香呆呆地望着那只破碗，望了很久很久。临走时，菊香见那只破海碗的碗底没打破，就把它捡回来，安到篱笆门下作门臼，她将篱笆门关上打开，打开关上，来回试了几次，觉得这个碗底做门臼十分合适。菊香转身刚要回去，突然发现婆婆站在自己身后，一边梳头，一边看，脸上露出赞许的神色。

吃完早饭，菊香正在刷锅洗碗，突然西厢房又传出了凶狠的打骂声和惨凄的哭泣声。金氏一边打一边骂："你这教不灵的蠢货！昨天打破的那只海碗呢？"

"爸爸叫我扔到垃圾堆上去了。"凤英哭着申辩说。

"你去看看还在不在垃圾堆上？人家都拿去做门臼了！看人家多精，你为什么这样笨？这样笨？"金氏愈骂愈气，棍子像雨点般地落到凤英身上。

凤英的阵阵惨叫声像烧红了的火钳夹住了菊香的心。她放下正在擦洗的碗筷，奔到篱笆门下，取出那块碗底来到西厢房，对金氏说："三婶，这海碗底在这儿，还给你们。"

凤英呆呆地望着突然出现的菊香，眼泪像泉水似的涌了出来。金氏喝道："还站在那里干什么？还不快去接过来！"

菊香回到自己家中，急忙洗好碗筷，迈着沉重的步子，跟公公下地。菊香闷头干了一个上午的活，没有说一句话，她心里一直在想：三叔、三婶对凤英为什么这样心狠？

中午，菊香端起饭碗刚要吃，尤氏脸一沉，伸手夺过饭碗，问："那个海碗底是你送去的，还是人家自己拿走的？"

"是我送去的。"

"为什么？"

"那碗底原来就是他们家的。"

"什么！你不是从垃圾堆上拣来的吗？"

"我听凤英哭得真惨，就……"

"好啊！现在凤英正饿着肚子，把你的这碗饭给她送去吧！"尤氏说着啪的一声把手中的那碗饭往桌上一放，不准菊香吃。菊香感到心头一酸，两行眼泪流了出来。但她觉得自己没有什么错，宁肯饿肚子，决不能认错求饶。她擦擦眼泪，咬着嘴唇什么也不说。曹禄见老婆做得过分。急忙解劝说："算了！算了！今天上午菊香真卖力气，干了不少活。都吃饭吧！菊香，吃饭，吃吧，吃饱了好下地干活！"说着曹禄把尤氏夺走的那碗饭递给了菊香。

尤氏总算给了曹禄一个面子，说："今天是头一次，饶了你。下次再吃里扒外，别怪我不客气了！"

第五节　童养媳命最苦

立冬以后，天气一天冷似一天。地里剩下的活不多了，曹禄就让菊香留在家里纺纱，自己一个人下地。

乌泥泾和浦东一样，纺纱用的只是一只纺锤，速度非常慢。纺纱时，先将棉条的一端用手搓成线绕在纺锤上，左手提住棉条，右手捻转纺锤，随着纺锤的旋转，棉条就纺成了纱，等纱纺到了一定长度，就把它绕在纺锤上。接着又周而复始地重复刚才的动作。可以想象，织成一匹布，要花费多少心血和工夫！菊香虽然年岁不大，但却是纺纱好手。要比起来，一般的大人还都不是她的对手。尤氏当然十分高兴，她每天早晨起床后第一件事情就是给菊香称昨夜纺了多少纱，然后冲着西厢房高声报出具体数目。曹喜夫妇忌妒心极强，见菊香每天纺那么多纱，就学着尤氏的样，每天也给凤英称，要她必须和菊香纺得一样多。可是不知为什么，凤英总是赶不上菊香，所以随着尤氏高声报数之后，西厢房里很快就传出曹喜夫妇的打骂声和凤英的惨叫哀号声。

这叫聪明能干、心地善良的菊香感到十分痛苦和为难。自己拼命干吧，换来的是凤英的皮肉之苦；自己少干一点吧，婆婆又决不允许。这一天晚上纺完纱，菊香躺在床上睡不着。共同的命运和遭遇把她和凤英紧紧联在一起，要想一个办法帮助凤英摆脱困境，可是她翻来覆去想了好久，什么办法也没想出来。

第二天早晨，尤氏照例高声报出数字之后，西厢房又传出打骂声和哭喊声。曹喜、金氏打累了，就喝令凤英提着一大篮子衣服到河边去洗，自己和男人、儿子、女儿坐下吃早饭。不一会儿，曹福的老婆张氏慌慌张张闯进门，说："不好啦！凤英跳河了！快，快去河里捞！"一听这消息，整个曹家院子乱成一团：曹喜、金氏、德光、德明、德芳以及曹禄、尤氏、菊香都跟着张氏朝河边奔去，唯有那老大曹福依旧坐在门口椅子上，晒着初冬的朝阳，闭目养神。好像他什么也没听见、什么也没看见一样。尤氏把宝弟托他照看，他似醒非醒地伸出右手把宝弟搂在身边，什么话也没说。尤氏心里暗暗骂道："活死人！"

镇上的人听说有人投了河，都慌乱地朝河边奔跑着。曹喜、金氏、曹禄拿着竹竿在河里不停地捞。镇上开杂货铺的钱阿五大声嚷道："老三，你还不下河摸去？时间一长，救起来也没气了！"

曹喜边脱衣服边骂："你这贱骨头，等我把你捞起来，非打死你不可！"

金氏哭着说："快下去捞吧，别耽搁啦！"

初冬的河水，已经很凉了。曹喜身子单薄，在河里泡不多久，就冷得他像筛糠似地直发抖。他那像黄鼠狼屁股似的小尖脸变得纸一样煞白，舌头缩进了喉咙，上下牙齿得得得地直打架。他实在支持不住了，一边往岸上爬，一边嚷："死……死了，捞起来也一定……定死……死了！"

金氏和女儿德芳听曹喜这么说，都号啕大哭起来。金氏边哭边唱：

凤英凤英命苦啊，

一岁死爹，五岁死娘，

没有吃过一顿好饭，

没有穿过一件好衣裳，

……

河岸上的人听到金氏的哭声，都落下了眼泪。哭得最伤心的是菊香，把胸前一大片衣襟全哭湿了。她几次要跳下河去捞，可是都被大妈妈张氏拦住了。现在，除眼泪她还能用什么来向凤英表示哀悼呢？渐渐地，人群中发出喊喊喳喳的议论：

"唉，这条河里的冤鬼不少啊，哪一年不跳进个把童养媳？"

"这曹家也太厉害，一天三遍打，谁受得了！"

"你没听人家唱《童养媳歌》？黄连苦，黄连苦，猪胆更比黄连苦；黄连猪胆不算苦，世上最苦养媳妇。唉，真是一点不假啊！"

"你看，老三家现在哭得这么伤心，有啥用？"

"作孽呀，都是吃饱了没事干，人欺人，人逼人，硬逼出来的人命啊！"

尤氏似乎受到了教化，她擦了擦眼，拉着泣不成声的菊香，疼爱地说："阿妹，我们回家去。"

岸边的人陆陆续续都走了，只有曹禄还在用竹竿不停地捞，可是一直到下午，还没有捞着凤英的尸体。金氏在院子里铺了一床稻草，把凤英的被褥铺在上头，接着把她的衣服、裙子、鞋子一样样地摆好，然后又是号号啕啕地哭了一阵。哭过之后，她正要点火烧，院门突然开了，凤英穿着一身白净的衣服慢慢走进院子。金氏啊地惊叫一声，差点儿吓昏过去。她急忙磕头求饶说："凤英，饶了我吧！我一定多烧纸钱，给你做水陆道场……"

"好了，好了，德光他妈！是阿窑叔救了凤英，还不赶快谢谢人家！"跟在凤英身后的张氏说。

"啊！"金氏像刚从噩梦中惊醒过来。

"以后可不能再这样打孩子，要是再逼出事来，我可不管了！"阿窑叔说。

凤英只是簌簌地掉泪，什么话也说不出来。金氏猛地搂住她呜呜地哭起来。邻居们闻讯赶来了。菊香走到凤英的跟前，拉着她的手，说"凤英，你回来啦？"说着，她那双肿得像桃子一样的眼睛里又噙满了泪水。

原来今天早晨凤英投河时，正巧被阿窑叔看见，他跳下河把凤英救了上来。那时曹福的老伴张氏正去河边洗菜，她听凤英把事情一说，心想不能就这样把孩子送回去，非得好好教训一下曹喜和金氏不可。于是她把凤英领到阿窑叔的窑里，给她换了衣服，然后赶回家和男人曹福打了个招呼，就假戏真演，慌慌张张跑到西厢房，说凤英投河了。让曹喜夫妻俩整整折腾了大半天，觉得差不多了，她才和阿窑叔一起把凤英送回来。张氏见曹喜裹着一床棉被从屋子里出来，就说："老三哪，这太玄了！要不是阿窑叔，这会儿凤英早就完了！烧纸钱，做道场，有啥用？"

"阿窑叔，屋里坐！"曹禄说。

"对，对，阿窑叔，快进屋里坐！"曹喜夫妇急忙说。

"不坐，你们快忙自己的吧。凤英姑娘，我走啦"。

"凤英，快谢谢阿窑叔救命的大恩！"金氏说。

金氏的话音未落，凤英扑通一声跪在地上给阿窑叔磕头，她泪流满面，泣不成声。阿窑叔急忙把她扶起，说："以后心中有什么话好好对公公婆婆讲，千万别想不开！"说着他就走出了院门。

自从凤英跳河以后，曹家院子里安静了半个多月。尤氏不再天天报数，曹喜无从知道菊香每天剥多少棉籽、纺多少纱。但他们心里总嫌凤英手脚慢，不如菊香能干。时间一长，曹喜和金氏的脸色又慢慢难看起来。张氏一看这情形，心中暗暗着急。她想，照这样下去，早晚还得出事。

这一天早晨，张氏去河边淘米，在水桥上碰见菊香，问道："菊香，这两天凤英跟你说些什么？"

"她说三婶又发脾气了，嫌她纺纱慢。"菊香说。

"唉，得想个法子，要不凤英早晚还得跳河！"

"大妈妈，我想出了个办法。"

"什么办法？"

"三婶不是嫌凤英纺纱纺得慢吗？我想跟她在一起纺，这样我们互相有个商量，可以纺得一样多了。就怕我婆婆不肯。"

"好，你这个办法好！你婆婆那里好说，有我呢！我有办法！"

当天晚上刚吃过夜饭，张氏先来到老三家里。曹喜夫妇难得见大嫂来，不知有什么事，赶快起身让座。张氏扯了几句家常之后，就说："难得冬至快到了，这日头在南天打个滚就落下去，想干点活全靠晚上灯下忙了。我想这样，一个人点一盏灯，三个人也是点一盏灯，干脆晚上叫凤英和菊香上我屋里去纺纱。这样一可以让你们省点灯油；二呢，可以叫凤英跟菊香学一学。我看菊香那姑娘干活是有路数，不论弹棉花、纺纱还是剥棉籽，她都有一手。听说织布、绣花她也不让人。人家是从小正正经经跟爹娘学的。凤英呢，从来没有人好好教过，自然就差一截，好在年纪还不大，以后只要勤学着点儿，很快就会赶上来的。你们做公公婆婆的觉得怎么样？"

"大阿嫂，你说的还能有错？就这么办！"金氏眉开眼笑地说。

曹喜心里也十分乐意，从锅中拿出一碗干蒸的芋头，递到张氏的面前说："大阿嫂，这芋艿是晚上刚蒸的，你尝尝！"

"好，好，我尝一个！"张氏说着随手抓了一个。

"大阿嫂，你拿的那个有点冻烂了，挑个好的！"金氏说。

"唉，别的东西冻烂了不能吃，这芋艿可不一样，冻烂了的不但能吃，而且还特别香！"张氏把芋艿送进口中吐出皮后，一边嚼一边说："不错，还是紫梗芋艿呢！又松又香，跟栗子一样！"

"再吃几个，大阿嫂，现在还挺热的呢！"金氏说。

"不了，我还得上你二哥家。"张氏说完就跨出门槛，朝老二家走。她把自己的主意一说，曹禄当然满心高兴。尤氏见大嫂夸了一通菊香，觉得自己脸上挺光彩，每天晚上又能省一盏灯，乐得做个顺水人情，就欣然答应。

第六节　灯下夜话三怪

第二天吃过晚饭，菊香和凤英拿了棉条和纺锤来到大伯曹福家。张氏早就预备好了凳子，见她俩来，就拨亮油灯，叫她们坐下开始纺纱。油灯的火苗轻轻地跳跃，六只勤劳的手在不停地飞舞，纺锤在她们的胸前飞快旋转，雪白的棉条变成了一根根细纱。纺了一会儿，张氏问："你们纺纱时觉得困不困？"

凤英说："时间一长，我直想打瞌睡。"

菊香说："我也是这样。"

"那我给你们讲个故事，包你们谁也不打瞌睡！"张氏说。

"好！大妈妈，你快讲！"凤英说。

"你们手里活别停，只用耳朵听。这也是一种本事，能不能做到？"

"能做到。大妈妈，快讲吧！"菊香催促说。

"好，我讲。讲个鬼的故事，把你们的瞌睡虫全吓跑！"

"好，好，快讲！"凤英一听鬼的故事，很高兴。

"先讲个落水鬼的故事。鬼很多，有杀头鬼，饿煞鬼，吊死鬼，落水鬼等等。这落水鬼是最苦的鬼。人掉到河里淹死之后，要到阎罗殿上过堂受审。阎罗殿上的刑法多着呢，什么滚钉板、锯子锯、磨子磨、石臼舂、油锅煎，受完审最后才变成落水鬼。做了落水鬼，不管春夏秋冬、风吹雨打，每天必须摸三斗三升螺蛳。要是摸不满，就要挨打受罚。怎么罚？抽筋剥皮拆骨头！那个日子可苦啦！凤英，今后可不能再跳河了！那可不是闹着玩的！"

凤英低下了头，不说话。

张氏又说："今后你们去河边要小心，别看这小北河水不深，落水鬼可不少！"

"真的？"菊香吃惊地问。

"当然真的。咱们淘米洗菜的水桥上就有。"

"啊？"菊香更吃惊了。

"你们发现没有？咱们这水桥共有五块石阶，上面四块常常叫露水打湿，唯独最下面的一块是干的，不知你们有没有留心？"

"对，早晨我去淘米时，经常见最底下那块石阶是干的。"凤英说。

"这很奇怪，上面的四块石阶离水远，是湿的；底下那块石阶有一半没在水里，但面上倒是干的。这到底是为什么？"菊香问。

"为什么？是让落水鬼坐干的！"

"啊，是吗？"菊香、凤英一起惊异地问。

"以后你们去河边，一定要小心！落水鬼想尽办法要找替身，找到替身，他自己就可以不用摸三斗三升螺蛳了。凤英，上一次要不是阿窑叔救了你，说不定你现在正在摸螺蛳哩！那落水鬼日子多苦哇！以后可不准你再胡来，听见没有？凤英？"

凤英抬头看了看伯母，没有说话，脸上充满了痛苦和尴尬的神色。屋子里顿时沉默起来。

"大妈妈，为什么许多人都叫阿窑叔'阎王怕'呢？"菊香打破沉默，提出了一个新的话题。

"说起这个，话就长啰，你来乌泥泾不长，还不知道。"张氏说。

"大妈妈，你给我们讲讲吧。我来这么多年，也还不清楚呢！"凤英说。

"好吧，我给你们讲讲。咱们这乌泥泾镇上，一共有三个怪人。第一个是镇南的桂其昌，外号'鬼见愁'；第二个是镇东的沈阿六，外号'神仙哭'；第三个就是镇北的阿窑叔。'阎王怕'是人家给他起的绰号。阿窑叔不是本地人，他到底姓啥名啥谁也不知道。因为他没有房子，来到镇上就住在小北河边上的那座废砖窑里。时间一长，镇上的人不管男女老少都叫起他阿窑叔来了。"

"他是不是特别凶，阎王爷都怕他，所以大家给他起了个'阎王怕'的外号？"菊香问。

"别急，我慢慢给你们讲。这三个怪人天不怕，地不怕，神不怕，鬼不怕，什么禁忌也没有。单说吃东西，天上飞的，水中游的，地上爬的，什么都吃。照他们自己说，有脚的凳子不吃；带毛的扫帚不吃；无脚无毛的，擀面杖不吃；其它东西，什么猫、狗、鼠、蛇、虫，样样都吃！桂其昌和沈阿六是泼皮，不干正经事。桂其昌专门靠盗墓扒尸为生，这浦西一带给他偷掘的坟墓不计其数。不管是古墓还是新坟，只要被他看中，墓主们就在劫难逃。所以人们就给他起了个'鬼见愁'的绰号。那个沈阿六，专门靠吃供过日子，就是抢吃各个寺庙里的供品。哪天要是供品少了，他竟敢动手打和尚和菩萨的耳光。那五圣堂谁敢得罪？可是那五个小老爷，经常给他打得东倒西歪。所以他得了个'神仙哭'的诨名，意思是说神仙见了他就害怕，就哭鼻子。你们说怪不怪，人家良民百姓，天天烧香磕头，吃斋念经，还是天灾人祸不断。而鬼见愁、神仙哭这两个泼皮恶棍这么亵渎神灵，却无病无灾、逍遥自在。看来这鬼神也是欺软怕硬的主！"

　　张氏续了一根棉条，突然问："哎，菊香，四年前你们浦东射猎庙雷劈黑蛇精的事，你记得吗？"

　　"记得。"菊香答道。

　　"就是那一次，这鬼见愁和神仙哭还去了浦东一趟，说是要取黑蛇精肚子中的金银财宝。你们看看，这两个人的胆子多大，邪门歪道多多？！"

　　菊香听伯母说起黑蛇精的事，想说的话就多了。但是还没等她开口，张氏接着又说："可是阿窑叔和他们俩不一样。他靠打猎为生，从来不吃白食，不干那些坑蒙拐骗的勾当。阿窑叔打猎的本领可高啦，老虎、金钱豹、野猪这些最凶的野兽，他都不怕，都有办法对付。虽然他打猎的本领高，可是咱浦西这地面上大的野兽不多，所以他的日子过得很清苦。有时候吃了早饭不知晚饭在哪里。有一年秋天，他一连好几天没打到野兽，没钱买米下锅，整整饿了两天。后来他打到了一只狼，卖了钱就在街上吃食店里吃了四碗的油豆腐。没想到第二天他突然死了。他孤身一人，没人替他料理后事。过了一天，你大伯他们几个开店的知道了，看不下去，就凑钱给买了一口薄板棺材。入殓后正往乱葬岗上抬，突然听见棺材里乒乒乓乓拳打脚踢的声音。四个抬棺材的吓得扔下杠棒撒腿就跑。一会儿，棺材盖被踢开了，阿窑叔从棺材里站起来大喊大叫。胆小的吓得魂都飞了。你大伯他们几个胆大，走上去想看个究竟。阿窑叔大声问：'阿福哥！你们这是干什么？'你大伯说：'你不是死了两天吗？怎么又……'阿窑叔说：'哈哈哈！是判官看错了生死簿，给我狠狠揍了他两巴掌。阎罗王怕我打他，就赶紧把我放了回来！'阿窑叔说的是真是假，谁也不知道，不过他死了两天又还魂活过来是真的，一点没假。打那以后，他得了个'阎王怕'的绰号。"

　　"噢，'阎王怕'这个绰号是这么得来的！"菊香、凤英惊异地说。

　　"这三个怪人中阎王怕最厉害，鬼见愁和神仙哭谁都不怕，但见了阎王怕就发怵。"

　　"那是为什么，大妈妈？"菊香问。

　　"我慢慢给你们讲，你们手中的纺锤要转得快，别耽误干活。"

　　"知道。大妈妈，你快讲！"菊香、凤英异口同声。

　　"我讲两件事给你们听。好多年前，在镇南官路的凉亭旁，一棵大树上吊死了一个人。等县里仵作赶来，天色已经晚了，只能等明天再验尸。当夜就找阿窑叔来看尸体，不准任何人动一动。这天晚上天黑得伸手不见五指，阿窑叔点燃了一根香，插在死人身上，然后坐在凉亭里慢慢呷酒，不时地抬头望望，看死人还在不在。说来也巧，这天晚上鬼见愁和神仙哭不知从哪儿偷了一只老母鸡，准备回家煮了吃。正愁家里没有火种。走近凉亭见有人拿着火种，鬼见愁忙开腔说：'大老倌，引火回家做饭？你和我们一样，也是个夜来忙。来，借我点个纸捻。'鬼见愁说着从帽子里摸出纸捻，伸手拔过香就点了起来。引着纸捻，鬼见愁把香还给'大佬倌'，可是这位'大佬倌'仍然不吭声，也不接香。神仙哭很不痛快，在这地面上见了咱哥俩，谁不是低头哈腰、满脸赔笑？这位'大佬倌'是什么角色，竟敢如此不识相！真是火神爷不放光，不知神灵！他从鬼见愁手中接过纸捻，扑地一声吹亮。借着这纸捻的火光，神仙哭、鬼见愁只见这位借火的'大佬倌'双目圆睁，面如猪肝，紫黑的舌头伸出有半尺多长。这一惊非同小可，吓得他俩叫爹叫妈地就跑。在凉亭里阿窑叔多喝了一点酒，有些迷糊。一听见这喊声，急忙睁开眼睛，一见点着的香没有了，急得他大吼一声，从凉亭里跳出去，一边追一边喊：'哪里逃！'鬼见愁、神仙哭的三魂六魄全飞了。这叫作'鬼吓人，吓身病；人吓人，吓死人。'你们俩听了怕不怕？算了，不讲了。"

"我们不怕。大妈妈，你再讲吧！"菊香说。

"真的不怕？好，我再讲第二件事。咱乌泥泾镇，有几户财主人家，数孟家钱最多，田最多。去年春天，孟家的老祖宗孟老太爷得了重病，久卧不起。由于他平日吃的人参补药太多，所以临死时怎么也断不了气，在床上整整折腾了两天两宿。后来他儿子找来一个萝卜塞进他嘴里，这老头子才蹬蹬脚咽了气。由于这老头子在床上鬼哭狼嚎地闹了两天，家里人和佣人都非常害怕，晚上谁也不敢守尸。没办法，管家就把鬼见愁、神仙哭和阎王怕这三个人请去，叫他们在老太爷床前守夜。这三人点了一盏灯，在床前的一张方桌上一边喝酒一边猜枚行令。一过子时，三个人都有点儿困了。鬼见愁伸个懒腰，他突然看见床上的孟老太爷在缎被里直动弹。鬼见愁知道这是走尸要出事，就对神仙哭和阎王怕说：'嘴太渴了，我去讨点水来喝。'说着就起身溜了。过了一会儿，神仙哭也冷不丁发现床上在动，就说：'怎么还没讨来水？我去看看！'说完拔腿就跑。过不多久，阿窑叔听见木床上嘎吱嘎吱作响，回头一看，可了不得！孟老太爷已经坐起来了。他张着双手，浑身都在颤动。阿窑叔当然明白这是走尸，如果自己真的被孟老太爷抱住，那半条命就没了。他听别人讲过，死人走尸特别有劲，有的竟然把水桶都抱碎了。这回亏得是阿窑叔，换了别人，早就吓瘫了。阿窑叔不慌不忙，操起一锡壶酒朝孟老太爷身上砸去，又把铜盆里的洗脸水泼到床上。很快，孟老太爷躺了下去，不动了。阿窑叔想：这鬼见愁和神仙哭真不是东西，自己溜了，把我扔在这里，想存心害我！好，我非得惩办惩办你们俩不可！阿窑叔把床上的孟老太爷抱起来，塞到床底下，自己蒙了被子躺在床上。过了好一阵子，鬼见愁和神仙哭见房间里并无动静，就壮着胆子走进来。见孟老太爷好端端地躺在床上，而阎王怕却不见了。他俩心里想：这阎王怕实在不好对付，想要害他不容易！这不是？溜了！他俩来到床前，想看看孟老太爷到底是怎么回事。为什么生前那么作威作福，死后还这么闹腾？鬼见愁和神仙哭俯下身子，刚要揭开被子，阿窑叔从被窝里猛地蹿起来，抱住他俩的脖子，哈哈大笑。鬼见愁、神仙哭吓得屁滚尿流，一个劲地求饶：'孟老太爷，饶命！孟老太爷，饶命！'阿窑叔根本不答话，紧抱住他们只是哈哈地大笑。等把这两个家伙整得差不多了，阿窑叔才把他们放开，说：你们这两个小子，从来不干一件好事。今天居然整到你爷爷头上来了！我是谁？你们长眼睛没有？阎王见了我还得让三分，你们俩算什么东西！"

"哎呀，这阿窑叔真厉害！"菊香说。

"后来呢？"凤英还想往下听。

"好了，不讲了。故事多得很，以后再讲。哎，你们纺了多少纱？"张氏看了看菊香和凤英纺的纱，"哟，纺这么多！"

"今晚我一点也没有打瞌睡，手里一会儿也没停。"凤英说。

"好了，时候不早了，回家去吧。家里人早就睡熟了，开门关门小点声，别吵醒他们。"

菊香、凤英走到门口，谁也不敢开门出去。张氏知道她们心里害怕，笑道："这鬼怪的故事呀，越怕越爱听，越听越害怕，现在不敢回家了吧？来，大妈妈送你们回去！"

第七节　丧门星败家精

整个冬天，菊香和凤英每晚都在伯母的屋里纺纱、听故事。一老二少坐在一起有说有笑，从来不打瞌睡。这样，她们每人每天纺的纱比以前都多。凤英从菊香那里学到了一个"快转少停"的诀窍，纺纱的速度大有提高。这"快转"就是加快纺锤旋转的速度，"少停"就是尽量将纱纺得长一些，减少停转绕纱的次数。见凤英确实大有长进，纺的纱又细密又匀实，而且还给家里省了不少的灯油，曹喜和金氏心里当然高兴。不过菊香仍然压着凤英一头，她纺的纱不仅仍比凤英好，而且总是稍微要多一些。尤氏觉得自己很有面子，整整一个冬天对菊香还算客气。

冬去春来，转眼间正月十五元宵节到了。俗话说："一日之计在于晨，一年之计在于春。"过了元宵节，春耕大忙季节就开始了，所以对江南农家来说，元宵节是一个大节。每年正月十五这一天，各乡各村的农民都会自动组织成各种各样的演出队，有踩高跷的、耍木偶的、划旱船的、舞龙舞狮的、唱戏说书的，等等。

这一天，凡是没有出嫁的姑娘，都得将自己精心制作的彩灯用竹竿高高挑起，成群结队地走村窜庄。人们依据竹竿上挑着的彩灯来判断某家的姑娘心灵不灵，手巧不巧。如果某个姑娘做的彩灯被公认为最精巧，那么这个姑娘家里的门槛就会被媒婆们踏破。如果哪家姑娘做的彩灯像只死乌鸦，让人看了丧气，那么这个姑娘就得准备去当尼姑，除非她在明年的元宵节能拿出惊人之作。元宵节晚上最热闹。姑娘们做的彩灯都点亮了挂在自家的门口，男孩子们到野外到处放火烧荒。黄浦江两岸有个俗约：一到正月十五这一天，不管谁家的地里，只要还有秸秆、柴草没有收回去，一律可以点火烧掉。所以每年元宵晚上孩子们望着熊熊燃烧的大火，和大人们一起欣喜若狂地高唱：

风调雨顺，人寿年丰！

五谷丰登，六畜兴旺！

花收满担，稻打三石！

江南农家用这些朴素、美好的语言为自己祝福，祈望在新的一年里自己撒下的汗水能换来一个丰衣足食的好年景。

乌泥泾今年的元宵节分外热闹，除了往年有的那些玩耍外，不知从哪儿还来了一伙练拳卖艺的。下午，这伙卖艺的在妙真庵前的庙场上表演得十分精彩，看的人里三层外三层，把偌大的一个庙场围了个水泄不通。乌泥泾很少有这么热闹过。

凤英见自己家里的大大小小都去看了，就来找菊香，问她去不去看。菊香也是个孩子，好奇心极强，听凤英一怂恿，心里就发痒。她背起宝弟，问："宝弟，去不去看猴子变戏法？"

宝弟年纪小，不懂得什么叫猴子变戏法，但知道是去看热闹，就一个劲地说："我去！我去看！"

菊香来到婆婆跟前，说："妈，我背着宝弟去看一会儿卖拳头好吗？"

"不纺纱啦？"尤氏冷冷地问。

"晚上我多纺一会儿。"

"算啦！不怕慢，就怕站。你停了一个下午，到什么时候才能给我补上？"

凤英见尤氏不肯，急忙帮着求情说："二妈妈，宝弟非常想去，让阿菊姐背着他去看吧！"

宝弟在菊香背上嚷得更凶："妈！我要看！我要去看！"

尤氏咬咬牙，终于说："那好，去吧！宝弟要背好，别挤着他！"

"知道，你放心！"菊香、凤英一齐说。

"晚上不准去看彩灯，在家里纺纱！"

"好。我们走了。"

菊香她们欢天喜地来到妙真庵，只见庙场中央一根高高的旗杆顶上系着两个十多岁的小姑娘。她俩都梳着双鬟，一个穿红衣红裤，一个穿绿衣绿裤，长得都很出色。宝弟看见旗杆上这一红一绿的两个姑娘，吵着非要挤到旗杆下不可。菊香和凤英也极想挤进去看个痛快，可是这人群就像一道围墙一样，水泄不通，人根本无法挤进去。菊香她们正急得没办法，突然东南角上一阵骚动，不少人转身往外跑。原来卖艺把式们耍了一阵武艺之后，开始卖伤药。一只老猴子托着药盘，一边磕头一边兜售，一位老把式跟在后头管收钱。

今天鬼见愁也来看热闹。不知他从哪家的棺材里扒了一件新衣裳穿在身上。这只老猴子见他衣着光鲜，以为他是有钱的主，就给他磕了一个头，请他买伤药。鬼见愁身无分文，见老猴子要他买药，他嘿嘿一阵怪笑，伸出右手朝老猴子鼻子上用手指狠狠地一弹。不料惹得老猴子大怒，扔掉药盘朝鬼见愁扑去。鬼见愁知道猴子治人的绝招十分厉害，吓得护住裤裆就往外奔，旁边的人顿时也乱了。菊香她们不知道圈内的情况，见人墙开了一个口，急忙挤了上去。好在那只发怒的老猴子已经被卖艺的把式叫住，菊香她们算是拣了个便宜，不费多大力气挤到了最前面，场上的一切看得清清楚楚、真真切切。

庙场中央的旗杆下，有两张特制的长凳，长凳上放着一块大青石，足有两千斤重。石头北面五步远的地方，堆着几只红漆木箱。箱子周围拴着五只猴子，身上穿着红红绿绿的衣裳。六七个卖艺的把式坐在红箱子上歇息。靠右边的兵器架上，摆着刀枪剑戟等十八般兵器，地上还有不少石锁、铁链、砖块之类的东西。班主见买药的人不多，向看客拱拱手说："各位父老兄弟，今天是元宵节，我们演个高兴，大家看个吉利。看完之后别忘记买一包伤药回去。我这个药叫'金疮跌打百宝散'，是五代祖传的秘方。刀伤、棒伤、跌伤、撞伤、挑担压伤，一句话，凡是伤，统统都管用。内服外敷都可以。各位看官别忘了带一包回去。古话说：君子问灾不问福。不是我说话不中听，过了上宵节，就是春耕大忙的季节，说不定哪儿给碰了磕了，花三十个铜子买包回去，到时候就可以派上用场。买了药如果自己没病没灾，这叫有备无患，最好不过；如果邻居有人受伤，你就可以施药积阴德……"

乌泥泾的农家都很穷。他们对自己口袋中有限的几个铜钱，有着严密的计算，决不肯乱花一个钱。班主嚷了半天，解腰包买药的人仍然寥寥无几。班主笑了笑，又说："各位父老兄弟：俗话说，在家靠父母，出门靠朋友。今天我们到乌泥泾来，全靠各位周全。人家都说走江湖的'识真病，卖假药'。那么我卖的这'金疮跌打百宝散'是真药还是假药呢？咱们当场试试！"班主回头看了看一个二三十岁的年轻把式，说，"老五，试药！"

"是！"年轻把式接连腾空翻了三个筋斗，然后从兵器架上取下一柄宝剑，向四周拱拱手说："各位看官，不必害怕！"说着手起剑落，在自己的小腿肚上砍了一道二寸来长的口子，顿时鲜血淋漓，吓得菊香他们都闭上了眼睛。这时只见这位年轻把式迅速将一包"金疮跌打百宝散"撒在伤口上，血立刻止住了，然后他面带微笑，用布带把伤口扎好。这药竟有如此神奇的效果！所有的看众都呆住了。这把式抓紧时机，手托药盘向观众们兜售伤药。他一边卖一边说："真药假药，大家看得清楚。不管多大的伤口，药到血止，立刻不痛！识货的请买上一包，药不多了！"

看客见这药果真灵验，就纷纷解囊买药。班主一边收钱一边作揖称谢，那只老猴子跟在后面不停地给买主磕头，逗得全场的人哈哈大笑，宝弟更是乐得手舞足蹈。

卖完药，又开始练把式。这回出场的是一个五十多岁的老把式。他光着上身，红绸裤带系在肚脐下面，浑身上下都是顽皮横肉。他跳上那块大石头，拱拱手就："各位看官，压石唱戏，单掌开石，钢牙断铁，各种刀法棒术，大家都看过了。现在我给大家献丑，练练肚皮功。"说着他拿出一根丈把长的牛皮绳，叫二十个看客分成两组拉。这二十个人都是要强的棒小伙子，可是不管他们怎么拼命，这牛皮绳就是拉不断。

这位老把式不慌不忙地接过绳，向四周拱拱手，然后肚皮一收，迅速将牛皮绳捆在自己的腰上，接着只听见他"哇呀呀"的一阵大叫，那根牛皮绳顿时断成许多段，纷纷落到地上。庙场上响起了一片喝彩之声。老把式向各位看客拱手致谢。然后，他又从徒弟手中接过一大碗水，一个哈腰将这碗水倒扣在自己肚皮上，又一个哈腰这碗水不见了。他跳下石头，连翻十几个跟斗，然后笑嘻嘻地松开肚皮，掏出刚才那只碗，只见滴水不撒。庙场上又是一阵喝彩声。老把式耍完，接着又是卖药，卖完药就收场了。今天菊香真是大饱了眼福，这是她来到婆家四个月中最快乐的一天。

晚上，乌泥泾镇上也比往常热闹。家家户户的大门挂着各种各样精致好看的彩灯。不少人家还做了许多灯车。用各色彩纸糊成兔子、红鲤、狮子、公鸡、白鹅等模样，中间点蜡烛，底下安轮子，用一根细绳拉着满街游逛。平时冷落萧条的乌泥泾，一下子变得十分热闹起来。不过婆婆有言在先，菊香只得乖乖地在家里纺纱。宝弟因为白天太兴奋，晚饭吃到一半就睡着了。曹禄每天出早工，晚上总是早早睡下。尤氏一人落了个轻松，高高兴兴地上街看彩灯。临走时，她怕菊香脚痒，随手将门锁上了。菊香一个人在家里纺纱，纺得比往常哪天都晚。一是下午看练把式误了工，想补回一点儿来；二是等婆婆回家。自从她来到乌泥泾，都是婆婆睡下之后她才能睡。

灯盏里的油添了两回，都点干了，可是还不见婆婆回来。白天背着宝弟看老把式，晚上又纺了半夜纱，困得实在支持不住，不等婆婆回来就上床睡去了。

原来尤氏上街以后，先看了一会儿彩灯，后来听别人说邵家正在念戏卷，她就急忙朝邵家走去。念戏卷是一种民间说唱，起源于唐朝，到了宋朝末年，在浦东浦西一带已经十分流行。开始的时候，内容大多是佛经故事，称作宝卷。念戏卷的意思就是说唱宝卷。后来，慢慢加进了大量的历史传说和民间故事，越来越受人喜爱。尤氏在娘家时就是一个戏迷，特别爱听念戏卷。

这天晚上在邵家唱的是《天宝遗恨》，正合尤氏的胃口。今天这位艺人的唱功极好，唱了一个时辰，众人不肯散去。东家请他们再加唱一个时辰。邵家面子大，艺人不好推辞，吃了碗甜点心，呷了几口茶，又唱了整整一个时辰。唱到唐明皇夜游月宫，得仙曲《霓裳羽衣》，归来之后和杨贵妃日歌夜舞。听的人虽然还想往下听，但艺人连连拱手作揖，不肯再唱了。俗话说：没有不散的宴席，没有不散的戏场。听客们只得各自起身回家。

尤氏回到家中，见家里所有的人早已睡熟，就轻手轻脚地上床躺下。尤氏躺在床上，心中还想着戏文，翻了几个身也没有睡着。突然，她感到肚子饿了，饿得心里直发慌。尤氏一骨碌爬起来，披件衣服、趿着鞋来到厨房。她点了一盏灯，从台罩里拿出一碗冷元宵，想热一下吃了再睡。她揭开锅盖将元宵往锅里一倒，只见"扑"的一声，腾起一股灶灰。尤氏吃了一惊，拿灯盏来定睛一看，锅没了，刚才这碗糯米元宵倒进了灶膛的灰堆里！再一看，什么铜勺、锅铲、菜刀，只要值一点钱的，都不见了。

尤氏觉得浑身打颤，朝北墙看去，见后窗打开着。尤氏知道家里遭了贼偷。不过她心里奇怪：前门是我亲手锁的，后窗也是我亲手关的，贼是从哪儿进来的呢？难道是掘墙洞进来的？尤氏拨亮油灯，沿着四周墙根仔仔细细查看了一遍，没有发现任何可疑之处。尤氏又怀疑菊香开北窗去看彩灯，结果让贼钻了空子。她从碗柜顶上拿下筐箩一看，见菊香今晚纺的纱比哪天都多，不像出去看彩灯的样子。这就太蹊跷了，贼到底是怎么进来的呢？想着想着尤氏突然喊了声"不好"，到灶后，用灯往灶门一照，发现灶门口有一堆黑黑的烟囱灰。尤氏一切都明白了，毫无疑问，这准是那班耍猴卖艺的人干的！

尤氏早就听说过，有些走江湖卖膏药的尽干坏事。他们白天耍把式卖药，晚上就叫自己的猴子从烟囱里进人家屋里把门窗打开，然后他们就登堂入室，把人家值钱的东西席卷而去。想到这里，尤氏害怕起来，她拿着灯急急忙忙朝卧房走去。外间的小床上，菊香和宝弟睡得像死了的一样，曹禄睡在里间，鼾声如雷。尤氏先看衣橱，好在衣橱是锁着的，衣物没丢。走到墙边看坛子就坏了，六坛子米全没了！尤氏像被剜了心头肉一样，痛得几乎跌倒在地。

正在这时，睡梦中的菊香翻了个身，嘴里喊："宝弟，快看！那只穿红衣服的老猴子本事多大呀！"听到菊香的梦话，尤氏心中升起万丈怒火。心里骂道："下午我叫你别去看，你非去不可，结果把贼引进家里！"尤氏操起挂在墙上的藤条劈头盖脸地朝菊香猛打。菊香从睡梦中被打醒，惊叫着问："怎么啦？怎么啦？"宝弟被吓醒了，在床上哇哇大哭。睡在里间的曹禄也被惊醒，披了件夹袄走出来。尤氏扯着菊香的耳朵，狠狠地往坛子上撞去，咆哮道："怎么啦？睁开你的狗眼看看吧！六坛子米哪儿去了？"菊香被撞得金星直冒，额角上起了核桃大的包。没等菊香明白是怎么一回事，尤氏又扯着她的耳朵往厨房里提，将她使劲往灶台一推，喝道："锅哪儿去了？铜勺、锅铲哪儿去了？"

"不知道，我不……"

"不知道，下午叫你别去看卖拳头，你一定要去，你存心要败这个家！把猢狲精引进家里，把贼引进家里！这四个月来我一直忍着，一直没动手打你，今天非给你一点颜色看看不可！"尤氏话音未落，操起挂在墙上的榆木扁担狠命往菊香身上抡下去。菊香"哎哟"一声倒在地上。尤氏还不解恨，举起扁担还要打，被男人曹禄拦腰抱住。尤氏回头狠狠地瞪了他一眼，问："怎么？打这小贱人你舍不得？丢了那么多的东西，你不心疼，稍微碰了这败家精一下，你就心里难受？"骂着骂着啪的一声狠狠打了曹禄一记耳光，咆哮道，"你这老棺材！睡得像死猪一样，贼进来偷走那么多东西，你一点都没发觉？你是死人还是活人？"

尤氏的打骂惊动了四邻八舍，他们纷纷赶来劝。大嫂张氏说："外面来的贼，怨不得家里的人！"

洪良的母亲梁氏说："宝弟妈，想开点。不是偷了你一家，你等着瞧吧，明天早晨就知道了，这镇上少说也得有十家八家被盗。连我舀水的那把小铜勺也给盗走了。这帮可恶的贼！我躺下还没有睡着，突然听见锅台有声响，我赶紧喊：'捉贼。'可是点灯到灶间一看，那把小铜勺已经不见了。这伙贼偷我这苦老婆子的东西，天打五雷轰！"

邻居苏八平说："俗话说破财买平安，东西丢了就算了，算是买高香烧了。别搞得全家大小都不安生。"

邻居们好劝歹劝，总算把尤氏劝住了。可是她心里恨透了菊香，什么心灵手巧，能干勤快？这次偷去的东西，得干多少时间才能赔上！在尤氏眼里，菊香成了一个丧门星、败家精。

元宵节之后，菊香的日子越来越难过。尤氏就像驱使黄牛一样地奴役她。她天天睡半夜起五更，累得像旱天的苗，直不起腰抬不起头。尤氏稍有一点不顺心，开口就骂，抬手就打。菊香挨了打，一到晚上就偷偷地流泪。她想念自己的父母，梦中常常哭醒。开头曹禄看不过去，几次劝尤氏。哪知越劝越糟，尤氏不但不听，而且打得更加凶狠。菊香的干娘林珍也几次来劝，都像冷水遇到滚油，一碰就炸。林珍没有办法，只得问尤氏："半年前你央求我做媒时怎么说的？"

尤氏反问道："怎么说的？是叫你花钱买一个败家精回来，对不对？"

林珍是个老实人，哪里是尤氏的对手，没说上几句就没词了，只得心中暗暗叫苦，后悔不已。

老三曹喜家人多田少，日子过得很艰难。尤氏怕他们来借，平日总是装穷，今日喊没米了，明天叫没油了。另外，尤氏总是夸菊香能干，每天早晨高声报出纺纱数目，故意气恼曹喜夫妇。所以当元宵节夜里二哥曹禄家遭贼，曹喜就幸灾乐祸。他老婆金氏也暗暗高兴。凤英每次出去打柴、割草，金氏总是提高嗓门阴阳怪气地说："快去快回！别把猢狲精引到家里来！"这话尤氏听在耳里恨在心里。尤氏和曹喜夫妇的关系一天坏似一天。尤氏每次和曹喜夫妇怄气、吵架，总是拿菊香出气。可怜的菊香常常被打得鼻青脸肿，满身伤痕，谁见了都伤心落泪。

伯母张氏对她说："天下不打童养媳的婆婆难找，你自己要时刻小心，别让婆婆抓住你的错儿。她找不到借口，你就少挨一些打。"

可是常言道："欲加之罪，何患无辞？"不管菊香如何勤快，如何留神，婆婆还是天天找茬骂她打她。菊香是个倔强的姑娘，和凤英不大一样。凤英被打怕了，一见公婆拿起棍子，鼻涕眼泪就先流出来了，不等公婆动手，她赶快就央告求饶。可是菊香只要认为自己没有做错事，任凭婆婆怎么打，她决不哭喊，决不求饶。公公曹禄偷偷劝她："菊香，她打你，你赶快讨饶，不要咬紧牙关任她打。她最恨你不求饶，与她硬扛。"尽管公公是一片好心，但菊香总听不进去。要改变菊香从小生就、养成的这犟脾气，并非容易。

这一天早晨，尤氏拿着一把刀和一只篮子朝竹园走去。曹家的竹园里原先种的是孵鸡笋，等到孵小鸡时才有笋吃。后来尤氏从娘家引来了燕笋，夹种在自家的那块竹园里。这燕笋不但鲜嫩，而且只要每年燕子一来，就可以吃了。所以曹禄家每年都要比曹福、曹喜家早吃到半个多月的竹笋。尤氏认为这是自己的功劳，常常在别人面前夸耀。

今天，尤氏来到竹园时间不长，就挖了满满一篮小竹笋。正准备回去，突然发现老三曹喜家的大蒜地里长着两只竹笋。她俯身一看，这分明是两只燕笋。俗话说：东家种竹，西家挖笋。这竹子有个特性，就是喜欢往西南方向衍生。尤氏明白，老三家的菜地在西边，自家的燕笋已经衍生到他家的菜地里去了。照此下去，再过二三年，老三的地里就会有挖不尽的燕笋。这对一向把燕笋视为禁脔的尤氏来说，是绝对不能允许的。

她看了看四周，用刀迅速挖出那两只竹笋，同时还砍断了竹笋底下的竹鞭。尤氏想：这还不行，得想个彻底的办法，绝对不能让自家的燕笋往老三的地里长。尤氏突然想起小时候听外祖父讲过，把麻秆围插在竹园的四周，竹子就不会向外衍生。尤氏急忙回家，抱来一小捆剥了皮的麻秆，沿着地界插了起来。麻秆太少，所以插得稀稀拉拉的，很不像样子。尤氏决定吃了早饭上外祖父家去一趟，一则把办法问问清楚，二则挑一担麻秆回来。

尤氏的外祖父家住在小陈庄，离乌泥泾不远。尤氏见到外公，把事情一说，向老头子讨主意。老头子捻了捻三绺银须，说："不错，是用麻秆，没有麻秆用芝麻的杆也可以。"

老头子晃了晃脑袋，又说："不过这个办法到底灵不灵，我没试过，而且也太招眼。我有一个暗的办法……"

"什么暗的办法？"

"沿自己的地界挖一条沟，沟中放进皂角刺和碎碗片，然后用土盖上，这样竹笋就不会长到别人家的地里去了。"

尤氏听了满心高兴。但心里想，这么多的皂角刺和碎碗片一时上哪儿找去？还是先按明的办法做吧。她向老头子讨了一担麻秆，一摇一摆地挑回家。

尤氏将麻秆停在院子里，抱起一捆就朝屋后竹园走去。刚进鸡篱门，发现早晨插的那些麻秆一根都不见了，顿时气得七窍生烟，牙齿咬得格格直响。

她奔到前院，冲着西厢房破口大骂。曹喜夫妇都在屋里，听见二嫂的恶骂，一起走了出来。尤氏见他们出来，骂得更凶了："你这杀千刀！有种当老娘的面拔！趁我不在，偷偷地把麻秆拔了，这算什么男子汉？把头塞到裤裆里去吧！"

曹喜问："你骂谁？要骂得骂清楚一点！"

"骂谁？谁拔了麻秆，我就骂谁！这麻秆是我插在地皮上，你凭什么给我拔了？现在你越来越嚣张了，想在老虎头上做窠不成？"

这时，院子里围了不少街坊。有的想劝解几句，可是一时不知谁是谁非，不好贸然开口；有的怕惹火烧身，只是站在一边看热闹。尤氏见来了这么多人，自己又有理，一心要好好抖一抖自己雌老虎的威风。她双目发出凶光，一步一步向曹喜逼近。曹喜吃过她的苦头，吓得捂住右耳步步后退。正在这时，菊香手拿一根麻秆从屋里出来，她拉住婆婆说："妈，那些麻秆是我拔的。"

"你胡说什么？"尤氏喝问。

"刚才我看见地里歪七竖八地插着一些麻秆，以为是哪个小孩闹着玩的，就拔了回来烧火，就剩下这么一根了。"

"你这贱种！"尤氏夺过菊香手中的麻秆，朝菊香头顶猛地一击，麻秆立刻断成三截，最头上的一截飞出去有一丈多远，恰好落到正在门口似睡非睡、闭目养神的曹福的脑门上。

尤氏扔掉手中剩下的一截麻秆，操起靠在老桑树旁的扁担，朝菊香头上狠命打去。只听见"哎呀"一声，菊香就栽倒在地。尤氏抡起扁担还要打，被曹禄一把抓住。尤氏哪里肯依，对曹禄乱踢乱打。

曹禄丝毫不敢松手。尤氏大怒，扭头咬住男人的左臂，立刻鲜血直淌。但曹禄仍然死死抓住她不放。尤氏就一屁股坐在地上打滚撒野，大哭大闹。

曹喜站在自家的门槛上，伸长脖子对大家说："大家看，这泼妇多厉害！这雌老虎多狠毒！"

尤氏听见曹喜骂她，蓦地从地上蹿起来，扑到曹喜跟前扭住就打。曹禄、张氏等顾不得劝架，急忙从地上扶起菊香，把她抬进屋里。足足过了一个时辰，菊香才慢慢苏醒过来。

打这次麻秆风波以后，尤氏和菊香的关系更加恶化。尤氏认定菊香吃里扒外，与曹喜一鼻孔出气。她越想越气，越气越恨，总是想方设法找碴虐待菊香。

以前打归打，骂归骂，饭是能吃饱的。现在不行了，等菊香把饭一煮好，就叫她去河边洗一大盆衣服。等洗好衣服，菊香早就饿得头昏眼花，回到家里一看，婆婆他们早已吃过饭了，只给她留下一点残汤剩饭。

往常叫菊香纺纱，只称她每天纺了多少纱。现在不同了，纺前先称棉条，纺完后再称纱。如果纱的分量比棉条的少，她抬手就打。棉条纺纱，哪有不损耗的道理？可是她硬说菊香吃里扒外，把纺的纱给了人家，或是故意糟蹋棉条。后来尤氏的手打痛了，就想了一个新招。过了十天八天的，她用废棉条紧紧缠在菊香的手指上，点火烧。损耗多少就烧多少。"十指连心"，菊香疼得双脚互跳，但她就是不哭，不肯求饶。手烧坏了，活还得照样干。煮饭、洗衣、挑水、纺纱，还有地里的庄稼活，样样都干。手疼干不快，尤氏就拳打脚踢，恨不得要了菊香的命。

菊香实在不堪婆婆的虐待，几次想学凤英投河自杀，但是她想起浦东爸爸、妈妈和弟弟，想起憨厚、老实的公公，想起伯母张氏讲的落水鬼的故事，她就犹豫了。

第八节　真不是落水鬼

这天清早，跟往常一样，公公起床后下地去了，婆婆和宝弟还睡着。菊香煮好饭焖在锅里，挑起水桶去河边担水。

今天菊香又发现水桥上面的四块石头全叫露水打湿了，唯独最下面那块是干的。她心里想：这落水鬼坐在这石头上等替身，有好多天了，莫非它等的就是我？那就听天由命吧！

正要往下走去，突然，水桥旁边的茭白丛中发出扑扑的响声，菊香不由得一惊。但她很快就镇静下来，落水鬼都不怕了，还怕什么呢？她大着胆子走过去一看，发现是一只白鹅在扑腾，它已经奄奄一息了。菊香伸手拎起来一瞧，觉得这只鹅长得有点怪，嘴巴半红半黑，脚是黑的，身上还有一支箭。菊香正在纳闷，阿窑叔突然走到她面前。他用手中的弓指了指鹅，说："菊香姑娘，这是我射下来的天鹅，你拿回家吧。"

"别人东西我不要。还给你，阿窑叔。"菊香说着把天鹅放在阿窑叔的面前。

"我不要，你快拿回家!"

"你不要？那射它干什么？"

"唉！这……这叫我怎么说呢？"

菊香觉得更奇怪了：猎人哪有不要猎物的？他为什么要平白无故地把天鹅送给我？

阿窑叔见菊香不肯把天鹅拿回家，就对她说"是这么回事，阿菊姑娘。

刚才我从窑里走出来，突然听见空中有天鹅的叫声，我立刻拉弓搭箭，只见这天鹅正由南向北飞去。我心里想：这天鹅总是成双成对、成群结队地秋来春去，现在都快割麦了，怎么还有北去的天鹅呢？我听这天鹅的叫声凄惨，知道它是一只离群失偶、误了行程的孤禽。我不忍心射它，眼睛一闭，胡乱地放了一箭，谁知这可怜的天鹅竟给射了下来。我是靠打猎为生的，飞禽走兽打过无数。可是射下这只天鹅，心中悔恨极了。我真想折断弓箭，从今不打猎了！"说着说着阿窑叔的眼圈红了。

在菊香的心目中，阿窑叔是一位天不怕、地不怕、神不怕、鬼不怕的莽汉。可是现在他竟如此多愁善感，射下一只天鹅他会如此悲伤和悔恨。真是个怪人！

菊香正在惶惑，阿窑叔说："孩子，拿回去吧！"说完就走了。

菊香望着远去的阿窑叔，把天鹅放进一只水桶，另一只打了水，挑着回家。

到了家里，婆婆和宝弟还没有起床，她把天鹅放在灶间地上，又去河边挑水。

过了一会儿，尤氏起床了。她抠着眼屎进厨房，见地上趴着一只鹅，一股无名火从胸中升起。见菊香挑水回来，从门后操起门闩大声喝问："我们家的生蛋鹅怎么死了？"

"妈，这不是我们家的那只鹅，是阿窑叔射的天鹅。他不要，硬要我拿回来。"菊香放下扁担，兴奋地说。

"是天鹅？"

"嗯。你看，这嘴一半红一半黑，两只脚是黑的，家鹅哪是这样的！"

尤氏提住天鹅的脖颈，左一眼右一眼地打量了一阵，掂了掂笑了："太好了，足有十五斤重！瞧这一身毛，白得像三九天雪花一样！"尤氏顿时换了一副面孔，乐得手舞足蹈。她扔掉手中的门闩，和颜悦色地问菊香："阿窑叔自己为什么不要？"

"他说这是一只可怜的天鹅，把它射下来他很后悔，他无论如何不要。这里到底为什么，我也不知道。"

"好，好，你快去烧水，我来脱毛收拾。今天要美美地吃一顿天鹅肉！"

吃饭时，曹禄从地里回来，见菊香煮了香喷喷的一锅天鹅肉，婆媳俩又说又笑，不觉心中又惊又喜。全家四人在饭桌前坐定，尤氏先给儿子宝弟夹了一块天鹅肉，又给菊香夹了一块，说："这块是胸脯上的，最好，给你吃！"

几个月来，菊香从来没有见过婆婆像今天这样和蔼可亲。她那双天真、美丽的眼睛里闪动着泪花。

尤氏又说："怎么样？听妈的话没错吧！我叫你天天起早点，勤快点，你看，今天就捡到了一只天鹅。你要是睡一会儿懒觉，这香喷喷的天鹅肉就到了别人的碗里去啰！"

菊香嚼着美味的天鹅肉，脸上露出了笑容，她觉得婆婆变了一个人。

尤氏见丈夫曹禄张着嘴乐，说："你乐什么？快吃呀！这是天鹅肉，是你宝贝媳妇捡回来的！"

曹禄见老婆今天心情这么好，就说："宝弟妈，菊香一清早拣到天鹅是件大吉大利的事情，给大哥他们一家送一碗，也叫他们尝尝这天鹅肉的滋味。"

别看尤氏狠毒、刻薄，当她顺心的时候，样样好说。她笑着说："你看我乐得竟把这事忘了，快，你快给端去！"说着尤氏到灶上盛了满满两大碗叫曹禄送去。

自从上次"麻秆风波"之后，曹喜和尤氏互相见了就像冤家对头一样，谁也不理谁。可是说来奇怪，曹喜一吃这天鹅肉，对尤氏的态度就变了。他刚走出门，正巧与尤氏碰个照面。他非常自然地向尤氏点点头，笑着说："啊呀，二嫂，这天鹅肉真好吃！"

尤氏也忙说："嗯，是怪有味道的，比鸡肉好吃多了。"

金氏也出来搭讪："菊香这姑娘真有运气！"

"有啥运气！还不是瞎猫碰上了死老鼠！"

听到尤氏这么说，大嫂张氏也走过来凑趣道："唉，可不能这么说。这天鹅可不是死老鼠！以前你大哥开肉铺时，家里荤腥不断，可就是没吃过天鹅肉。他呀像只癞蛤蟆似的，总盼着吃顿天鹅肉，没想到今天真的吃到了！"

菊香是个心灵手巧的姑娘。她抽空把天鹅翅膀上的长羽毛做成了四把扇子，两把大两把小，做得十分精巧好看，尤氏见了喜欢得眉开眼笑。这天天气很热，晚上三家都在院子里吃晚饭。尤氏一边吃一边用菊香做的鹅翎扇扇凉。宝弟干脆只顾玩扇子，不肯吃饭了。尤氏扇了一会儿，像是自言自语地说："嗯。这天鹅翎做的扇子跟蒲扇就是不一样，扇出来的风特别滑润、凉爽，扇一会儿就不热了。"

金氏听了尤氏这么几句话，心里直痒痒。她对宝弟说："宝弟，把你娘子做的扇子拿来，让三婶也扇扇！"

菊香听到"娘子"二字，脸唰地红了，赶紧把头低了下去。尤氏对儿子说："快，宝弟，快给三婶送去。"

宝弟刚把扇子送给金氏，尤氏又递给他一把，说："宝弟，这一把给大妈妈送去，让大妈妈也凉快凉快。"

于是，四把天鹅翎扇在曹家院子里传来递去，引起了一阵又一阵的赞叹声。张氏扇了一会儿，把扇子递给男人曹福，嘴里直夸奖说："菊香年纪不大，心思怎么这样巧！"

"听林珍说像她爹。"尤氏一边扇一边说。

"她做了个吸筒，起水缸底可灵了！"不爱说话的曹禄也开了口。

"什么吸筒？起水缸底？"曹喜问。

"菊香，把你做的吸筒拿出来，让三叔瞧瞧。"尤氏说。

菊香低着头走进厨房拿出吸筒，递给了三叔曹喜。这是一段三尺长、手臂那么粗的竹筒，除最上面留一个节外，其它的节都打通了。在留的这个节上，钻着一个小孔。

曹喜接过吸筒问："这怎么用？"

曹禄接过吸筒说："用的时候先用手指按住这个小孔，把吸筒插到缸底，然后放开手指，让缸底的脏东西吸进竹筒里。吸满了，按住小孔把吸筒提出水缸。手指一松，吸筒里的脏水就倒出来了。这样吸上几次，水缸底就吸得干干净净的。"

"哎呀，有名堂！"金氏称赞说。

"有了这吸筒，起缸底可要省许多劲。好，明天我也依葫芦画瓢做一个。"曹喜说。

"我的腰不好，每次起缸底可吃力了。明天我也做一个。"张氏说。

"都不用做了，菊香已经给你们做好啦！"尤氏转身对菊香说，"快，快去拿出来。"

菊香一边往屋里走一边直纳闷："婆婆今天怎么啦？难道真的变了一个人？上次我做吸筒的时候，她大骂我吃里扒外，不准给大伯和三叔家送去。可是现在她又催我快点拿出来送给他们。"

菊香拿出吸筒，张氏、金氏和曹喜一个个喜笑颜开，发出一片称赞、道谢之声。曹禄、尤氏乐得呵呵直笑。曹家院子难得有今天这样高兴的时候。

第二天清早，菊香又像往常一样做好饭就到河边挑水去。她走到水桥边，停住步，想看看最底下那块石头是干的还是湿的。可是刚探身一看，吓得她目瞪口呆。水桥最底下的那块石头上蹲着一个怪物。啊！落水鬼！菊香转身就跑，不料被脚下的一块砖头绊了一个跟头。那怪物听见响声，奔上岸来惊叫道："菊香！你怎么啦？摔疼了没有？"

菊香惊恐中抬头一看，原来那怪物不是落水鬼，是凤英！

"凤英！是你！你蹲在水桥上做什么？"

凤英见她问这个，眼泪簌簌地掉下来。

"说呀，凤英！这么一大早，天还没有全亮，你蹲在这水桥上干什么？"

凤英咬着嘴唇，不说话。菊香急了，拉着她的手，又问："凤英，你是不是又想跳河？大妈妈给我们讲的落水鬼的故事，你忘记啦？"

凤英摇摇头，仍然不说话。

"那你为什么蹲在这水桥上？快说呀！"菊香急得快哭了。

凤英突然撩起裤管，让菊香看她的腿。她一边哭一边说："昨天晚上，婆婆把我按在床上，用纳鞋底的锥子扎我。她骂我好吃懒做，早上起得晚，所以天鹅给你捡去了。她叫我每天天不亮就得起床，到河边、街上转转，看有什么好捡的外快没有。昨天你是在这水桥边捡的天鹅，所以我在这儿等着。"

听了凤英的话，菊香不知如何是好。隔了好一会儿，她说："昨天的天鹅是阿窑叔射下来的，他不要，送给了我。哪能天天捡到天鹅呀？"

"婆婆说，捡不到天鹅，也得捡一件跟天鹅一样值钱的东西回去，要不每天晚上都用锥子扎!"

"哎呀,那怎么办呢?"

"菊香姐,我的命怎么这样苦,真不如跳河死了好。我宁可每天摸三斗三升螺蛳,也不愿天天晚上挨锥子!"凤英说着,呜呜地哭了起来。

菊香紧紧地搂住她,自己的眼泪也扑簌簌地落下来。

哭了一会儿,菊香说:"我们找阿窑叔去,请他帮帮忙。"

两个童养媳沿着河朝西走去。一会儿工夫,就到了阿窑叔住的破砖窑。阿窑叔见这两个童养媳一清早来找他,先是吃了一惊,等菊香、凤英说明来意,他长长地叹一声说:"不行啊,我已经发誓,从今天起不再打了!"

"你不再打猎了?"凤英失望地问。

"嗯,不打了。"

"什么都不打了?狼来拖小孩你也不打?"菊香问。

"不!不!豺狼虎豹我还打。见狼不打三分罪,只要是害人的野兽不能不打!"阿窑叔看了看凤英和菊香,又说:"这样吧,等一会儿,我去给你们打一只狗獾。傍晚时你们到河边来拿。"

"今天一定能打到吗?"凤英又惊又喜地问。

"能打到,要是打不到,晚上你又得挨锥子了。"

菊香、凤英谢过阿窑叔,匆匆地回家忙各自的事。

到了傍晚,她俩一起来到河边,见阿窑叔提着一只狗獾已经笑呵呵地等在那里。他把狗獾递给凤英,凤英激动得流出了眼泪。没等凤英和菊香道谢,他就转身走了。望着阿窑叔远去的背影,菊香心中觉得:阿窑叔真是一个奇怪的好人。

第九节　不要她做娘子

这一年夏天,天气热得出奇,空中飞着的麻雀竟会热晕过去摔翻在地!曹禄是个怕热爱出汗的人,在棉花地里被火辣辣的太阳一烤,额头上、脸上、胡茬上挂满了汗珠,布衫的后背上被晒出了一层盐花。

俗话说:"夏天是草,冬天是妖。"这草夏天不除掉,到秋天一结籽就不好对付，明年非草荒不可。趁这大太阳天锄草，草很快干死好作肥料，另外又利于保墒。常言道，锄头底下三寸水嘛。

曹禄是一个吃苦耐劳的人，就像一头大黄牛一样，自己苦一点、累一点不在乎。但是看到菊香这么热的天，跟着他受这个罪，就非常心疼。他每次叫菊香去树荫下歇一会儿，菊香总是不肯。曹禄没有办法，只得自己手中暗暗使劲，想早一天把草锄完，好让菊香歇上几天。锄着锄着，曹禄突然觉得眼前一黑，脑袋里一阵晕乎，扑通一声栽倒在棉花地里。菊香见公公摔倒，急忙扔掉手中的锄头，奔上前连声呼喊："爸爸！你……你怎么啦？"

菊香只见公公脸色煞白、嘴唇紫黑、双目紧闭，躺在地里就像死去了一样。菊香害怕了，她连推带搡地大叫："爸爸，你快醒醒！爸爸，你快睁开眼睛！"喊了好一阵子，曹禄终于慢慢睁开眼睛。见公公苏醒过来，菊香要扶他到地头的树荫下去休息。曹禄不好意思让媳妇搀扶，强打起精神迈着蹒跚发颤的步子朝地头走去。到了树荫下，菊香让他靠树身坐下，给他喝了一些大麦茶，又让他就地躺下，用草帽不停地给他扇风。

曹禄从来没有让菊香这样伺候过自己。这一次实在病得不轻，躺在地上一声不响，紧闭着的眼睛里滚出了两颗泪珠。

菊香一边替公公扇风，一边在心里想：自己来到婆婆家已经四年了，婆婆是一只出名的雌老虎，宝弟年纪小，不懂事，亏得公公心肠好，总是在紧要关头护着自己。要是没有公公，还不知道自己能不能活到今天。

就说吃早饭吧，婆婆突然从饭里夹出一粒"老鼠屎"，瞪大眼睛问自己：你是怎么淘的米？眼看着自己又要遭受皮肉之苦，可就在这时，公公从桌上夹起那粒"老鼠屎"往嘴里一放，笑着说："不是'老鼠屎'，是一粒芦粟籽！"这样，我就免了一顿无辜毒打。菊香想到这里，看见公公脸上痛苦的表情、挂在眼角的两滴泪珠，菊香觉得公公太忠厚善良了。同时她更觉得奇怪：公公为什么这样胆小？为什么这样怕婆婆？

工夫不大，曹禄撑起身子，吃力地说："这天气太热，闷出了一身痧，得回家刮一刮才会好。"说完，他慢慢地站起来，摇摇晃晃地朝家里走去。刚走几步，他对菊香说："天太热了，你也回家去，歇一歇。"菊香不放心公公一个人回家，就扛起锄头，跟着他走。

回到家里，尤氏用一枚铜钱蘸了豆油给曹禄刮痧。曹禄病得很重，铜钱在他脖颈上、胸上、背上刮起一道道紫黑色的痧痕，而曹禄居然没有什么疼痛的感觉，就像不是刮在他的身上。

总算老天保佑，第二天曹禄的病好了，但是还不能下地干活。棉花地里锄草的活只得菊香和尤氏去干。

这几天尤氏待在屋里都嫌热，到地里锄了一天草就受不了了。曹禄知道老婆吃不得苦。歇了一天，就硬撑着身子下地去了。菊香怕公公又晕倒在地里，就说：趁早晚凉快多干一会儿，中午在家里歇两个时辰。试了两天，曹禄觉得这个办法不错，每天中午能睡个午觉，人舒服多了，而活却一点也没有少干。

尤氏是从来不让菊香有一刻空闲的，自己每天睡午觉前，总是吩咐菊香干这干那。最近，天气干燥，她就叫菊香顶着毒日去砍青柴。

这天中午，尤氏见有的青柴已经晒干，就叫菊香把它们做成一个个草团。菊香把晒干的柴草抱到竹园旁边的一棵老榆树下，坐在一张小矮凳上，用一块旧麻布往膝盖上一铺，就一个一个地做起了草团。

没有多大工夫，三个整整齐齐的草团做好了。菊香干着干着，突然觉得一阵头晕恶心，她知道自己也发痧了。她从肚兜里掏出妈妈临别留给她的那枚古铜钱，蘸了点口水往自己的脖子、手臂上刮了起来。

自从来到曹家，不管是头痛、发烧还是呕吐，只要感到不舒服，菊香总是拿这枚铜钱出来刮。这枚由外婆传给妈妈，又由妈妈传给她的古铜钱，简直成了她的护身符。只要拿出这枚铜钱，想起爸爸、妈妈和弟弟，眼中就不由得充满了泪水。在家里，女儿是娘的心头肉，有了什么痛痒，妈妈总是细心照料。现在到了婆家，还有谁那样疼自己？婆婆凶得像个母夜叉，自己就是病死了，她也不会来问一问！菊香一边想一边刮，时间不大就刮好了，她觉得轻松了不少，于是又动手做草团。

菊香正忙着，尤氏头上顶着湿手巾，手里拿着菊香做的鹅毛扇遮着太阳，一摇一摆地朝竹园这边走来。她见菊香做的草团非常匀称、整齐，心中很满意。但她的青狐脸上仍然冷冷的。尤氏转身见紧挨竹园的那一溜青柴该翻了，就弯下腰动手翻了起来。菊香抬头看了看婆婆，说："妈妈，你放着，我做完草团就去翻。"

尤氏说："早翻早干。你做你的草团。"菊香听婆婆这么说，只得低头干自己的活。突然，尤氏"啊"地惊叫一声。菊香急忙抬头，只见婆婆惊恐万状地后退几步，然后慌里慌张地脱下一只鞋，使劲地朝空中抛去，嘴里尖声叫喊："我比你高!"说完就光着一只脚，没命地往菊香这边跑。菊香正觉得奇怪，尤氏拉住她的手上气不接下气地说："快，菊香，快回家去!"

"草团还没做完呢!"

"不做了，快走!"

菊香跟着婆婆跑了十几步，忍不住问："妈，出了什么事?"

尤氏回头看了看，竹园里不见什么动静，惊魂稍定，反问菊香："刚才你看见什么没有?"

"没有，什么也没看见。"

"噢，没有看见就算了。"

"到底出了什么事，妈?"

"没什么，没什么事。"尤氏走了几步，停住了，郑重地告诉菊香，"今后别带宝弟到这竹园边上来玩! 听见没有?"

"我是不让他来，可是他总是一个人上这里来。他最喜欢拿土块往粪缸里扔，溅得到处都是。他还常常往竹园里钻……"

"怎么，他还往竹园里钻?"

"嗯。我一不留神，他就到竹园里要捉鸟。"

"不能让他去! 我告诉你，下次再让他进竹园，我就对你不客气! 你千万要看住他，别让他进竹园! 竹园里有偃人蛇!"

"偃人蛇?"

"嗯。这偃人蛇专门和人比高矮。如果人看见它蹿起来，得赶快脱下鞋使劲往空中扔，嘴上说'我比你高'! 谁要是不扔鞋，或者鞋扔得没有蛇蹿得高，那他就会死。"

"如果扔得比蛇高呢?"

"那蛇就得死。"

"刚才你扔得那么高，这条偃人蛇一定会死啦!"

"嗯。不过你还得管住宝弟，别让他往竹园里乱跑。"

"那还怕什么？这条蛇不是一定会死吗？"

"你这蠢货好像肚子里吃了根门闩，转不过弯来。蛇是游来游去的，这条死了别的不会来吗？"

菊香见婆婆生气，就低下头不吭声了。尤氏正想往家里走，不留神一脚踏在一块碎瓦片上，痛得她"哎哟"一声，坐倒在地上，吩咐菊香："快，快给我把鞋子找回来！"

菊香见婆婆叫她找鞋子，就噔噔噔地朝竹园边走去。她找到婆婆的鞋子，又往竹园里仔细瞧了瞧，没有发现什么偎人蛇死在那里，就跑回来对婆婆说："妈，那条蛇没死在竹园里。"

尤氏从她手中夺过鞋子，骂道："你胡嚼什么！我的鞋子扔得比它高，它就得死！"

菊香见婆婆又生气了，赶紧闭上嘴。尤氏穿好鞋又对菊香说："以后别让宝弟到竹园边上玩。万一碰上偎人蛇蹿起来，你就赶快脱下鞋朝天上扔，嘴上说我比你高！记住了吗？"

"记住了。"

"嗯，记住就好。干你的活去吧！"尤氏说着就进屋里去了。菊香又回到那棵老榆树底下做草团。做完草团，就跟公公一起下地锄草。

锄完棉花地里的草，菊香开始在家里织布。她一面织布，一面还得照顾自己的宝弟。如今宝弟已经六岁了。由于尤氏的娇纵，一年比一年淘气，一年比一年学得坏。不顺心他就发脾气，一发脾气就打人骂人，或者在地上打滚，谁也拉不住。在家里他最恨最怕的就是菊香，因为菊香常常说他，管他。更要紧的原因是他听德芳说：菊香不是他真正的姐姐，而是他的娘子，长大了得天天跟她在一起，时时刻刻受她的管。宝弟想，这怎么受得了？为了表示反抗，他常常无事生非，故意和菊香作对。菊香叫他东，他偏往西。菊香叫他南，他偏往北。菊香有时说他重了，或者轻轻碰了他一下，他就大哭大叫，在尤氏面前告状，说菊香如何骂他、打他。一听儿子哭诉，尤氏不分青红皂白，抬手就打菊香。别说菊香，就是曹禄碰到宝弟，尤氏也这样不客气。宝弟成了曹禄说不得、碰不得的"小祖宗"。谁对他都得让着三分。

这天下午，菊香在家里织布，宝弟在门口玩泥人。一会儿一群小鸡跑来觅食。宝弟看见了，拿起扫把就打。菊香见了就喊："宝弟，别打！这些小鸡长大了生蛋给你吃！"

"去！谁要吃臭蛋！"宝弟说着把扫帚掷了出去，正好打在一只小雌鸡身上。菊香慌忙上前拿起扫帚一看，心里暗暗叫苦。小鸡闭着眼睛，躺在地上不会走了。菊香知道，今年春天孵出的一窝小鸡，鸡瘟一来全死了。这是后来又孵的一窝。在这八只小鸡中，婆婆最喜欢的就是这一只躺在地上的小雌鸡，说它头小脚矮，毛色正，将来一定下蛋勤。如果这只鸡真的死了，自己又免不了挨一顿毒打。她回头看了看宝弟，心里说：小冤家！你为什么总跟我过不去啊！为了你，我不知挨了多少骂，多少打！宝弟站在一旁，不停地眨着眼睛，一声不吭。菊香急忙找来脚盆，把小鸡倒扣在脚盆里，拿杆面仗敲盆底。脚盆发出砰砰砰的声音，恰似天边响起雷声。敲了一会儿，菊香翻开脚盆一看，见那只小雌鸡活了，菊香高兴得流出了眼泪。她把小鸡捧在手中，激动地说："小雌鸡，你活过来啦！你活过来啦！"站在一旁的宝弟也乐了，跑过来要抱这只小雌鸡。菊香急忙把小鸡放走，不让他抱。宝弟满肚子不高兴，噘着嘴到院里玩去了。

"阿姐！快，快！"宝弟在院子里突然大声叫起来。菊香不知出了什么事，急忙奔出去。只见宝弟指着东天五彩缤纷的虹，大叫大喊："快看！多好看呀"菊香急忙上前按下宝弟的手，大声说："不许用手指！"

"为什么？"

"那是虹，不能用手指的！"

"去！我偏指！偏要指！"

菊香见宝弟故意和自己作对，举手又要指，急忙拦住他，说："宝弟，这虹是天上仙女的彩裙，不能用手指。"

"屁！为什么不能指？"

"仙女洗澡时，就把彩裙挂在玉树上。有一回一个仙女的彩裙不知被什么人偷走了，她又害羞又生气，诅咒说：'以后谁用手指彩虹，谁的指头就烂掉！'"

"真的？"

"当然真的。还有窝里的燕子也是不能用手指的，谁指了谁就烂手。"

"你骗人！上一次我就用手指了，还用竹竿捅燕子窝呢，我的手怎么没烂掉！"

"怎么没烂掉，你等着吧！捅鸟窠、摸鸟蛋，尖刀山上掼三掼！等你以后死了，阎罗王非好好办你不可！"

"我不怕！你不让我指，我非要指，看你怎么样！"宝弟是个软硬不吃的淘气包，说着抬手又要指。可是他发现天上美丽的彩虹突然不见了，他伸长脖子找了好一阵子也没找着，他气恼极了，抓住菊香的衣襟猛力用头撞去，两只小脚朝菊香腿上乱踢一气，口中哭骂着："彩虹呢？你赔，你赔！"

菊香呆呆地站在那里，动也不动任凭他打任凭他踢，她的眼睛湿润了。她知道在这种时候，自己绝对不能还口还手的。不然的话，宝弟会往地下一躺，满地打滚，闹个没完没了，到最后自己又得挨婆婆一顿好打。每一次遇到这种情形，菊香心里十分悲楚。她想想宝弟现在才六岁，就对自己这样狠，要打就打要骂就骂，将来他长大了，还不天天骑在自己的脖子上拉屎拉尿！正当宝弟扭住菊香哭闹不休，尤氏从外面回来。她劈头就问："怎么回事？"

"妈！她骂我的手烂掉，骂我在尖刀山上掼三掼……"没等儿子说完，更不容菊香申辩，尤氏手扬起左右开弓，狠狠打了菊香两巴掌骂道："好大的胆！你今年才十五岁就诅咒他手烂掉、尖刀山上掼三掼，等以后长得再大一点，还不要谋杀亲夫！"

平时尤氏打骂菊香，菊香都能忍住，可是今天菊香挨了婆婆的打骂，只觉得脸上火辣辣的，两行眼泪夺眶而出。菊香心里想：我有什么错，我所说的所做的，不都是你婆婆教的吗？菊香没有申辩，她明白，申辩不但没有用，反而会招来更凶狠的打骂。

尤氏余怒未消，指着菊香的鼻子说："以后趁我不在你再敢欺侮宝弟，小心你的狗命！你欺他年纪小，骂不过你，打不过你？他年纪再小，也是你的男人！他叫你跪下，你就得跪下！"尤氏扭头又对儿子说："宝弟，你别怕她！她骂你，你就打她，用棒打！她是你的娘子，任你打任你……"

"妈！我不要娘子，我不要她做娘子！德芳、德明他们老刮脸皮说我，说我没羞!"

"这有什么没羞的。德光哥哥、洪良哥哥他们不也都有娘子吗?"

"我不要,我不要!"

"傻孩子,她是妈花钱给你买的。你不要,妈不是白花钱了吗?"

"我不要!我不要!"宝弟说着就使出他的绝招,往地上一躺,一边哭喊一边打滚。

尤氏顺手从鸡窝上拿起一把掏蛋用的蚌壳勺,对儿子说,"好,不要她,把她打死!"宝弟听妈妈这么说,不哭了,从地上一骨碌爬起来,接过蚌壳勺朝菊香身上乱打起来。虽说那勺子是竹竿和蚌壳做的,宝弟才六岁,但是在夏天,衣着单薄,菊香哪经得起他这么没轻没重地打。一会儿工夫脸上、身上都给打破了。宝弟一边打一边骂:"打死你!打死你!"

这时的菊香已不再流泪,咬着牙任凭他打。她在心中恨恨地说:"打吧!干脆把我打死算了!"尤氏见儿子打累了,而菊香站在那里一动不动,就上前一把抓住她的领口,用劲往地上一推,笑着对儿子说:"宝弟,别打了,她已经给你打死了。你看,躺在地上不动了,死了。"

说完,抱着儿子嘻嘻哈哈地进屋去了。菊香躺在满是尘土的地上,眼泪像开了闸的河水一样流了出来。

第十节　"一物降一物"

这天下午,菊香正在菜园里种萝卜。她垄好地,用铁耙把地耙平,撒上种子,又用耙子轻轻地耙了一遍,然后用脚把松土踩实。正在旁边用竹竿搅着粪缸玩的宝弟,见菊香反剪双手在地里不停地小步踩地,跳舞不像跳舞,走路不像走路,觉得很有趣,扔下手中的竹竿,也学着菊香的样子踩了起来。

菊香说,那里踩过了,不能再踩。宝弟一听,不高兴了,用脚在地里乱踢起来。菊香急忙跑过去,说:地里已撒了萝卜种子,不能乱踢。宝弟哪管这些,越踢越起劲。菊香没办法,只得把他抱出田垅。这下把宝弟惹怒了,他从粪缸里拿起那根竹竿要打菊香。菊香见宝弟拿着沾满粪便的竹竿追过来，急忙逃掉。过了一会儿，菊香隔着黄瓜架说："宝弟，你把竹竿放下，阿姐给你好东西吃。"

"什么好东西？"

"你最喜欢吃的东西。"

"真的？"

"当然真的。"

宝弟一听这话，就扔下竹竿朝菊香走来。菊香见宝弟这回如此听话，就把他抱起来，说："弟弟，你真乖！等阿姐把活干完，回家就给你吃。"

"不，我现在就要吃！"

"现在我身边没有。"

"有，妈妈说你也有！"宝弟说着就动手去撩菊香的衣襟。

菊香的脸顿时红得像炭盆一样，原来尤氏生了五个孩子都没养成，自从得了宝弟，疼爱得不知如何是好，吃奶一直让他吃到四岁。如今虽然已经断奶，但宝弟还不时钻尤氏的衣襟要吃奶。

有时候，宝弟大发脾气，满地打滚，怎么哄骗都不行，尤氏就拿出她的法宝，解开衣襟让他吃上几口。尽管吃不出什么奶汁，但宝弟觉得这是无上的快乐。在他心目中，刚才菊香答应给他吃最爱吃的好东西自然就认为是给他吃奶。菊香是个十五岁的少女，见自己六岁的小丈夫在自己的怀里乱摸乱抓、大哭大喊，不知如何办才好！给他吃吧，成何体统？不给他吃吧，这小冤家是绝不会罢休的！

菊香正手足无措，大妈妈张氏来了。她是来菜园摘扁豆的，见宝弟这般模样，就问："菊香，他怎么啦？"

菊香红着脸，把刚才的事一五一十讲给张氏听。张氏埋怨说："这都是你婆婆给娇宠的！六岁多的孩子还要吃奶，多出息！宝弟，快从阿姐身上下来，听大妈妈的话！"

俗话说："卤水点豆腐，一物降一物。"宝弟什么人都不怕，就怕大妈妈张氏。因为宝弟一生病，尤氏总叫张氏来看，什么挑疖子、刮痧、灌药等等。宝弟害怕癞蛤蟆，可是上一次他生病时，大妈妈竟用一只癞蛤蟆，在他身上刮。不管宝弟怎么哭闹，怎么叫骂，就是不手软，一直把他全身都刮红了为止。宝弟至今想起这件事，浑身就哆嗦。现在见张氏叫他下来，就乖乖地从菊香身上下来了。菊香继续干她的活，宝弟在竹园边上玩，真的不再来捣乱了。张氏摘完扁豆，要带宝弟回家，他不肯。张氏告诉他不许再闹，就一个人回家去了。菊香踩好地，怕雷阵雨把刚下种的地冲板实了，就抱来一捆麦柴，往畦上铺。突然，在竹园边玩的宝弟惊叫一声，没命地朝她扑来。

"什么事，宝弟？"

"蛇！一条蛇蹿起来！"宝弟一边说一边往菊香怀里钻。

"偎人蛇！"菊香的脑中立即闪出这个念头。她想起婆婆的话，急忙弯腰脱自己的鞋往空中扔，可是她发现自己脚上并没有鞋。在夏天，婆婆是不允许她穿鞋的，自己怎么忘了呢？菊香急得没办法，抱起宝弟就往家里跑。尤氏见宝贝儿子吓成这副模样，问是怎么回事。菊香把事情跟她一讲，她急忙问："你扔鞋子没有？"

"没有。"

"为什么不扔？你存心想害死他？"

"我没穿鞋。"

尤氏低头一看，才知道是自己待媳妇刻薄，今天遭了报应。不觉恼羞成怒，啪的一声狠狠打了菊香一记耳光，骂道："蠢货！宝弟没穿鞋吗？为什么不扔他的鞋？"尤氏说着脱下儿子的一只鞋，抱他来到院子里帮着儿子把鞋抛到空中，口中尖声喊道："我比你还要高！"慌忙中尤氏用力过猛，把儿子的右手弄脱臼了，痛得宝弟哇哇大哭。尤氏更慌了，以为是偎人蛇作怪，来要她儿子的命。她急忙去找大嫂张氏。张氏过来一看，说是手被拉脱了臼。她拿住宝弟的右手，捏着捏着，只听见宝弟"哎唷"喊一声，好了，右手不痛了。张氏说："这孩子玩得太累，让他睡一会去吧。"

宝弟确实很困，一躺下就睡着了。

尤氏是个十分愚昧的人。她真的相信世上存在什么偎人蛇。她刚才虽然帮儿子把鞋扔到空中，但怕扔得晚了。她咬牙切齿对菊香说："要是宝弟出了什么事，非用绳子勒死你不可！"

常言道："怕鬼有鬼。"宝弟真的病了，浑身烧得烫人。尤氏急忙到灶角上点燃一炷香，请灶君爷在蛇王爷面前求情，保佑儿子平安。祈祷完毕，她又去请张氏。张氏看了看宝弟，说："不是什么偎人蛇作怪，是发痧，要好好刮一刮。"

宝弟一听又要刮痧，吓得直哭，说："我怕癞蛤蟆！我不要刮痧！"

张氏说："这回痧重，用癞蛤蟆刮不退，得用调羹刮。"张氏准备好调羹和油，让尤氏按住宝弟的脚，菊香按住宝弟的手，自己就动手刮了起来。用调羹刮当然比用蛤蟆刮痛得多。宝弟平时是个摸不得、碰不得的孩子，哪受得了这刮痧的疼痛。他扯着嗓子像杀猪般地号叫，一边哭一边大骂菊香、尤氏和张氏。尽管他使尽力气挣扎，可怎么也犟不过三个大人。他见菊香按着自己的手腕，就用指甲拼命掐菊香的手背。见菊香不松手，他就往菊香脸上啐唾沫。张氏见了就一边刮一边问："宝弟，大妈妈问你，要不要菊香做你的娘子？"

"不要！不要！"

"不要？不要得刮！不要得刮！"张氏说着刮得更使劲，痛得宝弟急忙说："要！要！"

"要？要什么？要刮痧对吗？"

"不要！不要！"

"又不要了？到底要不要？"

"要！要！"

"要什么？讲清楚！"

"要菊香做娘子。"

"那为什么你老骂她打她？以后还骂不骂？"

"不骂了！"

"真的?!"

"真的。"

"还打不打？"

"不打了！"

"真的？"

"真的。"

"你们家谁最好？"

"阿姐最好。"

"谁最坏？"

"阿妈最坏。"

"瞎说，到底谁最坏？"

"我最坏。"

"为什么坏？"

"我老在地上打滚。"

"最坏的孩子要不要狠狠地刮？"

"要。不！不要！"

……

将近折腾了烧一炷香的时间，张氏、尤氏和菊香都累出了一身大汗，菊香不留神双手一松，浑身都是汗和油的宝弟猛地挣脱菊香的手，抱住尤氏的脖子，死也不让张氏再刮了。张氏说："你们看，这身病多重，要不是这么一刮，拖到明天还了得！"

"可不，这大热天气一点也耽误不起啊！"尤氏说。

"好了，现在没事了，你们尽管放心。别成天疑神疑鬼的，什么僵人蛇不僵人蛇的！"张氏说完擦了擦额头上的汗珠，回家去了。

昨天下了一场透雨，棉花地里的不少甜瓜熟透了。曹禄这几天心口痛的毛病又犯了，下不了地。他递给菊香几个口袋，叫菊香去摘瓜，同时再砍几根甜芦粟回来。宝弟听说有甜瓜和芦粟吃，吵着要跟菊香一起去。尤氏说："带他去吧，顺便再摘一些毛豆回来。"

宝弟跟着菊香高高兴兴地朝前走去。今天的天这么蓝，田野的景色是这么美。因为昨天下了雨，所以天气也不很热。宝弟一路上欢蹦乱跳，就像小鸟展翅，羔羊撒蹄一样，乐得心都要飞出心窝了。

他今天特别听话，对菊香特别亲热，一会儿叫她采花，一会儿叫她逮蚱蜢。菊香是第一次带宝弟到地里去玩，心想，一会儿他吃到甜瓜和甜芦粟后，一定会高兴得手舞足蹈。可是走了不到一半路，宝弟突然说："走不动了！走不动了！"

"那怎么办呢？"菊香故意逗他。

"抱！"宝弟伸开双手说。

"抱？你人都不叫。"

"我叫！"

"叫我什么？"

"叫你菊香。"

"不抱！不抱！要叫好听的！"

宝弟抬头望着菊香，不知叫什么才能讨好她。

"快叫啊！不叫好听的我不抱。"

"我叫！我叫！"

"快叫！叫我什么？"

宝弟皱紧眉头想了想突然叫道："娘子！"

菊香的脸一下子红到了脖根，连忙说："不好听，不好听。叫阿姐，快叫阿姐！"

"阿姐！"

"哎，好弟弟！"菊香把宝弟抱起来，在他的小脸蛋上重重地亲了两下。可是不知为什么，她的脸更红了，心也怦怦地乱跳起来。

到了地里，菊香先摘了一个熟透了的甜瓜，拍开以后叫宝弟吃。接着她砍了一根花籽甜芦粟，剁成一节一节的，撕了皮递给宝弟说："吃吧，甜极了。当心芦粟皮割手！"

宝弟接过撕好皮的芦粟，喀喳喀喳地吃了起来。菊香把宝弟安顿好之后，就去摘瓜。由于昨天下了雨，地里的许多瓜都熟透胀裂了。一会儿工夫，菊香就摘了满满的两个口袋。她又砍了十根芦粟，去了根叶和穗子，用绳子捆成一捆当扁担用。然后她又拿出一个小布口袋去摘毛豆。由于时令还早，毛豆还没有棵棵都绽足，所以要一棵一棵地挑着摘。

菊香正摘着豆子，听见宝弟在喊："血，血！"接着就呜呜地哭了起来。

菊香急忙放下口袋飞奔过去，见宝弟的大拇指被芦粟皮拉了一道小口子，就安慰他说："不要紧，别怕。姐姐给你抹点药，一会儿就会好的。"菊香说着用手指甲在芦粟的皮上刮下一些白色的粉末抹在宝弟的伤口上，转眼间血就不流了，也不痛了。菊香又给宝弟撕了几节芦粟，说："你坐在这里慢慢吃，姐姐在那边摘豆。"说完，她又去摘豆了。

这时候，太阳越来越灼热，宝弟把身子躲进了绿茵茵的毛豆丛中，屁股坐在阴凉的泥地上，嘴里吃着甜瓜和芦粟，心里别说多痛快了。

时间不大，手快脚快的菊香就把毛豆摘好了。她把两口袋甜瓜挂在那捆芦粟的两头，挑在肩上，左手提着那袋毛豆，对宝弟说："宝弟，回家去。"

"不回家，我还要吃！"

"回家再吃。你看，这两口袋都是瓜，还有这么多芦粟，都给你吃。快走！"

宝弟听菊香这么一说，才从地上爬起来，跟在菊香后面走。还没有走几步，宝弟大叫起来："疼！疼！疼死我了！"

菊香回头一看，只见宝弟张大双腿，弯腰看着自己的胯下，边嚷边哭。

菊香急忙放下担子，跑过去问："怎么啦？"

"疼，小鸡鸡给虫虫咬了。呜呜！呜呜呜！"

菊香一看这情形，又焦急又为难。菊香来到曹家时，宝弟才两岁多，把屎把尿都是她的事。可是如今菊香已经是一个十五岁的姑娘，宝弟也是个六岁多的男孩了。现在突然遇上这情形，菊香真不知道该怎么办才好。她无可奈何地蹲下来，看了看，见宝弟的小鸡鸡不红也不肿，不像是虫咬的。可是宝弟却一个劲地喊疼。没办法，菊香只得挑起担子，拉着宝弟往家里走。宝弟走一路哭一路，回到家里，见到母亲，哭得更厉害了。尤氏问："怎么回事？哭什么？"

"疼！疼死我了！"宝弟用手抓住自己的小鸡鸡。

"菊香，怎么回事呀？"

"他一直在地里高高兴兴地吃瓜，吃芦粟，不知为什么，临走时突然喊疼了。"

尤氏抱起儿子，撩开他的开裆裤，仔细看了看，不见什么伤痕，不像被虫咬的，也不像被芦粟皮拉伤的，可是儿子却痛得哇哇直哭。孩子口里无假病，这到底怎么回事呢？尤氏想，宝弟是我的命根子，是曹家传宗接代的独苗苗，如果他的小鸡鸡真的出了什么毛病，岂不一切都完了！这孩子这几天来一直都是好好的，怎么跟菊香去了一趟地里，就得了这怪毛病？尤氏想着想着。突然暴怒起来，她一把抓住菊香的胸口，喝问道："你这个不要脸的东西，老实讲，这到底是怎么回事？"

"我不知道，真的不……"

"不知道？你这现世宝，还要不要脸？他才六岁，你就在地里逼他做那见不得人的勾当，你存心要他的小命！"举起右手朝菊香脸上狠命打去。

这些年来，菊香什么样的臭骂都挨过，什么样的毒打都受过，但她现在再也不能忍受了。她的脑袋轰轰作响，浑身都在颤抖，脸色由红变青，又由青变白，她猛地推开尤氏，从砧墩上拿起菜刀往脖子上一横，柳眉倒竖，杏眼圆睁，像发了疯似的厉声说道："阿妈，你听好，如果你说的是真的，我这一刀下去，人马上就倒在地上，我家里的人统统死光！如果是你冤枉我，我的头掉了，人决不会倒下，你家里的人要死绝！一个也不剩！"

尤氏万万没有料到菊香会有如此举动，惊得张开大嘴，一句话也说不出。菊香诅完咒，闭上眼睛，用力就往脖子上砍。说时迟那时快，患病在床的曹禄一个箭步扑上去，抓住她的手，把刀夺了下来。菊香见没了刀，扭头就往河边跑。她刚跑到院门口，被从河边洗菜回来的大妈妈挡住。曹禄跟在后面追出来，嘴里一个劲地喊："菊香，菊香！"

张氏一看这情景，知道事情不好，一把抓住菊香，问："菊香，怎么啦？"

菊香并不回答自己一向最敬重的大妈妈，拼命想挣脱她的双手，幸亏曹禄赶到，抓住菊香的手说："菊香，有话好好说！你妈错怪了你，我没得罪你呀！你听我一句话，好吗？"

"菊香，你公爹这两天正犯病，都这么说话了，还不给面子？快，进屋里去，有话进屋里说。"

菊香拗不过公公和伯母的苦苦相劝，不再挣扎着要去投河，眼泪像泉水一样涌了出来。

张氏把菊香推到屋里，问尤氏："宝弟他妈，出了什么事，弄得这般山摇地动？"

尤氏见大嫂问她，就指指宝弟说："你问他吧。"

宝弟捧着自己的小鸡鸡只是呜呜地哭；曹禄捂着胸口，喘着粗气，把发生的事说了一遍。

张氏蹲下看了看宝弟的小鸡鸡，又用手拨弄了两下，说："宝弟他妈，不是我阿嫂数落你，你的嘴太毒了！宝弟的小鸡鸡明明是让蚯蚓给咬的，你怎么能这样冤枉菊香呢！现在不比从前几年，现在她已经是个十五岁的姑娘了，你那些不堪入耳的话叫人家听了怎么受得了！"

听到大妈妈张氏的话，菊香呜呜地哭得更伤心了。宝弟见菊香哭，不知是同情她呢还是自己的小鸡鸡痛得厉害，也哇哇地大哭起来。张氏说："宝弟他妈，怎么办？现在他俩都在哭。你要是肯给菊香赔个不是，叫她别哭了，我就想办法叫宝弟的小鸡鸡马上不痛！"

"叫我赔不是？"尤氏实在不能接受。婆婆哪有给媳妇赔不是的道理？

"今天你如果不肯赔不是，你家里再出什么事我都不管了。宝弟我也不管，让他痛去吧！"说着就要往外走。

宝弟见大妈妈要走，哭得更响了。尤氏无可奈何地抬头望了望张氏，心里想：叫我怎么赔不是呀。张氏像是猜透了她的心思，对她说："你就说，菊香，今天妈妈错怪你，别往心里去！"

尤氏望着菊香，她知道委屈人了，但要她给这个花钱买来的童养媳赔不是，她实在张不开嘴。她陷入了极端的难堪和痛苦之中。她的心肝宝贝还在拼命地哭，这哭声催逼像鞭子一样抽打着她，她憋了好一阵子，终于开口说话了："菊香，妈冤枉你了，别……"话没说完，就哽咽住了，两行眼泪滚落下来。这是她生平第一次向人家赔不是。

"好了，好了。菊香，现在不准再哭了，再哭就是你的不是了。"张氏说着扭头对站在窗口看热闹的德明说："德明，把我们家那只绿头鸭给大妈妈捉来，快！"

不一会儿，绿头鸭捉来了。张氏叫宝弟蹲下，让绿头鸭去吃他的小鸡鸡。这绿头鸭最爱吃荤，见到宝弟的小鸡鸡，以为是什么虫子，就津津有味地大啄了起来。窗外看热闹的孩子们蹦呀跳呀，笑呀，叫呀，乐成了一团。

"宝弟，痛不痛？"

"哎呀，出血了！"

"去！没出血。"

"快，快来看，多好玩呀！"

宝弟被尤氏紧紧抱住，只得让绿头鸭和小伙伴们任意捉弄他。张氏站在一边看着孩子，一边对尤氏说："六岁多的孩子了，别再让他穿开裆裤了。"

"这蚯蚓是在地里的，怎么会咬到他呢？"

"他穿着开裆裤坐在湿地里吃甜瓜吃芦粟，蚯蚓还能不咬他？"

"可是又看不出有什么伤痕……"

"说是咬，其实不是咬，是蚯蚓把它的粘浆弄在了小鸡鸡上头。"

"噢，原来这样。那这鸭子……"

"鸡是蜈蚣的死对头，鸭是蚯蚓的死对头。谁让蚯蚓咬了，就得让鸭子来治。这叫一物降一物。"

张氏赶走鸭子，说："宝弟，告诉大妈妈，还疼不疼？"

"不疼了。"宝弟说完低头弯腰看看自己的小鸡鸡还在不在，引得窗外的那帮小伙伴又一阵哈哈大笑。

见宝弟真的好了，尤氏和曹禄的脸上露出笑容，张氏也咧开嘴乐了，唯独菊香低着头不说话。

第十一节　公爹临终嘱咐

第二天早上，菊香和公公曹禄正踩龙骨车给稻田戽水。随着龙骨车有节奏的叽叽嘎嘎的声音，一股清流哗哗地流进稻田。曹禄一边踩着水车，一边望着眼前的水稻，心里盘算：今年的稻子长势不错。要是没有太大的风潮，每亩能打二石多，那么这六亩地能收十四五石，明年一年的口粮不愁啦。这祖上传下来的六亩水田真是保家田哪！怪不得孟家想方设法要买这块田。不能卖！不管他们出多少钱，不管他们怎么逼迫，这块水田无论如何不能卖！

曹禄想着想着，突然觉得心口一阵绞痛，脚一滑手一松，从水车上摔了下来。菊香知道公公心口痛的毛病又犯了，急忙把他扶到柳树底下，让他背靠树干半躺在地上。一颗颗黄豆大的冷汗挂满了曹禄的脸颊和额头，他痛苦地喘着气，嘴里轻轻地说："不要紧，不要紧，过一会儿就好的。"

菊香焦虑地望着公公，急得直搓双手。她身边连一口水也没有，有什么办法能减轻一点公公的病痛呢？她俯下身子问公公说："爸爸，我叫人抬你回去？"

"别，别去叫。这是老毛病，不要紧的。你让我歇……歇……会儿。"曹禄痛得实在太难受，说话的力气也没有了。

曹禄这个朴实、勤劳的农民，平时，他心中想的除了干活还是干活。但每当一犯这心口痛病，他就想到死。今天痛得特别厉害，所以比往常更加肯定地认为自己或迟或早要死在这心口痛的毛病上。甚至他还认为说不定明年的今天就是自己的周年。想到这里，他觉得有许多话要对菊香说，再不说可能就来不及了。

可是他心口痛得实在难受，一句话也说不出来。只得闭着眼睛，听候阎王爷的发落。

躺了一阵，曹禄觉得自己心口轻松了一些，不像刚才那么难受了。根据以往的经验，曹禄知道自己又脱险了。他用手拍拍地，招呼菊香坐下，用微弱而缓慢的声音说："菊香，我这病一年重似一年，躲过初一，躲不过十五。要是哪一天我去了，你一定要照顾好宝弟……"

"爸爸，你说这些干吗呀？"菊香抹着泪说。

"我去了之后，这个家、这些地全靠你了。我别的不求你，只求你将来和宝弟和和睦睦过日子，别让我家断了香火。这样，我就是死了，也不会忘记你的恩德……"

"爸，你别说了。"菊香声音哽咽地哀求说。

"我知道你婆婆待你不好，但你要看在我的面上，咬着牙关活下去。决不能一时使性，去寻短见啊！菊香，你听见了吗？啊，听见了吗？你答应我呀，你答应我呀！"曹禄说着呜呜地哭了起来。菊香不知道是答应好还是不答应好，坐在一边也呜呜地哭。

曹禄哭了一会儿，又说："菊香，你来到我家，吃了无数的苦，爸爸对不起你。但爸爸也没有办法呀。"

"爸爸，别说了。你待我好，我心里明白。"

"也许你觉得奇怪，我为什么要这么怕你婆婆呢？我是你公公，有些事不便对你讲，可是不讲你不明白。你婆婆这个人心狠呐！结婚第一年，她就和我大吵大闹，我一时性起，打了她两巴掌，她就要和我拼命。我力气大，她打不过我，就躺在地上打滚，头上、身上、脚上碰破了，她全不管。后来我妈来劝她，扶她上床。她就在床上躺了四天四夜，一滴水一粒米也不肯吃。我家里人她娘家的人，不管怎么劝，她就是不肯吃东西。我妈对她说：'媳妇，只要你肯吃东西，什么条件都可以依你。'她对我妈说：'要我吃饭不难，只要依我两件事。一、叫你儿子发誓从今后必须对我百依百顺，任我骂任我打，不准还口不准还手；二、叫你儿子在我床前跪上一天一夜！'我妈怕闹出人命来，就把我关在屋里非要我依她的这两个条件。我没办法，只得照办。时间一长，她凶得越来越没边了。别人说我怕她，其实我是认了，这一辈子就算给了她了。菊香，我对你说这些，是希望你别怨我。不管你受多大的委屈，要忍得住，千万不要像昨天那样想不开，知道吗？"

"嗯。"菊香听了公公的话，难过地点点头。

第二天，菊香无论如何不让公公再下地了，尤氏也一定要他歇几天。

俗话说："人误地一时，地误人一年。"眼下稻田正是需要水的时候，不去戽水怎么行呢？尤氏自己不会踩水车，愁得她一点办法也没有。菊香说："不要紧，我一个人也能戽。"说完，拿了条汗巾就出门走了。

走到街上，看到鬼见愁从对面走过来。菊香见他那叫人讨厌的模样，扭头绕道走了。

龙骨车是三国马钧的一大发明。到南宋末年，江南一带龙骨车的种类已经十分繁多。有人力的、畜力的、风力的。这人力的分手扳的和脚踏的两种。这脚踏的又有双人的、三人的和四人的几种。曹禄家的龙骨车是双人的。踩龙骨车跟登山一样，十分累人。

菊香才十五岁，一个人要踩动一架双人的龙骨车，不是一件轻松的事。但菊香是一个要强的姑娘，话既然已经出了口，就得把水戽好才能回家。等她戽好水从龙骨车上下来，已经累得大汗淋漓，浑身骨头像散了架似的。但当她看到稻田里刚车满的水，看到碧波荡漾的稻浪，撩了撩额前的刘海，嘴角露出了微笑。她想：可以让公公安安心心地休息几天了。公公的病是累出来的，只要让他多休息几天，慢慢会好的！

菊香跟跟跄跄回到家中，吃好午饭，洗涮完毕，正要下地去，干娘林珍来了。她对尤氏说："亲家，我家正要织新布，我的眼睛不顶事，想叫菊香去帮我穿筘，行吗？"

尤氏对菊香今天上午的卖命干活十分满意，所以满脸堆笑地说："哟，瞧干娘说了，还能不行？"她转过脸对菊香说："菊香，快给你干娘穿筘去。好好干，别像在家里似的，马马虎虎的。"

宝弟见菊香要去干妈家里，吵着要跟她一起走。林珍说："干别的你都可以去，今天穿筘可去不得。要是让你的小手一扒拉，我们半天的活就白干了。"

尤氏一把拖住宝弟，对林珍和菊香说："你们快走，拖到傍晚，天暗就看不仔细了！"

林珍拉菊香跨出门槛，急急忙忙朝自己家走去。快到自家院门时，林珍突然站住，告诉菊香："你妈妈来了。"

"啊！"菊香简直不敢相信自己的耳朵。

"她看你来了。"

"真的？"

"真的。就在屋里，快进去！"

可是菊香并没有进去。她呆呆地望着林珍。她不敢相信这位干娘的话是真的。因为这些年来，菊香给这位干娘说过多少次，请她打听打听娘家的消息。可是她总是说，你家里都很好。你爸爸妈妈要你好好服侍公婆。菊香还几次要干娘带她回娘家一趟，但干娘每次都没有答应。时间一年一年过去了，菊香心里想，难道真像自己做的噩梦一样，爸爸、妈妈、弟弟都死了吗？要不然，这些年里爸爸妈妈为什么一次也不来看看自己？要不然，为什么干娘不讲自己家中的具体情况呢？为什么她不肯带自己回娘家？为什么婆婆总是骂自己是丧门星？为什么一向公公打听娘家的消息，他总是摇头，一言不发？

时间一长，菊香越来越相信自己做的噩梦了。她认定自己的父母和弟弟早已不在人间了。干娘怕自己伤心，所以不把实情告诉自己。可是今天干娘突然说妈妈来了，这是真的吗？不，是假的，是在做梦。如果她真的来找自己，为什么不到自己家去？为什么刚才干娘对公婆一字不提？干娘呀干娘，我的眼泪已经为我爸爸妈妈和弟弟哭干了，你为什么要拿这最伤心的事开我玩笑呢？

"走呀，菊香。"

菊香刚走进堂屋的门槛，只见一个面孔焦黑，骨瘦如柴、满头白发的老妇人向她扑来："菊——香!"这凄厉的一声把菊香从梦中叫醒。她抬头一看，只觉得心如刀绞，痛断肝肠，张开双手，迎了上去，喊了一声："妈——妈!"就再也说不出话来了。她没想到自己的妈妈还活在人间!

母女俩抱头痛哭了一阵。"妈妈，你是来看我的吗？"菊香突然问。

"嗯。妈是专门来看你的。"

"什么时候到的？"

"中午。"

"脸色怎么这么难看？"

"妈没病。这么多路，我都能走来。"

"爸爸和弟弟好吗？"

"好，都好着哪!"

"金祥叔、红菱姐，还有文海公公，村上所有的人都好吗？"

"好，都好。"

"那为什么这四年来你们不捎信给我？一次也不来看我？"

"妈这不是来了吗？"

"走吧，妈，回家去!"

"回哪个家？"

"去我……婆婆家。干娘也一块去。"

"不去!不，不!"

"干吗不去？让我公公婆婆知道了多不好!"

"孩子，不是妈不肯去，而是没法去。你看我这一身衣裳，补丁摞补丁的，怎么能见你的公婆？再说我手无分文，能空手去见亲家吗？"

"不要紧的，反正他们也知道我们家穷。"

"唉，你这孩子怎么光长了个儿，不长见识!身上无衣被人讥，手中无钿被人欺。我去了之后，会被你公婆瞧不起的。我自己倒无所谓，怕你以后难做人。阿菊，快给妈讲讲，这四年来，你过得怎样？挨打了吗？"

菊香本来有满肚子的苦水要向妈妈倾吐，就是让她哭诉九天九夜也讲不完。她每次梦见妈妈，总是抱住她的腿哭诉婆婆的凶残暴虐。她几次三番要干娘林珍带自己回浦东，也是为了在妈妈面前哭个痛快，把自己所经受的一切不幸和苦难讲给妈妈听。可是不知为什么，现在妈妈站在她面前，问她这几年过得怎样，她却一句话也说不出来。

"快说呀，菊香！婆婆打你吗？"陆氏催问道。

"没，没有。有时说我几句。"菊香不知道自己为什么要撒谎，为什么欺骗自己的妈妈。

"你公公呢？"

"他可好了，不但没打我，骂也没骂过我。你不信，问干娘！"

"噢……"陆氏那焦黑的脸上露出了一丝笑容，"那你男人呢？"

"男人……"菊香的脸红了，低下头不知说什么好。

"怎么？你男人打你？骂你？"陆氏突然变得十分惊慌和不安。刚才脸上的那一丝笑容一下子跑得无影无踪。

"没有，妈妈，他没有打我，也没有骂我。"

"你骗我，你瞒我！你以为我不知道？我什么都明白！我早说啦，三岁看八岁，八岁定终身，你这辈子脾气不改，到婆家有得苦吃哩！"

"真的，妈妈。"

"别再骗我了。快去叫你男人来，我非得好好教训他不可！怎么，见我们穷就欺哪？"

"妈，你……你怎么啦？他就是打我也不痛……"

"什么？你说什么？你挨了男人的打，还说不痛？你变了，菊香，你跟小时候不一样了，你怎么变得这样没有骨头？"

"永泰嫂，人家宝弟今年才六岁，怎么会欺侮菊香。"一直站在一旁的林珍说。

"噢，对！对！你瞧我多糊涂？把女婿的年龄也忘了。"

"妈，你在这儿多住些日子。"

"不，今天我就走。"

"啊，今天就走？"

"家里你爸爸和弟弟还等我回去做饭呢！原来我怕你在婆家挨打挨骂，总是放心不下。现在听你这么一说，妈就放心了。孩子，替妈妈争口气，好好孝敬公婆，服侍好男人，做个贤惠的媳妇。"

"妈，你住上几天不行吗？"

"不行。"

"那只住一天，明天就走，好吗？"

"不行，一会儿就走。"

"妈妈，这些年来，我日日夜夜盼，今天好不容易把你盼来了，你却连住一夜都不肯。妈妈，你太……太狠心了。"菊香说着跪在地上，泣不成声。

陆氏拍了拍菊香的头，呵呵笑了："你日日盼娘，夜夜想娘。娘也时时念你，刻刻惦你。现在见到你，知道你在婆家过得不错，娘的心就像一块石头落了地，踏实了。娘再留在这乌泥泾做啥？起来吧，快回家去，好好服侍你的公婆、男人。菊香，要听话，快回家去！"

"妈，你真的马上就要走？"

"真的。孩子，你别难过，等妈妈以后有了钱，做一身像样衣裳，买上见面礼，体体面面地上你家去。"

"妈，你实在要走，我拦不住你。请你等我一会儿，我回家一趟，马上就来。"

"回家干什么？我现在就走了。"

"妈，你一定得等我，我给弟弟做了一双鞋。"

"不要！你婆婆家的东西我一点也不要，要不你以后就说不清了。"

"那是用我的旧衣服做的，不是婆家的东西。这双鞋我做好已经有两年了，做好后我突然梦见弟弟死了……"

"死了，谁说你弟弟死了？他没死，还活着！快，快去把鞋子拿来，我带回去给他穿，他最爱穿你做的鞋。"

"好，我这就去拿。"菊香说完就朝家里奔。

菊香连奔带跑回到家中，从枕头底下翻出那双给弟弟做的鞋子，又在一块蓝布包里取出八个铜钱。这是前年婆婆叫她去县城买染布用的颜料时给她的点心钱。她当时硬饿了一天肚子，把这八个铜钱省了下来，准备以后回浦东时做摆渡钱。现在，她想把这八个铜钱交给妈妈。可是当她一打开蓝布包，发现八个铜钱太少了。妈妈现在一身褴褛，手无分文，给她这八个铜钱顶什么用呢？妈妈怀我整整十个月，一直养了我十一年，可是我只能给她这八个铜钱。

想着想着，菊香的眼睛湿润了。突然菊香想起了公公，心想，我去跟他说一说，请他想想办法，借给我妈一些钱。公公心眼好，为人厚道，我妈见了他一定高兴，一定会相信我刚才讲的话都是真的，再也不会担心我在这里受苦了。菊香拿定主意，就去找公公。可是公公没在家。婆婆说他去水田了。哎呀，他昨天病得那么凶，现在怎么又下地去了？菊香急忙朝水田跑去。

菊香一口气奔到田边一看，不见公公的影子。她急了，扯开嗓子喊："爸——爸！爸——爸！"

喊了好几声，都没有答应。菊香更急了，妈妈还在干娘家等自己呢。公公上哪儿去了呢？会不会见稻田里水满满的，就上棉花田忙去了？菊香沿着田间小路，朝棉花田走去。当她走近自家水车时，发现公公曹禄直挺挺地躺在水车前的小水沟里。菊香上前一摸，人已经凉了。任凭菊香千呼万唤，曹禄就是不醒。他已经永远地离开了这个世界。

菊香想到公公的为人，平日对自己的好处，想到昨天他对自己讲的那一番话，不由得泪如雨下。

平日尤氏不把曹禄当作人看待，曹禄一死，她傻眼了。曹禄是家里的一头牛，他死了，往后田里的活谁来干呢？没人干活，这个家怎么维持下去？想到这里，尤氏捶胸顿足，号啕大哭。张氏、金氏和几个邻居在一旁劝，越劝尤氏哭得越伤心。嗓子哭哑了，眼睛哭肿了，可是她仍然哭个不停。张氏递给她一条手巾，说："宝弟他妈，别哭了。这大热天，快点叫人报丧去吧！"

"天气这么热，明天一定得入殓。最迟不能拖过后天。"张氏抹着眼泪说。

"二嫂，你娘家要告诉些什么人？你说吧，我替你跑去。"金氏说。

尤氏一边抽泣，一边告诉金氏，她娘家应通知些什么人。

张氏又把其他各方应该通知的人都告诉金氏，要她和曹喜连夜去报丧。最后张氏面有难色地说："照规矩，菊香面上的人也要通知，可是……唉！"

"去告诉林珍一下就算了。"尤氏望了望张氏说。

"菊香，你把眼泪擦一擦，上你干娘家报丧去。"张氏说着把一条手巾递给菊香。

菊香摸黑走出了院门，跌跌撞撞朝干娘家走去。她不仅感到自己失去了一位保护人，而且感到公公那么善良、忠厚，死得太可怜了。快到林珍家的时候，菊香在心中问自己：妈妈还在不在干娘家？她会不会来吊丧？

进了干娘家，菊香发现干娘家一个人也没有。她转身刚要往回走，只见干娘打着灯笼回来了。"菊香，是你！你妈妈……"

"我妈怎么啦？"菊香慌了。

"你妈走了，她等不及啦！你怎么这么晚才来？"

"干娘，我公公死了。"菊香说着眼泪就涌了出来。

"啊？真的？"林珍手中的灯笼掉到了地上。

听菊香哭着把事情的经过一讲，林珍心中暗暗叫苦。心想，好人为什么总是不得好报呢？曹禄这一死，以后叫菊香怎么过啊？

林珍看看天很晚了，就对菊香说："菊香，你先回去吧。明天我买了纸马和寿幛就上你家去。我帮你婆婆料理丧事……你别老惦着你妈妈。她不是说，等她有钱会再来看你吗……"林珍说着哭了，一边哭一边催菊香快回家。

在张氏的提调张罗下，曹禄的丧事总算办得不错。该应酬的都应酬，能节省的就节省，没有让来吊丧的各路亲戚朋友挑眼、说闲话。

自从尤氏来到曹家，对曹禄总是一百个瞧不起。在她看来，忠厚就是愚蠢，老实就是无能，曹禄只配做她的一名奴仆。所以只要她一不顺心，对曹禄是张口就骂，抬手就打。对于自己的婚事，尤氏十分怨恨自己的父亲和哥哥不争气，将一份好端端的家产给败了，结果使她下嫁给了曹禄这样一个村夫。如今曹禄一死，尤氏才明白了男人的重要和寡妇的苦处。她念起丈夫在世时的种种好处，心中暗暗责怪自己以前的所作所为。悲痛、悔恨的眼泪一串一串地往下掉。她每天伏在灵台上，手摸着曹禄的神主牌放声痛哭。哭累了，实在哭不动了，她就坐在灵台旁托腮沉思。在曹禄活着时，尤氏从不关心他、体贴他，曹禄也不愿在她面前多讲自己的病痛，所以尤氏很少知道丈夫的病情。曹禄的死，她觉得十分突然，十分奇怪。说是被人害死的吧，身上没有一点伤痕，不像；说是他寻短见自杀的吧，也不像。他是个忍辱负重的人，何况这几天并没有打骂他。莫非是自己前世烧了断头香，所以今世夫妻不能白头到老？想到这里，尤氏茫然了。

正在这时，菊香正好从地里回来。尤氏的心咯噔了一下，顿时想起了前几天菊香发的誓，恨得她差点儿没把牙咬碎。

八年前，浦东射猎庙雷劈黑蛇精一事在乌泥泾也曾轰动一时，不少人曾亲自过黄浦江去看过。尤其是鬼见愁、神仙哭回来添油加醋地一渲染，乌泥泾的男女老少，人人皆知。

菊香来到曹家之后，尤氏从林珍口中得知菊香就是那个一句话让雷劈死黑蛇精的姑娘。菊香自己也在和张氏、凤英她们聊天时承认有这回事，但因为她吃狗肉解了仙气，到乌泥泾后又看不出有什么异样的地方，尤氏和邻居们也都把她当作平常人看待。现在尤氏把曹禄的突然死去和菊香几天前的发誓联系在一起，恐惧和仇恨在尤氏心中油然而生。

第十二节　母爱女恸天地

曹禄一死，田里的活全得菊香来干。俗话说：一粒米，三担水。眼下最主要的活就是给稻田车水。有一天，尤氏曾学着和菊香一起踩龙骨车，可是尤氏的双脚总是踩空。幸亏她的双手紧紧抱住胸前的横木扶手，才免于从水车上摔下来。这在当地被叫作"钓鳗鲤"。尤氏钓了几次鳗鲤之后，心中又羞又恼，认定这是菊香故意捉弄自己，不由分说，举手就要打菊香。自己脚下不留神，一个筋斗从水车上摔了下来，摔得鼻青脸肿。菊香见了急忙下水车来扶她，哪知尤氏一个翻身骑到了菊香身上，拳头像雨点般地砸下来。尤氏一边打一边骂："小妖精，你克死了你公爹，现在又想来整死我吗？嗯？小妖精！"从此尤氏再也不来帮着车水了。

这一天，是曹禄的"头七"，菊香给公公的灵位磕完头，就抹着眼泪来到田里干活。她一身重孝，吃力地踩着双人水车，心里想到刚刚死去的公公，想起自己的妈妈爸爸和弟弟，想起自己的遭遇，伤心的眼泪像断了线的珠子往下掉，随着脚下车起的河水一起灌进了稻田。旁边路过的行人，看见菊香这副惨样，都忍不住落下眼泪。他们低声议论："唉。真造孽！这龙骨车两个男人踩都不轻松，别说是一个姑娘家！"

"看见她披麻戴孝的，一边车水一边抹泪，真叫人可怜。"

"她婆婆也太狠心了！"

"出了名的雌老虎嘛！曹禄一死，这菊香往后的日子怎么熬啊？"

"有什么办法呢，我们只能替她落几滴眼泪，帮不了什么忙。"

行人渐渐走远了。菊香仍然一边车水一边伤心地落泪。突然远处稻田里响起水禽的叫声：

> 恶婆，恶婆，逼杀媳妇！
> 恶婆，恶婆，逼杀媳妇！

相传这水禽是一位冤死的童养媳变的。这童养媳的婆婆十分狠毒、残忍，不管媳妇多么贤良、多么勤快，每天都是打骂不断，最后狠心的婆婆竟逼着媳妇投水自尽。媳妇死后变成了一只怨禽，总是在河滩旁稻田里哀啼鸣冤，诉说自己在人间所受的欺凌和苦难。凡是虐待媳妇的婆婆，一听到这水禽的啼叫，就心惊肉跳，而受欺虐的媳妇们一听到这水禽的啼叫，无不伤心落泪。

菊香在水车上听到这水禽的哀怨之声，眼泪流个没完。

菊香的眼泪流干了，稻田的水灌满了。菊香从龙骨车上下来，正要往家里走，突然看见前面有一个汉子朝自己走来。菊香赶紧低下头，闪到路旁。哪知那汉子径直走到她的跟前，停住了。菊香看见他那双大大的草鞋，心中顿时扑通扑通地乱跳起来。

"姑娘，请问去镇北曹家怎么走？"那汉子和气地问。

"镇北曹家？"菊香觉得奇怪，他问的不正是自己的家吗？

"对，镇北曹家，曹禄的家，我刚才问一位老婆婆，她说你知道。"

菊香抬起头，想看看这位打听自己家的人是谁，"啊，金祥叔！"

"菊——香！"汉子瞪圆双眼叫了起来。

"金祥叔，你怎么会来？"

"菊香，你这一身重孝是怎么回事？难道你妈……"

"怎么？我妈？我妈早就……"

"早就怎么啦？"

"早就走了。"

"走了？到哪儿去了？"

"回浦东去了。怎么，你没见到她？"

"真的回浦东去了？"

"真的，七天前走的，不信去问我干娘，是她告诉我的。"

"快，带我找你干娘去！"

没走几步，金祥叔问："阿菊，你是给谁戴孝？"

"我公公没了。"

"什么，你公公没了，几时没的？"

"就在我妈来的那一天，今天是头七。"金祥听罢长叹一声，低下了头。

两人走不多远，只见一个中年妇女提着一个蓝布包袱迎面而来。菊香一看，正是干娘林珍。

金祥见了林珍，劈头就问："林珍姐，菊香她娘是什么时候走的？"

"怎么？她没有回黄家浜？"

"没有，这几天一直没有看见她。"

"啊呀，糟了！"

"怎么啦？干娘。"菊香急得快要哭了。

"这几天我夜夜做噩梦，今天我打定主意要回浦东一趟去看看，哪知她真的出事了！"

"这几年来，她日夜跟我们邻居念叨要去浦西看看菊香。说只要见到菊香在浦西平安无事，死了也闭眼。"

林珍听金祥说到这里，一把搂住菊香放声大哭起来："孩子，干娘对不起你。你家的事我一直瞒着你。现在再也瞒不住了，再瞒也没有用了。孩子，以前不是干娘存心骗你，是怕你年纪小，知道了真情受不住。我看到你在婆家天天挨打受骂，不忍心再把家中的伤心事告诉你。"

"干娘，你快说！我妈妈到底怎么啦？我家里到底怎么啦？"

"你走了之后，荣半镇他们仍不罢休，几次三番上你家逼着要人。他们抢走了你的彩礼，还把你爸痛打了一顿。你爸本来就卧床不起，被他们一气一打，没几天就死了。第二年春天，你弟弟菊兴也生病死了。"

"啊？干娘，你骗我！那天妈妈亲口对我说：爸爸弟弟都活着，都好好的！"

"孩子，你哪里知道你妈妈……"林珍泣不成声。

"我怎么不知道，我妈妈从来不说假话。那天她还答应把我做的布鞋带回去给弟弟穿……"

"菊香，你别说傻话了，你弟弟菊兴三年前就不在了……"

"怎么，金祥叔，我弟弟真的死了？"

"嗯。"

"啊！那我妈妈那天怎么……"

"你妈妈早就疯了。"

"怎么，我妈疯了？"

"三年前，你爸爸、弟弟一死，她就疯了。"

"真的吗？干娘！"

"真的，孩子。那天她来，你没看出来？"

"没有，那天她不是好好的吗？"

"是啊，看起来，真跟没病的人一样。她一来乌泥泾就到我家，怕你婆婆嫌她寒酸，将来看轻你。你叫她去，她仍不肯去。说以后有了钱，体体面面地去看亲家。那天你怕她伤心，把自己在婆婆家受的苦瞒着她。她也怕你难过，把家中的事瞒着你，说她身体很好，没病，说你爸爸和弟弟都很好，还说她急着回去给他们做晚饭，你听了还以为是真的。这叫母疯犹爱女。不过你仔细想想，破绽就很多。她连宝弟多大岁数都记不得。别人的年龄记不得都好说，宝弟的年龄她无论如何不该忘。四年前，因为年龄相差太大，她思来想去拿不定主意。可是这次来，她完全忘了，不知道宝弟比你小九岁。你看她脑子是不是有毛病？"

"啊？难道我妈真的疯了？那她现在到哪儿去了呢？"

"那天你叫她等你，哪知左等不来，右等不来，她就一定要走。我怎么劝、怎么拦也没有用。她说，她是来看你的，看到你在婆家平安无事，她就放心了。再留在乌泥泾一点意思也没有，非要马上回去不可。我没办法，只得答应她。我叫她等一会儿，给她做几个饼，路上当点心。哪知饼还没做好，她人就不见了。我和家里人分头去找，都没有找着。我那天见她心情很好，见到你以后眼睛里直放光，我心里虽然放心不下，但总想不会出什么大事。没想到她至今没有回黄家浜……"林珍说着又哽咽了。

"干娘，难道我妈妈死了？"菊香抓住林珍的手，浑身都在颤抖。

林珍没有回答菊香，只是呜呜地哭。

菊香突然又抓住金祥的手，问："金祥叔，你告诉我，我妈妈死了吗？"

"不！菊香，你妈妈没有死。"

"你骗我。"

"真的。叔叔什么时候骗过你？"

"那为什么七天了，她还没有回家？"

"你妈妈自从疯了以后，常常东跑西颠不在家，有时一连几天都不回来。一次，她在天华庵坐了六七天，我们村上的人十分着急，分头去找才找到了她。这一回呀，我估计又到哪个尼姑庵住下了。"

"菊香，你别哭，别着急。我们一定替你去找。"林珍替菊香擦了擦眼泪，安慰她。

"别急，金祥叔一定替你找到妈妈。你放心，前几回你妈妈走失了，也是我找回来的。"

"金祥叔，你一定要给我找到妈妈呀，你无论如何要找到她呀！"菊香说着跪下去给金祥磕头。

"菊香，快起来！我一定给你找到。"金祥说着扶起菊香，"孩子，别难过。只要我金祥活在这个世上，一定替你找到妈妈。"说完，把头一扭，眼泪大滴大滴地掉下来。

"金祥弟，快上我家去喝口茶！一路上挺累的。"林珍说。

"不！不去了。这回我是专门来找永泰嫂的，既然她不在这里，我得赶快上别处去找。"

"你在我家歇上一会儿再走吧。"

"不，我一刻也歇不住了。我要不赶快把她找到，对不起永泰哥临终时的嘱托……"金祥说完洒着泪转身走了。

"金祥叔，我跟你一起回浦东！"菊香突然喊道。

金祥转过身，对菊香说："阿菊，你快回去吧。你等我的信，我有了消息马上就来告诉你。"说完向菊香和林珍挥挥手，又往前走了。

菊香正要去追赶金祥，被林珍一把拉住："菊香，听话！你这么一走，你婆婆能饶过你？"

"我到浦东就不回来了！"

"唉，尽说傻话！天上的鸟飞得再高也得到地上来吃食，一个人总得有个落脚的地方。你回浦东哪儿？你家的那两间草屋早被荣半镇手下烧了！"

"啊！"

"菊香，你要听话，我们在这里也不是没事干，也要四处去打听你妈妈的下落。说不定你妈妈就在咱们浦西呢！"

菊香听干娘这么说，默默地望着金祥叔越来越远的背影，焦急、痛苦的眼泪又涌出来。

第十三节 "对虎"引来妻打

尤氏当了寡妇，日子越过越不称心。她认定菊香是克星，自己的丈夫是菊香克死的。每当想到这里，她总是恨得咬牙切齿。尤氏以前打菊香，是为了发威和惩戒。现在不同了，她恨不得一巴掌打落菊香的下巴，一脚踢断菊香的脊梁骨。

张氏一看情形不好，对尤氏说："宝弟娘，不能这么打呀。打出了人命怎么办？"

"打死了？打死了才解恨呢！"

"你要解恨呢还是要宝弟？当初神算先生怎么讲的，你忘了？"

张氏这两句话打在了尤氏的要害上，但她嘴上仍不服，恶狠狠地说："打死了她，我给宝弟娶个好的！"

"你说得倒轻巧，谁愿意把女儿往老虎嘴里送？"

听到大嫂这尖刻而有分量的话，尤氏几乎要跳起来。但她实在无法反驳张氏，只得低下了头。

见尤氏低头不语，张氏的语气也和缓起来："宝弟娘，你心情不好，我知道。刚才我那几句话也是为了你和宝弟，你好好想想，别光生闷气。"说完回自己屋里去了。

尤氏的眼睛湿润了。她想：丈夫活着的时候自己不把他当人看待，现在上哪儿买后悔药吃？如今里里外外都是菊香一人顶着，真的把她打死了，这些活谁来干？最使尤氏害怕的是儿子宝弟的性命。自己三冲子孙堂，生了五个孩子都没能保住，多亏了神算先生指点，宝弟这几年才算一直太平无事。如果把菊香打死，宝弟岂不是又要保不住了吗？丈夫死了，自己往后的日子全指望儿子了，如果儿子有个三长两短，那自己不是一切都完了吗？

自从张氏规劝以后，尤氏再打菊香时，手下稍稍留情了，但菊香干的活比以前更多更重了。整个秋收，除了张氏帮着干了几天之外，从开镰到收藏，所有的活都是菊香干的。累得菊香浑身骨头像散了架似的，睡觉爬不上床，走路直不起腰。挑担最累的那几天，菊香的痰里天天都带血。但是她默默记着公公临死前的话，咬紧牙关挺住了。

一过曹禄的"百日"，天气开始冷了。她心里想：公公去世已经一百天了，自己的妈妈仍然下落不明。干娘和自己忙里偷闲，四处寻找、打听，可是毫无音讯。金祥叔一直不来，不知道妈妈还在不在人间。想着想着，不由得又是泪流满面。

这一天上午，菊香坐在南窗外，一边剥棉籽，一边晒太阳。宝弟在门口正和德明玩"对虎"，德光、德芳、洪良等在一旁观战。

所谓对虎，就是两个人面对着面，做各种怪状逗对方笑，谁先笑谁就输。德明是个大孩子，宝弟总是输给他。但是宝弟不服气，非要赢一回不可。这一次宝弟憋足了劲，咬紧嘴唇，睁圆双眼看着德明，硬是不笑。德明见宝弟不笑，就从脚下拾起一截小树枝，使劲往自己脸上戳。每戳出一个凹痕，就把鼻子眼睛挤作一处，做出痛痒难熬的样子，逗得在一旁观战的伙伴们哈哈大笑。可是宝弟仍然没有笑，咬紧牙关，鼓起腮帮，把小脸涨得通红。突然噗的一声，宝弟的鼻涕喷了出来，喷成了一个鸭蛋大小的泡泡。这下子德明可忍不住了，"扑哧"一声笑了起来。宝弟见德明笑，也乐了，说："哈哈，你笑了，你输了！"

"你也笑了！你也笑了！"

"你先笑，先笑的输！"

"你先笑！你先笑！"

"你先笑！你别赖！"

"你赖！你赖！"

"谁赖谁是狗！谁的妈被野和尚背走！"

"你说谁？你骂人！"

说着说着，两个孩子就动起了手。宝弟力气小，不是德明的对手，但是他并不示弱，双手抓住德明的胸口，要把自己的鼻涕往他的衣服上擦。德明一见，吓得连忙抓住宝弟的胳膊，使劲把他推开。可是宝弟死死抓住不放。两人相持了好一会儿，宝弟渐渐不支，突然扭头哭喊道："阿姐！快来呀！"

正在沉思的菊香听见宝弟的哭叫声，猛然抬头，只见宝弟和德明扭在一起，赶忙扔下手中的活，走上前问："是怎么回事？"

"他要把鼻涕擦在我衣服上！"德明说。

"是他赖皮！"

"谁赖皮？"

"你赖皮。"

"你！你赖皮！"

"你赖皮！"

宝弟和德明吵成了一团。

"宝弟，把手松开，别抓住德明哥哥的衣服。"菊香劝宝弟。

"不，他先松开！他先动手的！"

菊香见宝弟不肯松手，就对德明说："德明，你是哥哥，让他一点，先把手松开。"

德明看了菊香一眼，抿了抿嘴，仍不肯松手。菊香又说："德明，你先松手。宝弟不听话，等一会儿我打他！"

听菊香这么说，德明觉得自己本来就理亏，现在菊香姐又给了面子，就松开了紧紧抓住宝弟胳膊的手。哪料到宝弟趁此机会突然往前一扑，把自己嘴唇上的鼻涕全都擦到德明胸前的衣服上，接着就像兔子一样跑回了家。

德明哭了。他觉得自己太老实，上当吃亏了。他一边哭一边骂："赔！呜呜，赔我的衣服！不要脸，自己打不过人家，叫娘子来相帮！呜呜……"

菊香听到德明的哭骂，脸上火辣辣的，但她还是和气地说："德明，别哭。把衣服脱下来，我给你洗一洗。"

德明不肯脱衣服，仍然不停地骂："小麻皮，有种你出来！真丢人，自己打不过，叫娘子来相帮，真不要脸！"

"你不要脸！你不要脸！"宝弟偎在门框上回骂。

这时那些在一旁看热闹的小伙伴一齐冲着宝弟骂了起来：

"现世宝，自己打不过，叫娘子来帮着打！"

"小麻皮最不要脸！"

"没出息！没种！"

"叫娘子帮忙，二打一，真丢人！"

孩子们用指头刮着自己的脸，你一句我一句地骂个没完。菊香的脸上十分难堪，但是她耐着性子对德明说："德明，别骂了。刚才是宝弟不好，等一会儿，我一定打他。你快把衣服脱下，我给你洗一洗。"

菊香正在帮德明脱衣服，尤氏抱着一床湿褥子从屋里出来。她看见菊香正在给德明脱衣服，不由得火冒三丈："小妖精！你又在精精怪怪做什么？"

听到婆婆这猛地一声吼，菊香不禁浑身一哆嗦。但是她很快镇静下来，说："宝弟把鼻涕擦在德明的衣裳上，我给他洗一下。"说完，就把脱下的衣服扔进了屋檐下的一只木盆里。

尤氏一听更火了："人家的衣裳擦上了鼻涕，你就这么勤快！昨晚你男人尿湿了褥子，你都想不到拿出来晒晒！这是为什么？嗯？"

菊香知道是自己刚才一个转身忘了把湿褥子拿出来晒，就急忙上前，想从婆婆手中接过褥子去晒在竹竿上。哪知尤氏把她猛地一推，喝道："你给我顶在头上！"说完就把自己抱着的褥子往菊香的脑袋上一蒙，"今天你不给我顶着晒干了，别想吃饭！这还了得！你的心越来越野了，自己男人的事一点不放在心里，别人家的衣裳沾了点鼻涕你就手忙脚乱，还要脸吗？"

菊香顶着冰冷膻臭的尿褥子，听着婆婆那不堪入耳的谩骂，感到莫大的羞辱。她几次想掀掉褥子，奔出院门逃走。可是她想起了公公临死前的嘱咐，咬咬牙忍住了。

尤氏刚往回走，站在门口的宝弟又告状说："妈，刚才德明打我，菊香不但不帮我，还说要打死我！"

"什么，她说什么？"

"她说要打……打死我。"

宝弟的这一句话，顿时又气得尤氏浑身发颤，她操起靠在墙上的柴扒狠命朝菊香打去："好呀，你这偷汉婆！胆子越来越大了。"

尤氏嫌柴扒太轻，打起来不过瘾，抓起屋檐下的那只木盆正要砸去，只见菊香"扑通"一声倒在地上，顶在身上的尿褥子沾得满是灰土。尤氏扔掉木盆上前一把提起菊香，骂道："你装什么死！今天你不把这褥子顶干，我饶不了你！"

尤氏愤愤地骂着，但不再打了，她怕真的把菊香打死，不但家中的活没人干，而且宝弟的性命也保不住。

尤氏和宝弟都进屋去了。菊香顶着褥子继续站在院子里。她越想越伤心，忍不住抽泣起来。刚才那帮叫骂起哄的孩子见尤氏大发雷霆，说："菊香姐，疼吗？你别哭，别哭！"

德明从木盆里拿出自己的那件衣服，低头回家去了，其他孩子也都垂着头走了。

菊香顶着尿褥子，从上午一直站到下午，仍然没有晒干。中午婆婆不给饭吃。菊香又累又饿，两腿发抖，几乎要晕倒。这一天大妈妈张氏刚好不在家，只有百事不管的大伯伯曹福坐在门口晒太阳。他还像往常一样，眼睛半开半闭，小声而均匀地打着呼噜。曹喜和金氏怕惹事，又想看热闹，所以只当没有看见一样。唯有凤英同病相怜，趁家里人不留意，拿了两个芋头，跑到院子里偷偷地塞给菊香："菊香，快吃！"

"我不吃。"

"快吃！别推了，当心让他们看见！"

"凤英妹，我不吃。我今天就站死在这儿了。"

"你真的不吃？"

"真的不吃。"

"你不吃，我马上就去跳河！要死咱俩一块死！"凤英急得没词了，突然蹦出这么一句。

菊香见凤英着了急，就接过芋头，哭着说："凤英妹，谢谢你！"

"谢什么？快吃！"凤英不敢多停留，说完，抹着眼泪走开。

快到傍晚的时候，尤氏一边骂一边从屋里走出来："今天可舒服了，站了一天，什么活也不干。去，洗衣服去！"说着尤氏把蒙在菊香头上的褥子拿掉。菊香突然被强烈的阳光一照，刺得眼睛直发痛，急忙用手捂住眼睛。尤氏见了，又骂道："怎么？哭了？难为情？这有什么难为情的？你顶的是你男人尿湿的褥子！多光彩！快，快去把那盆衣服洗出来！"尤氏说完拿起一只篮子朝屋后走去。

曹家竹园再往北靠河边上长着十多棵树木。其中一棵是皂角树，有三四丈高，两人才抱得过来，每年都结许多皂角。由于这皂角树长在曹禄的那一份竹园里，三兄弟分家时，就把它分给了曹禄。曹禄家每年都不愁洗衣服没有皂角用。

这一天，尤氏拿着篮子正向皂角树走去，突然看见德光背了鼓鼓囊囊的一口袋东西急匆匆地往家里走，由于走得慌，过篱笆门时，让门桩上的铁搭钮挂住了袖子。他猛地一挣扎，将口袋里的东西撒落了一些。

尤氏上前一看，是皂角！火立马就蹿了起来。尤氏很自私，但是她又很爱面子。这皂角要是人家当面向她讨，夸她的皂角如何好使，洗的衣服如何干净，尤氏肯定愿意奉送。但是如果偷她家的皂角，她可就容不得了。她见德光背的是一口袋皂角，立即喝道："德光，你这皂角是哪儿来的？"

"拣的。"

"哪儿拣的？"

"在我家竹园拣的。我没上你家竹园拣，不信你自己看去！"

尤氏没词了。这三四丈高的皂角树枝杈横生，大风一起，那皂角还不到处飘落？落到老三家的竹园里，当然只得由他拣去。雌老虎在德光面前讨了个没趣，恨得直咬牙。心里骂道："你这小畜生，拿人东西还损人。今天我把皂角全部拣干净，让你再拣去！"

尤氏整整拣了半个时辰，拣了满满的六篮子皂角。但这些皂角大多数是陈的，今年的新皂角还都挂在树上。尤氏想，一不做二不休，明天干脆把树上的皂角也统统采干净，省得你们眼红。

第二天一早，尤氏一边吃饭一边琢磨采皂角的事。突然从西厢房传来了金氏的叫骂声："哼，管得倒宽，我家竹园的东西怎么不能捡？又没有偷你的、抢你的！凭什么把人家拦住？"

听到金氏的叫骂声，尤氏的血直往上涌。她叫菊香马上停下筷子，立即去把树上的皂角统统采下来，一个也不准剩下。

这皂角树不比别的树，树干上、树枝上长满钢针一般的硬刺，人根本无法爬上去。菊香在一根晒衣服的竹竿上斜绑了一根筷子，用它去钩皂角。钩了半天，钩下来了不少，但树上仍然满是皂角。

竹竿太短，三四丈高的树，哪能把所有的皂角都钩下来。菊香把两根竹竿接在一起，可是竿子一长，钩的时候直发颤，费了好大劲，也没钩下多少。菊香对婆婆说："妈，树太高了，还是等它们自己掉下来吧！"

"什么？你这吃里扒外的东西！等它自己掉下来，让你的野汉拣去，对吗？"说着朝菊香脸上狠狠地摔了一巴掌。

菊香只觉得金星四溅，脑袋嗡嗡直响。尤氏吼道："你给我爬上去用手摘！"

"树上都是刺，爬不上去……"

"什么？爬不上去？你这妖精的本事不是很大嘛！射猎庙那条黑蛇修了几百年，都毁在你的一句话上；你把你自己家里的人一个个都克死，这还不算，又来把宝弟他爹克死。你看，你这妖精的本事多厉害！这树上的几个刺算得了什么！"

尤氏越骂越凶，从地上操起一根竹竿威逼着说："你爬不爬上去？说！"

眼看着一顿毒打又要开始，菊香忙说："好，我一定把皂角全都采下来。你让我想想办法。"

尤氏听菊香这么说，鼻子里哼了一声，说："要是有一个皂角落到你的野汉手里，当心你的狗命！"说完就回屋去了。

尤氏一走，菊香望着皂角树发愣了：这么高这么粗的树，到处又都是刺，叫我怎么爬上去呀？婆婆呀婆婆，你也太歹毒了！菊香越想越伤心，眼泪忍不住掉下来。哭了一阵，她想光哭有什么用？皂角会哭下来吗？婆婆的心肠会哭软吗？我得想办法把皂角摘下来。菊香想起大妈妈张氏。对，她家有一把梯子，我去把梯子借来，把树干的刺敲掉。只要我能爬上那个大树杈，就有办法了。

想到这里，菊香来到大妈妈张氏的屋里借梯子。她扛来梯子往树干上一靠，发现这梯子太短了。菊香登上梯子抬头一望，上面还有一长段只有刺没有横枝的树干，根本无法攀上去。但菊香还是伸开双手，做向上爬的努力。突然，手被尖刺刺了一下，她猛一缩手，身子晃两下从梯子上摔了下去，顿时不省人事。不知过了多少时间，菊香慢慢苏醒过来，正要爬起来，尤氏来了。她见菊香躺在地上，皂角一个也没摘下来，骂道："你这个小妖精，叫你采皂角，你倒在这里睡起大觉来了！"

"妈，我刚才从树上摔了下来……"

"摔了下来？怎么没摔死！"尤氏骂着拿起竹竿劈头盖脸地朝菊香猛打。菊香痛得左躲右闪，眼泪直流，但是她咬住牙关，就是不肯求饶。尤氏打累了，扔下竹竿说："你不把这树上的皂角都采下来，看我不剥了你的皮！"说完又回屋去了。

菊香抱住皂角树失声痛哭。她感到绝望了。这个家她实在待不下去了。可是自己能到哪儿去呢？浦东老家回不去，爸爸和弟弟死了，妈妈发了疯，至今不知下落，家中的两间草屋被荣半镇烧了。现在摆在菊香眼前唯一的一条路就是死。

菊香从竹竿上解下一根绳子，用竹竿套到皂角树的一根横枝上，打了一个扣。接着她朝着浦东方向磕了三个头，又朝着北边公公的坟墓方向磕了三个头，然后爬上梯子，将脖子伸进绳索，正要蹬掉梯子，只听见大妈妈张氏大喊一声："你要干什么？"

听见大妈妈这猛地一喊，菊香"扑通"一声从梯子上掉下来。张氏眼快手疾，赶紧上前双手接住。这一回，一向慈眉善目的大妈妈可生了气："你干什么？菊香！你以为做吊死鬼比做落水鬼好，对吗？"

菊香泪如泉涌，泣不成声。

"我告诉你，吊死鬼比落水鬼更苦、更受罪！你为什么好好的人不做，偏要走这条绝路！"

过了一会儿，张氏平静了一些，和声问菊香为什么要上吊。菊香把事情一五一十地告诉给她听，张氏听完说："十个婆婆有九个虐待媳妇的。不过你婆婆做得也太绝了，不知她的心是咋长的？"

第十四节　马桶盖上吃酒

菊香端上菜摆好碗筷，替婆婆和宝弟打好饭，自己盛了一碗锅巴，在桌角边侧身坐下悄悄地吃了起来。她一边吃一边心里直害怕，刚才煮饭时，她多添了一把柴，把锅巴煮大了。婆婆尤氏最恨她把锅巴煮大，每次一发现就骂道："你这败家精，好端端的白米都煮成了煳锅巴，存心要败这个家？"菊香怕婆婆今天又要大动肝火，就闷头快快地吃着，想快一点儿把锅巴全吞下肚去。可是在一张桌子上吃饭，眼对眼、鼻对鼻，谁吃什么东西还能不知道？尤氏一见菊香大口大口地嚼着锅巴，吃得那样快、那样香，不觉怒火中烧。她眉毛一竖正要发作，宝弟突然抓住菊香的碗嚷道："锅巴！我要吃锅巴！快给我吃锅巴！"

"还不快给他！"尤氏怒吼道。

"给。"菊香从自己碗里夹起一块黄灿灿的锅巴放到宝弟的碗中。

宝弟用手抓住锅巴摇头晃脑地吃了起来，嘴里还不停地呜呜作声，就像狗和猫突然遇上了大肉大鱼一样。宝弟吃得正得意，突然"嘎巴"一声，他的一颗门牙掉了。

"妈！牙齿！牙齿掉啦！"宝弟拾起掉在桌子上的门牙说。

"哎呀，真的？开始换牙了，宝弟！疼吗？"尤氏又惊又喜。

"不，不疼。"

"好，好，快把嘴里的饭咽下去。"

"妈，那饭里都是血。"菊香说。

"多嘴！你懂什么？"尤氏瞪了菊香一眼，又转向儿子，和缓地说，"孩子，快把饭咽下去。这血是饭变的，你吃了八年饭，才长这么大，这些血要多少白米饭才能变来啊！听话，快咽下去。"

宝弟犹豫了一会儿，眼睛一闭，终于连血带饭一起咽了下去。

"你还傻愣在这里干啥？还不赶快领他把牙齿扔上房顶！"尤氏对菊香吼道。

按照本地风俗，小孩换牙如果掉的是上齿，得扔到水塘里，如果掉的是下齿，就得扔到房顶上。扔的时候，双脚并拢，人要站直。据说这样新牙才能长得结实整齐。

菊香把宝弟领到门前屋檐下，按照规矩叫宝弟站好。可是宝弟还没站好，就要胡乱地往屋顶上扔。菊香哎呀一声急忙上来阻止，可是晚了，牙齿已经扔上了屋顶。菊香叹了口气，拉宝弟回屋吃饭。也许菊香心里不高兴，拉的时候用力猛了一点，宝弟哎呀一声挣脱了菊香的手，菊香再要拉他时，他朝菊香腿上踢了一脚，骂道："谁要你拉？我自己不会走啦？不要脸！"

听到宝弟骂，菊香的心像被刀扎的一样。婆婆怎么打她骂她，她都能忍受，因为婆婆总是要管教媳妇的。可是只要宝弟一打她，一骂她，哪怕打得不重，骂得不凶，她就感到十分伤心难受。她和所有的童养媳一样，把自己的希望和幸福寄托在自己未来的丈夫身上，宝弟对她态度的好坏决定着她今后的命运。今天菊香听见宝弟这么骂自己，心里不觉悲伤起来：俗话说，三岁看八岁，八岁定终身。他牙齿都开始换了，还是这副脾气，看来我得挨打挨骂的苦一辈子了。

尤氏知道了宝弟扔牙的情形，先是大骂菊香没有管好，后来又骂宝弟不学乖。

如今的宝弟越来越淘气，听自己娘也骂他，气得碗一摔就跑了出去。

这几天，尤氏又在为孟家逼卖水田的事着急。春上菊香插的秧，现在已经发棵，长势不错。尤氏想等收了这季稻再卖田。可是孟家一再催逼，非要马上连同秧苗一起买下，急得尤氏坐卧不安。

这天她见儿子摔下饭碗出去玩了，菊香扛起锄头去棉花地锄草，就拿出纺锤，唉声叹气地纺起了纱。她一边纺纱，一边心里想，再过两个月，田里的稻子就可以收了。这是全家一年的粮食啊！这田不能卖，要卖一定得等到秋后。可是她又想，要是孟家来绝的，给断了水怎么办？六亩稻秧还不都成了柴火？就是现在不断水，到割稻时不让走他家的路，那稻谷岂不要统统烂在田里？唉，有什么办法呢？俗话说大树底下不长草，咱乌泥泾有了孟家、朱家……这几棵大树，咱们小民百姓何时才能见到天日？孟家几次三番逼我卖田，说不要敬酒不吃吃罚酒，到时候后悔就来不及了。鸡蛋碰不过石臼，孟家什么伤天害理的事做不出？还是老老实实地把田卖了吧。这叫抱住脑袋割耳朵，肯也得肯，不肯也得肯。想着想着，尤氏的眼角边滚出两颗泪珠。

突然，院子里冲进一帮孩子，在混乱的嘈杂声之中德明惊恐万状地闯进尤氏屋子，说"二妈妈！不……不好啦！"

"什么事，德明？"尤氏一惊。

"宝……宝弟鬼……鬼……"

"什么？你说清楚！宝弟怎么啦？"尤氏更急了。

德明平日是个伶牙俐齿的孩子，可是今天完全成了一个结巴，越急口吃越厉害。还是洪良遇事不慌，对尤氏说："宝弟妈，宝弟的嘴巴叫鬼头风吹歪了！"

"什么？人呢？"尤氏浑身都在发颤。突然她扔掉手中的纺锤，发疯似的朝门外奔去。刚出门，德芳牵着宝弟回来了。尤氏见了，吓了一跳。宝弟完全变了样：口眼向左歪斜，一边哭一边嚷。可是谁也听不懂他在呜呜地嚷些什么。宝弟见别人听不懂他的话，急得双脚直跳。折腾了好一会儿，宝弟见尤氏还不明白自己的意思，就上去踢她。尤氏把他搂在怀里，说："好儿子，别踢妈啦，你把妈踢死了，谁来给你治这病？"尤氏说着就问德明他们："到底是怎么回事？你们快给我说说！"

这会儿德明不结巴了，他说："刚才我们几个正在五圣堂那儿玩……"

"五圣堂！你们上那儿玩去啦？"

"嗯。"

"哎呀，我的小祖宗！那儿是你们玩的地方吗？"

德明继续说："我们正玩得高兴，突然从五圣堂里刮出一阵鬼头风，刮得地上的树叶乱草直打转。我们一看不好，正要往回跑，就见宝弟摔了一跤，等他爬起来。我们一看，嘴巴歪了。"

"唉，那么大一个乌泥泾，哪儿不能玩，你们偏要去五圣堂玩！你们冲撞神灵，可是遭报应的是宝弟，你们一个个都没事！"

孩子们遭了尤氏一顿训斥，一个个低下了头，呆呆地站在那里，不敢再说什么。尤氏拉着宝弟走进厨房，给灶君爷上了一炷香，说了许多祈求保佑的话，又叫宝弟跪在地上磕了三个响头。接着尤氏领着宝弟来到了五圣堂，烧了许多香烛纸钱，磕了无数个响头。在五圣堂谢完罪，尤氏又带着宝弟去妙真庵烧香磕头。折腾了半天，不见宝弟的病有什么好转，尤氏只得拉宝弟回家。一路上尤氏哭丧着脸，宝弟口眼歪斜，人们见了都惊得目瞪口呆。尤氏回到家中掩面大哭。她一边哭一边想：自己怎么这样倒霉？孟家来逼我卖田，鬼头风又把我儿子吹成这副模样。我是一个寡妇人家，老天爷，你还要怎么样？难道非要逼我走上绝路！尤氏越想越伤心，眼泪扑簌簌地往下落。宝弟见妈妈哭得那么伤心，自己又说不清话，只得捂着麻木难受的右腮落泪。

中午，菊香扛着锄头回到家里，见婆婆和宝弟都在哭，先是一惊，等她看见宝弟那副口眼歪斜的样子，更是吓了一跳，急忙蹲下扶住宝弟双肩问："怎么啦，弟弟？"

宝弟用手指指嘴，呜呜地说不清话。尤氏揩揩泪把事情的经过给菊香说一遍，菊香一听，心中叫苦不迭，两行眼泪涌了出来。

一会儿，张氏、曹喜、金氏、洪良的妈梁氏等都来了。德光、凤英、洪良、文娟等七八个孩子也来了，挤得屋子里满满当当的。金氏说："二嫂，别急，慢慢想办法。我记得在娘家时，有一次隔壁的兴财叔也给鬼头风把嘴吹歪了，后来是用金钩拉正的。"

"嗯，没错，要用金钩拉。"张氏说。

"金钩？哪里来这金钩呀？"尤氏带着哭腔说。

"唉，二嫂，你以为还要多大一个金钩？就是用金耳环弯成的！"

"金耳环?"尤氏摸摸自己的耳朵说,"能行吗?"

"怎么不行?要不金器怎么这样贵?贵有贵的用处!"洪良娘梁氏说道。

尤氏马上从左耳上摘下耳环,弯成钩形,在众人七手八脚的帮助下,不管宝弟怎么吱哇乱叫,终于将它钩住宝弟的嘴角,然后用一根纳鞋底的麻线紧紧系在右耳的耳根上。

就这样,宝弟的嘴巴被整整拉了三天三夜。可是,只要一松开绳套,嘴巴又向左边歪了。尤氏一看这情形,急得直搓手,但毫无办法。这天尤氏正在给灶王爷上香,张氏过来对她说:"已经三天多了,还不见好!"

"唉,晦气星钻进了屁股眼,倒了邪霉啦!"

"我有一偏方,不妨试一试。"

"什么偏方?大阿嫂?"

"就是用鳝鱼血往脸上抹,嘴往左歪抹右脸,往右歪抹左脸,以前我见到有人抹好的。"

"噢,这倒方便,可以试一试。"

于是,就开始天天给宝弟脸上抹鳝鱼血。抹了五天,也不见有什么效果,尤氏愈发着急了,她知道,这病时间一长,就根本没法治好。

这天,菊香一边给宝弟抹鳝鱼血,一边伤心地流着泪。她见宝弟这十来天因为嘴巴歪向一边,吞咽不便,一直没有好好吃东西,人瘦了一圈。要是这病治不好,往后的日子怎么过呢?菊香对宝弟脸上的几粒麻子从不在意。它既不影响吃饭,又不妨碍干活。人家还都说"十个麻子九个俏,麻子到老不见老"呢,可是现在见到宝弟这副口眼歪斜的模样,菊香心里说不出是什么滋味。模样丑且不说,单说他不能自己吃饭、说话这两样,就够受一辈子了。

菊香正流着泪,大妈妈张氏进了屋。她用手扳了扳宝弟的脸说:"起色不大呀。"

"是啊,大阿嫂,怎么办呢?"尤氏从卧房里走出来说。

菊香抹了抹眼睛,仰起头望着张氏,急切地希望她能想出一个灵验的办法来。

"办法是有,不知你们舍不舍得?"

"大阿嫂，只要宝弟的病能治好，我有什么舍不得的？把那六亩水田卖了，我也干！"

"哎，我不是这个意思。我这个办法不用花钱，就是要……"

"要什么？大阿嫂，你是个爽快人，你说吧！"

张氏眨了眨眼睛，朝宝弟努努嘴，不肯往下说。尤氏明白大嫂的意思，对菊香说："菊香，领宝弟到外面树荫下玩去！"

等菊香领宝弟出了门，张氏小声把自己的办法告诉尤氏。尤氏听了十分吃惊："那行吗？"

"不管行不行，只剩下这一招了！"

"我下不了手。"

"能不能治好全靠这一巴掌了，得狠点儿心。"

"他长到八岁，我可从未着实打过他。"

"你下不了手，就叫菊香打。"

"菊香？"

"嗯。"

"好吧，我去叫她进来，你好好跟她说说。"

尤氏来到院子中叫菊香回屋里，自己哄着宝弟玩。菊香进屋听大妈妈把办法一说，连连摇手说："不行！不行！叫阿妈去办吧，她的手有劲！"

"她有劲？她打你有劲，打自己的儿子就没劲了，我怕她到时下不了手坏了事情，所以才让你来打！"

"我怕到时也手软…"

"算啦，算啦，我不管了，你是瞧他现在龇牙咧嘴好看，对吗？"

"大妈妈！你……"

"听大妈妈的话。你得跟他过一辈子，一定要趁早把他这病治好。"

"嗯。"

当天傍晚，在张氏安排下，菊香把婆婆做好的小菜摆在马桶盖上，有炒鸡蛋、腌鱼、腊肉、面筋，还有宝弟最爱吃的油氽豆板，丰盛得很，简直是吃酒席。菊香还拿来两只小酒盅，和宝弟去马桶旁的小板凳上坐下，一边吃菜，一边喝甜酒。宝弟高兴极了，他觉得今天这样吃饭太新奇，太快活了。菊香平日老是管着他，可是今天待自己这么好，居然和自己一起在马桶盖上吃东西。宝弟正吃得高兴，菊香问："弟弟，在马桶盖上吃酒，有没有意思？"

"有意思，真有意思！"

"高兴不高兴？"

"高兴！高兴！"

"真的高兴还是假的高兴？"

"真的高兴。"

"你骗我！"

"不骗你，真的高兴！"

"如果是真的高兴你就笑！"

"嘻嘻……"

"这样不算高兴，笑得响一点。"

"哈哈！哈哈！……"

菊香见宝弟咧开歪嘴哈哈大笑，迅速举起右手闭紧眼睛啪的一个漏风巴掌打在他的脸上，宝弟只觉得满天星斗，"哎呀"一声摔倒在地上，一连打了几个滚。菊香的心砰砰乱跳，等她定睛一看，宝弟已经从地上爬起来，只见他口不斜了，眼也不歪了。菊香正要惊喜地朝宝弟扑去，躲在门外的张氏和尤氏妯娌俩争先恐后地奔进房间，嘴里忙问："怎么样？怎么样？"

"好了！好了！全好了！"菊香发疯似的叫喊起来。

尤氏仔细端详了儿子一会儿，然后迅速将他抱起拼命地亲了亲，双眼噙满了泪花，说："孩子，真的好了！这几天可把我急坏了。"

张氏看了看宝弟的脸，用手拉拉他的耳朵，又捏住他的鼻子扯了扯，没有发现任何问题，轻轻地在宝弟的小脸蛋上打了一下，亲昵地骂道："你这个小淘气，看你以后还敢到处乱窜乱钻！"

菊香一边在衣襟上搓着火辣辣的右手，一边激动地望着宝弟，对他说："好了，弟弟！真的好了，弟弟！"宝弟瞪大了眼望着大家，他对刚才发生的一切莫名其妙。

突然，她从婆婆怀里接过宝弟，抱着他朝厨房水缸奔去，说："弟弟，快，快到水缸边你自己看看，你的嘴不歪啦，眼不斜啦，都好啦！"菊香抱着宝弟俯在水缸上兴奋地看了起来。

看看水中的影子，宝弟笑了，菊香也笑了，她眼睛里闪出了快乐的泪花。可是，不知为什么，看着看着，菊香的脸突然红了，心里怦怦地乱跳。她迅速放下宝弟，拿起纺锤纺起了纱。

第十五节　未圆房成寡妇

乌泥泾这个集镇虽然破旧而萧条，但是每天都产生和流传着各种各样的消息和新闻。哪家媳妇挨公婆的打啦、哪家叔嫂偷情啦、哪家老人被虐待死啦、哪家遭了贼啦、某某人遇上狐仙啦、某人碰上了鬼打墙，在坟堆里转悠了一个晚上，等等。镇中双开间门面的泰和茶馆是各种消息、新闻的集散地和加工场。清晨在茶馆里谈论的事，一到吃早饭的时候，随着茶客吃完早茶各自散去便在镇上传开了。那些耸人听闻的消息，就像长了翅膀一样，不到半天就会在全镇家喻户晓。

这天清晨，东方还没发白，茶馆里又跟往常一样，十分热闹。茶客们一边喝茶，一边谈论着昨天发生的事情。每个人谈论的声音、语调、姿态都非常符合自己的身份。在这众多的茶客之中，地位最高的是算命先生康敬秋，人们都恭敬地称他为神算先生。

康神算经常云游在外，但只要他在家，每天必来泰和茶馆。他在茶馆和别人不一样，极少说话，总是小口小口地呷着茶，一边品尝茶味，一边漫不经心地听着人们各种各样的谈论。康神算见多识广，足智多谋，主持正义，是茶客心目中最受敬重的人物。不管谁在茶馆里发表什么言谈，总是不断地瞅着神算先生面孔，如果他能轻轻点头，那是给自己最高的奖赏和荣誉。这天，人们正谈笑得热烈，突然，随着一股旋风，鬼见愁冲了进来。一进茶馆，他扫了大家一眼，从衣襟里掏出一把香菇一般的东西，一脚踩在长凳上，下巴一扬，大声说："大家瞧，这是什么？"说着他看了神算先生一眼，可是康神算只顾自己低头呷茶。于是鬼见愁提高嗓门大喊："大家仔细瞧瞧，看谁识货！"

人们都目不转睛地盯着鬼见愁的手，好一阵子谁也没有出声。突然，一个中年汉子笑着嚷道："哎呀，有什么好大惊小怪的。这是一只普普通通的香菇，又不是什么灵芝。有什么好大惊小怪的？我的鬼见愁。"

"香菇？你再说一遍！"鬼见愁生气了。

"可不是一只香菇！"中年汉子说。

"还说是香菇，你摸摸自己的下巴在不在。"鬼见愁发怒了。

满茶馆的人都惊诧、不解地望着鬼见愁和他手上的那个谁也说不出名字的东西。鬼见愁见大家呆在那里不说话，转过脸又看了看康神算。

以往鬼见愁常把盗墓得来的古玩、首饰拿到茶馆里出手，为了多卖几个钱，他总是说得很邪乎，可是他今天这副神气，决非往常可比。

可是康神算依旧耷拉着眼皮，慢慢地呷着茶。鬼见愁嘴一咧，得意傲慢地说："你们这帮子人，每天早市、晚市两趟茶，在这茶馆里谈天说地，论古道今，可是连这个小小的东西叫什么都不知道，真是枉生！"

鬼见愁的话音刚落，只听见康神算不紧不慢地问："小弟，打算多少钱出手？"

"出手？"

"嗯。怎么？你不卖？"

"卖！卖！我老婆都卖了，这东西干吗不卖？"

"要卖多少钱？"

"多少钱？十吊！不！二……二十吊！"

"二十吊？"众人都张嘴伸舌地看着鬼见愁。

"二十吊太少，至少值上纹银二十两！"

"二十两！？"众人几乎不敢相信自己的耳朵，吃惊地望着康神算。

"啧啧，神算先生，你又开涮我！"鬼见愁有点不好意思。

"真的，不跟你开玩笑。"

"真的？你帮我脱手？"

"嗯，我帮你脱手。不过你得了二十两银子，得给我办两件事情。"

"两件什么事情？神算先生你说吧！"

"一，把长腰浜上的那座竹桥修起来；二，拿出五两银子向镇东刘二嫂赔个不是，人家是寡妇，公婆都有病，以后不能再去胡闹。"

茶客们听了康神算的这几句话，心里都拍手称好。但当着鬼见愁的面，不好多议论，只是互相会心点点头，努努嘴。鬼见愁是个要钱不要命的家伙，只要有利可图，面子不面子的他无所谓，若无其事地说："一言为定。"

"好，一言为定。"康神算说，"你拿了这只对口蕈到孟家去，说卖二十两银子，少一钱也不卖！"

"孟家？去卖给孟家？"鬼见愁不觉犹豫害怕起来。

康神算笑了笑说："对，卖给孟家。他们家的二少爷自从他爷爷死了以后，一直面黄肌瘦，病到现在。请过多少医生，吃过多少药，都没有用。你去告诉孟少爷，就说是我康敬秋说的，将这对口蕈煎汤灌下，再饿他两天，准保那孩子的病慢慢好起来。"

鬼见愁不敢上孟家，嘴上却说："孟少爷是土财主，哪会信我的话？"

"好吧，我来替你跑一趟吧。"说着康神算从鬼见愁手中接过对口蕈，出门去了。

康神算一走，满茶馆的人又活跃起来，大家问："鬼见愁，你那个是什么宝贝？给这么多银子！"

"哩！你们刚才没听神算先生说，那叫对口蕈！"

"啥叫对口蕈？"

"连对口蕈都不知道？"鬼见愁更加神气起来，"这对口蕈呀，长在棺材里上，正好对着死人的嘴巴，所以叫对口蕈。"

"每个棺材里都有对口蕈吗？"

"每个棺材？一百个棺材也碰不上一个！你知道什么样的人死了，棺材里才生对口蕈？"

"不知道。"

"活着时人参、燕窝吃得特别多的人，他死了，一辈子吃的补品化作一口气，哈在棺材盖上，才能长出对口蕈！"

"那这对口蕈有什么用呢？"

"有什么用？包治百病！"

"包治百病？啊，鬼见愁，你发财啦！"

"哈哈，哈哈哈！"鬼见愁得意地大笑起来。

不到一个时辰，鬼见愁采到对口薯卖了二十两银子的消息，传遍了乌泥泾全镇。

过了几天，鬼见愁真的请人把长腰浜上的竹桥修好了，还拿出五两银子去向刘二嫂赔了礼。于是整个镇上街谈巷议，交口称赞康神算的德行和为人，把鬼见愁这样的地痞流氓都教好了。可是过了没几天，镇上突然又传闻：鬼见愁的对口薯是从孟家孟老太爷的棺材里挖出来的，孟家要告官捉拿鬼见愁，吓得鬼见愁连夜去求康神算。

康神算还没等他开口，就说："别怕，小事一桩。你既然替我办了那两件事，一切就都包在我身上。回家放心睡觉去吧。"

康神算真是神通广大，过了两天再也听不到孟家的人说要告官捉拿鬼见愁了。但是镇上到孟家老坟看究竟的人越来越多，开始是壮年汉子，后来一些胆大的女人和孩子也都跟着去了。他们有的指着一片干枯的茅草说，鬼见愁是打那里掘进去的；有的指着一片新土反驳说，他是从这里掘进去的；也有的表示怀疑：孟老太爷的墓是用最上等的青砖、糯米粥和石灰砌成的，鬼见愁的两把短镐就能掘得开？有人不赞成这种说法，说：鬼见愁的两把镐，别说孟老爷的墓，就是阎王爷的酆都城也掘得开！大人们在谈笑着、争论着，孩子们则围着坟山追逐打闹。突然，宝弟的脚被藤绊了一下，摔倒在地，额角碰在一块瓦片上，碰出了血。宝弟见自己流了血，就哇哇地大哭起来。德明、洪良他们只得哄他回家。

宝弟回到家中，遭了尤氏一顿骂："你又昏了，你几天前口歪眼斜的，都忘啦？"说着从香炉里撮了一点香灰，抹到儿子的伤口上，又从望板上揭下一个白色的壁蟢窝，将伤口贴住。一边贴一边又骂道："坟堆里有什么好玩的？那是要中邪的！"

越怕鬼，鬼越来。当晚睡到半夜，宝弟突然叫喊起来，尤氏、菊香点灯一看，只见他的脑袋肿得像藤斗一样大。婆媳俩慌了神。没办法，菊香只得半夜敲大妈妈张氏的门。张氏披衣穿鞋赶来一看，也吓得一跳，说："这是疔疮，耽误不得，赶快想办法！"

尤氏一听急忙走进灶间，给灶君爷烧香磕头。菊香按张氏的吩咐去街上请郎中。郎中来了一看，摇头说："晚了，毒气已经归心。"

尤氏哭着对郎中说："先生，你千万要把我的儿子救活。只要把他救活，要多少钱你说吧。"

郎中为难地摇摇头。菊香看看满面泪水的婆婆，又看看床上头大如斗的宝弟，突然给郎中跪下，声泪俱下地说："先生，先生！你救救他，救救我们全家！"

郎中扶起菊香说："我尽力而为吧！"说着他给宝弟扎了针，开了药。第二天一早，尤氏又急忙到妙真庵、五圣堂去烧香许愿。可是等她烧香许愿回来，非但不见儿子病情有好转，相反更加严重了。正当尤氏急得六神无主、手忙脚乱，金氏进来说："二嫂，上孟家讨对口薯去！"

"对口薯？"

"对！包治百病！他家二少爷多少年的老毛病，吃了对口薯就好了。你快给宝弟讨点儿去。"

"他们还有剩下？就是有剩下，肯给我吗？为了那六亩稻田，多少年来我们两家一直不对劲啊？"

"现在顾不得许多了，你快去试试吧！"

急得走投无路的尤氏，依着金氏的话急急朝孟家跑去。来到孟家大门，尤氏把来意跟看门的家丁说，烦劳他进去禀报。可是家丁一进内院半天不见出来，急得尤氏如坐针毡。后来家丁总算出来了，对尤氏说："我家老爷说，对口薯只剩下一点根了……"

"老爷不肯卖，说留着以后自己用。"

尤氏一听这话，急了，说："你带我去见孟老爷，我自己去跟他说，我给他磕头！"尤氏说着就往内宅闯。

经过尤氏多次下跪哭求，孟老爷总算开恩，答应把那点对口薯的根卖给尤氏，价钱就是那六亩水田。尤氏是个精明人，知道孟家是乘人之危敲竹杠。但宝弟危在旦夕，容不得她多思量，一口答应了孟老爷的价钱，拿起对口薯的根往回就要跑。可是还没等跨出门槛，她被孟老爷叫住了："慢走，你卖地的地契还没写呢？"

"啊！孟老爷，救命要紧哪！我先回去把这对口薯给孩子吃了再来写。"

"不行！这又不是一两个铜钱的事，怎么能这么随随便便？"

"刚才我不是答应了吗？拿六亩水田换你这点根。"

"一张嘴，两层皮，口说无凭。"

尤氏拗不过孟老爷，只得央求他快写地契。孟老爷慢条斯理地磨墨、铺纸，花了一顿饭的工夫才把地契写好。尤氏匆匆地画了押按了指印，急忙跑出孟家大门，朝自己家跑去。

还没跑到院门口，只听见屋里传来一阵阵凄厉的哭声，尤氏的心一下子涌到了喉咙。她恐惧地走进屋子，见屋里站着不少人，菊香搂住宝弟哭得死去活来。

尤氏从菊香手里抱起孩子一看，用手摸了摸他的胸口，"啊呀"一声一屁股坐在地上，昏死了过去。

张氏她们急忙扶她，喊她，掐她人中，折腾了好一阵子，尤氏才慢慢苏醒过来。张氏说："孩子没了，你们娘俩要多保重……"说着张氏自己也放声大哭了起来。于是屋子里又是一片哭声。宝弟是尤氏、菊香的精神支柱和未来的靠山。现在这根支柱摧折了，这座靠山崩溃了，婆媳俩绝望了。她们作为老少两代寡妇将忍受无穷的欺凌和苦难，等待她们的除了暗黑还是黑暗。

第二天，宝弟入殓，尤氏又哭得昏死过去。菊香不顾众人的阻拦，一个劲地要往棺材里跳。张氏费了好大的劲，才把她按住，对她说："孩子，你一向最听大妈妈的话，你不能这样，你要好好地活下去，和你婆婆一起好好过日子。"

张氏怕菊香再往棺材里跳，就紧紧地把她抱在怀里，不敢松手。等入殓完毕，才敢放开她。

安葬宝弟之后，在张氏她们的一再苦劝之下，菊香慢慢地冷静下来，她决心活下去。一是为了打听自己的疯妈妈的下落，二是为了伺候婆婆。以前婆婆虐待她，打她，骂她，她恨婆婆。可是当宝弟死后，看到婆婆哭得死去活来的时候，菊香又从心底里可怜起婆婆来。她觉得婆婆太不幸了：去年死了丈夫，今年又死了儿子，还白白丢了六亩水田。菊香心里想：自己活着是曹家的人，死了是曹家的鬼，我得孝敬婆婆一辈子，好好给她老人家送终。

可是，善良的菊香哪里知道，自从宝弟一死，婆婆就对她起了歹心。愚昧、狠毒的尤氏认准宝弟和她的男人曹禄一样，也是叫菊香克死的。要不然，为什么去年是自己男人死，今年是自己的儿子死了？看来，明年就要轮到自己头上了。想到这里，尤氏恨得牙齿格格直响。

尤氏恨孟家，恨曹喜，恨一切和她作对的人，但是她最恨的是菊香。她觉得菊香给她带来的灾难，比谁都多。她不觉想起六年前康神算给儿子算命的情景，觉得这完全是一场梦。她很想去找那位算命先生算账，可是仔细一想，她又不敢去了。心想：康先生只是说找一个属小龙的，并没有指名道姓说一定要找哪一个，况且人家对自己是知根知底的人，别去自讨没趣，碰一鼻子灰。

丧夫、失子、丢田的打击没有使尤氏变得聪明起来，相反，她变得更加愚蠢。她心里想：以前人们总是说"无毒不丈夫"，现在看来该是"无毒不女人"了！以前自己太傻，对菊香老是骂、打，自己又伤神又费力。现在我得动动心计，叫这个妖精晓得老娘的厉害！

第十六节　瓦盆扣在锅上

菊香忙完一天的活，一轮明月已经爬上了树梢。她草草吃完晚饭，就来到河边洗碗。今晚的月亮是这样的亮，河水是这样的清。菊香洗完碗，又用手巾洗脸。她对着水中自己的影子，理理头发，一边擦着脸，一边顾影自怜：自己的命好苦哇！这六年在曹家吃尽千辛万苦，只盼着宝弟长大，将来自己有好日子过，哪里知道他会夭折，扔下我当一辈子的寡妇！这苦日子得熬到哪年哪月才算熬到头呀！菊香想着想着，不觉得潸然泪下。突然，菊香发现水中有一个黑影慢慢地向自己压来。她不由得一惊，回头一看，原来是曹喜。

"啊，三叔，把我吓得一跳。"

"嗯，是我，你在这水桥上想什么呀？"

"没……没想什么。"

"没想什么？别瞒我了，我还不知道！"曹喜说着就伸出双手去抓菊香的双臂。

菊香是个十七岁的女孩子，被三叔这个突然的举动惊呆了。等到曹喜的胡茬触到她的脸上时，她似乎明白了这位三叔的用意，用力猛一挣扎，将曹喜一个踉跄推进河里。被凉水一泡，呛了两口水，曹喜那罪恶的欲火熄灭了。他爬上河岸，一边咳嗽一边说："你这个阿菊头，三叔跟你开个玩笑，就生那么大的气？"

听曹喜这么一说，菊香愈发觉得尴尬、窘迫起来。她不知该说什么好，提起水桶和碗筷急急忙忙往家里跑。她边跑边想：三叔真的是开玩笑吗？怎么能这么开玩笑呢？以前听婆婆和大妈妈还讲过，三叔是个轻骨头，我得提防他。对了，大妈妈还说过，有的女孩子怕面子，吃了亏也不敢对别人讲，到最后，就弄得不可收拾了。我不能吃这个哑巴亏，回家得告诉婆婆，请她拿拿主意。

回到家中，菊香放下提桶，就一五一十地把事情告诉了婆婆。尤氏听完从床上跳下来，双目圆睁，逼问道："就这些？"

"嗯。"

"他没解你裤带？"

"没有。"

"真的？"

"真的。"

"那你为什么一开始不躲着他？为什么让他抓住双臂？"

"我不知道他到底要干什么？"

"什么？你不知道他要干什么？"随着怒骂声，尤氏的拳头狠狠地砸在菊香的右眼上。不知尤氏这一拳是怎么打的，菊香的眼珠被打了出来，由一根血筋悬挂着，在脸颊上晃荡，鲜红的血洒得满脸满地都是。

心狠手毒的尤氏也被这突然出现的可怕情景吓呆了。她见菊香痛得双脚直跳，随着她双脚的跳动，那血淋淋的眼珠也在乱晃乱摆。

平时，尤氏发狠的时候恨不得挖了菊香的眼睛和心肝，可是现在她竟着急、惶恐起来。她知道，如果菊香的这只眼睛瞎了，自己的如意算盘将全部落空。她对颤抖着的菊香说："不要动，我去叫大妈妈来。"说完就跨出了门槛。

一会儿，张氏来了。她看了看菊香，又看了看尤氏，好一阵子没有说话。尤氏问："这眼睛还有救吗？大阿嫂。"

张氏没回答她的话，只是说了声："快！拿盆清水来！"

尤氏从水缸里打来一铜盆清水，张氏迅速洗了洗手，然后小心翼翼地托着菊香的眼珠，看了看，将它安进眼窝里。张氏替菊香擦干净脸上的血，用一块白净的新手巾把她的两只眼睛都包上。包完，张氏对菊香说："好好养着，不能哭，一点都不能哭，眼泪是咸的，一哭伤口就痛。如果睡到明天后不觉得怎么痛了，那么这眼睛还有救。睡吧，明天早晨我再来。"说罢，她对尤氏瞧都不瞧一眼，就跨出门槛回家去了。

菊香的双眼被手巾紧紧包着。她面前一片黑暗，一丝亮光也看不见。她开始对婆婆绝望了。她责怪、后悔自己没有能给宝弟殉葬。她闭着双眼，默默地回想自己十七年来的身世，回想来到乌泥泾做六年童养媳的种种苦难。想着想着，菊香只觉得心碎肠断，悲痛欲绝。但是她紧紧咬住嘴唇，不让自己流出泪来。她牢牢地记住大妈妈的话，自己的眼睛没有好，一点也不能哭。另外，这六年的童养媳生活也告诉她，哭是毫无用处的。

尤氏受到大嫂张氏无言的斥责，开始两天对菊香还算客气。可是到了第三天，她又故态复萌，又像往常一样吆五喝六地使唤菊香。她叫菊香剥棉籽，跟眼睛好的时候一样，一点也不能少剥。好在剥棉籽是心里的活，菊香十分熟练，不用眼睛照样剥得又快又干净。这样，总算没有惹得婆婆大发脾气。

九天过去了，菊香觉得自己的眼睛完全好了，她想解下手巾，可是大妈妈执意不让，要她再养几天。

这天下午，菊香正在院子中老桑树下洗衣服。由于眼睛被蒙住了，所以她得把衣服比往常多搓几遍，免得洗不干净，又招婆婆的骂。

菊香正弯腰搓着，突然有一只手拉住她的胳臂。菊香站起来问："谁呀？准是德芳你这死姑娘！"

来人并不答话，拉着菊香急急朝西厢房走去。

"谁？是凤英？我衣服还没洗完呢！别开玩笑！"

　　此人仍然不吱声，等快到台阶时抱起菊香就往屋里窜。菊香急了，她慌忙扯掉蒙在眼睛上的白手巾，睁眼一看："啊，是三叔！叔叔！叔叔你……"

　　"叔叔怎么啦？嫌叔叔老？嫌叔叔长得不好看？我告诉你吧，你婆婆给你找了一个男人，做你的爷爷都嫌年纪大！长得呀比丑八怪还丑！"

　　"啊……"菊香简直不敢相信自己的耳朵。

　　"怎么样？还是识相一点吧，只要你听话，我就劝你婆婆别卖你，以后好好给你找个上门女婿。你要是不肯依我，就别怪我不客气！"

　　"不，三叔，你不能这样！不能这样！"

　　"不能这样？小麻子在的时候，你就馋得我直流口水，如今小麻子死了，我能放过你吗？嗯？听话！我包你留在咱曹家门里过得快快活活。"

　　曹喜说着就要将菊香往床上摁。菊香急了，用膝盖顶住曹喜，说："三叔，你不能这样！不能这样！你快放开我！快放开我！你放不放？不放我喊我妈了！"

　　"要喊就喊吧，上回在水桥上我没怎么样你，你回家就说给你婆婆听，结果怎么样？眼珠都打出来了！哼，喊你婆婆，你婆婆算什么东西，她的底细我还不知道！"曹喜说着就像饿虎扑食一样地向菊香压来。虽说曹喜兽性大发，欲火烧身，但菊香是个天天干活的姑娘，浑身都是力气，她使出全部力气拼命抵抗。她只想挣脱曹喜的手，冲出屋外，而不想大叫大喊，将事情张扬出去。一是她现在已经明白婆婆不但不会保护她，而且会比上一次更凶狠地残害她；二是她怕让邻居都知道了，今后自己没法做人。可是曹喜毕竟是个汉子，菊香无论如何没有办法从他手中脱身。曹喜那满是泡沫的尖嘴快要挨上菊香的脸了，怎么办？是两眼一闭，停止挣扎，任其所为呢？还是向婆婆、向大妈妈、向邻居们呼救？

　　"妈！妈！快来呀！快来救我呀！"菊香终于急促、尖利地呼喊了起来。

　　曹喜刚才见到菊香光是手脚挣扎而嘴里不敢呼喊，心里十分得意，以为等菊香渐渐气力不支，就会乖乖就范，没料到她会突然叫喊起来。

　　曹喜见菊香如此不顺从，不觉得恼羞成怒，朝着菊香猛踢猛打起来。就在这时候，门口响起了尤氏的声音："老三！"

　　听到这喝声，曹喜像被人用脚踩住了的乌龟，缩进脖子和四肢，不敢动了。菊香立即从床上跳下来，脸上满是羞辱的红晕，眼睛里射着愤怒的光。

尤氏走到菊香跟前，伸手拉了拉菊香的裤带，说："还不滚回去！"

菊香刚走，尤氏走近曹喜，歪斜着脑袋、眯缝着眼睛打量了一会儿，突然一把揪住曹喜的裤裆，问道："怎么，嫌我老啦？"

"不！不……不不！"

菊香这一次受的刺激太深了。她整天坐卧不安，吃不进东西。第二天趁尤氏不在家，张氏赶来安慰她："菊香，身体要紧，别弄出病来。"

菊香扑到张氏怀里，哭着说："大妈妈，叫我怎么活下去呀！"

"唉！你三叔这个人从小就不地道，十八代祖宗的脸都给他丢光了！"张氏用手给菊香抹了抹眼泪，又说："自打宝弟没了以后，你婆婆一直在打主意把你变钱，原先我怎么也不同意。现在看来你还是离开这里好。"

菊香听了大妈妈这话，哭得更伤心了。

张氏抚摸着她的背，说："孩子，如今世道就是这样，坏人当道，好人受欺。大妈妈对不起你，大妈妈没有办法救你。"张氏说着也哭了起来，"我和你大伯伯无儿无女，一天比一天老了，多么希望你能给我俩送终！可是不行啊，你在这儿再也待不住了。孩子，你婆婆要把你变钱，就让她变吧，不管到哪儿，总比在这儿强。"

"大妈妈！你哪儿知道啊……"菊香抱住张氏号啕大哭起来，"大妈妈，你知道吗？我婆婆要把我卖给一个老头。三叔说做我爷爷还嫌年纪大！"

"老头？难道老二家里的心这么歹毒？"

"大妈妈，我活不下去了，我没法再活了！我最放心不下的是我的疯妈妈至今下落不明，我死了也合不上眼啊！"说着菊香呜呜呜地痛哭起来。

"别哭，孩子，要活下去！只有活下去，才能找到你妈。"

"我实在没法活下去啊！吃苦我不怕，挨打挨骂我也能忍。可是他们这样作践我，我真的受不了了！"

"哎，真是作孽啊！这小小的乌泥泾，镇上有多少童养媳被打破头、打断腿、打聋耳朵！又有多少童养媳被逼得上吊投河！"张氏感到一阵不祥的征兆，抓住菊香的双手，痛彻心扉地说，"孩子，你要听大妈妈的话，你不能死！要咬紧牙关活下去！活下去！只要有一口气，就要把你妈妈找到！"

在大妈妈这一再苦劝下，菊香无可奈何地点点头。

第十七节　背上都有十字

这天晚上，夜已经很深了，但尤氏还没有回家。菊香一边纺纱一边等着她回来。现在，只要是菊香一个人，她就感到害怕，害怕曹喜会突然闯进来。她以前怕婆婆，恨婆婆，现在却喜欢和婆婆在一起。只要有婆婆在身边，她的胆子就大了，做什么事情心里都踏实。

使她感到意外的是三叔第二次对她非礼之后，婆婆非但不骂她，而且对她笑脸相待，关照她要提防三叔，一个人别上他家去。菊香想：这一定是婆婆看见了真相，相信我了，所以对我这样好。于是菊香的心头，又产生一线生活的希望。她想：要是婆婆一直能这么待我，该有多好呀！我得好好伺候她一辈子，自己再苦再累也心甘情愿！

天真无邪的菊香万万没有想到，就在这个时候，她的婆婆尤氏和三叔已经做好将她推进深渊的准备。尤氏和曹喜这叔嫂，一个是粪扫帚，一个是烂畚箕，分了几年手，如今又配上对了。他们俩狼狈为奸，臭味相投，打得火热。

不过，他俩在菊香问题上还是有矛盾的，而且常常为此而闹得翻脸。

这天晚上，不知他俩从哪儿鬼混回来，小声吵开了。尤氏将曹喜拉到羊圈旁边，低声而严厉地说："我老实告诉你，你要是敢碰她，我就对你不客气！"

"那不是太便宜那个老不死吗？"

"便宜什么？一分货一分钱！"

"怎么讲？"

"老东西说啦，如果是没动过的原货，给二十两银子，如果不是个黄花丫头，最多给十两。"

"哦，还有这么一说！"

"我给你照实说吧，那二十两银子我都拿回家了！"

"啊，真的？"

"当然是真的！要是你动了她，到时候老东西一验身，十两白花花的银子就得送回去！"

"噢，是这么回事！那这十两银子得分给我五两！"

"去你的！"尤氏用膝盖轻轻碰了一下曹喜的下身，小声骂道："你还不知足？老娘尽跟你搞贴本的买卖！"

"嘻！嘻嘻！"

这一对狗男女正说得起劲，只见院门里闪进四个人影，一个个面戴黑纱，手提明晃晃的砍刀。

"啊！强盗！"曹喜和尤氏大吃一惊，急忙躲进了羊圈。他俩瞪大眼睛，恐惧地从羊圈的篱笆缝隙中看着这些强盗，浑身上下像筛糠般地颤抖着。

这四个强盗先来到曹福和曹喜的门前，用拳头砸了砸门，声嘶力竭地吼："知趣点！老老实实躺在床上，谁敢起来，别怪老爷刀下无情！"然后，这四个人从院子里抬起一段枯树干，用力往尤氏家的门上撞去。没几下，门就"哐啷"一声，被砸倒了。

两个强盗持刀守在曹福、曹喜家的门口，另外一高一矮的两个强盗踏着倒在地上的碎门板闯进了尤氏的家。

"你们……你们是干什么的？你们要干什么？"菊香扔掉手中的纺锤声音颤抖地问。

"干什么？抢东西！"矮个儿强盗说。

"快说，雌老虎在什么地方？"高个儿强盗说。

"她没在家……她有事出去了。"菊香说。

"有事？什么事？又偷汉去了吧？"矮个儿强盗说。

菊香无言对答。

"快说，你们家的钱藏在哪里？"高个儿强盗问。

"我不知道。"

"不知道？好。我看你到底知道不知道！快，捉只猫放进她的裤裆里，用鞭子狠狠地抽！"高个儿强盗说。

"现在上哪儿捉猫去？"矮个儿强盗说。

"快给我在马桶里点蜡烛，烧她的屁股！"高个儿强盗说。

矮个儿强盗嘴里骂着，端起马桶朝床上扔去。刚好马桶是今天刚刷的，什么也倒不出来。

于是他把马桶又放在地上，点燃一支蜡烛放进马桶。高个子强盗抓住菊香，动手要剥她的裤子。菊香平时也曾听说过，强盗为了达到自己的目的，常常无所不用其极，什么凶残的手段都使得出来。恐惧、愤怒和羞辱击打、搓揉着菊香的心。她明白，自己是一个姑娘，怎么是这伙强盗的对手呢？她突然跪下，哭着说："两位叔叔，请高抬贵手，饶了我吧。自从我家宝弟一死，家境一天不如一天，那六亩稻田也白白送给孟家了。现在我和我婆婆守着那二三亩旱地相依为命，家里哪有钱啊！"

"没钱？没钱我们来干什么？"高个子强盗说着，又来抓菊香，口里骂道，"不给你一点厉害看看，你是不会说实话的！"

菊香拼命地挣扎着，和两个强盗扭打在一起。她嘴上拼命呼救。在扭打中，菊香突然发现高个子强盗那只戴手套的右手没有食指，不由得心里一动：他是谁？莫非他就是鬼见愁？怪不得脸上戴黑纱，说话压低嗓音，分明是怕人认出他来。想到这里，菊香有了主意，说："二位叔叔，我告诉你们藏钱的地方。"

"好！说吧，快点！"高个儿强盗喝道。

"平时，是婆婆当家，我从来不经管钱，钱到底藏在哪里我不清楚！但婆婆拿钱时我总是听见有搬动坛子的声音。是不是钱就藏在那些坛子里？"

强盗一听这话，欣喜若狂。立刻扑向墙边的那一摞摞大大小小的坛子。这些坛子有装米的，有装麦子的，有装各种豆类和干菜的。高个儿强盗拎起一个坛子使劲往地上砸去，坛子碎了，坛子里的马兰干撒了一地。菊香上前说："叔叔，你们别砸坛子，里面有没有钱伸手一摸不就知道了吗！来我给你们掌灯。"说着，菊香从马桶里拿起蜡烛，给两个强盗照亮。矮个强盗瞟了菊香一眼，满意地说："对，这才差不多！"于是两个强盗一个一个地搬动着坛子，伸手拼命地摸起来。突然，高个子强盗惊喜地叫起来："找到了！找到了！"说着他将一只坛子倒过来，坛子里的蚕豆撒了一地，蚕豆里露出了一个白花花的银元宝和几吊铜钱。

"哈！成色多好！廿两头，一点不错！"高个儿强盗高兴得叫喊起来。

"嘻嘻，这一趟没白跑！"矮个儿强盗也乐得合不拢嘴。

菊香愣住了，她万万没有想到家里有这么多钱。家里的一口锅漏了，可是婆婆说，家里没钱，买不起新的，叫人锔了一下又继续用。

菊香知道，这一个白花花的银元宝，需要多少劳动，多少血汗才能换来呀！她想起劳累一生的父母和公公，想起婆婆失去六亩稻田后的悲痛情景，觉得自己今天犯了一个最大的罪过。她不顾一切地扑上去，抓住高个子强盗的手说："叔叔不能，不能拿走啊！我婆婆丢了这个元宝会哭死过去的！你们可怜可怜她吧！"

"嘿！真是怪了！那雌老虎一天到晚打你骂你，你还总想着她！"高个儿强盗掂了掂手中的元宝，说，"你还不知道这元宝是怎么来的吧？这是你的卖身银子！"

"啊！"

"不信？我告诉你，你婆婆把你卖了，卖给了你们浦东荣半镇那个老王八蛋！这廿两银子就是他家总管荣世桂今天送来的。你这个小毛丫头不知道，我们可知道得清清楚楚！"

荣半镇这个魔鬼的名字，像一把烧红的剑刺向菊香的心。她只觉得天旋地转，眼前发黑。她那紧抓住高个儿强盗的手松开了。两个强盗哈哈大笑，拿着银元宝和几吊铜钱跨出屋门，与另外两个强盗一起，扬长而去。

强盗一走，尤氏、曹喜慌忙朝屋里走去。张氏、金氏和其他许多邻居也都赶来了。张氏把菊香从地上搀起来，说："孩子，你受惊啦！"菊香脸无血色，坐在长凳上一句话也说不出来。

邻居都安慰菊香。见菊香脸色好了一些，人们就你一句我一句地骂开了。

"这伙天打死的，专门作践咱种田人！"

"真是丧尽天良啊！来抢孤儿寡母的东西！"

"这帮强盗和官府一个样，专门欺侮平常百姓，那有钱的豪门大户，那孟家、朱家、荣家，连一根毫毛都不敢碰！"

"这帮狼心狗肺的东西，手脚毒着哪！抽筋、剥皮、挖眼睛、割舌头，哪桩干不出来！"

邻居一个个义愤填膺，大骂这帮残害百姓的盗贼。尤氏呆呆地站在那里，脸上一阵红一阵白一阵青，不知说什么好。

她刚才在羊圈里听到菊香告诉强盗藏钱的地方时，恨不得立刻扑上去把菊香的肉咬下来。当听到强盗揭露她的秘密时，她又恐惧起来，害怕菊香逃走，自己落个鸡飞蛋打的下场。

尤氏明白，事到如今，现在最重要的事是稳住菊香。等把邻居们送走，她抱住菊香大哭起来："菊香，我们娘俩的命怎么这么苦啊！男的一个一个死了，田也归了孟家，今天又遭强盗抢……"

菊香坐在床头，失神的眼睛看着那些乱七八糟的坛子，一句话也不说。尤氏见菊香不说话，摇着她的肩膀问："菊香，你怎么不说话？你是不是恨阿妈？说呀，快说呀！"说着尤氏又伤心地大哭起来。哭得那样凄惨、那样可怜。

菊香的眼泪忍不住一串串往下落。她猛地跪在尤氏跟前，双手紧紧地抱住尤氏两腿，失声痛哭道："妈妈，你别卖我！别卖我啊！我生是曹家人，死是曹家鬼。我要伺候你一辈子！妈妈，我要养你老！真的，我要在你身边守一生一世！妈妈，我求求你，别卖我，别卖我啊！"

尤氏扶起菊香，说："孩子，别傻了，妈妈怎么会卖你？那些强盗在哄你！"

"真的？"

"当然是真的。是相信妈妈呢还是相信强盗，你自己想想！"

"妈！我的好妈妈！"菊香站起来猛地抱住尤氏的脖子，呜呜地哭起来。

尤氏拍拍菊香的肩膀，说："不早了，睡吧！"

"不，妈！我还有事，我要把那个元宝找回来！"

"什么？你要把元宝找回来？"

"嗯。妈，我有办法。你过来听我说。"

第二天清晨，东天刚放鱼肚白，泰和茶馆里已是十分热闹。今天上茶馆的人似乎特别多，平时很少饮茶的阿窑叔也来了。不用问，今天茶馆里头一条新闻是曹家昨夜遭抢的事。

鬼见愁声音最大："周围那些邻居，也都是孬种，怎么一个都不出来相救？"

"鬼见愁，你说得倒轻巧，那班强盗敢明火执仗地打家劫舍，还能不预备一手？各家邻居门口都有人拿刀守着，谁出门谁的脑袋就落地！"一位黑胡子茶客说。

"这帮强盗不知是从哪儿来的？"有一位红脸膛的茶客呷了一口茶后问。

"哪儿来的？准是黄浦江里上来的！"一位白胡子老头说。

"那难说！说不定就是咱乌泥泾镇上的人。"神仙哭说。

"不，不会！老鹰不吃窠下食嘛！"一位麻脸茶客说。

阿窑叔站起来，拍了拍神仙哭的背，说："老弟，还是你说得对！"

大家正谈论得热烈，突然菊香闯进了茶馆，四座的茶客都惊异起来。只见她一直走到鬼见愁面前，哭着说："叔叔，你积积德，把银子还给我们吧！"

鬼见愁这个鬼怪是个人见了他都发怵的家伙，听到菊香这话，顿时慌了神："什么？什么？你说什么？"

"叔叔，行行好，把昨晚拿去的那个银元宝还给我吧！"

鬼见愁毕竟是个流氓、无赖出身，他很快镇静下来，蓦地站起来，"啪"的一声将茶桌拍得震天响，吼道："怎么？你这小寡妇！竟敢诬赖到我的头上来了！好大胆啊！"

神仙哭也帮腔道："你这姑娘，伶牙俐齿的，可不能血口喷人呐！"

"小寡妇上茶馆太不吉利了，把她赶出去！"

"赶出去！打！打！"

"慢！"阿窑叔站了起来，大声喝道，"事情还没有弄明白，打人家姑娘干什么？"

鬼见愁、神仙哭他们最惧阎王怕阿窑叔，见他今天的气色不同往常，心里不觉得一惊。但是他俩认定：即使真的认出了我们，但没有真凭实据，任你说一千道一万，也是空口无凭。阎王怕的这一喝，使得像麻雀窝一样的茶馆顿时静了下来。茶客们都大眼瞪小眼，谁也不说话。突然，坐在左边桌旁一直一言不发的康神算开了口："菊香姑娘，有话慢慢讲，别急。你说他拿了你家的元宝，你有什么证据？"

"有证据! 不过只要他们把钱还给我们, 我就不在这里当众说出来了。"

"嗬, 小娘们! 讹起咱老子来了! 好呀, 你吃了豹子胆啦?"鬼见愁一下子暴跳起来。

阎王怕一把拉住鬼见愁: "哎, 老兄, 别急。我问你, 如果菊香拿出证据来, 你怎么办?"

鬼见愁听阎王怕这么问, 心里又害怕起来, 额头上沁出一层汗珠, 但是事到如今, 他只能豁出去了, 于是挺了挺胸膛说: "她能拿出证据, 我就认了。"

"说话算数啊! 老弟!"康神算说道。

"那自然, 神算先生。"鬼见愁说着望了康神算一眼, 心里不由得恐惧起来。

"阿菊姑娘, 那你当着各位叔叔伯伯的面, 把证据说出来吧, 我们大家替你作主!"阎王怕一只脚踩在长凳上, 慢而有力地说。

菊香清了清嗓子, 说: "昨晚他逼我说出藏钱的地方, 在扭打中, 我发现他戴手套的右手没有食指, 尽管他脸上戴着黑纱, 说话压低嗓音, 但我还是认出了他。他右手食指是前年冬天到我家偷鸡时被黄鼠狼夹子夹断的。"

"断指头的人又不是我一个!"鬼见愁吼道。

"这就是你的证据?"神仙哭得意地问道。

"你别急, 听她往下讲!"阎王怕说。

"所以我留了个心眼, 告诉了他们藏钱的地方。他们在坛子里翻钱时, 我装着用蜡烛给他们照明, 偷偷地用烛泪在他俩每人的背上滴了一个十字, 不信你们大家瞧!"

所有茶客的眼光都射向鬼见愁的背。果然, 鬼见愁的布衫背上有着一个明显的烛泪滴成的"十"字。菊香又走到神仙哭身旁, 对众人说: "这位叔叔的背上也有十字。这就是我的证据。"

鬼见愁、神仙哭从来没有今天这么狼狈。他俩的脸由红变青, 由青变黑。茶客们本来就讨厌这两个平时飞扬跋扈、胡作非为的家伙, 只是没有整治他们的机会, 如今看到他俩竟败在一个姑娘家的手下, 心里十分痛快。阎王怕猛地将桌子一拍, 喝道: "你们两个狗东西, 把地方上弄得鸡犬不宁,如今竟欺侮到这孤儿寡母的头上！兔子还不吃窝边草呢！老子今天饶不了你们！怎么办？你们自己说！"

"说！快说！"愤怒的众人一齐吼道。

鬼见愁和神仙哭哭丧着脸，你看看我，我看看你，不知怎么办好。他们怕阿窑叔，怕康神算，更怕众怒难犯。他们完全成了过街老鼠，人人喊打，往日那股流氓地痞特有的威风早已跑得无影无踪了。

康神算站起来，缓缓地说："我说二位兄弟，这样办吧：把那个元宝和几吊钱还给人家，往后不可再干这种事。怎么样？二位！"

"唉，听神算先生的，听神算先生的！"

"那好，把元宝还给姑娘吧！"

"是。"鬼见愁看了一下神仙哭，抖抖索索地从衣襟里掏出一个明晃晃的银元宝，说："神算先生，元宝在小的身上，另外六吊铜钱已分给两个搭班的了。"

"不要紧，你先向茶馆老板借六吊，和这元宝一起还给姑娘。你回去后再向那两位搭班的朋友要回那六吊铜钱就是了。"

"是，神算先生。"

鬼见愁无法，只得依康神算说的去做。

菊香拿到银元宝和六吊铜钱，跪下向康神算和阿窑叔磕头，又向四座的茶客和茶馆老板施礼道谢，然后快步走出茶馆。

等在半路上的尤氏，一看见银光闪闪的元宝又回来了，高兴得淌下眼泪。一回到家中，邻居们都来道喜庆贺。菊香也十分高兴，没想到事情办得这么顺当。她打心眼里感激阿窑叔和康神算，感谢众位茶客。不然，一个黄毛丫头，怎么能斗败两个出了名的恶棍、强盗呢？

等邻居们走了，菊香对婆婆说："妈妈，快把元宝藏好。这银子我们现在不用，以后我给你老人家送终时用，给你做三天三夜功德。"说着菊香流出了眼泪。

元宝失而复得，她是多么的高兴和激动！她想：即使婆婆原来真心要卖我，现在见到了元宝，知道了我的孝心，一定会回心转意，不卖自己了。

尤氏收起银元宝，对菊香说："昨晚到现在你也没有好好歇息，去床上躺一会儿吧。”

菊香心头一热，忙说：“我不累，妈，你还没吃早饭呢，我马上就做去！”

婆媳俩吃过早饭，尤氏有事出去了。菊香又像往日一样，拿起纺锤纺起了纱。纺了个把时辰，一看木盆里放着婆婆的脏衣服，赶快又去洗衣服。洗着洗着，只觉得周身乏力，手里很不得劲，但是菊香咬紧牙关用心地搓着揉着。心想，这是婆婆的衣服，一定要洗得干干净净。

突然，凤英悄悄地走到菊香跟前，朝背后看了看，神色慌张地说："不……不好了！菊香，你快……快……"

“什么？出了什么事？”菊香忙问。

“你婆婆要卖你，要把你卖给浦东的荣半镇！”

“啊！”菊香的脑袋轰地一下，犹似晴天的霹雳。

“真的。菊香姐。刚才你婆婆和我爸爸说的。刚好被我偷听到，说明天荣半镇就要来绑人！”

“真的？她这么狠毒？”

“真的，菊香姐，你快——逃啊！”

逃？——对，到现在我只有这一条路可走了。

“菊香姐！”

“凤英好妹妹，我别的什么牵挂都没有，只是疯妈妈至今下落不明。凤英妹妹，我的好妹妹，如果日后打听到我妈妈的下落，请你代我好好照应她老人家！”说完，菊香双膝落地，失声痛哭。

凤英急忙将她扶起，抱住她恸哭不已。菊香说：“我得马上走，来不及告诉文娟，请你告诉她，一定要活下去，活下去！”

“嗯，我知道了，我一定告诉她。”

“今天大妈妈上她舅舅家吊孝去了。等她回来你告诉她，我永远忘不了她的教诲之恩。今世我无法报答，来生我做牛做马也甘愿，一定报答她老人家！我走后，你要多照顾大伯伯和大妈妈。凤英妹妹，一切都拜托给你了。”菊香说着又哭起来。

“你往哪儿逃呢？”凤英问。

"我先回浦东黄家浜找金祥叔，找到他后再想办法。"

"好，要快!"

说着两个童养媳猛地紧紧地抱在一起，眼泪像泉水般涌出来。什么话也说不出来，只是呜呜地哭。突然，菊香抓住凤英的肩膀，说："别哭，眼泪救不了我们! 我走了，你要保重! 我的亲妹妹!"说完，她擦擦泪，拿起一只篮子，装上河边洗的衣服，走出了曹家院门。

第十八节　要替爷娘争气

菊香来不及向邻居告别，来不及向干娘林珍告别，匆匆地踏着她七年前来的那条路朝东走去。悲惨的路，辛酸的路，可怜的菊香，苦难的菊香，早知八年后的今天是这个结局，又何必当初。

菊香一路小跑，总觉得后面有人在追赶。等跑到黄浦江边，菊香像孩子见到母亲一样，心都涌到了喉咙口。啊! 你这条奔流不息的大河，还像以前那样开阔、苍茫。

乌泥泾离黄浦江很近，但是菊香自从来到曹家，在婆婆的驱使下天天忙得连喘气的时间也没有，哪里还有机会来这江边玩玩看看呢? 今天是八年来第一次看见她。然而菊香没有一点心思来观赏黄浦江的壮丽风光。菊香听到那汹涌的波涛声和那风吹芦苇荡的习习声，就觉得像婆婆领着人吆喝着追赶来了。

菊香急了。她会游泳，水性很不错，可是从来没有横渡过这两三里宽的黄浦江。然而现在，这个渡过了十七年苦难岁月的少女，为了寻找一线生机，毅然地、从容地跳进了滚滚波涛里，急速地向对岸游去。她并不知道自己能否游到对岸，但她知道死在黄浦江里，就是死在母亲的怀里，比被婆婆抓去卖给荣半镇作践强一万倍。她双手划呀划呀，划呀划呀，越到江心，水流越急，菊香越游越没有力气。但是她一点也不慌，自己是躺在母亲的怀里，有什么可害怕的呢!

菊香从来没有像今天这样心满意足、无忧无虑。此时此刻，大妈妈讲的那个落水鬼的可怕故事，她早已忘得一干二净。菊香的四肢渐渐地不听使唤了，身子开始下沉。她实在没有力气了。天天从早忙到晚，多劳累，昨天夜里和强盗扭打，一夜没有睡好，今天一清早又去茶馆讨元宝，一直到现在，一刻也没有闲着，她还有什么力气来横渡黄浦江？

突然，菊香想起了自己的疯妈妈，她惊醒过来了，自己不能死，不能让这湍急的江水把自己冲走！于是她又抖擞精神奋力划了起来。这时，前方江面上一只渡船急急地朝她驶来，等船上的人把她拉上船，一个熟悉的声音在她耳边响起："菊香！菊香！"

菊香睁开眼睛，看了看："金祥叔！"菊香一头倒在金祥的怀里，昏了过去。

等菊香醒过来，摆渡船已经靠岸。金祥背起菊香正要上岸，菊香突然挣扎着说："金祥叔，你要背我到哪里去？"

"去乌泥泾。"

"不！不！金祥叔，我婆婆要卖我，要把我卖给荣半镇！你知道吗？金祥叔！"

"知道，我这就是找她评理去！"

"不！金祥叔，乌泥泾去不得，去不得啊！"

"浦东更去不得，孩子！荣半镇正差人来浦东绑你，你去浦东不是自投罗网吗？"

"既然浦东回不去，浦西又容不了身，我干脆死在这黄浦江里算了！"说着菊香就要往江里跳。

金祥一把抓住她，说："别，孩子，你妈有话要我捎给你……"

"我妈？她在哪儿？"

"到了岸上再慢慢告诉你。"

菊香和金祥跳上岸。菊香急切地问："金祥叔，快说，我妈现在怎么样？在哪里？"

金祥举首远望着浦东的方向，像没有听见菊香急切的问话，他的眼前变得模糊起来，昏暗起来。在菊香的一再催问之下，他哽咽着说："你妈去年就离开了人世。"

菊香的脑袋嗡的一下，只觉得天旋地转，翻江倒海一般。她失去了这个世界上最后一位亲人！

金祥扶住她说："孩子，你妈去年到乌泥泾看你回来，就在柏树坟你爸爸的墓旁用手挖了一个坑，和你爸爸弟弟他们作伴去了。临死之前，她到福桥婆婆家一次，对福桥婆婆说：菊香在乌泥泾不错，要福桥婆婆有空去看你，要你好好做人，替黄家争气！孩子，这就是你妈最后留下的话。"

"好好做人，替黄家争气！好好做人，替黄家争气！"菊香双膝跪地，朝东磕了三个头，"妈妈，你放心吧，我一定听你的话，好好做人，替黄家争气！！"

"对，对！孩子，这就对了！当初你爸爸妈妈就是为了免遭荣半镇糟蹋，才将你送到曹家当童养媳，唉，没想到你婆婆竟和仇人穿一条裤裆。我这就找她评理去！"

两人正说着话，突然前方喊声大作："抓住她！抓住她！别叫她跑了！"

菊香抬头一看，大吃一惊："啊，鬼见愁、神仙哭他们抓我来了！"

"来得好！我正要找他们！"

说话之间，鬼见愁、神仙哭凶神恶煞地跑到面前。鬼见愁喘着粗气骂道："好啊，你这小娘们，老子追得小肠气都犯了。走吧，你婆婆在家正等你回去坐花轿呢！"说着鬼见愁就要动手抓菊香，金祥一把推开他，喝道："你动手动脚干什么？"

"干什么？她婆婆出钱请我们抓她回去！"鬼见愁歪斜着脑袋说。

"你是什么人？管起咱老子的闲事来了！"

"我是什么人？我是她叔叔！来找她婆婆算账的！走吧，一起走！"

鬼见愁。神仙哭一时摸不着头脑，见金祥拳头大、胳膊粗的样子，只得没好气地应了声："走！"

走不多远，曹喜气喘吁吁地赶到了。他那黄鼠狼屁股似的小黄脸变得煞白，肩膀一耸一耸地大口喘着粗气，一见菊香紧挨着金祥，就吊起小眼睛对金祥上下打量。突然，气势汹汹地问："你是干什么的？"

"别张牙舞爪！一到乌泥泾，你就知道了！"金祥说。

"他自称是菊香的叔叔。"神仙哭扭过头说。

"叔叔？"曹喜纳闷了，他从来没有听说过菊香还有个什么叔叔。

于是，五个人迈步朝乌泥泾走去。一路上，鬼见愁、神仙哭嘟嘟囔囔，骂骂咧咧。曹喜一肚子鬼胎，不时打量着金祥和菊香。金祥和菊香只顾走路，一句话也没有。

约莫半个时辰，五个人来到了曹家院子。鬼见愁、神仙哭向尤氏讨了钱就想上街去喝酒。刚要走，尤氏说："等一等，事情还没有完！"她转向金祥，问，"你是她什么人？"

"我是她叔叔！找你评理来了！"

"叔叔？什么地方钻出来的？你分明是个人贩子，来拐骗我家里的人！"尤氏转向鬼见愁、神仙哭，递了个眼色，"二位，给我把他赶出去！"

金祥气得火冒三丈："什么，你说什么？我是人贩子？你还有没有一点良心？菊香打十一岁到你家，做牛做马干了七八年，到头来你要把她往火坑里推，把她卖给她家的仇人。现在你又反咬一口，说我是人贩子！你太歹毒了！"

"哼！我太歹毒？你问问这儿的四邻八舍，这妖精有多歹毒！去年克死她公爹，今年克死自己的男人，我要不卖了她，明年就得克死我！"

"什么克不克的！那是你做人做得太好！"

尤氏被金祥的话刺痛，大声对鬼见愁、神仙哭囔："二位还不动手？给我打！把这混蛋打出去！"

鬼见愁他们正在捋袖子，林珍闻讯匆匆赶来。她同尤氏多次打交道，深知尤氏的为人。她想金祥和菊香和他们硬拼非吃亏不可，于是赔着笑脸说："二嫂，都是自己人，何必动怒？"又转向金祥，"金祥弟，有话慢慢说，别着急，来，先上我家去坐坐，等气消了再来找亲家母说话。"说完拉着金祥朝院门外走去。

突然，金祥回头大声说："菊香，别怕，叔叔就是倾家荡产也要把你救出来！"

尤氏看着金祥、林珍远去的背影，鼻子里轻蔑地哼了一声，然后对鬼见愁和神仙哭说："二位多辛苦，给我把这贱东西绑起来！别让她再跑了！"

一会儿工夫，菊香被结结实实地捆绑在客堂中央的石磨上。尤氏又拿出两吊铜钱分给鬼见愁、神仙哭，连声说："二位辛苦了，这点小意思，买杯水酒喝。"鬼见愁和神仙哭接过铜钱，眉开眼笑地走出院门口。

尤氏来到菊香跟前，皮笑肉不笑地说："今天我不打你，打坏了你卖不出钱。现在你有办法，再逃吧！你躲到鸟窝里，我用竹竿捅！你藏进蛇洞里，我用铁钩钩！除非你逃到天涯海角，我没办法找到你。"

"天涯海角！"菊香的心里突然一动。对，要逃，逃到天涯海角去！逃得越远越好！可是菊香一看自己满身的绳索，心里顿时又冷了下来。尤氏为了解恨，又继续阴阳怪气地说："你害得我家破人亡，我也不能轻饶了你。实话告诉你吧，明天荣半镇就派人来接你走。我不能白养你八年，我得多少捞点本回来。现在你明白了吧？昨天夜里，鬼见愁他们说的全是真话。那个银元宝就是你的身价银子。不过，你也别恨我。这是你妈妈欠下荣半镇的一笔风流债。你妈死了，你做女儿的就去顶吧，这是命！"

听了婆婆这些话，菊香浑身的毛发都竖起来了。她悔恨自己对婆婆的蛇蝎心肠认识得太晚了。现在只有一条路可走：就是瞅准机会和婆婆、荣半镇拼个你死我活。菊香打定这个主意，就闭上眼睛养起神来。

尤氏还不解气，又无耻地说道："荣半镇是你们浦东有名的财主，你当他的姨太太，有了好处，可别忘了我呀。有穿不了的，给我穿点儿；有吃不了的，给我吃点儿。行吗？嗯？"说完，尤氏走出客堂，将门窗都关紧闩好。

门窗一关，客堂立刻昏暗起来。菊香寻思：真不巧，大妈妈今天早上到娘家奔丧去了。如果她在家，或许我还能得救。她是多么盼望大妈妈立即赶回来，将她救出虎口啊！可是转念又一想，觉得大妈妈就是在家，也救不了自己。婆婆既然走到这一步，谁还能拦得住她？现在这个院子里，唯一同情她的只有凤英。可是凤英连公婆咳嗽一声都吓得哆嗦，哪有办法救自己呢？何况婆婆把门关得严严实实的，凤英怎么进得来呢？她又想到干娘林珍和金祥叔。这些年来，干娘为了自己受了不少气，现在她肯定在家抱头哭泣。刚才金祥叔说就是倾家荡产也一定要救我出去，多好的叔叔！真是比亲叔叔还亲！可是我怎么能让他为我倾家荡产呢？他把房子、地全卖了，那老奶奶、红菱姐、国福弟……一家老少怎么活呀？而且婆婆、荣半镇是不会放过我的，花多少钱也赎不出我。

菊香正想着，客堂的西门吱呀一声开了，尤氏端着一大碗稀粥进来，说："委屈你啦！喝一点吧！日后做了荣半镇的小娘子就有穿不完的绸，吃不完的油……"尤氏说着就把粥往菊香嘴里倒。粥已经完全馊了，酸得像加了醋似的。但是菊香为了在拼命时有力气，就大口大口往下咽。不多几下，一碗馊粥全下了肚。尤氏放下碗，又将门窗和菊香身上的绳子查看了一遍，没有发现任何漏洞，就拿起空碗对菊香说："今天夜里就将就一点吧，明天一早荣府就八抬大轿来接你，日后有享受不尽的荣华富贵了！"说完就走出了西门，随手将门闩紧。

啊，明天一早他们就来！来吧，我等着呢！我不想活了，我要和你们拼，拼个鱼死网破、同归于尽！

菊香正想着，突然听见院子里有人在呜呜地哭。啊，是凤英的声音。她哭得那么悲伤、那么凄惨。一会儿，院子里又传来金氏的喝骂声："贱东西！哭什么？今晚不回来睡啦？那妖精有什么好同情的？她现在偷你的公爹，以后就偷你的男人！"

金氏这个体大腰圆的女人，她对丈夫与二嫂的那种见不得人的关系，感到非常忌恨和恼怒，但当她一想起尤氏的房子、地产时，她的怨恨和恼怒就减去了许多。她想：自己虽然长得粗笨，但毕竟比尤氏小七八岁，她不怕争不过尤氏。但对菊香就完全不同。她知道，菊香年轻美貌，一旦让曹喜尝了鲜，就再也不会把自己放在心上了。她知道菊香明天要走了，但她仍不放过发泄的机会。

听到三婶这不堪入耳的叫骂声，菊香有无限的屈辱和悲伤。她心中知道，自从三叔对自己动了邪念，三婶一面和三叔大吵大闹，一面对自己记上了仇。菊香曾多次想申辩，可是自己是一个姑娘，是一个没有结婚的寡妇，怎么能开口呢？她想：日久见人心，以后三婶总会明白真相的。菊香没想到这位体大腰粗的三婶会在今天夜里这么臭骂自己。她那颗纯洁明亮的心像遭到毒蛇猛兽的撕咬。

渐渐地，凤英的哭声小了。她的喉咙哑了，哭不动了。菊香也累了，乏了。这一天，她经受了多少惊吓、磨难和劳累！她也是娘养的，肉做的，能不困吗？她背靠石磨，闭上了眼睛，迷迷糊糊地入睡了。

朦胧间，她眼前出现了荣半镇的狰狞面孔。他带着四个满脸横肉的家丁，二话没说，他们架着自己就走。任凭自己怎么呼喊，怎么挣扎，可是一点用也没有。很快自己被架出了乌泥泾镇，上了去浦东的路，来到了黄浦江边上。突然，从芦苇丛中"飕——飕——飕"射出了三支箭。三个家丁应声倒地。荣半镇和剩下的一个家丁正要逃命，阿窑叔扑上前大喝一声："哪里逃？"手起刀落，两颗人头滚落在地上。接着阿窑叔急忙来扶自己："菊香！快走！"菊香忍不住泪如泉涌，一头扑到阿窑叔的怀里。菊香只觉得浑身痛得难受。她睁开眼睛一看，原来是做了一场梦！

"菊香，菊香！快醒醒！"

听到这叫声，菊香又奇怪了，自己到底在梦中还是醒着？她用牙齿咬了咬嘴唇，发现自己完全清醒。

"菊香，是我，是你的大伯伯，你快醒醒！"

"啊，是大伯伯！"菊香听出来了。

"别吱声！"曹福说着用镰刀割断绑在菊香身上的绳索，把菊香从客堂的东门拉进自家的屋子，说："孩子，大伯伯对不住你，没有办法救你出去。你大妈妈刚巧不在家，不过她就是在家，弄到了这一步，她也没有办法救你。你快走吧，自己逃条活命去！"

菊香双膝跪下，声泪俱下："大伯伯，哪儿是我的容身之处？叫我逃到哪儿去啊？天涯海角？越远越好？"

"对！要快！天快亮了，快走吧！这小包袱里有你大妈妈的两件衣裳，还有几张麸皮饼，你带了快走吧！"

这时已经到下半夜了。东北风越刮越紧，天不停地下着雨。一直坐在客堂门外屋檐下的凤英又抽抽噎噎地哭了起来。听到这风声、雨声和凤英的哭泣声，菊香犹豫起来，自己留下来和婆婆、荣半镇他们拼命呢还是独自去逃命？

曹福急了："孩子，快逃走吧！你落到荣半镇手里就惨啦！你爸爸妈妈在地下知道了，眼睛会哭出血来！你要替爷娘争气，要活下去！"

"对，替爷娘争气，要活下去！这是妈妈给自己最后留下的话。我不能去送死，我要逃走，我要寻找报仇的机会。"想到这里，菊香接过曹福手中的包袱，刚要走，凤英哭得更响更悲切了。

"大伯伯，凤英就在客堂门外屋檐下，我去见她一面再走！"

"不！"曹福一把拉住菊香，"时间来不及了！快逃吧！孩子，你再不快走，大伯伯要给你跪下了！"

菊香明白，这位大伯伯平日一天到晚打瞌睡，天塌下来也不管，现在竟是这么急切、这么关心，完全是为了自己呀！她又跪下去给他磕了三个头，说："大伯伯，今生我报不了你和大妈妈的大恩大德，来世当牛做马来报答你们！"

"不！孩子，你在外面站住了脚，等有了出头的那一天，马上就回来。到那时候，你婆婆不能再为难你，听见了吗？我和你大妈妈等着你！凤英、文娟她们也都等着你！"

"大伯伯，你的话我全记下了。你放心吧，我一定听你的话。"菊香又给曹福跪下磕了三个头，擦着脸，正要开门走，曹福一把拉住她："等等，把你脚上的这双鞋留下来，我有用。"说着曹福将自己老伴的一双布鞋递给菊香，"快，快换上你大妈妈的这双鞋！"

菊香刚把鞋换好，曹福打开东屋的后门，嘴里说了句："快！快逃！"一把将菊香推出门外，然后急忙将门关上。他仰首望着房梁，全身在颤抖，嘴角在抽动。过了一会儿，他突然又把门打开，站在门口望着风雨如磐的黑夜，一直望了很久很久，不知是雨还是泪，将他的衣裳全打湿了。

第三章　黎汉一家亲

第一节　亡命女刻木记

菊香被大伯伯曹福一把推出屋门，就冒着狂风大雨摸黑穿过屋后的菜园和竹园，趟过小北河，爬上了岸。菊香曾经听干娘林珍和大妈妈张氏说过，小北河北岸长着两棵大柳树的地方，就是自己家的老宅基。自己的爸爸、爷爷、爷爷的爷爷，祖祖辈辈都在这块血土上讨生活。菊香一看见这两棵树，顿时心如刀绞，她多么想抱着这两棵树痛哭一场。但时间不允许她这样做。她心中清楚，如果自己再让婆婆抓回去，就一切都完了。于是她从柳树下抓起两把土装进口袋，就拼命地向前跑去。

跑了大约一个时辰，路不见了，方向也辨不清了，菊香心里害怕起来：可不要奔跑半天，最后又绕回了乌泥泾！她抬头望了望四周，茫茫夜空，黑得像锅底一样，哪分得清东西南北！突然，空中响起霹雳，一道闪电把周围照得像白昼一般，但这瞬息即逝的电光，帮不了菊香什么忙，因为菊香已经来到了一个陌生的地方。雨越下越大，风越刮越猛，菊香就像一只没有舵的孤舟，在风浪中颠簸飘摇。菊香寻思：这样毫无方向地乱奔乱跑，怎么能逃出荣半镇和婆婆的魔掌呢？

突然，她心里一亮：今天不是刮北风吗？只要我一直顶着风走，就可以不搞错方向了。于是她抹了抹脸上的雨水，振振精神，顶着风撒开双腿急速朝前跑去。

不知跑了多少路，不知摔了多少跤，不知淌了多少汗，快天亮的时候，菊香来到一条大河边。这时风停了，雨也停了。菊香不敢再跑了，她怕被人发现。人家一看见她这副样子，知道她准是哪家逃出来的童养媳或者丫头，就会带她去见官府。

横在眼前的是什么河？这么宽，这么大。经过两天的折磨，一夜的狂奔，菊香一点力气也没有了，她无法游过去。菊香顺河滩向西望去，看见有一个捕鱼的罾，只有罾棚，没有网。她知道这是一个废弃的旧罾，就想在罾棚里躲一躲，看了看四周，见没有人就迅速地爬了上去。

看来这罾棚废弃的时间还不久，罾棚里垫的稻草还挺新的，一点霉味也没有。菊香钻进罾棚，放下草帘门，从包袱里取出大伯伯给她的麸皮饼，一口气吃了三张。吃了饼，肚子饱了，嘴里却十分干渴。罾棚下就是河水，可是菊香不敢下去喝，她怕被人看见，只能忍着。

菊香想把包袱里的衣裳晾起来，然后睡上一觉。她一摸包袱里大妈妈的两套衣裳，不由得笑了。这湿漉漉的衣裳里不尽是水吗？她一边拧一边喝，喝了个够。然后将衣裳一件件晾好，倒头就睡着了。

菊香这一觉睡的时间不短，醒来时已是黄昏。她匆忙收拾好晾干的衣裳，用手撩了撩头发，正准备走下罾棚，突然发现罾下拴着一只小船，一位老渔翁正在河滩上煮饭。由于柴湿，一股股浓烟呛得老人直咳嗽。菊香犯愁了：下去吧，这罾棚是毛竹和苇席做的，走起来声响很大，下边的老人一定会发觉。不下去吧，自己无法往前赶路，而且这老人可能就是这罾的主人，他吃完晚饭就会上来睡觉。怎么办呢？她从苇席的缝隙中细细打量这位老渔翁，见他慈眉善目，十分和蔼可亲。菊香想：小时候听爸爸妈妈说过，自己的外公也是一个渔翁，如果自己的外公没有死，如果罾下的这个白发渔翁就是自己的外公，那该多好啊！想到这儿，菊香不害怕了。她看了看远处，不见有别的什么人，就走下罾棚，来到老渔翁跟前，施礼道："公公万福！"

老渔翁看见罾棚上走下一个姑娘，来到自己跟前道万福，不由得吃了一惊。他上下打量着菊香，低声问道："是逃出来的？"

"嗯。"

"从乌泥泾逃来的？"

"嗯。公公怎么知道的？"

"白天鬼见愁、神仙哭他们来这一带找了好久，说只要找到人，荣半镇赏每人五两银子！"

"他们现在在哪里？"

"回乌泥泾去了。"

"这里是什么地方？离乌泥泾多远？"

"这里是漕河，离乌泥泾二十里。"

"啊，才二十里！我得赶快跑！"

"你往哪儿跑？"

"往北跑。"

"天黑了，怎么走啊？"

"白天我不能走，只能夜里跑。"

"孩子，论年纪我可以做你的爷爷，你跟我说句实话，我送你回家去，行不行？"

"你要送我回家还不如把我扔在这河里喂鱼！"

"你一个姑娘家，往哪儿逃啊？"

"哪里能安身，哪里就是家。为了逃出虎口，天涯海角我也去！"

老渔翁叹了一口气，说："孩子，既然你拿定了主意，就在罾棚里睡一夜，我在这船上给你守着，明天一早把你送过河去，好吗？"

"不，公公，我现在就得过河。明天如果碰上鬼见愁他们，抓回去就完了！"

"唉！"老人长叹一声，摇了摇头，说，"锅里的饭熟了，吃了饭，我用船送你过河。"

"不，谢谢公公，我不吃饭。"

"这不能依你，不吃就不送你过河。"说着老人就揭开了锅盖。锅里有半锅白米饭，饭上还坐着一个粗瓷碗，里面蒸着一条肥肥的鳊鱼。老人盛了一大碗饭，递给菊香，说，"吃完这碗饭，就送你走。"

饭是喷香的，鱼是鲜美的，菊香接过碗，抬头望着老人，泪影里只见西天的红霞映在老人的脸上，他是那样的慈祥，那样的善良。

吃好饭，老汉又问菊香："孩子，你在乌泥泾实在待不下去了？"

"嗯。"

"一定要走?"

"嗯。"

"好,上船吧!"

老渔翁迈着沉重的步履去解小船的缆绳。这缆绳系在罾棚的一根杉木桩上。老人刚要去解,双手突然又缩了回来,脸上充满凄惶的神色,回头对菊香说:"姑娘,我还是送你回乌泥泾吧。"

"不!公公,你怎么又变卦了?"

"姑娘,不是我变卦。我在这漕河上打了一辈子鱼,南来北往,北来南往,送过多少逃命的童养媳和丫头!每送走一个,我就用斧头在这杉木桩上刻一道痕,今天你是第 24 个。我不知道自己这样做,是在积德呢还是在造孽。送走的人一个个都有去无归,不知下落……"

"公公,你是在积德。我永远也忘不了你老的大恩大德!"

"孩子,别这么说,我实在担受不起。只望你将来有了出头之日,回到这三尺血土,别忘了来看我。如果我死了,也要到我坟上告诉一声,好让我躺在土里也安心。"

听了老人的话,菊香的眼泪止不住往下流,她不知如何回答好。

老人走到小船旁,从船舱里摸出一把斧头,在杉木桩上刻了一道又深又长的口子,对菊香说:"姑娘,你记住,你是我送走的第 24 个苦命人。千万别一去不回头啊!"

菊香擦了擦眼泪,没有说话。

老人解下缆绳,说:"姑娘,快上船吧。"

菊香跨上渔船,小船一阵颠簸,后舱里传出一阵孩子的哭声。啊,这小船里还睡着一个孩子!菊香不由得愣了一下。

老人说:"这是我的孙子,叫金宝,今年 5 岁。"

"他怎么睡在这船上?"

"唉,他爹娘全死了,没人照看,我只得白天带他去打鱼,晚上搂着他睡在这罾棚里……"老人说着,两行伤心的眼泪落了下来。

菊香抱起金宝,望着老人,久久说不出话来。她想,如果自己留下来,一边纺纱织布，一边替老人照看这孩子，让老人无忧无虑地撒网打鱼，那有多好啊。可是，这儿离乌泥泾太近，消息一传开，非但我要遭殃，而且老人也要受连累。

老人似乎看出了菊香的心思，抹了抹眼泪说："孩子，照我心里说，真想把你留在我身边。可是不行啊，不消两天，消息就会传到乌泥泾，你还要被抓回去。你还是远走高飞去吧！"说完老人用篙一点，船就慢慢地向北岸驶去。

菊香坐在船上，望着白发苍苍的老人，一桨一桨地划着，心里十分悲伤，想：这公公和这小孩成年漂泊在水上，风里来雨里去，日子多艰难啊！

可是自己也是逃难之人，能给这一老一小什么安慰和帮助呢？天哪，世上到处都是受苦的人！

时间不长，船就靠岸了。老人跳上岸，菊香抱着金宝也跟着跳上岸。老人从菊香手里接过孩子，又问菊香："孩子，刚才我问你的话，你怎么不回答啊？难道你这一去就不再回来了？"

菊香望着老人，嘴巴抽动几下，突然双膝跪倒，连磕了三个头，哭道："公公，我永生永世不忘你的恩德。有朝一日我能回来，一定来看望你老人家！"

"孩子！"老人抱着孙子，右手紧紧将菊香搂在怀里，老泪纵横，泣不成声。

哭了一阵子，菊香对老人说："公公，天已经黑了，你快带金宝歇息去吧，我走了！"说完，她又给老人磕了三个头，朝着茫茫的黑夜，向北走去。

老人抱着小孙子，站在河岸上望着菊香远去的方向，一直望了很久很久。

第二节　到天涯海角去

菊香告别老渔翁和他的小孙子金宝，就在黑夜里狂奔起来。她心中只有一个念头：快快逃出虎口，离乌泥泾越远越好。到下半夜时，又有一条大河挡住了去路。这个大河宽极了，菊香不敢泅水过去。她沿着河岸一直向西跑去。跑了不到一个时辰，只见前方河滩上有灯光，她就朝灯光跑去。走近一看，原来河边泊着一条大船，河滩上不少人正在搬运东西。

菊香从小就生长在江边，知道这样的大船是走远码头的。她想：我何不乘上这船远走他乡，这样就不怕鬼见愁他们来追了。菊香正想往前走，突然听到身后有人喊："快，快！要不就赶不上了！"菊香急忙回头，只见五六个人打着灯笼向这边奔来。菊香心里一惊：莫不是荣半镇和婆婆又派人追来了？她赶紧趴下身子，躲在路边的棉花地里，屏住气眼睛紧盯着那些打灯笼的人。一会儿，那些人走近了，一共是六个人，有两个是女眷，男人的身上都背着大大小小的包袱。菊香放心了，这不是鬼见愁他们。等最后一个人走过，菊香就从棉花地里爬起来，紧紧跟在他们后面。

河滩上一片灯火，十分耀眼，但人们显得有些慌乱，十几个脚夫正在往船上搬运行李物件，有包袱、箱笼、竹篓、木桶。船很高，跳板十分陡，那些女客都不敢上。其中有一个老道姑，五十多岁光景，一踏上跳板腿就打颤。菊香一见，急忙向前，说："师姑，我来背你！"说着背起老道姑就噌噌地上了船。一上船，她就不下来了，将老道姑安置好，自己就钻进了前舱藏了起来。

过了大约一炷香的工夫，菊香在船舱里听到平基上有人喊："都上来了没有？开船啦！"

接着又听见起锚、拉篷的声音。真的开船了，船在河里晃动，从船舷传来哗哗的水响，告诉菊香船走得很快。菊香心上的一块石头落了地，她想：只要船走远了，自己就是被发现也不怕。她在货物行李堆里找了一个地方躺下，一会儿就睡着了。

等菊香一觉睡醒，不知道是什么时候，不知道船驶到了哪里。她只听见人们在平基上说："哎呀，一眼望不到边，这海真大！"

"俗话说，'深井无底，大海无边'嘛！"

听到这两句话，菊香在船舱里再也待不住了。虽说她从小长在水边，但是这海可从来没有见过。现在船既然驶到了海上，再也不怕有人来抓她回去了。就像小鸟飞出笼，鱼儿冲出网，不用提她心里有多痛快。

菊香爬出船舱，来到平基上。人们都站在船的两侧，看着远处，谁也没有注意她。菊香悄悄来到了船的右侧，凭栏眺望这大自然的壮丽景色。

啊，水连着天，天连着水，真是个水的世界！

"这海真大啊！"菊香情不自禁地喊了起来。

"这不是海。怎么你们都说是海？"

"这不是海？"菊香问。

"这是吴淞口。这里的水是淡的，到了海上水全是咸的了。"

菊香想，这吴淞口就这么大，那海就一定更大了！啊，怪不得别人都说大海大海，海真大啊！

一会儿，西南风变成了东北风，船老大吆喝船工们："用力摇橹，抢出吴淞口好扳艄朝南！"

于是，四支大橹一齐摇了起来，船顶着风浪前进。

东北风渐渐大了起来，船的四周白浪滔天。随着风浪的加大，出海捕鱼的船只都争着赶回去避风。菊香和其他客人见到这情景，不免心中打鼓，脸上露出不安的神色。船老大是一位有经验的艄公。他看了看天，说："大伙别慌，这风不要紧，我们的船大，等出了吴淞口，扬起帆，正好顺风顺水，一天顶平时两天呢！"

听船老大这么一说，大家都放了心，又都看起水上的景色来了。

"江猪！江猪！"突然有人喊了起来。

"哎呀！真的跟猪一样，在浪里一沉一浮！"

"哪儿一下子来这么多江猪？你看，到处都是！"

"大家别怕！"船老大又嚷道，"我们是大海船，几只江猪不在话下！"

菊香从小长在黄浦江边，知道江猪的厉害。这江猪最爱在坏天气里出来兴风作浪，常将小船顶翻。此时，菊香扶着船栏，看见不远处一头像水牛大小的江猪把一只小渔船猛地顶起，她大声惊叫起来："翻船啦！翻船啦！"

"什么人？在胡说什么！"船老大像一头发怒的狮子，三脚两步奔到菊香跟前，举起拳头就要打。一看菊香是个姑娘家，拳头没有打下去。

船上的客人也都惊呆了。菊香知道自己失口，犯了船家的忌讳，只得低着头，听候发落。

原来在那个年代，科学技术不发达，航海很不安全。船家对鬼神十分迷信，有许许多多毫无道理的规矩和忌讳。每次出海前，船老大必须率领船工给龙王爷顶礼膜拜；航海归来，又必须到龙王庙烧香磕头。船上供着五花八门的神灵，供龙王的最多，也有供关帝的，供岳王的，供如来的，供观音的。总之船老大信谁，就供谁。不管什么人，只要上了船，就得注意船家的规矩和禁忌。例如不能说"倒""翻""沉"这一类的字眼，有的连这些字的同音字或者与这些字相关的事也不能说。如某人姓陈，上船就得说"耳东"；马桶总是与倒字联在一起，所以，船家对马桶二字也忌讳。甚至吃鱼也有规矩，吃了上面部分，只能将鱼脊梁拿掉后再吃下面部分，绝不允许把鱼翻过来吃。这些规矩如果是船工违反了，要挨打受罚，重的还要被解雇；如果是乘船的客人违反了，一般斥责一顿就算了。但如果因船客违反规矩而触犯了龙王爷，招来狂风恶浪，那么船家就要将这个船客抛入大海，向龙王爷请罪，以求得全船人的平安。刚才菊香失口惊叫"船翻啦"，正是犯了船家的大忌。这叫船老大如何不恼怒？

他喝问菊香："你赤口白齿地胡说些什么！船上的规矩懂不懂？"

"请伯伯息怒，我知错了。"菊香低着头说。

"知错了？你家里当家主事的是谁？"

"啊？我……"

"你家里的大人！你爹娘是谁？"

"我……我……"

"怎么？就你一个人？"

"嗯。"

"你是偷跑出来的吧？"

"嗯……不……不……"

全船的客人全都围了上来，看着这个长得眉清目秀、一身粗布衣裳的姑娘。

一个穿戴整齐的客人，走上一步，说："大姐，听你的口音是龙华一带的人，是不是啊？"

"嗯。"

"你不要怕，我也是龙华人。你说说，你是怎么逃出来的，为什么要逃出来?"

菊香知道此时此刻不说实话是不行了,就一五一十地将自己的身世和遭遇,给船上的人说了一遍。等她说完,已哭成了一个泪人;船客中的女眷也都哭红了眼睛。

那位龙华人问:"大姐,你打算上哪儿去呀?"

"这只船到哪儿,我就去哪儿。"

"这船走得可远哩,天涯海角你去不去?"

"去!我就是要到天涯海角去!"

船老大问:"你身边有多少钱?"

"一文也没有。"

"那怎么行呢?就算我高某不收你船钱,那你这一路上吃什么呢?这不是十天八天的事情,得走上几个月!"

菊香低头想了想,说:"我会干活,什么活我都会干。我给大家烧饭、端水、洗衣服……只求每人每顿省一口饭给我吃。我永世不忘大家的救命之恩!"说着她的眼泪又扑簌簌地滚了出来。

船客刚才听了菊香的身世,都很同情她。现在听她这样哀求,又见她是个勤快、能干的姑娘,就帮她求情:"高老大,你是个走江过海的人,她的船费你就免了吧,算是你买纸钱烧,积了阴德;她的吃食嘛,我们大家包了。"

"好说!好说!"高老大倒是个爽快人。

"快谢谢高老大!"那位龙华人提醒菊香。

菊香急忙给高老大施礼:"多谢高伯伯的大恩大德!"又向所有的船客施礼:"谢谢各位!"

"不用谢,不用谢。"

"上了出海船,都是浪里人。自当互相照应,不用客气!"

"就是嘛,俗话说:同舟共济。说的就是这个理儿!"

"啧啧,这姑娘真命苦!孤身一人上哪儿去呀!"

客人正在议论,菊香听见有人在喊她:"姑娘,菊香姑娘,来,上我这儿来!"

"师姑，你叫我吗？"

"来，菊香，坐在这儿，跟我作个伴。"

菊香听了这话，心里一喜。这船上绝大多数是男客，女客只有六七个，菊香是个姑娘，只身一人，正怕遇到什么不测。现在老道姑叫她作伴，真是太好了。出家人自有戒律，最规行矩步不过了。而且出家人受尊敬，与这么一位老道姑在一起，这一路上就有保护和依靠了。菊香急忙走到老道姑的身边，按她的吩咐，紧靠她坐下。

道姑问："你真的要去天涯海角？"

"嗯。"

"那可远着呢！"

"不怕。"

"好！你不怕，我就带你去。"

"师姑，你也去天涯海角？"

"嗯。我有个师姐在海南风清观主事，我这回就是去找她的。"

"海南？远吗？"

"远，天涯海角就在海南。"

"是吗？那太好了。师姑，你一定要带我去！"

"好。不过到泉州，我还得停一下，我的一个师妹在那里，多年不见了，要去看看她。"

"师姑到哪里，我也到哪里。"

"真的？"

"真的。"

"愿意出家当女道士吗？"

"女道士？嗯……"菊香一时回答不上来。

第三节　鲸波劫后求生

自从宝弟死后，她就立志守寡一辈子，做个受人尊敬的节妇贞女。可是对出家为尼姑、道姑之类却从来没有想过。

老道姑笑道："我是随便说说，你不必为难！"接着老道姑又俯耳低声说："我是怕你只身一人漂洋过海，受人欺侮，倘若肯出家，别人就不敢欺你，懂吗？再说，假如日后你耐不住冷清寂寞，还可以还俗。"

菊香的脸红了，她明白老道姑的用心，忙说："师姑，我愿意出家，永远跟随师姑左右。"

"那好，到了泉州我师妹那里，我就正式收你做徒弟。"

老道姑和菊香正说着，风越来越大，浪越来越高，船剧烈地晃动起来。高老大让船工把三面篷全都落下，可是船还是拼命颠簸。船工把桅杆也都放下，高老大亲自紧紧把住船舵。但这一切都无用，偌大的一只海船，就像一片苇叶，一会儿被推上浪峰，一会儿又掉入浪谷，船上不少客人开始呕吐。船工们叫客人全都进舱，可是许多客人不肯进去。他们知道今天这场风暴不同寻常，进了船舱，一旦翻船，就更不易逃生了。

高老大也有些慌张。凭他几十年的航海经验，今天这场东北风是不会这么凶猛的。要不在出吴淞口时，他不会那么自信。这条大海船不是他的，船主是青龙镇大财主林员外。林员外在青龙镇、松江、杭州有好几处大买卖，光是海船就有十几艘。高老大的这艘是十几艘中最大最新的一艘，下水才两年，今年夏天又上岸检修了一遍，里里外外上了几遍桐油。这倒不单是因为这艘船好，还因为船上这班船工林员外最器重。他手下十几个船老大中，就数高老大的本领最强。七年前，高老大驾驶的船和另外三艘船在海上一起遇到大风，那三艘大船全翻了，唯独高老大驾驶的那艘船平安回到了青龙镇。两年前，林员外新造了这艘巨大的海船，当然就把它交给了高老大。

林员外有个族弟，名叫林茂庆，从小好吃懒做，长大了更是游手好闲。他见新造的大海船如此惹人喜爱，就要林员外让他在这船上谋个事。

自己的族弟，这点面子不能不给。林员外就让他给高老大当帮手。没想到林茂庆是个抬举不得的小人，他一上船就颐指气使，以船主自居，不把高老大放在眼里。好在那一班船工跟高老大有交情，都不买林茂庆的账。加上林员外也不愿得罪高老大这样难得的艄公，所以林茂庆也奈何不得高老大。这次出吴淞口时，林茂庆见突然转了东北风，而且越刮越大，就对高老大说，是不是回港避风。高老大瞧不起这个对航海一窍不通的家伙，从鼻子里哼了一声，说这风来得正好。现在，船出了吴淞口，风浪越来越大，林茂庆吓得面如土色，钻进后舱，对着神龛捣蒜般地磕头，求龙王爷开恩。他正磕着头，突然一个巨浪打在船头上，船身剧烈晃动，神龛震落下来砸在林茂庆的脑袋上。他抱着脑袋奔出船舱："不好啦！龙王爷发怒啦！"

"什么？"高老大铁青着脸，双手紧紧把住船舵，厉声问道。

"我给龙王爷磕头，龙王爷下来打我！"

高老大闭了闭嘴不说话。

"高老大，事不宜迟，赶快把那个不吉利的小寡妇扔进海里，不然龙王爷就饶不了我们！"

高老大也是满脑袋迷信和忌讳，他对菊香在吴淞口失口说的那句不吉利的话，心中十分忌恨。他认为这场出于自己意料外的风暴恐怕是与菊香的那句话有关，但他又是一个善良的老艄公，不忍心将一个逃出虎口的姑娘，又抛进这白浪滔滔的苦海。

林茂庆见高老大不说话，就从后舱跑到前舱菊香跟前，吼道："你这个不吉利的小寡妇，你犯了船家的规矩，触怒了龙王爷，为了这一船人的性命，只得把你扔进海里，祭龙王爷去！"说着就动手抓菊香。

菊香被这突如其来的灾祸吓得脸都变了色，她急忙往老道姑的身后躲。老道姑端坐在平基上，嘴里念念有词。不知她是在祈求龙王爷息怒还是请林茂庆行善。林茂庆可不管这一套，还是要抓菊香。当他抓住菊香，和菊香面对面时，不觉得一惊：这个一身粗布衫的村姑长得真漂亮！青龙镇号称小杭州，那么多金钗玉簪，没有一个有她这么俊俏的。菊香拼命挣扎，林茂庆紧抓不放，这时，那位龙华人替菊香求情说："林大哥，可怜她只身一人，年轻无知，饶了她这一回吧！"

"不行！我能饶她，龙王爷可不饶我啊！"

"茂庆弟！"高老大在后舱喊道，"你叫她来给龙王爷磕头！"

林茂庆是个好色之徒，此时他不想真的将她扔进海里，听高老大一喊，就带她来到后舱，从舱板上请起龙王爷，重新供好，叫菊香跪下磕头。菊香无法，只得听命。

可是，菊香捣蒜般地磕头并不能让海龙王息怒。风越来越大，浪越来越凶。林茂庆害怕了，他害怕自己会葬身鱼腹，为了活命，他下狠心要牺牲这个漂亮的小寡妇。他对高老大喊道："高老大，不行啊，风浪越来越猛，不把她扔进海里龙王爷不放我们过去啊！"

高老大没有作声。

"高老大，你说话呀！你是聋了还是哑了？"

"混蛋！"

"你骂谁？好呀，姓高的！这是我大哥的船，你不心疼我心疼！"林茂庆说着又来抓菊香。

菊香见势不妙，就窜出后舱，朝船头跑去。林茂庆紧追不舍，在一堆缆绳旁抓住了菊香。菊香急了，哭着呼喊："各位叔叔伯伯，救救我呀！"

这时那位龙华人和他的挑夫会了一下意，上前抓住林茂庆，说："林大哥，小弟有一言相告，俗话说：风雨同舟。现在我们遇到风浪，理应全船男女老少拧成一股绳，闯过难关，化险为夷。将一个弱女子抛入大海，岂能保住吾等性命！"

"这是我们船上的规矩，谁触犯规矩惹怒了龙王爷，就得将谁祭海谢罪！"林茂庆说着就要把菊香投入海中。

这时，有的客人实在看不下去，也都来劝林茂庆。可是他谁劝也不听，而老道姑只是一个劲地念经。

菊香眼看着自己刚逃出虎口，现在又要送进鱼腹，就在平基上拼命挣扎。她与一般的纤纤弱质不一样，她每天肩挑背扛、纺纱织布、耪地推磨，身上有力气，加上现在是死里求生，哪有不拼命的道理？所以弄得林茂庆一时也奈何她不得。但是，林茂庆毕竟是个壮年男子，扭打了一阵，就把菊香挤到船左侧的栏杆边。

林茂庆一个躬身把菊香拦腰抱起，就要往海里抛去。菊香见自己活不成了，就紧紧抱住林茂庆的脑袋，要死两人一块死！林茂庆无法，只得放下菊香。菊香乘林茂庆不备，猛力用头向他撞去。林茂庆猝不及防，仰面倒在栏杆旁。这时只见一道白光飞向林茂庆脑门，林茂庆哎呀一声惨叫。菊香一个箭步上前，抱起林茂庆两脚用力往外一推，林茂庆像一头死猪似的被抛进海中。

船上的人被菊香这突然的举动惊呆了，不约而同地啊了一声，唯有那位老道姑仍不停地念着经。

菊香将林茂庆一推入海中，犹似噩梦惊醒，吓出了一身冷汗，自己闯下大祸了！她转身向老道姑及各位客人、船工行礼，说："师姑保重！祝各位一路平安！"说着纵身往海里跳去。说时迟，那时快，菊香刚向船舷外扑去，被一只大手紧紧抓住。菊香定睛一看，救自己的正是那位龙华人的挑夫。不等菊香开口，龙华人说："姑娘不必寻此短见！自有我等替你作主。"

这时，客人们也都围了上来，有劝菊香的，有骂林茂庆的，也有光吐舌头不敢说话的。

消息传到后舱高老大耳中，先是一惊，接着就是几分高兴。他和船工们都讨厌林茂庆狐假虎威、仗势欺人，在船上不但干不了多少活，还专爱挑剔别人的毛病，现在他被一个飘零的女子推入海中，也算是替自己和船工们除去了眼中之钉、肉中之刺。高老头毕竟跑的码头多，有见识，听人告诉他林茂庆落水，急忙叫道："快！快救啊！把缆绳抛下去！"

"来不及了！现在还上哪儿救啊？"一个船工说。

"唉，风浪这么大，我离不开这舵把，你们怎么不早想办法！"

"我说高大哥，今天这风浪，十个林茂庆掉下去也没处寻啊！"

"好了，好！"高老大双手把住船舵，冲着那个伙计直摆手。

说来也奇怪，菊香把林茂庆推入海中，没一会儿，风竟渐渐小了，浪也渐渐平了。也许龙王爷见有人祭祀就真的息了怒。

高老大见风浪小多了，就将舵把交给一个大伙计，自己来到船中央。他把能放下活的船工和所有的客人都叫到一起，高声说："林茂庆是我家船主林大员外的族弟，刚才被这位姑娘推入海中，这是一场人命官司。那时我正把着舵，既没有看见，也不能相救。这件事到底如何了结，就得由诸位来裁决。如果要告官，那就等船靠岸后，我们大家一同去见官府，你们都是见证人。"

一听这话，客人都急了。这一打官司，没有一年半载休想脱身。龙华人的那位挑夫是个精明人，他明白高老大的意思，走上一步，说："高老大，这事还望你通融。如果告到官府，这姑娘无非一死，我们大家受些牵累，但是你这个船老大和这班大大小小的伙计，恐怕也脱不了干系！"

这几句话好厉害！一点不假，告到官府，治不了高老大和船工的罪，但案子不了，他们也休想脱身。

高老大抬头看了看这位说话的人，只见他宽额方脸、鼻高口正、双目炯炯有神，左边脖子上有一大块胎生朱砂记，身上虽是挑夫打扮，但眉宇间洋溢着一股英豪之气，凭高老大几十年闯荡生涯的经验，断定此人决非等闲之辈。

高老大说："依你之见该怎么办？"

"依我之见，林大哥为了保全咱一船人的性命，自己跳海祭龙王爷，我们大家念着他就是了。"

"唔？他族兄林大员外那里如何交代？"

"你说林大哥舍身保船，岂不顺理成章？"

"他家里又如何肯依？"

"人已经死了，不依也得依。另外，我们凑三百两银子，烦劳高老大捎回去抚恤林大哥家里。"

高老大是聪明人，明白江湖上一讲义气，二讲拼命。如果不就此收住，这汉子和那些船客发作起来，恐怕事情不大好办。

这时已经风平浪静，高老大叫船工们竖起桅杆，扯足风帆，然后把所有的船工都召集在一起，说："这位兄弟刚才说的，你们都听见了吧？到底怎么办，大家拿个主意！"

"大哥，听你的！"船工众口一词。

"听我的？"

"对，听你大哥的！"众船工说。

"那好，就依这位兄弟说的办！咱明年回到青龙镇，就说船一入海就遇上险恶，茂庆为了保全大哥的船和一船人的性命，跳海祭了龙王爷。客人感念他的仁义，募集了三百两银子，给他家里做抚恤。"

"好！就这么办！"

"你们都同意？"

"没说的！"

"好！拿酒——来！"

一个小伙计抱一只酒坛子，倒出一碗酒来。高老大从船头竹笼里抓出一只公鸡，一口将鸡脖子咬断，把鸡血滴在酒中。他端起碗，大声说："跟咱一条心的，把这血酒喝了！"说完，他自己咕咚喝了一口。其他船工都依次每人喝了一口。船工们把酒喝完，龙华老乡上前给高老大和众船工一一作揖道谢，然后向各位船客一抱拳头，说道："刚才的事大家都看到了、听到了，现在要募集三百两银子，抚恤林大哥家里。我和我家兄弟愿出纹银二百两，剩下一百两由你们大家分摊。出门平安最要紧，林大哥舍身祭海，我们出几两银子算得了什么？他家上有高堂老母，下有绕膝儿女，大家量力而行，凑上一点钱，也算是对死者的一点儿祭奠。"

说完，那个挑夫递给他一个包裹，从包裹里掏出四锭五十两的银子，往平基上一放。

高老大这艘船是客货轮，船上运的细瓷、锦缎、药材一类值钱的东西，出几两银子对这些商客来说算不得什么。这些商客也都是走南闯北的人，知道该花钱的时候不能吝啬，否则就会应了"人为财亡"这句话。他们见那位龙华人将四锭白花花的银子放在平基上，都纷纷去开自己的箱笼，掏自己的腰包。那些贫寒的船客也都慷慨解囊。菊香给他们一一磕头。

这时那位老道姑也不念经了，抖抖索索从行囊里摸出几块碎银子，约有二两重。龙华人一见忙拦住，说："师姑，你老人家就不必啦。"

其他乘客也都说："师姑，这银子你自己留着吧！"

老道姑拗不过大家，只得将银子放回行囊里，口中连声念着："善哉，善哉！"

一会儿的工夫，募到了三百五十多两银子和一些散钱。龙华人把多余的散碎银子和铜钱退回给那些穷苦的船客，将三百两银子包成一包，双手递给高老大："高大哥，你费心了！"

"放心吧，兄弟！"

就这样，一场风波平息了。

菊香在船上每日忙着烧饭、送水、沏茶之类的事。由于她手脚勤快，船客和船工都很喜欢，每日三顿吃食都亏待不了她。有些客人晕船，她就去帮助侍候，客人要给她钱，她怎么也不肯要，这样她就更加为大家看重。

菊香一忙完事，就来到老道姑身边坐下。船上那六七个女眷也都爱来陪伴老道姑，和她闲聊。时间长了，菊香从老道姑口中知道：她是无锡人，姓苏，名字叫静月，从小跟着父亲卖艺为生。16岁那年，父女俩流落到山东济南，不幸父亲暴病身亡。当地的地痞流氓见她孤身一人，就千方百计想欺侮她。她被逼无奈，就在济南宁明观出家当了女道士。

八年前，山东大乱，济南百姓四处逃难，宁明观无法维持，她就逃到家乡无锡的永贞观。这几年，天下更乱了，中原和四川的百姓像潮水一样逃到江南一带。小小的永贞观竟有两百多个道姑，每天连三顿薄粥也难维持。即使这样，每天还有本地的和外地逃难来的女子要求出家当女道士。这样永贞观的处境就更艰难了。正在这时，静月道姑的师姐纹玉从海南捎信给她，说自己年老多病，要她来崖州风清观主事。于是，静月道姑几经辗转，在青龙镇坐上了高老大的这艘海船。

菊香对自己遇上了这位善良的静月道姑感到十分幸运，下定了跟她到崖州去当女道士的决心。一路上，菊香细心照料静月道姑，一有空就替她送茶、递手巾。有一次，静月道姑头晕呕吐，菊香就掏出妈妈留给她的那枚古铜钱，替老道姑刮痧。一刮完，静月道姑就觉得舒适了许多。

船上别的女眷中暑，菊香也给她们刮痧。有一天，那位挑夫发了病，病得不轻。菊香见自己的恩人生病，就顾不得难为情要给他刮，那挑夫怎么也不肯，后来那位龙华人在菊香指点下替挑夫刮，刮得周身通红。挑夫睡了一觉，病也好了。

菊香是个干惯了活的人，她每天奔前舱跑后舱，为船客和船工忙碌着，船上的人都很敬重她，她也觉得心里畅快。

高老大的船在海上走了一个多月，这天，到了泉州。泉州是南宋的第一大商港，十分繁华。船要在泉州码头卸货装货，需要停二十天。船一进港，菊香顿时觉得眼花缭乱。港湾里大小船只不计其数。大的航船有十二帆、十支橹，看上去就像一座巨大的楼阁浮在水上。高老大的这艘船跟这些大船一比，就算不得什么了。

船工们把船靠稳，抛好锚，系紧缆绳，放下跳板，客人们就开始上岸了。

第四节 七星道观受戒

一个多月的船上生活，许多人全身浮肿，头重脚轻，都想上岸好好休息一下。客人们纷纷去找旅社酒楼。那位龙华人和挑夫也要上岸去，他们告诉菊香和静月道姑："我们就到泉州，不再往前走了。你们一老一少互相照应，一路上多保重！"

菊香心里非常感激这两位恩人，见他们要走了，不觉得两行热泪流了下来。她哭着说："请二位恩人留下尊姓大名，日后我好为二位供长生牌位。"

挑夫说："同舟共济，实属应该。大姐何必挂在心上？"

菊香见他们不肯留下姓名，不好意思再问，就跪下给他俩磕头。龙华人和挑夫连忙将她搀起。龙华人从包裹里取出一包银子，约有五十两，递给静月道姑，说："师姑，这些散碎银子，请收下，望你们一路平安！"

静月道姑见推辞不过，只得收下。龙华人和挑夫随即下船走了。

菊香望着他俩的背影，热泪直流。心想：这大千世界，真是什么人都有。有荣半镇、孟大老爷和婆婆那样的人，也有这两位恩人这样的人。日后我当了道姑，要天天为这二位念经祈福。

静月道姑在船上待了一个多月，手脚都肿了，见到跳板浑身发抖，菊香就背她下船。上了岸，两人就去找静月道姑的师妹美珍道姑的七星观。两人一路走一路问。由于语言不通，问了许多人都摇头，这可把她俩愁坏了。静月道姑认得字，她拿一根树枝在地上写了"七星观"三个字，可是接连问了五六个人，不是不识字就是不知道泉州还有个七星观。没有办法，菊香搀着老道姑继续往前走。

菊香第一次见到这样繁华的都市，一路走一路看，觉得什么都新鲜好奇。静月道姑一心想快一点找到七星观，催菊香说："别东看西看的了，快一点走吧，不找到七星观今晚我们上哪儿落脚？"

当这一老一少跨上一座大石桥时，菊香突然听见一个熟悉的乡音，抬头一看，只见这个人二十五六岁，一身短打扮，很面熟，但就是想不起他是谁。

这个人见菊香上下打量自己，心里也一愣，笑了笑问："你们是刚下海船的吧？"

菊香一听他这一口地道的浦东话，忙说："是呀，刚刚下船。叔叔，听口音你是浦东人？"

"是啊，我是浦东板桥镇人。你呢？"

"黄家浜，在板桥镇西北。"

"黄家浜？你是永泰叔的女儿菊香？"

"是啊，你是……"

"我是阿强，你不认识啦？那年在射猎庙你送给我一条竹龙，后来我拜顾松泉为师，在板桥镇修大桥，常常看见你给永泰叔送饭。"

"哎呀，原来是阿强哥！"

"是啊，是啊！菊香，你怎么到这儿来了？"

"逃难来的。你呢？"

"我们在板桥镇造完桥，就在浦东待不下去了。松泉师傅就带我们上泉州来了。到这儿造了九年桥。来的时候二三十人，如今死的死，散的散，在这儿就剩下五六个啦。"

静月道姑拉了菊香一下，菊香会意，忙问："你知道七星观在什么地方吗？"

"知道，知道。那地方不太好找。这座桥叫顺济桥，你们沿桥下这条路，往东奔鸡母港，到了那里再沿着海滩往北到万安桥，这是一座大石桥，有两里多长，到了万安桥，一问就知道。七星观离桥不算远。"

"善哉，善哉！"静月道姑连连向这位浦东石匠致谢，然后拉着菊香朝前赶路。菊香说了声："阿强哥，再见！"就跟着老道姑走了。她心里头像丢了什么东西似的，等回头再看顺济桥，阿强哥已经不见了。

按照石匠阿强的指点，静月道姑和菊香在黄昏时终于找到了七星观。七星观很小，东西无有偏殿，正殿后面有一排瓦舍，是道姑们起居休息的地方；前殿和正殿之间院子里铺着石板，显得十分洁净。正殿和瓦舍之间也有一个院子，种着许多说不出名字的花木，整个道观的四周都有围墙。围墙之外修竹繁茂，树木森然。这和繁华喧嚣的泉州城比起来，显得十分静谧。真是个存思止念，持诵修炼的好地方。

静月的师妹美珍道姑，是七星观的监院，她辈分高、学识好，全观上下对她很敬重。七星观的住持道姑是本地灵山人，今年已经六十多岁了，为人厚道、热情。她见监院的师姐远道而来，招待得十分周到，亲自安排食宿。

吃晚饭时，专管接待宾客的知客道姑在桌上摆了四样菜：素炒面筋、油焖笋片、青豆炒丝瓜、香菇冬瓜汤。住持和美珍道姑陪着吃饭。

住持只会说泉州话，听不懂静月道姑和菊香讲的话，美珍道姑是山东济南人，她和静月在济南共事十年，能懂师姐的无锡话；她来泉州十多年，对泉州话已经十分通晓。这样，美珍道姑自然成了翻译。

菊香很少说话，只是低头吃饭。这四样菜，菊香样样爱吃。她从来没有吃过这么素净、这么可口的菜。刚上桌时，她觉得全身困乏，只想早点儿休息，不想吃什么东西。可是这饭菜一进口，越吃越有味道，加上住持老道姑在一旁不停地劝吃，菊香竟吃两大碗米饭，菜的小一半也都进了她的肚。

静月道姑毕竟上了年纪，在船上颠簸了一个多月，没有胃口，只吃了一碗粥和几片香菇，就放下筷子。住持和美珍道姑劝她再吃一点，她摇摇头说，一点也不能吃了。

吃完饭，由两个小道姑撤去残席，擦净桌子，知客道姑端上茶水。静月道姑一见香气扑鼻的茶，心里一怔：我们道家崇尚喝茶，但只是男道士喝，女道士是不大喝的。今天怎么拿香茶招待我们呢？

住持道姑大笑道："我们八闽多茶，男女老少人人爱喝，几乎是无茶不吃饭。请静月师姐入乡随俗吧。"

静月道姑听罢笑了，心想：这真是百里不同风，千里不同俗呀。

美珍道姑用手指指茶碗，说："这是酽茶，是武夷山御茶园生产的，难得得很，你喝喝！"

"好，我试试。"静月道姑喝了一口，笑道："嗯，是不错！"

"还有一首歌专门唱这茶呢，我念给你听听：年年春自东南来，建溪先暖水微开，溪边茶茗冠天下，武夷仙人自古栽！"

"好，茶好，歌也好！"静月道姑说。

"那请喝吧，多喝一点儿！"主持笑道。

"喝，喝！菊香，你也喝呀！"静月道姑说。

静月一边喝茶，一边向师妹和住持说起菊香的身世和要出家当女道士的事。住持看看菊香，笑着问："你真的愿意受戒？"

菊香点点头"嗯"了一声。

静月又说："这可怜的孩子，人极聪明，什么事讲过一遍就记住了，而且能吃苦！"

"嗯，好！她愿意，就让她出家吧，你也好有个陪伴。"住持点头说，"选个吉日良辰，就在七星观让她受戒。"

喝了一会儿茶，住持叫监院美珍和知客带静月和菊香到卧房休息，自己也回房间去睡了。

菊香跟着走进卧房，一看收拾得真干净。洁白的夏布帐子，散发着清香的新草席，发亮的皮漆枕头，最叫菊香喜欢的是床上独幅被单，它是那样的华美。菊香用手摸了摸，又仔细看了看，发现它不仅幅宽，花样好看，而且织得十分细密。她忍不住问监院美珍："美珍师姑，这是什么单子，织得这么好！"

"呵呵，这是黎单，是黎人织的，所以叫黎单。"

"哎呀，这么好看！"

"这不算好看，咱出家人只能挑素净的买。有空你到城里看看，比这好看的多着呢！什么黎幔、黎席、黎单、花带、头巾，统统都是棉花织的，漂亮着呢。"

美珍道姑这几句话，菊香听入了迷。她想，自己老家种棉花，也纺纱织布，可是从来没有织过这么宽幅好看的单子。她好奇地问："这单子是什么地方产的？"

"崖州。"

静月道姑高兴起来，对菊香说："就是你纹玉师姑住的地方！"

"啊，那太好了！到了崖州，我一定要好好学一学！"

静月、美珍两位道姑一听都笑了。美珍又告诉师姐静月说："这泉州是个五方杂处的地方，这里的规矩和内地也不太一样，不是那么严。你见了别笑话。你们先休息几天，然后到城里走走，可以看看泉州街景。这泉州有四多：船多、店多、桥多、外国人多，等你们亲眼见见就都知道了。"说完，她就要师姐和菊香早点休息，自己和知客道姑也回房睡觉去了。

第二天早晨，菊香一觉醒来，静月道姑已经在殿里诵经回来了。吃早饭时，住持对静月说："你年纪大了，又是远道而来，好好歇息，不必事事认真。"

静月又对她说起菊香入戒的事。住持说："这几天泉州城里好几家做道场，观里应接不暇，菊香入戒的事要过几天再办，你看如何？"

静月道姑点点头说好。

为了不让静月道姑和菊香感到冷落，七星观住持要她俩到泉州各处观光。静月推却不过，只得和菊香一起跟着知客在泉州城里城外到处游览。

知客姓葛，名玉华，是个二十四五岁的年轻道姑，南安人。出身贫寒，年少时，地方上的富家子弟见她有绝色之姿，竞相追逐争斗，风波迭起。最后无法，玉华只得出家当了女道士。

玉华道姑对远道而来的客人十分热情。她带着静月和菊香先来到清源山。清源山上有孔泉，所以又名泉山，泉州城名也由此而来。

清源山方圆四十里，有三峰。山上奇岩嵯峨，泉清林深。道家在这里有许多宫观，殿宇宏伟而秀丽。最叫菊香感到新奇和兴趣的，是位于清源山右峰的老君岩。

这是一尊用天然巨石雕成的老君坐像，高一丈五，宽、厚各二丈余，刀法遒劲而柔和，眼眉、额纹、髭顺、衣褶，雕刻精细，造像生动而端庄，老君的神态和蔼、健康、愉快。

游了清源山，知客道姑玉华又带她俩游览泉州城。一共花了四天时间，才算粗粗地把泉州各主要的去处看了一遍。

她俩发现，监院美珍道姑说泉州有四多——船多、桥多、店多、外国人多，真是一点不假。

船多。泉州港湾里到底有多少船，谁也说不清，放眼望去，篷帆如云、桅杆如林、密密麻麻、层层叠叠，全是大大小小的船只，简直是一个船的世界！

店多。大街小巷都是店，绸缎店、珠宝首饰店、吃食店、客栈、药店、陶瓷店、茶店、竹木店、铁器店、水果店、肉店、米店，真是应有尽有。货栈里堆满各种货物，有的货物就堆在露天，高得像一座座小山一样。

桥多。泉州城里城外处处是桥。许多桥又宽又长。如万安桥，二里多长；安平桥，五里长；苏埭桥最长，有十多里长；另外还有石笋桥、顺济桥、盘光桥等等，也都是有名的大桥。这些桥不仅气势雄伟，而且造型十分精巧，看后令人惊叹不已。

外国人多。泉州城里外国人随处可见，许多体面的大商号就是他们开的。有大食的、天竺的、狮子国的、日本的、高丽的，三佛齐的、暹罗的……

菊香第一次见到外国人，分不清他们是哪一国的，只见他们有的红脸红胡子，有的蓝眼睛黄头发，有的黑得像刚漆过的一样，觉得十分新奇。

泉州的外国人，以大食人最多。他们不仅经商，而且在中国当官，世代居住在泉州，当地有他们不少的坟地和寺院。

这几天，不仅让菊香大开了眼界，就是走南闯北的静月道姑也长了不少见识。

转眼间五天过去了。这一天正是黄道吉日，七星观里红烛高烧，香烟缭绕，钟磬箫笛之声悦耳，菊香入戒仪式正式开始了。

这是一件隆重的大事，由住持亲自主持。七星观大小三十八位道姑，人人都到齐。

仪式将近结束，菊香穿上道服，戴上道冠，拜老道姑静月为师，正式出家成了一名女道士。从此菊香就跟着静月道姑诵习道家经文。一开始奉习的便是《玉皇经》，过了几天，菊香觉得整天焚香燃烛，拜神诵经，十分乏味，浑身都不舒服。

这一天，菊香正背诵着师傅昨天教的经文，见知客道姑玉华在院子里给花木浇水，她脚底一痒，就奔出去帮她担水。玉华拗不过，只得把水桶扁担交给她。菊香来到井台旁，拿起吊桶正要往井中放，突然发现井中有个人影，不觉得一惊，仔细一看，正是自己的倒影。不知为什么，她看到井中自己这副道姑模样，两行眼泪就不由得涌了出来。她正凄惶地望着自己的倒影，突然听见师傅喊她："菊香，菊香！"

"唉，来了！"菊香急忙打起一桶水，捧起来洗脸，就往回走。

"菊香，你不好好奉诵经文，呆呆地站在井台上干什么？"

"我想打水浇花。"

"打水浇花？老君五戒你忘了？"

"没忘。"

"说给我听听。"

"一者不得杀生，二者不得荤酒，三者不得口是心非，四者不得偷盗，五者不得邪淫。"

"嗯，背得倒是不差。不过还得认真奉持才行。咱道家言笑坐卧，衣食住行，无一不有法度。你自己想想，刚才这五戒中你犯了哪一戒？"

"我……我……"

"说不上来？我问你，刚才你为什么在井台上哭泣？"

"啊，师傅……我……"

"这老君五戒才是刚刚开始，等你到了言行不苟，恶念尽消之时，方能受初真十戒，受了初真十戒，要受中极三百戒，受了中极三百戒，还要受天仙大戒。一步走歪，步步走歪，你可要当心啊！"

"是，师傅。"

"好好念经去吧。"

第五节　从泉州到崖州

时间过得真快，转眼二十天过去，高老大和全体船工来到天妃宫拜谒了海神，船又要往前走了。

这天早晨，静月道姑和菊香师徒俩拿了自己行李，向住持、监院和大小道姑辞行。临上船时，住持一再对师徒俩说："到了崖州，如果水土不服，耐不住瘴疠，就回到七星观来。"

静月道姑连声拜谢，请她们快点回去。可是她们怎么也不肯，一直等开船才回七星观。

船上原来的客人剩下不到一半了，另外的则是从泉州新上来的。从青龙镇到泉州，船工们的饭菜全是由菊香做，高老大本来想，从泉州到崖州仍让她做。但等上船一看，她已经出家当了女道士，就不好意思张口了。可是菊香是个闲不住的人，整天坐在师傅身边背诵经文，觉得实在难受。到做饭时间，她就要去给船工们做饭，好在静月道姑倒也通达，心想这次漂洋过海，菊香和自己多亏高老大他们的照应，就答应菊香一天三顿仍去帮船工做饭。除此之外，菊香还想象和来泉州前一样，替别的乘客送茶递水，洗洗涮涮，可是那些新旧船客连连摆手，说："师姑，罪过！罪过！"菊香发现自己身上的这身道服把自己和船上的其他人隔离开来了。

从泉州到崖州，天天都刮东北风，船走得十分快。这一天天特别好，虽然已是深秋时节，但太阳还是把船上所有的人烤得发慌，尽管有海风，但人们仍不停地挥着扇子。突然，菊香旁边一位乘客高喊：

"到了！到了！"

"什么？到崖州了？"菊香问。

"不，是独珠山。你看！"客人说着伸手朝右前方指去。

"那不就是海上普普通通的山吗？"

"不，这个山可有名哩！"

"怎么有名？"客人身后一位斯文的读书人问。

"你知道燕窝吗？相公？"

"知道。那是筵席上的珍馐啊！"

"对！这独珠山上出的燕窝最好。现在远远看去这山好像不高，其实险着呢！要到那山崖上的石洞里采燕窝，可不是件容易的事，每年都摔死人！"

"见到这独珠山，离崖州不远了？"

"嗯，不远了。只要风好，后天就可以到。"

菊香听说后天就能到崖州，心里一阵快活。

突然，她发现从天边飞来一朵朵火红火红的云彩，啊，真是好看极了：白帆，金日，碧海，蓝天，红云，构成了一幅神奇的图画。她忍不住喊道："你们看，那些云彩多好看！"

听到她的喊声，客人们都停住扇子朝天边看去。一位去天竺经商的客人高兴地说："这下可好了，可以凉快凉快了！"

"凉快？这大热天怎么凉快？"一位船客问。

"一会儿那红云就盖到咱们头上，等雨一下，我看你添不添衣服！"

客人们一听这话，可高兴了，巴不得马上下雨。他们相信这位客商的话不会有错，他每年都走这条海路。

果然，才一顿饭的工夫，那红云越来越多，终于连成一片，颜色也由红变黑，顿时乌天黑地，冷风四起。高老大叫船工们落了篷帆，对乘客们喊道："各位客官，进舱去，马上要下大雨了！"

客人们刚钻进船舱，雨就像天河漏了底似的往下倾泻。此时，船舱里还热得像蒸笼一样，有两位年轻客人闷得实在受不了了，就想出来凉快凉快。可是一跑到平基上，那冰冷的雨水浇得他们嗷嗷乱叫，扭头又钻进舱去，浑身的汗毛都竖起来，冻得一身鸡皮疙瘩。

不到半个时辰，雨停云散风静。人们纷纷走出船舱。天还是那么蓝，海还是那么碧，太阳还是那么亮，可是天气竟变得这么凉爽，好像换了一个季节。那位斯文书生在平基上踱着方步，说："这海南的天气真是有趣，怪不得唐诗云：红云带日秋偏热，海雨随风夏却寒。真是一点不错！"

高老大的船往前又驶了一天多，崖州已经在望可即。高老大对客人们说："崖州快到了，各位客官请准备好。"

"公公，船到了崖州就掉头回青龙镇吗？"菊香问。

"不。泉州又上了几位大食国的客人，装的大都是他们的货。这船还得去大食国呢。"

"什么时候才回到青龙镇呢？"

"怎么？你想回去了？"

"不！我随便问问。"

"噢，得明年春夏才能回到家，路远着呢！"

"不是说到了崖州就到了天涯海角了吗？"

"哎，天哪有什么边，海哪有什么角？到了崖州，往南是千里石塘，千里石塘再往南，还有一大群岛子，这还没出大宋的地界，到占城就出国了，往前的国度多着呢，什么真腊、暹罗、狮子国、天竺、大食……那路比青龙镇到崖州还要远得多!"

"哎呀,这天地真是没个边呀!"

船慢慢靠了岸。菊香背起行囊向高老大和船工们千恩万谢地告别,搀着师傅静月道姑上了岸。

崖州城比泉州城小多了,这里没有繁华的街道,没有喧嚣的人群,更没有那鳞次栉比的房舍,是一座僻静的小山城。从泉州这样的大都市乍到这里,不免使人产生冷落荒凉的感觉。

风清观不在崖州城里,而是在城东十多里的一个小山坡上。静月与菊香师徒俩一直到晚上掌灯时分才在一位好心的黎人的帮助下找到了它。

这风清观也远非泉州七星观可比。它一共只有一幢三间的屋宇,当中一间殿堂供着玉清元始天尊、上清灵宝天尊、太清道德天尊的神像和昊天金阙至尊玉皇大帝、中天紫微北极大帝、勾陈上宫天皇大帝、承天效法土皇地祇的神像。除了这三清四御之外,还供着别的一些神像,把整间殿堂塞得满满当当的。殿堂两侧的耳房是道姑的卧室和存放拜垫、法器、经文之类的仓房。仓房的后面还有一间小茅棚,那就是道姑们做饭吃的地方。

静月和菊香师徒俩赶到风清观,老道姑纹玉已经奄奄一息。静月见师姐病成这副样子,顾不得放下行囊,抢上一步俯在老道姑床前,叫道:"师姐!"

老道姑纹玉在弥留之际,心里仍盼望师妹静月的到来,现在突然听见静月叫她,她只觉得眼前一亮,猛地从床上坐了起来,拉住静月的手连声说:"师妹,可把你盼来了,可把你盼来了!"

"师姐,你快躺下,别累着。"

"不,师妹,趁我还有一口气,我把观里的事交代一下。前年闹了一场瘟疫,我的两个徒弟死了,现在只剩下我和惠云、瑞思三个人了。惠云不到二十岁,瑞思才十二岁,你想想,这叫我怎么放心得下?我躺在病床上天天想你,天天盼你,今天总算盼到了。你一来风清观有了主事之人。这我就放心了,我就放心了……"纹玉老道姑说着说着声音渐渐变小了。

"师姐!师姐!"静月扶住她急呼。

纹玉老道姑睁开眼,微微一笑,继续吃力地说:"你一来,我就放心了,我就放心了，我就放心了……"突然老道姑头一歪，眼一闭，羽化仙逝了。

师姐纹玉一死，静月就成了风清观的当家道姑。菊香和惠云、瑞思一起在静月道姑的带领下，正式开始过那女道士的苦修生涯，在神龛前，青灯下，琅琅的诵经声中，打发自己的青春年华。

第六节　凤凰寨黎家情

风清观的香火实在不盛，平日很少有人问津，门前总是冷冷清清。静月老道姑初来乍到，以为这一带的百姓都不信道教。其实是因为附近的百姓太穷，平时，他们仅以芋头、木薯、熏老鼠、烤蝙蝠之类的东西充饥，哪里有钱烧香敬神！

一般的人病了，就请寨里的巫师胡乱地念一念，唱一唱，等病得实在不行了，家里人才备了香烛来风清观。然而病家求到的符水，根本治不了什么病。乡亲们认为风清观并不灵验，来光顾的人就越来越少了。

听惠云道姑讲，六年前她刚进观时，这风清观的境况还不错。那时候，风清观有前、中、后三大殿，虽说屋宇并不高大，更没有雕梁画栋，但是这规模在当时崖州的庙观中不算小了。崖州城里的一些有钱人家常请观里的道姑做道场，观里的收入还可以。三年前，一场少见的风暴把中殿和前殿全部刮倒，七位道姑压死了。纹玉老道姑带着四个幸存下来的徒弟，掩埋了七位被砸死的道姑，从废墟里请出太上老君、玉皇大帝等大小神像，一齐供在没有倒塌的后殿里。风清观本来就没有什么庙产，加上这一场风暴的侵袭，元气大伤。崖州城里的那些老施主也断绝了来往。去年又闹了一场瘟疫，又死了两个道姑。从此，这风清观就愈发一蹶不振了。

今后怎么办呢？静月老道姑时时刻刻都为此忧虑。来到风清观的第三天上午，静月老道姑在殿堂里念完经，回到她和惠云睡的东耳房又发起愁来。她想：风清观只有出账，没有进账，长久下去怎么行呢？静月道姑有一个五十两的银元宝，那是在泉州港码头上那位龙华人临别时送的。老道姑心想，不到万不得已，不能用这个银元宝。突然，老道姑又想起，船到崖州时，高老大也送过一个纸包。于是，静月老道姑来到菊香和瑞思睡的西耳房，对菊香说："菊香，高老大给的那个纸包里有多少钱拿出来看看?"

"师傅，那包钱放在你床下的藤箱里。"

"噢，快拿出来数数看。"

菊香跟着师傅来到东耳房，从老道姑的床下拉出藤箱，取出那个纸包，揭开一层又一层的油纸，等揭到最后，静月和菊香师徒俩都惊呆了：出现在她们面前的是两个白花花的银元宝。静月道姑拿起来看了看，见两个元宝底上都铸着"吕府"两个字。老道姑觉得十分诧异，忙叫菊香把龙华人送的那个元宝也拿出来。这个底上也铸有"吕府"两个字。菊香明白了：高老大送的这两个银元宝，就是龙华人要高老大带回青龙镇抚恤林茂庆家里的那一百两银子。

"师傅，高老大为什么要把这两个元宝送给我们呢?"菊香不解地问。

"是啊，我也捉摸不透。"老道姑说。

"这里会不会有什么蹊跷?"

"那倒不会。高老大不像是个做手段的人。"

"我给他们做三个月的饭，要给工钱也给不了这么多啊!"

"他们这些跑码头的人，走南闯北，不在乎钱，一二百两银子在他们眼里算不得什么。"

菊香望着那三个元宝，心里想：什么时候再能见到那两位恩人和高老大呢?

静月老道姑有了这一百五十两银子，心里踏实了不少，她带着四个徒弟天天在观里焚香燃烛，供奉神灵。

时间过得很快，不觉一年时间过去了。风清观的门前依然很冷清，就是有人来求签问卦讨符水，也只是送一些芭蕉、椰子、槟榔之类的东西，给不出什么丰厚的酬谢。

风清观里的香炉每天都要冒烟，蜡台上的香烛每天都得点燃，四个道姑每天都要吃饭。俗语说："坐吃山空，立吃地陷。"才一年的时间，就贴进去五十两银子。静月老道姑心想，照此下去，如何是好? 没办法只得分头出去打斋米。

出去打斋米，菊香很高兴。她觉得爬山走坡，比站在神像前念经痛快多了。每次打斋米，菊香总是跟瑞思一起出去。瑞思是黎家姑娘，聪明活泼，和她一起出去，在说笑间就学黎话。瑞思呢，也愿意跟菊香作伴，她觉得菊香待她亲如姐妹。

走出风清观，好比鸟儿飞出笼子。

海南的奇花异木、珍禽瑞兽，秀丽的风光、丰富的物产，强烈地吸引着菊香。然而，最能吸引菊香的是那五光十色的黎单、黎幕、黎幔以及织造它们的黎家姐妹。

菊香来自黄浦江边，什么样的河鲜海货都见过，可是到了崖州还是让她大开眼界。这儿的一只龙虾有十几斤重；螃蟹每只有八九斤重；海龟更不用说了，每只有四五百斤。每次出去打斋米，只要看见黎家姐妹在纺纱织布，菊香就站在一边出神地观看，一看就是半天。开始，黎家姐妹以为自己布施的东西太少，所以菊香师姑不肯走；时间长了，她们才知道：菊香师姑并不是嫌布施少，而是看她们纺纱织布入了迷。慢慢地黎家姐妹和菊香亲近起来，招呼她坐下一边干活，一边和她攀谈。遇到菊香听不懂的地方，瑞思就给做翻译。白天菊香出去打斋米，如果不看一看黎家姐妹们纺纱织布，就觉得丢了什么东西似的。

晚上，募化回来躺在床上，菊香的眼睛一闭，黎家姐妹们的那一张张亲切的笑脸，那一幅幅美丽黎单、黎幕，就会浮现在眼前。现在菊香明白了，黎家姐妹所以能织出这么漂亮、这么结实的黎单、黎幕，一是她们心思灵、手脚巧，二是她们有一套好的制棉工具。自己家乡，织布机很窄，织出的布只有二尺来宽，而且布的颜色太单调，图案太死板；这里的织布机多宽、多灵巧！织出的布每幅有三四尺宽，颜色很鲜，图案花样也多。菊香想：如果自己的乡亲们也都用上这样的织机，织出各种各样漂亮宽幅布来，那该有多好啊！

自己家乡，乡亲们都用双手剥棉籽，又慢又费劲；这儿乡亲们都用擀杖擀，比手剥轻快多了。自己家乡的乡亲们弹棉花都用尺把长的线弦小弓，弹不快，弹不透；这儿，用的是四五尺一把的绳弘大弓，弹的棉絮疏松白净，而且快了好几倍。自己家乡，纺纱都用单锭手摇纺车；这儿用的是三锭脚踏车，比家乡快了两倍多。

　　这一天上午，菊香和瑞思来到一个名叫凤凰寨的村寨。这寨子有七八十户人家，寨里种着许多高大的树木，那挺拔树干上正开着无数鲜艳的红花，每朵花足有碗口那么大，看上去像一朵朵跳动着的火焰，真是美极了！菊香忍不住问："瑞思，那是什么树，它的花怎么这样好看？"

　　"师姐，那是木棉树。"

　　"木棉树？长棉花的？"

　　"嗯。这些火红的花一谢，就结果夹子。等果夹长大裂开，里面就是木棉。"

　　"这木棉能织布吗？"

　　"能织布，不过织的布没有草棉的好。我们都用它来做枕芯。我们观里的那些枕头拜垫里装的就是木棉。"

　　两个道姑说着话，就来到了村头一棵榕树下。树荫里，十几个黎家妇女正在忙碌。有的在纺纱，有的在织布，有的在舂米，有的在绣花，还有两个在不远的溪边洗衣裳。她们见两个道姑走过来，就热情打招呼，有的送给香蕉，有的送米，有的送煮熟了的芋头。菊香和瑞思连声道谢。

　　紧挨树身的一块石头上，坐着一位满头白发的老奶奶，正在缝补衣裳。她看了看两位道姑，对身边一位十二三岁的姑娘说："紫荆，去拿两个椰子来。"

　　一会儿的工夫，紫荆姑娘提着两个椰子来到老奶奶跟前。老奶奶对菊香说："两位师姑，送两个椰子给你们解解渴。"

　　菊香和瑞思急忙上前施礼："谢谢老奶奶，太上老君保佑你长命百岁！"

　　"好，好，师姑，谢你们的吉言，我再活上四年，活足一百岁！"

　　"怎么？老奶奶，你今年已经九十六啦？"菊香不禁问。

　　"是啰！"老人伸出手指着前面一排高大的椰子树，说："那六棵椰子树，是我结婚那年种的，如今已经八十年了。你们别看树老，结的果可甜哪！"

　　"哎，你们打开尝尝，这两个椰子就是那树上长的！"

　　"不！老奶奶，我们要带回去。"瑞思说。

　　"我叫你们吃，你们就吃。要带回去，我还有呢！"

　　"两位师姑，吃吧！"一位舂米的大嫂说："她老人家叫你们吃，你们就吃吧。她的话在凤凰寨人人都得听，就是咱们寨主龙公在她面前也是百依百顺。她是我们的黎山老母！"

正说着，突然凤凰寨的寨主柏通来了。他五十来岁，中等个子，黝黑的脸庞略带清瘦，留着三绺小胡子。他怕那位大嫂口出不逊，得罪两位道姑，赶忙厉声呵斥道："你在瞎说些什么？黎山老母是道家的神仙！"龙公说着转身又对菊香和瑞思说，"二位师姑，我们山野之人多有冒犯，多有冒犯！"

菊香正要说些什么，那位老奶奶却先说了话，她指着龙公柏通的鼻子呵斥道："你到这儿干什么？回去，回书房好好读书去！"

龙公一走，老奶奶对菊香说："师姑，你们道家有位黎山老母，达观子吃了她的麦饭，肚子再也不饿。我是这儿的黎山老母，你们吃了我的椰子，从此就会不口渴！信不信？"说着老人呵呵地笑了。

菊香和瑞思也笑了。

老奶奶对紫荆说："紫荆，拿刀给两位师姑把椰子打开！"

紫荆姑娘动作十分熟练，没几下就把椰衣扒开，在椰壳上捅了一个洞，交给菊香，说："师姑，请先把这椰子水喝了。"

菊香捧起椰子，咕嘟嘟地喝了起来，十分清凉可口。喝完水，紫荆把椰壳打开，取出乳白色的椰肉叫菊香吃。然后，她又给瑞思开椰子。

老奶奶见菊香吃得津津有味，笑着问："师姑，怎么样？特别甜吧？"

"嗯，老奶奶。"

"那是我八十年前种的树，是我跟柏通他爷爷结婚那年一起种的……"

"祖奶奶，你又来了！人家是出家人！"春米的大嫂说。

听了春米大嫂的话，老奶奶不作声了。

菊香吃完椰子，到溪边洗了洗手和脸，就坐在紫荆身旁仔细地看她织布。看了一会儿，说："紫荆妹，我来试试，行吗？"

紫荆抬起头看了一会菊香，笑着说："行啊，来吧！"说着就跨出了织布机。

菊香坐进布机，就织了起来。她虽然是第一次用这种宽幅的织布机，半年来她一直用心观察黎家姐妹纺纱织布的每个动作。俗话说"外行看热闹，内行看门道"。菊香在家时就是一个纺织能手，用心看了半年，她对黎家姐妹的高超织布本领，就心领神会了。所以，上手没过多久，她就适应了，而且越织越顺手。站在一旁的紫荆姑娘和其他黎家妇女，见她织得这么熟练，很是惊讶。紫荆姑娘问："菊香师姑，你以前也织布吗？"

"嗯，也织。不过我家乡的布机没有这么宽，没有这么好使。"菊香一边说，一边织。

瑞思见师姐根本没有走的意思，就帮那位舂米大嫂舂起米来。一直忙到中午，才肯歇手。那位舂米大嫂要留她们吃午饭，她俩不肯，转身刚要走，被紫荆姑娘一把拉住："别走啊，两位师姑，饭都煮好了！"

话音未落，从溪边跑来一个七八岁的男孩，他提着一只竹篮，篮子里放着五六节毛竹筒。男孩把篮子递给紫荆，两只眼睛眨巴眨巴地看着菊香和瑞思。那位大嫂说："阿椰，把竹筒打开，请师姑吃饭。"

阿椰兴冲冲地用刀劈开竹筒，筒里雪白的米饭香气扑鼻。菊香从未吃过用毛竹筒煮的饭，见阿椰把饭递过来，忘了道谢就伸手去接。老奶奶乐了，说："吃吧，竹筒焖的米饭好吃着哩！"菊香和瑞思互相看了一下就吃了起来。这时，大榕树下别的妇女也都开始吃午饭，她们有的吃糯米饭，有的吃芋头，有的吃香蕉，有的吃木瓜。阿椰一边吃饭一边看着菊香和瑞思，突然，他放下竹筒，像一只野兔似的奔到家中。一眨眼的工夫，他拿着一把木勺又跑回到大榕树下，从木勺里拿出一块咸鱼放到菊香的饭上，转身往瑞思的饭上也放了一块。菊香和瑞思见到阿椰这个突然的举动，喊了声"啊呀"，不知怎么办好。

"阿椰！"大嫂拉过儿子打了他一巴掌。

阿椰突然挨了母亲的打委屈地哭了。老奶奶在一旁听见，忙问："阿椰，哭什么？谁打你啦？"大嫂赶忙说："老奶奶，你看这怎么办？阿椰这孩子不懂事，把咸鱼放到了两位师姑的饭上！"

"哎呀，这还行！得罪师姑了！"老奶奶说着就起身朝菊香和瑞思走来，"师姑多担待，宽恕他这一回吧！"

"老奶奶，不要紧的，他年纪还小。"菊香说。

大嫂对儿子说："阿椰，还不谢谢姑姑！"

阿椰哭着说："好姑姑，下次我不敢了！"

菊香抚摸着阿榔的头说："阿榔，不要紧的，姑姑不怪你。来，把这饭和鱼吃了。"

阿榔摇摇头，望了望母亲和老奶奶。老奶奶说："听姑姑的话，吃吧，吃了有福气。"

阿榔接过饭就吃了起来。他一边吃一边望着菊香，心里想："这位姑姑的脾气这么温和，可是给她鱼吃为什么不高兴呢？真奇怪呀！"

菊香吃了些大嫂给她的木瓜和香蕉，又继续织布。瑞思还是帮大嫂舂米。两个人一直干到太阳西斜的时候，才拿着乡亲们送给她们的米、椰子和木薯回去。等她们把这些东西背回风清观，都累出了一身大汗。

第七节　黎汉苗是一家

静月老道姑年迈体弱，不能天天出去募化。她的徒弟们募化回来的东西，刚刚够填饱肚子。崖州多雨，大雨天出不了门。风清观的四位道姑已经整整九天没有出门了。这天早晨，雨仍在哗哗地下着。静月道姑在殿堂里一边念经一边想："怎么办？早晨每人喝一碗粥，中午一粒米也没有了，得冒着雨去募化，不然一个个都要饿倒在这风清观里。"

念完经，老道姑把三个徒弟叫到东耳房，说："这几天都把你们饿坏了。雨还不肯停，我们得披上蓑衣打斋米去。"

惠云说："我们风清观附近的寨子都穷得很，乡亲们自己尽吃芭蕉、熏老鼠，烤蝙蝠，还有什么东西布施给我们呢？"

"哎，菊香，上几次你和瑞思拿回来了不少东西，是从哪个寨子募化来的？"静月老道姑问。

"是从凤凰寨募化来的。附近几十个村寨，就数凤凰寨富裕，可是我们不能三天两头总往那儿跑呀！"

"唉，是啊！"老道姑叹了口气。

"师傅，我想出了个办法！"菊香说。

"什么办法，菊香？你说说。"

"我想把观后的荒园子开出来，种上香蕉、木瓜和蔬菜，到尴尬的时候可以充饥。"

"嗯，好。等天放晴了，我们就干。"

"还有，还有……"

"还有什么？说吧！"

"还有我想买两张布机，有空了可以织点布，拿到崖州城里去卖……"

"不行，不行！"老道姑连连摇头，"这样一来，咱这风清观不就成作坊了？经还念不念？"

"我是说念完经有空就织布……"

"那怎么行呢？织布机乒乒乓乓的声音，会搅得神灵不安的！"

听师傅这么说，菊香不作声了。老道姑叹了口气，说："都走吧，打斋米去。"

四个道姑把风清观的大门一锁，穿上蓑衣走了。

菊香还是和瑞思一路，走不多远，瑞思对菊香说："师姐，我们这次还是到凤凰寨去吧，十几天没去了。"

"好。"

"到了寨里，我们别挨家挨户讨，就到紫荆家去帮她家干活。"

"对，我们帮她家干活，那老奶奶哪次都没少布施咱们。"

菊香和瑞思一边走一边说，大约走了一个时辰就来到了紫荆家的门口。老奶奶眼睛很亮，一眼就认出了她们，连忙招呼说："两位师姑，快进来！"

这是一间四面有窗口的草屋，虽然下着雨，但由于窗户大，所以屋里不暗。紫荆和大嫂都在屋里，见菊香和瑞思进来，紫荆热情地上前帮她脱蓑衣，摘斗笠。菊香见大嫂正在擀棉籽，就对大嫂说："大嫂，我来试试！"

"不了，师姑，干这活挺累的。"

"不怕，大嫂，你让我学一学吧！"

大嫂对菊香已经熟了，见她一定要干，就说："好，你试试吧！"菊香接过擀杖，觉得很沉，问，"这是铁的？"

"不是的，木头的。"老奶奶说，"你看看，还有木纹哩！"

菊香仔细看了看，果然不错，问："老奶奶，这是用什么木头做的，怎么这样沉？"

"这是用子京木做的。这子京木放到水中就沉底。它还特别硬,用斧子砍还冒火星哩!"

"哎呀,这子京木真厉害!"

"还有哪,这子京木不怕水沤虫蛀,埋在地下千年不朽!"

菊香听了老奶奶的话,又仔细看了看手中的擀杖说:"好,我来试试!"说完就学着大嫂的样子擀了起来。她一边擀一边问,时间不大她学会了,就是不熟练。她想,我得好好用心练,擀得像大嫂那样才好。她使劲地擀呀擀呀,身上出汗了,不肯歇;手上起泡了,仍然不肯停。她看到自己亲手擀好的一捧捧棉花,心里高兴极了。心想,这些棉花如果用手剥,得剥多少时间!可是擀着擀着菊香觉得眼前一黑,"扑通"一声倒在了地上。大嫂急忙停下来,问,"师姑!你怎么啦?你怎么啦?"

老奶奶、紫荆、瑞思扔掉手中的活,也都围了上来。只见菊香闭着眼睛,脸色苍白,一句话也不说。紫荆趴在菊香身上哭了:"师姑,你醒醒!你醒醒啊!"

"紫荆,快!快去叫你阿爸来!"老奶奶也急了。

龙公柏通跟在女儿紫荆后面急急忙忙从后面书房跑来,他给菊香诊了诊脉,问:"她是怎么晕倒的?"

大嫂说:"她刚才还是有说有笑的,擀着擀着突然倒下了,不知道为什么。"

龙公问瑞思:"菊香师姑以前有突然晕厥的病吗?"

"没有,龙公。"说着瑞思哭了,"她是饿晕的!"

"啊?饿晕的?"老奶奶问。

"嗯。我们好几天来都饿着肚子,今天早晨每人只喝了一碗薄粥,赶了十多里路,到了这儿她又使劲擀棉籽……"

"快!紫荆,拿水来,放蜂蜜!"龙公吩咐道。

"嗳!"紫荆应着就朝厨房奔去。

大嫂心疼地埋怨瑞思:"瑞思,你们刚才为什么不说呢?"

"师姐说,我们老来凤凰寨募化,真不好意思,应该帮着多干一点活。"

"唉!"老奶奶拍了拍瑞思的肩膀,"瑞思,这就要怪你了,你是黎人,难道你不知道咱们黎家的规矩？怎么能让客人饿着肚子？"

一会儿，紫荆端着蜜糖水来了。大嫂扶着菊香，龙公亲自喂给菊香喝。喝了蜜糖水，菊香觉得舒服了不少。

"孩子，好些吗？"老奶奶问。

"好多了，老奶奶。"

"是饿的吧？"

菊香不好意思地低下了头，没有说话。

龙公说："菊香师姑，你别把我龙公当作外人。我们黎人是穷，是苦，但是我们凤凰寨还供得起你们。你们来打斋米，是看得起我们。你们来得越多，凤凰寨越吉祥，越光彩！"

"柏通，别多说了，她们还都饿着肚子呢！"老奶奶说。

"碧珠，快去拿粽子来！"龙公柏通吩咐完儿媳妇，又对菊香和瑞思说："今天是五月初五，请你们吃粽子。"

"龙公，你们黎家也过端午节？"菊香问道。

"过，我们跟中原一样，上元、清明、端午、中秋、重阳、冬至、祭灶、年夜，全过。"

"哎呀，那真跟我们家乡一个样！"

"本来就一样嘛，俗话说黎民百姓，黎民百姓，实际上不止一百个姓，不过不管姓什么都是炎黄子孙。"

一会儿，大嫂端来一木盆粽子。老奶奶说："来，尝尝，看看咱黎家的山兰粽子怎么样！"

紫荆一边把粽子递给菊香和瑞思，一边说："这是龙眼的，吃吧！还有荔枝的、豆沙的。"

龙公柏通见菊香和瑞思吃得挺有滋味，就问："菊香师姑，你家乡包的粽子跟这差不多吗？"

"嗯，差不多。不过我们都用芦苇叶包，不用这箬叶包。我们挨着黄浦江，到处都是河滨池塘，芦苇多得用不完。"

"你们家乡是咱大宋有名的鱼米之乡。俗话说：'苏湖熟，天下足。'你们松江夹在苏州、湖州之间，更是个富庶的好地方！"

"你会包粽子吗？菊香师姑？"紫荆问。

"会，我会包四角粽、五角粽、八角粽。"

"啊！那太好了，你教我包五角粽、八角粽好吗？"紫荆高兴得跳了起来。

"行，行！"龙公说，"下午再包一斗糯米，菊香师姑，你教教她，教她包你们松江的粽子！"

"嗯，好。"

"菊香师姑，"老奶奶说，"你吃呀，吃饱，别客气！咱们黎汉是一家人，是一个老祖宗传下来的。"

"一个老祖宗？"

"嗯，对，是一个老祖宗。很久很久以前，有一对老猴子，他们生下了三个孩子，第一个是黎人的祖先——黎山老母，第二个是汉人的祖先，第三个是苗人的祖先……"

"真的？老奶奶！"菊香大为惊讶。

"当然真的，黎汉苗是一家！"

"那你就是那对老猴子生的？"

所有人都哄堂大笑，老奶奶更是笑得前俯后仰。紫荆突然抓住老奶奶的胳膊说："祖奶奶，你笑出眼泪来了！"

"这有什么好奇怪的？高兴嘛！"老奶奶说。

"那你哭的时候怎么没有眼泪？"

"去！去！我什么时候哭过？"

"你忘了？昨天还哭呢？你和阿椰争甘蔗吃，他说你没几个牙齿了，不给你吃，你呜呜地哭了，可就是没有眼泪！"

"紫荆！"龙公柏通喝道，"在祖奶奶面前不准放肆！"

听了龙公这话，老奶奶不高兴了，"柏通，我和紫荆说笑，要你多嘴什么？"说着她把紫荆搂在怀里，"紫荆，别怕你爸，有我呢！"

菊香对龙公一家感到既有趣又不解。突然老奶奶笑着问："菊香师姑，你怎么说我是老猴子生的呢？"

"你不是说那对猴子生的第一个孩子是黎山老母吗？"

屋子里又是一片笑声。老奶奶说:"黎山老母,这是寨子里小辈人送给我的一个绰号,也是敬重我的意思。真正的黎山老母是我们黎家的老祖宗,不知是多少朝代以前的人。我还不到百岁,哪里真是什么黎山老母!"

"噢——"菊香也笑了。

"不过,在这凤凰寨就数我年纪大。寨里几百口人不管男女老少,都听我的。就是紫荆她爸,别看是这凤凰寨的一寨之主,也得听我的!"老奶奶说着转向龙公,"柏通,你说是不是?"

"是,孙儿听祖母的吩咐!"站在一旁的龙公毕恭毕敬地说。

"这里没你的事了,回书房好好念书去吧。"

老奶奶刚说完,龙公就乖乖地走了。

菊香喝了蜜糖水,吃了几个粽子,又开心地谈笑了一阵,慢慢身上就有了力气。她对阿槟母亲碧珠说:"大嫂,你们不是还要包粽子吗?我帮你们包。"

大嫂和紫荆,拿来浸好的山兰糯米、龙眼肉、荔枝肉、赤豆和一篮子竹叶。菊香先包了几个四角粽子。老奶奶一见快活地说:"哎呀,菊香师姑,你的手真巧,包的粽子这么光溜、结实!"接着,菊香就教紫荆包五角粽子和八角粽,紫荆姑娘学得很快,时间不长就包得挺有样的了。老奶奶、大嫂和瑞思也都学会了,老奶奶一边包一边说:"我们凤凰寨的人都爱吃粽子,以后你们有空就来,挨家挨户去教,让她们都学会包松江粽子!"

五个人一齐动手,说说笑笑,一斗糯米很快就包好了。大嫂和紫荆把粽子拿到厨房去,瑞思还是纺纱,菊香仍旧擀棉籽。也许是吃了东西,手中有力气,菊香现在拿出擀杖,觉得比早上顺手多了,不用费多大劲,棉絮和棉籽就在她的擀杖下分离开了。她想:这擀杖真好使,以后要是有人回松江,我一定给大妈和凤英她们捎几付回去。

窗外的雨渐渐停了。老奶奶看了看天气,叫菊香她们早点回去。大嫂和紫荆姑娘把刚才煮好的一斗米粽子分装在两只竹篮里,叫菊香、瑞思拿回风清观。菊香和瑞思怎么也不肯收这么多。最后老奶奶说了话:"你们到了凤凰寨,到了我家,就得听我的话,我叫你们拿回去,你们一定得拿回去!"

"老奶奶,您老的情我们领了,不过这粽子太多了!"菊香说。

"不多！不多！这都是素的，是专门给你们包的。你们要是不拿走，下次别来凤凰寨了！"

看老奶奶要生气，菊香和瑞思只得连声道谢，拿着两篮粽子回风清观去。

一路上，菊香对瑞思说："瑞思，明天起我们每天去帮紫荆家干活，好吗？"

"好，老奶奶家待我们真好！"

"是啊！他们布施这么多东西，我们不能光说一声谢谢，就把东西拿走了。"

"对。"

"今后，我们天天去帮寨里的人纺纱、织布、舂米……有什么活干什么活！"

"好！这比饿着肚子念经强多了。"

"自己不做活，到人家门口一站，要别人布施，我心里总觉得挺难为情的，我们又不是没有手脚，干吗要讨来吃？"

"哎，师姐，你又说这话了，让师傅再听见，她可真要生气了！"

菊香低下头，不再说话，默默地朝前走着。走了一段，她说："对，师傅年纪大了，身体又不好，我们不能惹她生气，不要让她伤心。"

第八节　太上老君显灵

今天静月道姑带着惠云冒雨出去募化，可是除了化到一些香蕉、木瓜之外，别的什么也没有。静月道姑深深感到，这风清观一带的老百姓实在不富裕。她打定主意，采纳菊香的主张，天晴以后把观后的荒园开出来，种上香蕉、木瓜，菠萝以及蔬菜，免得到时候饿肚子。

老道姑坐在东耳房里正在琢磨开荒的事，菊香和瑞思回来了。见她俩拿回来这么多粽子，老道姑很高兴，连忙拿出一些分装在盘子里端到大殿供桌上。余下的，她们就吃了起来。老道姑一边吃，一边问这么多粽子是谁家布施的。菊香和瑞思一五一十地把事情经过告诉了她。菊香说："师傅，今后我们每天都去凤凰寨帮着干活，比走村串户地打斋米强！"

"那怎么行？经文不用背啦？"

"这样，师傅，你在晚上教我们，我们在路上互相背，这样每天可以有两个时辰诵经文。还有，我们在干活时，也能默默背一点儿。"

老道姑叹了口气，说："好吧，饿着肚子也念不了经，你们就去吧。不过道家的规矩我们千万破不得！"

"知道，师傅，你放心吧！"菊香、瑞思一齐说。

第二天，天放晴了。早晨念完经，静月道姑就带着三个徒弟在观后开荒。菊香她们见师傅年纪大，就劝她回观里去。静月道姑不服海南水土，如今正是盛夏，更是暑热难熬。见三个徒弟如此苦劝，心想观里也确实要人收拾和照应，就嘱咐了几句回观里去了。

菊香是从小干活长大的，今天开荒，浑身都是劲。她拿着一把砍刀，向各种杂草、藤蔓、灌木猛砍猛斩，惠云、瑞思见师姐如此拼命，也拿起斧子、镰刀猛砍猛割起来。

五月的海南，骄阳似火，潮湿的地面被烈日一烤，整个后山像个大蒸笼似的，一会儿的工夫，菊香她们的衣服全被汗水湿透了。菊香站起来，抹了抹脸上的汗，看看身后倒下的一大片蒿草藤萝，心想，趁着太阳好，加紧砍，几天之后就可以烧了。于是她又弯腰砍了起来。突然，惠云惊叫起来："不好！快跑！快跑！"

"什么？惠云？"菊香问。

"是蟒蛇吗？"瑞思惊恐地问。

"不是蟒蛇，是大马蜂！你们看！"

菊香和瑞思顺着惠云手指的方向，看见一棵小树上挂着一个草鞋大小的马蜂窝，上面的黑马蜂一个个有大拇指一般大。

惠云说："这种大马蜂很厉害着哩，能蜇死牛，更不用说人了！"

"不怕，趁现在窝还小，马蜂还不多，我们用火烧死它们！"菊香说。

"烧死？那不是杀生吗？师傅连蚂蚁都不让我们踩！"惠云说。

"是啊，"瑞思说，"《老君五戒》中的第一戒就是不得杀生，我们烧死这些马蜂，如果让师傅知道了，准要处罚我们的！"

听惠云和瑞思这么一说，菊香犯难了。这窝马蜂不除掉，这个荒园子没法开，开了也没法种了；除了它吧，又犯了道家的戒律。菊香思来想去，最后还是决定除掉这窝马蜂。她叫惠云、瑞思回屋里休息一会儿，喝点水；自己跑进厨房，将一把干柴绑在一根竹竿上，从灶肚里取出火种，来到小树下点着干柴，趁着火势举起竹竿将蜂窝一燎，大马蜂纷纷落地。这些大马蜂烧掉翅膀，就失去了威风，在地上爬来爬去。惠云、瑞思喝完水跑到园子里一看，窝上的马蜂一只也没有。惠云问，"师姐，马蜂呢？都给你弄死啦？"

瑞思也问："师姐，你杀生啦！"

"我没有杀生，你们看，不是都还活着吗？"菊香指指地上爬动着的马蜂。

惠云、瑞思低头一看，见乌黑黑的大马蜂在自己脚边爬动，"哎呀"一声惊得跳了起来。这一跳不要紧，好几只马蜂被踩死了。"哎呀，你们杀生了！"菊香笑道。

惠云害怕了，说："师姐，你还笑呢，怎么办？让师傅知道了准会骂咱们。"

"不要紧，"菊香说，"师傅自己也杀生，每天晚上都打蚊子。她能打蚊子，我们为什么不能弄死马蜂？来，这些我来踩！"说着她很快就把剩下的马蜂全踩死了。

三个道姑又继续干。忙到中午时，园里的荒草野藤全砍掉了。这园子真不算小，有一亩多地。吃了饭，菊香她们挖沟。第二天、第三天翻地。第四天将晒干的蒿草藤蔓放一把火烧了，整个园子显得十分整齐、干净。

菊香、惠云和瑞思在园子里忙了四天，紫荆家送的那两篮粽子已经吃完。这天早上，菊香和瑞思正想去凤凰寨，师傅静月道姑说："几天没好好念经了，今天得念半天经。"菊香她们没法，只得留下来念经。这一天天气特别热，静月道姑领着三个徒弟在殿堂里念《道德经》。工夫不大，四个人的道袍全湿透了，但她们仍在不停地念着。突然，扑地一声，从房梁上掉下一条青蛇，有扁担那么长，刚巧落在静月老道姑的肩上，菊香一见，惊叫起来："师傅！师傅！快！蛇！蛇！"

可是静月老道姑好像没有听见一样，还是念她的《道德经》。那条青蛇在老道姑的身上，若无其事地缠来绕去，把惠云、瑞思也吓坏了，张大嘴巴什么也说不出来。菊香"噌"的一声冲到门后伸手去拿门闩。这时那条青蛇仿佛有所发觉，从老道姑身上慢慢地向神龛后面游去。菊香手操门闩刚要去追，老道姑喝道："住手！"

"师傅！蛇！"

"那是蛇吗？那是太上老君显灵，看看我们念经时虔诚不虔诚，专心不专心！"

"啊！"菊香、惠云和瑞思都惊讶地叫了起来。

老道姑痛心地说："菊香啊，入了道门，心不诚不行啊！别看这《道德经》不长，只有五千多个字，但是要真正明白经义，很不容易。就说'道可道，非常道；名可名，非常名，'这几句话，我奉习了几十年，可是到现在没有完全明白其中的意思。你们要用心啊，你们一共才学了几部经？咱道家有念不完的经，念了《道德经》，还要念《南华经》《黄庭经》……"

老道姑正说着，突然，观门前来了人：凤凰寨龙公的独生子宾弘和他的妻子碧珠，宾弘的身后还背着一个。菊香上前一看，不觉大吃了一惊，这背着的不是紫荆吗？这姑娘几天前还是好好的，现在怎么病成这副样子，路都走不动？宾弘嫂从丈夫背上抱起紫荆，让丈夫在大樟树下等着，自己走进风清观。

静月老道姑见了，赶忙上前招呼。宾弘嫂心里又急又害怕，说着说着就哭了。

原来昨天中午，紫荆姑娘吃完饭，突然发了病，浑身出冷汗，头晕恶心。刚巧龙公到崖州城里会朋友去了不在家。家里人急得没主意，就请外寨的一个巫师拿鬼。可是到今天早晨，紫荆病得更重了。老奶奶看情形不对，就让宾弘夫妇俩背着她上风清观来。

静月道姑听罢安慰了几句，就吩咐菊香她们焚香燃烛，然后念念有词地诵起经文，祈求神灵保佑病家平安。念完经老道姑把一道符，烧化投在水中，然后连纸灰带水递给宾弘嫂。这就是所谓"镇魔压邪"的符水，包治百病的仙药。宾弘嫂接过符水，急忙喂紫荆喝下。过了一会儿，宾弘嫂就千恩万谢地搀着紫荆走出殿门，等在大樟树下的宾弘向道姑们道了谢，背起紫荆走了。他们三人一走，菊香心里急成了一团。她知道紫荆是发痧，再也不能耽误了；她心里明白，那符水治不了什么病！她多么想追上去，用自己的古铜钱给紫荆好好刮一刮痧。可是，她怕师傅不答应。这样一来，神明和符水不是变得不灵验了吗？菊香毕竟是个聪明的姑娘，她突然急中生智，对静月老道姑说："师傅，我把那天装粽子的两只篮子让他们带回去。"她说着从厨房里拿了篮子追出去。

在一座小桥边，菊香追上了他们三人。她气喘吁吁地说："大哥，大嫂，请等一等！"宾弘夫妇停住了脚，菊香说："大哥大嫂，紫荆妹妹是发了重痧，我得给她刮一刮！"说着她把两只篮子递给宾弘嫂，并从脖子上取下那枚古铜钱。

宾弘嫂问："她不是吃过仙药了吗？"

"嗯……是啊，不过这种病很厉害，我以前得过，我知道，我也是用这个铜钱刮好的。"

"师姑，那就请你给我妹妹刮一刮吧！"宾弘说。

菊香抬头向四周看了看，看见不远处有一个草棚。她听惠云说过，这种草棚叫寮房，是做父母的专门为自己的女儿求偶盖的。晚上，姑娘小伙在寮房里唱歌跳舞。白天常常都没有人。菊香让宾弘嫂把紫荆抱进寮房，一看里面果然没有人。她把那枚古铜钱衔在嘴里，双手迅速解开紫荆的上衣一看，不觉一怔。紫荆这姑娘今年十三岁，长得很俊，别的黎家姑娘脸上都绣着两道黑色的花纹，唯独她没有绣，所以她的脸庞显得特别清秀、白净。可是现在解开她的上衣一看，发现在她那像椰子肉一样白嫩的前胸后背上，刺着许多图案，有青蛙，有小鱼，有贝壳。由于病情紧急，菊香顾不得多想，就用铜钱蘸着唾沫刮了起来。紫荆的这身病真重，那铜钱蘸的好像不是唾沫，而是朱砂，一刮一道红痕。不到一炷香，紫荆后背、脖颈、手臂尽是一道道紫红色的痧痕，看上去紫荆姑娘这时真的成了一棵满是一串串紫红花的紫荆树了。

也许是从来没有刮过痧的原因，刮痧的效果在紫荆身上特别灵验。等菊香刮完，紫荆就有力气说话了，人觉得舒服了不少。宾弘夫妇俩见妹妹的病有好转，心里十分高兴。菊香怕时间久了受师傅责备，就对宾弘夫妇说：

"现在不要紧了，你们背紫荆妹妹回家去吧。"说完，她走出寮房回风清观去了。

第九节 刺面文身由来

当天晚上，菊香躺在西耳房床上又想起了紫荆姑娘。心想：她这回病得这样重，明天一定得和瑞思一起去看看她。忽然，她又想起了紫荆身上的图案。真奇怪，身上绣那些小鱼、青蛙干什么？是不是每个黎家姑娘身上都绣？想到这里，她一骨碌爬起来点亮油盏，对睡在身边的瑞思说："瑞思，你起来，快起来！"

瑞思已经睡着了，她被菊香叫醒，揉着眼睛问："师姐，你叫我起来干什么？我困得很。"

菊香见瑞思还想睡，就挠她胳肢窝。瑞思最怕痒痒，被菊香这一挠，睡意全跑了。

"师姐，有什么事？"

"师妹，你把上衣脱下来，给我看看。"

"看什么？"

"看看你身上有没有青蛙、小鱼。"

"不，不让你看！"

"你不给我看，我就挠你的痒痒！"

"那也不给你看！"

"你给我看，我也给你看！"

"怎么，你身上也刺着青蛙？"

"嗯，想看吗？想看你先给我看。"

"好吧！"瑞思说着就解开衬衣，露出身上青蛙、小鱼之类图案给菊香看。菊香拿油盏一照，发现和紫荆身上刺的差不多。她心里更奇怪了，黎家姑娘为什么要在身上绣这些东西呢？她想问问瑞思，可是还没等开口，瑞思动手脱她的衬衣，要看她身上绣的青蛙。菊香身上哪有什么青蛙？瑞思一看没有，知道是师姐骗她，闹着不肯罢休。菊香没法，只得指着胸前说："有青蛙！你仔细看！"瑞思擎着油盏睁大双眼看了看，说："那不是青蛙，是青筋！好，你骗我，我明天去告诉师傅！"

菊香见瑞思急了，就实话实说，把在路上给紫荆刮痧的事一五一十告诉她，说自己只是出于好奇，并不是有心骗她。听师姐这么一讲，瑞思不生气了。她告诉菊香："我们黎家历来有文身绣面的习俗。据说文身之后，就能得到神灵的保护。"

"那绣面呢？脸上刺出这两道黑色花纹，是为了好看吗？"

"不是。"

"那为什么都要刺呢？"

"听我奶奶说，很多年以前，五指山下有个番响寨，寨里住着一位姑娘，名字叫邬珠。她长得比山茶花还美，嗓子比百灵鸟还脆，她的双手比谁都巧。离番响寨不远，有个番空寨，寨里有个后生叫帕昂，他勤劳、善良、勇敢，是五指山最出色的后生。邬珠看中了帕昂，帕昂爱上了邬珠。两人定下了终身，要在槟榔果红透的时候成亲。后来官寨来了一位总管，一看到邬珠就流出了口水。他厚颜无耻地向邬珠求婚，说他的牛羊满山，金银满库，只要邬珠嫁给他，要地要房，要金要银，随便说。可是，他被邬珠和她的阿爸阿妈拒绝了。总管见软的不行，就来硬的。说不管愿意不愿意，三天之后花轿来抬人。这三天里如果邬珠死了或是跑了，就要她阿爸阿妈的脑袋。这事传到帕昂耳朵里，气得他要去找总管拼命。邬珠怕他会吃亏，拦住了他。寨上的人商量了整整一夜，想不出一个对付的好办法。邬珠紧锁双眉，心想：总管要我，只是贪我貌美。我要改变自己的容貌，叫总管死了这条心！她把自己的主意一说，全寨的人都哭了。但是不这样做，不能保住邬珠的贞洁，不能保住阿爸阿妈和全寨人的太平与安宁。邬珠央求帕昂从高山上采来鸡藤荆，央求阿妈到园里采来青利树叶。青利树叶在水里泡了一天又一夜，泡成了黑黑的青利水。邬珠跪在阿妈面前，请阿妈用鸡藤荆往她脸上刺。阿妈一刺一滴血，一刺一行泪，阿妈的心都碎了，鸡藤荆从手里落到了地上。邬珠狠着心，咬紧牙，捡起鸡藤荆对着青铜镜，自己刺了起来，在左脸右脸上各刺出两条血痕。然后用青利水往脸上擦，擦了一次又一次，慢慢地邬珠的脸颊上出现了两道黑纹。阿爸阿妈见了，哭成了泪人；帕昂见了，咬破了嘴唇；寨上的人见了，个个流眼泪，邬珠自己用镜子一照，哭得晕过去。第三天，总管用花轿把邬珠抬进了官寨，当他揭开邬珠的纱幔，发现邬珠的目光像闪电，脸上的黑纹像乌云，气得暴跳如雷。他叫管家用鞭子狠狠抽打邬珠，鞭子抽断了一根又一根，邬珠被打得皮开肉绽。总管还不甘心，叫管家把她扔到河里去，路上刚好碰上帕昂，管家吓得扭头就逃。帕昂把邬珠背回寨里，慢慢地邬珠的伤好了。全寨的人都赞扬邬珠是黎家最美丽可爱的姑娘，为帕昂和邬珠祝福。邬珠刺面的事，像春风一样吹遍了五指山。为了免受总管、恶霸糟蹋，从那时候起我们黎家姑娘都在脸上绣起了黑纹！”

菊香听着流出了眼泪，她望着瑞思，心里想：“这位黎家师妹，为了不受欺凌，为了寻找幸福，你文了身，绣了面，但是灾难与不幸还是接连不断地降临到你的头上。现在你又出家当了一名小道姑，谁知道老天爷会给你带来什么幸福！”

“师姐，你哭了？”

“嗯，你也哭了。”菊香把灯吹灭，“瑞思，睡吧，让东屋师傅听见了又该说我们了。”

可是菊香怎么也睡不着，自己的不幸身世就一幕幕地浮现在眼前。她清楚地记得：自己十一岁那年，和红菱姐、阿黑姐一起绣花，红菱姐和阿黑姐都有了男家，唯独自己还没有。那时，自己对未来是多么憧憬和向往啊！可是后来一切都成了梦幻泡影。想到这里，菊香不觉痛苦地叹了一口气。

“师姐，你叹什么气？是不是又想你的宝弟了？”瑞思平时不太多话，但说起来就有点儿斤两。

“瞎说些什么呀，你？”

“瞎说？嘻嘻！”

“你笑什么？是不是想你的帕昂了？嗯！”

“哎呀！你真坏，你真坏！”瑞思说着扑到菊香身上乱抓乱挠起来。“别这样！让师傅听见了，非处罚我们不可！”

菊香惦记着紫荆的病，第二天一早就和瑞思一起往凤凰寨去。她俩刚走到村头大榕树底下，只见宾弘哥挑着一担米、宾弘嫂挑着两大串香蕉正要出门。夫妇俩见了菊香和瑞思，说：“哎呀，你们来得真巧，我们正要去风清观谢你们呢!"

"紫荆妹怎么样,病好些了吗?"

"好多了!早晨还喝了两碗粥哩!"

听到门外的说话声,龙公柏通、紫荆、阿榔和老奶奶全都走了出来。紫荆一头扑在菊香怀里,扑簌簌地直掉眼泪。龙公说:"菊香师姑,多谢你救我小女一命,前几天我刚好不在家,昨天傍晚从崖州城里回来,听他们把事情一说,真不知怎么感激你才好!"

"龙公,不用谢,你老太客气了!"

一直抱着菊香的紫荆抬起头说:"菊香师姑,昨天你给我刮痧时,我心里什么都明白,就是讲不出话来,我知道,要不是你给我刮了痧,我肯定活不到今天了!"

"菊香师姑,我求你一件事。"龙公说,"请你把刮痧的本事教给我们。我们崖州天气炎热,得这种暑热病的人很多。"

"这很简单,我教一次,你们就学会了!"

"那真太谢谢你了!"

"不过,龙公,我也有一件事求你。"

"什么事,菊香师姑?"

一直没有开口的老奶奶突然说:"什么事?孩子,你跟我说!"

菊香看了看瑞思,说:"老奶奶,我和瑞思每次到凤凰寨来,你们总是布施许多东西。我们俩想,以后只要有空,每天都来这儿,帮各家纺纱、织布、春米……"

"哎唷,我当是什么事哩!来吧,我们正巴不得哩!"

大家正说笑着,突然从附近传来了有节奏的弓弦声。菊香问"紫荆妹,谁在弹棉絮?"

"杜贝哥。"

"你带我去看看。"

"好!"紫荆说完带着菊香来到杜贝的家。

菊香看了一会儿,对杜贝说:"杜贝兄弟,你教我弹棉絮,行吗?"

菊香左手架起弓,右手拿起弹椎就弹了起来。可是,没弹几下,就弹不动了。那棉絮就像上了糨糊一样，都粘在了弓弦上。杜贝告诉她，弹的时候不能贪多，要一点一点地来，照着杜贝的指点，菊香慢慢摸到了窍门，她越弹越有劲，清脆悦耳的弓弦声，一片片的棉絮变得又疏松又洁白。

就这样从这一天起，菊香、瑞思只要一有空，每天都到凤凰寨来，帮着各家各户干活。傍晚时，主人家给她俩一些米、芋头、香蕉、椰子拿回去。逢年过节，龙公和乡亲们还送她们一些家织的黎单、幔布之类的东西。静月老道姑在观里接待零零星星的香客，惠云在家烧饭，种菜园子。每天晚上或是刮风下雨的日子，静月道姑就教三个徒弟念经文。就这样，风清观老小四个道姑的吃食衣着勉强有了着落。

第十节 苏公海南遗泽

时间过得很快，一晃四年时间过去了。菊香用心向黎家姐妹学习各种制棉技术，她是个心灵手巧的人，经过这四年的刻苦努力，纺、织、擀、弹样样精通。她织出的被单、布匹，在整个凤凰寨都是数一数二的了。

今年十月初三，是凤凰寨黎山老母的百岁诞辰。全寨的人都来给这位百岁奶奶庆寿。他们在寨子里搭一个高大的凉棚，男女老少在凉棚里载歌载舞，大摆宴筵。静月道姑为了表示对老施主的感谢，领着三个徒弟赶来给百岁奶奶念经祝寿。

今天，百岁奶奶穿着菊香和全村姑娘给她特意缝制的新衣服，高兴得眉开眼笑，手舞足蹈。祝寿从早上一直进行到傍晚才结束。百岁奶奶请静月师徒留宿，静月道姑不肯，带着三个徒弟当夜赶回风清观。

师徒四人回到观里，都已经很累了，匆匆洗了洗就上床休息。睡到半夜时分，突然狂风大作，雷鸣、电闪，暴雨像天河漏了底似的往下倾倒。睡在西屋里的菊香和瑞思突然被一声炸雷惊醒。一看今天的风雨不同一般，就大声呼喊师傅，可是她们的喊声被风雨吞没了。菊香和瑞思摸黑来到师傅和惠云住的东耳房，只听见她俩正在念经，祈求神灵保佑。可是越念风越大，雨越猛。静月道姑深信三清四御能消灾拔苦，法力无比。尽管房子在狂风暴雨中摇晃颤抖，但是她坐在那里纹丝不动，口中念念有词，一点不惊慌。突然，一阵巨大的狂风呼啸着向风清观袭来，只听见"哗啷"一声，风清观大殿的屋顶被掀掉了，大雨倾泻到殿堂里。这下老道姑不敢再在房里念经了，由菊香她们搀着来到大樟树底下。师徒四人，紧偎依在一起，在狂风大雨之中，好不容易挨到天亮。

雨停了，风也小了，静月道姑挣扎着走进殿堂一看，伤心的眼泪忍不住流了下来。只见大大小小的神像、拜垫、供桌、帷幔、香烛，都杂乱无章地泡在泥水里。

静月老道姑领着三个徒弟，把泡在泥水里的神像一一请起来，用水洗干净供在原来的神龛里。她悲伤地说："我们这几年省吃俭用，总算没把那两个元宝用掉。可是，如今修殿堂，全用上还不够。"

菊香说："师傅，我们不从崖州城里请人来修，去请凤凰寨的乡亲们来修！"

"唉，这一回又求到他们了！"老道姑的眼睛湿润了，她对惠云说，"去做点儿粥，吃了好去凤凰寨讨救星。"

师徒四人吃了早饭，见太阳已经很高，就整了整衣冠准备去凤凰寨。她们正要走，突然见路上有一大群人，赶着牛车正往风清观走来。这伙人男女老少都有，足有三四十人，走在最前面的是一位白发苍苍的老人。她不是别人，正是凤凰寨的黎山老母——百岁奶奶。

静月道姑一见百岁奶奶，眼泪就涌了出来。

"别怕！孩子，有我呢！我不是带人来给你们修房子了吗？"百岁奶奶安慰说。

"百岁奶奶，真不知该怎么感激您老好！"静月道姑一边抹泪一边说。

"哎，说哪里话！你们在这儿，我这个黎山老母不管，谁管？"百岁奶奶转身对乡亲们说："孩子们，快，今天得给我把风清观修好！"

砖和瓦风清观有现成的，木料和工具乡亲们全带来了。他们一听百岁奶奶的吩咐，就清理的清理、和泥的和泥、锯料的锯料，一个个干了起来。

静月老道姑叫惠云去烧开水，叫菊香、瑞思和乡亲们一起干活，她自己在大樟树下陪着百岁奶奶说话。静月道姑说："百岁奶奶，刚才我们正要去请你们呢。"

"不用请。今天早晨我听人一说，就吆喝人赶来了。"

"百岁奶奶，我们给凤凰寨的乡亲们添麻烦啦。"

"这算添什么麻烦？静月师姑，不瞒你说，急人之难是我们祖宗传下来的门风！"

"哦？祖宗传下来的门风！"

"东坡先生你知道吧？"

"知道哇，大名鼎鼎的东坡大学士谁不知道？"

"就是这位东坡大学士，曾经在咱海南儋州住过几年，是被贬到这儿来的。当时他老人家的日子过得很不安逸，连住的房子也没有。后来我们的祖宗，有个叫先觉公的，论辈分是我的祖爷爷，同他的三个哥哥和其他十来个青年人帮东坡先生盖起了几间茅屋。盖好之后，东坡先生很高兴，给它起了个名字，叫'桄榔庵'。"

"桄榔庵？"

"嗯，叫桄榔庵。不过那里不住尼姑，也不住道姑。"

"嘿嘿，百岁奶奶，你老人家真风趣！"

"东坡先生对我们黎人可好啦！我年轻时候，成天听我公公他们念叨，他们也是听老人们说的。说东坡先生教我们黎人读书认字，作诗写文；劝我们多种水稻；不要滥杀耕牛，不要'以巫为医'，不要'男坐女立'。"

"什么叫'男坐女立'，百岁奶奶？"

"咳，这是咱们黎人的一个习俗，什么累的脏的都让女的干，男的坐在那里清闲。东坡先生说这样不好，他到处给人念杜甫的诗《负薪行》，劝人体恤我们女人家。东坡先生北去以后，先觉公离开儋州，来到了崖州安家立业，事事都按东坡先生说的做，慢慢地我们凤凰寨就兴旺起来啦！"

"哦，我明白了！怪不得你们凤凰寨和别的寨子不一样，全寨人人都安居乐业，丰衣足食，日子比别的寨子好，富裕多啦！"

"这都是东坡先生的恩泽！我们凤凰寨的人世世代代忘不了他老人家的教诲！"

一会儿惠云把水烧好了。百岁奶奶叫她把水凉在桶里，又指指牛车上的一袋米，说："孩子，把这袋米拿去做饭。你们锅小，得分几锅做。"

"百岁奶奶，你们连吃的米也带来了！"惠云说。

"我叫他们来干活，饭得我管啊！惠云，你多辛苦，快去做吧。还有，你告诉龙公，让大家到我这儿领赏。"

惠云点了点头，提着米袋走了。

一会儿干活的乡亲们都来到大樟树底下，百岁奶奶笑眯眯地打开一个布袋和一个黑漆盒，依次给他们发赏：男的每人两个槟榔，女的每人两个槟榔再加一串茉莉花。这两样东西在崖州是极平常的，黎家同胞人人都咀嚼槟榔，黎家姑娘人人都爱戴茉莉花。可是，今天这两样东西变得格外珍贵。乡亲们一领到赏，都咧开嘴笑了。

菊香发现：乡亲们都按照年龄的大小依次领赏。最头里的是阿椰，年纪最小，最后一个是龙公，年纪最大。叫菊香更奇怪的是，等轮到龙公领赏时，百岁奶奶只给了他一个槟榔，说另一个等把房子修好了才能给。龙公是凤凰寨的一寨之主，他和别的寨主不一样，不但不欺压乡亲，而且总是救人危难，所以无论本寨的，还是附近其他寨上的乡亲都十分敬重他。可是，百岁奶奶为什么总是对他如此苛刻呢？菊香悄悄问正嚼着槟榔的紫荆："紫荆妹，百岁奶奶对别人都那么和气，为什么对你阿爸这样厉害？"

"嘻嘻！"紫荆笑了。

"你笑什么呀！紫荆妹，你快告诉我！"

"我阿爸说，以前，百岁奶奶对我爷爷十分厉害，经常骂他，有时还拿藤条打呢。可是她对我阿爸可疼着哩，处处护着他，有什么好吃的都得给他留着。可是等我爷爷一死，我妈生了我哥和我，百岁奶奶慢慢地就专门疼我们，不疼阿爸了。告诉你，上个月百岁奶奶生了气，还罚阿爸在苏公像前跪了一炷香的时间！"

"哎呀，是为什么呢？"

"其实也不为什么。阿爸说老人都这样，不疼儿子疼孙子，不疼大人疼小孩。"

"哦，原来是这样。"

乡亲们喝完水，稍稍休息了一会儿又继续修房。中午，大伙也舍不得停工，都轮着吃饭。由于乡亲们的齐心努力，在太阳西下的时候，不但风清观的屋顶修好了，而且屋里的东西也帮着收拾得干干净净，井井有条。百岁奶奶绕着风清观走了两圈，然后走进殿堂，恭恭敬敬地磕了个头。见供桌抹得发亮，香炉、蜡台、拜垫各种法器都擦得一尘不沾，放得整整齐齐，她心里很高兴。看完殿堂，她又来到东西耳房，见桌椅、床铺、蚊帐，也都收拾得整洁、干净，她满意地笑了。她从布袋里摸出那个槟榔，对龙公说："柏通，拿去吧。"

龙公柏通赶忙恭敬地接过槟榔。

静月道姑和她的三个徒弟想想昨天晚上在狂风暴雨中的惨状，看看眼前的这一切，感动得不知说什么才好。

静月老道姑捧着银元宝来到百岁奶奶面前。可是她还没有开口，百岁奶奶就问："你要给我们工钱？"

静月老道姑说："百岁奶奶，乡亲们拉来了那么多梁木、椽子，你不收工钱也该收料钱啊！"

龙公柏通一听，急得朝静月道姑直摆手，可是静月道姑没有看见，还是要百岁奶奶收下元宝。紫荆跑到老道姑身边，悄声告诉她："别再塞了，要不百岁奶奶会生气的！"

静月老道姑一看百岁奶奶脸色不对，就改口说："百岁奶奶，你老不肯收下，我就不强给了。"

一听这话，百岁奶奶的脸上顿时就乐了，连声说："这就对了，这就对了！"

凤凰寨的乡亲们劳累了一天，可是连晚饭也不吃就要走。静月道姑拦不住，只得和三个徒弟送他们上路，送了一程百岁奶奶和众多乡亲不让她们再送了。师徒四人连声道谢，眼睛里闪着感激的泪花，心里默默地为这些热情、善良的黎家同胞祈福。

第十一节　心中相思奈何

大红的木棉花开了一回又一回，紫荆如今已经长成了一个十九岁的大姑娘。俗话说：女大十八变。紫荆姑娘越变越俊秀。她那乌黑水灵的大眼睛，她那俏丽动人的面庞，她那苗条健美的身材，小伙子见了无不丢魂失魄。

按照黎家的习俗，在前年龙公就在寨子旁边给紫荆搭了一间寮房，让她住在那里。像鲜花吸引蜂蝶一样，每天晚上有许多后生子和姑娘来到紫荆的寮房。他们吹着动听的口弦，尽情地欢歌曼舞。这些后生一个比一个英俊，一个比一个勇敢，一个比一个勤劳，可是紫荆姑娘一个也没有看上。后生们抱怨说："紫荆姑娘的心比五指山还高。"

整整两年过去了，紫荆还没有找到中意的心上人，这下可把龙公急坏了。这一天下午，他来到百岁奶奶房里，说："奶奶，紫荆这姑娘今年十九岁了，怎么还没找到合心的人？"百岁奶奶也正在为这事着急，见龙公来问，心里更烦了，说："这事不用你多管，今天晚上我到寮房去看看。"

"哎呀，奶奶，使不得！那寮房是姑娘后生谈情说爱的地方，你这满头白发的老人去，不让人家笑话？"

"好！你不说这话倒也罢了，说了这话我非去不可！"

当天晚上吃了饭，百岁奶奶就朝紫荆的寮房走去。还没进门，那清脆的口弦、动听的歌声就传进了百岁奶奶的耳朵。她没有走进去，蹑手蹑脚地站在窗外听了一会儿，没听见紫荆唱歌，老人心里很纳闷，就闯了进去。寮房里的后生和姑娘见百岁奶奶突然进来，不觉都愣住了，还没等大家开口，老人问："紫荆，大伙儿都唱得这么欢，你怎么不唱？"

紫荆低着头，不说话。旁边的一位姑娘说："百岁奶奶，紫荆心里不高兴。"

"哦？不高兴？"老人皱了皱眉头，对后生和姑娘们说，"哎，你们都回家去，明天再来。"

后生和姑娘们一个个都走了，百岁奶奶坐下来问紫荆："孩子，为什么不高兴？快先告诉我，谁敢欺侮你啦？"

紫荆一头扑到百岁奶奶怀里，哭了。

百岁奶奶急了："快说呀！到底是谁欺侮你？"

"杜—杜贝哥。"

"他怎么欺侮你？"

"我邀他到寮房来，他不来。"

"你相中他啦?"

"嗯。别的阿哥都说我的心比五指山还高,可是我爱的却是一个连寮房都不敢进的人,这不让人家笑话!"

"好了,孩子,别哭了!你要星星月亮,我也得给你去摘来。明天晚上,我一定叫杜贝到寮房来!"

第二天一早,百岁奶奶来到杜贝家。杜贝和他阿妈正在吃早饭,见百岁奶奶来了,赶忙起身让座。百岁奶奶坐下来,就问:"杜贝,紫荆邀你去寮房,你为什么不去?"

憨厚老实的杜贝心里怦怦直跳,说:"我……我不会吹口弦。"

"那你不会唱歌吗?"

"我也唱不好。我会的人家都唱过了,紫荆说必须唱一个新的谁也没有唱过的!"

杜贝的阿妈也说:"是啊!百岁奶奶,杜贝这孩子,只知道干活,笨嘴拙舌的,不会唱歌。"

"不会唱?我教你!教你唱《妹是山前槟榔树》……"

"百岁奶奶,这首歌老掉牙了,紫荆不爱听!"杜贝说。

"那教《天塌地陷不变心》吧!"

"这首紫荆也听腻了!"

"那《天连海来海连天》呢?"

"这也是老歌,别人都唱过。紫荆说,必须唱一支新歌,谁也没有唱过的,把所有的后生都镇住。"

这下百岁奶奶也犯愁了:自己的歌子都教给了紫荆,对她来说都不新鲜,怎么办呢?老人叹了一口气回家去了。

百岁奶奶刚刚走到树底下,见菊香和瑞思从风清观赶来,心里一亮。她一把拉住菊香走进自己屋里,问:"孩子,你们家乡的姑娘和后生,连情时唱不唱歌子?"

菊香被百岁奶奶这没头没脑的话问住了,惊异地望着老人。

"快说,唱不唱?"

"唱。"

“好！你唱一首给我们听听！”

菊香十分为难，她想，自己是一个出家人，怎么能唱情歌呢？

百岁奶奶又说：“孩子，快唱，唱一首好听的！”

菊香经不住百岁奶奶的催促，清了清嗓子轻声地唱了一首《玉兰花开香幽幽》。

不知道为什么，一唱完歌菊香的心怦怦直跳，身上像着了火一样。百岁奶奶可乐了，说：“好，好！这是姑娘唱的。你再来一首后生唱的！”

菊香想了想，又唱了首《天打雷轰不分手》。百岁奶奶听了呵呵直笑，连声叫好，要菊香教她唱这两首情歌。菊香又唱了一遍给她听，然后一句一句地教。时间不大，老人学会了。她唱了一遍给菊香听，唱得好极了。菊香很惊讶，问：“百岁奶奶，你这么大年纪，怎么学得这么快，唱得这么好？”

老人笑了，说“我年轻的时候，这方圆四百里，谁不夸我的嗓子？”

老人说着站起身朝杜贝家走去。

菊香望着老人的背影，心想：百岁奶奶年轻时，是个有名的歌手，现在一百多岁了，还这么活泼、好动，难道真像龙公说的“返老还童”了？

百岁奶奶来到杜贝家，兴致勃勃地教杜贝唱《天打雷轰不分手》。

俗话说：没有不会打鸣的公鸡。杜贝这个平日不太唱歌的后生，经百岁奶奶亲自一调教，很快就学会了，而且唱得洪亮、深情，很有松江情歌的韵味。

百岁奶奶乐得呵呵直笑，告诉杜贝今晚到了寮房应该如何如何。

把杜贝教会了，百岁奶奶又来到寮房找紫荆。紫荆姑娘正在伤心，老人给她抹去眼泪，说：“孩子，别难过了，不是杜贝不愿来寮房，他是嫌别人唱的情歌都老掉了牙，听了没味道！”

“他还嫌别人呢，他自己连唱也不敢唱，别的姑娘、小伙儿都笑话他！”

“不！不！他会的歌子可多啦，唱得好极了！今晚他上寮房来，要唱上一首让大家长长见识！”

“真的？”

“当然真的。不过你也得好好准备一首，好跟他对哟！”

“我唱一首《火烧芭蕉心不死》好吗？”

"不行，太老了！"

"唱《不怕山高和海深》？"

"不行，不行！得唱一首没有人唱过的，新的！"

"新的？"

"对。来，我教你唱一首《心中相思莫奈何》！"

紫荆是一只聪明的百灵鸟，一会儿的工夫就学会了。她十分兴奋，这么好听的歌子，一定会把所有的姑娘后生镇住。紫荆原来以为百岁奶奶的歌自己都学会了，没想到她还有这么好的歌没教自己。紫荆心想百岁奶奶肯定还有好歌就缠着她一定要再教一首。老人想了想，说："好，再教你一首《哥哥好比常青树》，这是我当年和你祖爷爷定情时唱的。"

这一老一少，一个教得起劲，一个学得用心，时间不大，紫荆又学会了。

百岁奶奶从怀里掏出一个红透的槟榔放到紫荆手里，说："今天晚上你拿定了主意，就把这个槟榔送给杜贝。"

紫荆接过槟榔，脸唰地一下红了。

到了晚上，紫荆姑娘的寮房里不同往常，姑娘后生们一听说聪明、美丽的紫荆姑娘今晚要定情，一个个都穿上最漂亮的衣装赶来了，把挺大的寮房挤得满满的。在一片欢声笑语中，紫荆姑娘清了清嗓子唱道：

> 不是妹妹我夸口，
> 一日两匹不用愁；
> 如今半月不断匹，
> 心中相思莫奈何！

这么动人心弦的歌子，所有的姑娘后生子从来都没听过，等紫荆一唱完，男女青年一起叫好。

等喝彩声过后，一个名叫诺实的后生深情地唱道：

> 红豆独生一个子，

好叫相思不用多。

灯芯用来织细布，

真心不怕别人唆。

这后生唱得真诚、恳切，一唱完寮房里就响起了喝彩声。可是，紫荆姑娘没有动心。只是用她那妩媚的大眼睛看了诺实一眼。

这时，另一位名叫色开的后生站起来，两眼深情地望着紫荆，唱道：

手捧红豆撒落江，

相思随水寄妹方；

蜘蛛跌落河中死，

抽身不起为丝缠。

听到这动情的歌声，姑娘和后生们连声叫好，紫荆含笑向色开点了点头，可是她的心没有被打动。接着又有一位名叫玉刚的站起来，清了清嗓子唱道：

妹是坡上槟榔树，

从头至尾一条心。

哥是树下一块石，

千年万年不变心。

玉刚唱得坚定而深情，他一唱完，寮里立刻响起了一片喝彩声。紫荆姑娘笑得脸上像绽开了两朵茶花，可是她仍然坐在那里不动。

突然，杜贝站了起来，大伙儿的目光一齐投向了他。杜贝是个种田、打猎的能手，但是不爱唱歌、跳舞，也不会吹口弦。平时紫荆姑娘邀他来寮房，他也不来，就是偶然来了，也从不唱歌。现在，紫荆姑娘要定情了，他大大方方走到寮房中央，用他那浑厚而高昂的嗓子唱道：

八百斤铁打对钩，

歌妹一人吞一个。

从今你我心连心，

天打雷轰不分手！

杜贝一唱完，寮房里爆发出一阵阵喝彩声。所有的姑娘和后生都很震惊：真是梧桐树上凤凰鸟，不唱则已，唱则一鸣惊人。

在大家的喝彩声中，紫荆姑娘站起来走到杜贝跟前，含情脉脉地望着他唱道：

哥哥好比常青树，

妹妹好比百年藤。

树缠藤，藤缠树，

永生永世不分离！

在一片欢笑赞美声中，紫荆姑娘把一颗熟透的槟榔双手捧到杜贝面前，杜贝望着紫荆那美丽明亮的大眼睛，伸手接过槟榔。寮房里所有后生和姑娘都羡慕地望着这一对幸福的年轻人。

第十二节　天涯邂逅老乡

紫荆订婚了。乐得百岁奶奶合不拢嘴，龙公、宾弘哥和宾弘嫂忙着给她操办婚事，这一年三月，正是槟榔花开得最香的时节，宾弘要到崖州城里给妹妹办嫁妆。紫荆怕哥哥买的东西不称心，就跟哥哥一块进城，而且还非要菊香陪着一起去。

这一天清早，天空碧蓝碧蓝的，各种鸟儿在树上发出一阵阵清脆悦耳的鸣叫声。紫荆和菊香一路走一路说笑，他们走了两个多时辰才赶到。

宾弘赶着牛，牛背上驮着各种各样的黎单和黎幔，准备拿到城里去卖。进了城，紫荆叫哥哥卖布，自己和菊香一起逛街去了。

这崖州城平常不热闹，可是今天街上的人却特别多。菊香和紫荆走了南街走北街，逛了东街逛西街，几乎把崖州每家店铺都看遍了。紫荆买了不少心爱的东西：青铜镜、牛角梳，各种各样的头饰，菊香又替她挑了不少丝线和绸缎。

菊香拉着紫荆从西街的一家正店出来，正要去南街找卖布的宾弘。她看见人群中有位三十多岁的大嫂，从头到脚都是松江人的打扮，不由得走过去上下打量起来。菊香离开松江已经整整七年了。今天在这天涯海角突然遇上这位故乡人，她顾不得认识不认识，一把拉住那位大嫂的手，就问："嫂嫂，你是松江人吗？"

那位大嫂起先一愣，打量了一下菊香，说："是啊！师姑听你口音也是松江人？"

"对，我是乌泥泾人！"

"哎呀，我们还是小同乡哩。"

"嫂嫂，你怎么称呼？"

"在家时，大家都叫我阿兴嫂。你呢？"

"我叫菊香。"

"噢，是菊香师姑。你来这里多久了？"

"七年了，你来多久了？"

"刚下船。"

"是跟阿兴哥一起出来做生意的？"

一听阿兴哥三个字，大嫂的眼睛湿润了，她悲痛地说："菊香师姑，不是的。他已经不在了，我是逃难出来的。"

"逃难出来的？要到哪儿去？"

"去狮子国，我有一个伯伯在那里做生意，还不知道现在他在不在……"阿兴嫂一边哭一边说，"菊香师姑，你出来得早，家乡的事不知道。这几年江南百姓可遭了难啦！那元兵一个个如狼似虎，烧杀抢掠无所不为。我男人就是被他们从病床拖起来活活打死的……"

"啊！"

"如今江南一带都归了他们，听说皇上和太皇太后都叫他们掳走了！"

"那家乡的百姓比以前更苦啦?"

"更苦啦!以前是吃不饱穿不暖,现在是活不下去呀!要是有一点生路,我这寡妇人家,还漂洋过海去狮子国干啥?"阿兴嫂的眼泪像泉水似的往外涌。

菊香的眼睛也湿润了。她刚见到这位大嫂时,多么想问问家乡的百姓是否还用手剥棉籽、手摇单锭纺车纺纱、用窄幅布机织布、用线弦小弓弹棉絮。现在都不用问了,乡亲们连命都保不住,哪里还谈得上这些事呢?

阿兴嫂眼睛里闪出惨淡的光,长叹一声又说,"这一路上兵荒马乱,刚出海就碰上海盗,后来又遇到狂风恶浪,差点儿全船的人都扣在海里。咳,真是宁为太平犬,莫作离乱人!"

菊香见阿兴嫂比自己七年前的遭遇还惨,决心救助这位素不相识的故乡人。她转身问紫荆:"紫荆妹,你身边还有多少钱?"

紫荆姑娘刚才一直听着菊香和阿兴嫂的交谈,她虽然听不懂她们俩的家乡话,但是看得出阿兴嫂是位不幸的逃难人。现在见菊香用黎话问她还有多少钱,她就明白了菊香的意思,把背篓交给菊香,说:"大概还有十五两银两,全给这位大嫂吧!"

阿兴嫂一见急忙摆手说:"使不得,这可使不得!"

菊香说:"阿兴嫂,我们俩是落难的苦命人,你就不要客气了!"

"不!你是出家人,我用了你的钱,罪过一辈子!"

"这不是我的钱,是这位黎家妹子的钱!"

"我知道,我知道!你们心意我领了。多谢菊香师姑,我该回船上去了。"阿兴嫂说着向菊香和紫荆施礼。告别走了。一会儿的工夫,她就消失在街上的人流里了。

等宾弘卖完布,已是傍晚时分。宾弘、紫荆兄妹俩带着菊香来到他们的一家亲戚家里。

这家亲戚十分热情,招待他们吃了饭,非要留他们住下不可,说天色晚了,这些天常有豹子在城外出没,走夜路很危险,于是,他们三人只得在这亲戚家中留宿,明天一早再赶回凤凰寨去。

菊香今天在崖州街头与阿兴嫂邂逅,心里一直很沉重。阿兴嫂的悲惨遭遇，家乡百姓苦难生活，给她带来了无限的忧愁。

洗完澡，菊香要紫荆陪自己散散心，她们俩迎着海风，慢慢地朝码头走去。

一路上，菊香没有说话，紫荆知道师姑的心情不好，就默默地跟在她的后面。走着走着，她们不觉来到了海边。一钩弯弯的月亮挂在空中。港湾里横七竖八停泊着大大小小的船只，昏暗的灯光在夜中闪烁。微微的晚风吹来，阵阵波浪无力地拍打着沙滩，发出哗哗的涛声。就在这哗哗的涛声中，菊香仿佛听见有人在哀怨，有人在抽泣，有人在悲哭。突然，从一只船上传来了揪心的歌声：

月儿弯弯照九州，
几家欢乐几家愁？
几家夫妇同罗帐？
几家飘散在他州？

这首歌的曲调是这么悲凉、凄惨，在此时此刻此地听到这首家乡的悲歌，菊香的心都要碎了。是谁在唱？是阿兴嫂？是大妈？是凤英？是红菱？想着想着，菊香的眼泪止不住簌簌地往下落。

紫荆心疼地劝道："菊香师姑，我们回去吧。"菊香擦擦眼泪，"嗯"了一声，跟在紫荆的后面慢慢地往回走去。

第十三节　故人夜访道观

黎家自古以来就有在头巾、衣裳和筒裙上绣上精美图案的习惯。菊香想这么多年来，紫荆待我像亲姐姐一样。现在她要成亲了，我应该送她几件绣品作贺礼。

这天早上，菊香把一块湖蓝色的绸缎绷上绷架，正想坐下来绣，发现自己天天纺纱织布，手有些毛糙。于是，她叫阿椰找来蛇蜕，等把两个手掌和十个指头都擦光滑了，才动手绣了起来。

　　菊香从小就跟红菱学绣花，学得一手好功夫。现在给紫荆绣嫁妆，她当然要使出全部的本事。菊香整整花了二十天的时间，用了"套针""撒和针""缠针""滚针"等十几种针法精心绣成一对"鸳鸯嬉水"的枕头。拿给紫荆一看，乐得她蹦了起来，拿着枕头跑去给百岁奶奶看，给全寨乡亲看。乡亲们看了都夸，说："咱黎家的姑娘都会绣花，可是没人绣得这么精细，这么好看。你看这鸳鸯绣得跟活的一样！"

　　一会儿的工夫，寨里的姑娘全来到了紫荆家，要菊香教她们绣花。百岁奶奶说："菊香，我们黎家的姑娘都爱美，你就教教她们吧！"

　　于是，菊香把绷架搬到大榕树下，一边绣一边教。菊香教得认真，姑娘们学得用心，半年之后，菊香把紫荆的嫁妆全部绣好了，姑娘们也都学会了。紫荆她们几个心灵手巧的姑娘，不但学会了十几种针法，而且能绣翠竹、幽兰、梅花、海棠、莲花、牡丹、凤凰、仙鹤、鸳鸯、红鲤、鹦鹉等许多图案。

　　姑娘们不光打扮自己，还把绣品拿到城里卖，把整个崖州城都轰动了。四面八方的黎家姑娘，都跑来向菊香师姑学绣花。龙公叫她挑选几个绣得好的姑娘跟她一起学，教了一批又一批，可是来的人还是接连不断。平日一向安静的凤凰寨变得十分热闹起来。

　　紫荆和杜贝成亲这一天，整个凤凰寨更是欢腾。紫荆穿着菊香精心绣制的衣裳、筒裙，寨上的姑娘和后生也都穿上最漂亮的衣装，围着紫荆和杜贝翩翩起舞，尽情歌唱。百岁奶奶和寨上别的老人都说，紫荆和杜贝的婚礼，是凤凰寨最风光最体面的一场婚礼。

　　结婚第二年十月，正当槟榔果红熟的时候，紫荆生下了一个女孩，龙公全家十分喜欢。杜贝和紫荆给女孩起名鸳鸯，对菊香绣鸳鸯枕头给他们带来的幸福表示纪念和感谢。龙公和百岁奶奶一听这名字，连声说好。菊香非常欢喜，里里外外的衣裳都是她给缝制的。

　　待鸳鸯满月，百岁奶奶就和阿椰争着抱，有时竟争得面红耳赤，寨里人见了都笑痛肚子。

　　鸳鸯周岁这天，龙公大摆筵席，招待所有亲朋好友和凤凰寨的乡亲。龙公邀请风清观四位师姑都来，但是静月师姑背上生疮，来不了。龙公就在绣房摆了一桌素席专请菊香、惠云和瑞思，由百岁奶奶、宾弘嫂、紫荆和小鸳鸯陪席。这桌席十分丰盛，摆的全是上等的斋菜，做得极有滋味，不仅菊香她们爱吃，百岁奶奶、宾弘嫂和紫荆也都吃得津津有味。菊香问这素席是谁做的？怎么做得这么好？紫荆说是专门从崖州城里请师傅做的。

　　菊香听了，十分感激，心里想：自己是死里逃生来到这天涯海角的一个落难女子，龙公全家和凤凰寨的乡亲们为自己和风清观不知操了多少心！

　　菊香她们临走时，龙公又叫宾弘嫂交给菊香一个提盘，说里面装着一些斋菜和一些素净点心，带回风清观给静月师姑吃。菊香不好意思推辞，就提着和惠云、瑞思一起回风清观。

　　回到观里，菊香她们把今天凤凰寨的热闹场面讲给师傅听，菊香见师傅的精神好了一些，就打开提盘，取出斋菜和点心，叫师傅吃。静月道姑拿起筷子，每样菜尝了一口，又吃一块点心，说味道不错。可是她实在没有胃口，放下筷子不吃了。菊香见师傅真的吃不下，就不敢勉强。她打来热水，给师傅洗脸擦身，然后开始替师傅换药。

　　静月老道姑生的是瘩背，有好几个月了，不但不见好转，反而伤口越来越大，菊香一边换药，一边直掉泪。老道姑问："哭什么？"

　　菊香赶紧擦擦眼泪说："师傅，我没哭。你的疮快收口了。"

　　"你别瞒我了，我生的是瘩背，好不了了。我死了以后，你们……"

　　"师傅，你在说些什么呀！"菊香哭道。

　　惠云和瑞思见师傅说这话，也都流出了泪。

　　菊香一边给师傅换药，一边安慰说："师傅，你别急。龙公说，他昨天替你请了一位崖州城里医术最好的郎中，过几天就来。"

　　"不用了，这病谁来治也没办法。这几个月，为了治我这瘩背，花掉了一个元宝，可是一点不见效。还剩下一个元宝，留着你们尴尬的时候用。我不行了，我知道，我不行了。"

　　菊香给师傅换好药，让她侧身躺下休息，就和瑞思心情沉重地回到西耳房，她俩洗了洗，刚要上床躺下，突然窗外传来一阵急促的呼叫声："师姑！师姑！"

　　这是个男人的声音，菊香和瑞思顿时吓得一跳。

"你是谁?"菊香问。

"我是逃难来的,我找静月师姑和菊香师姑。"

"找我?"菊香更纳闷了。

"啊,你就是菊香师姑?你快开门,大姐!我就是九年前跟你乘一条船到泉州的那个龙华人!"

"怎么?你就是那位龙华人?"菊香又惊又喜。

"对,对!菊香师姑,请你快一点,有人在追我!"

菊香打开门,进来的果然是九年前在高老大船上救助自己的那位龙华人。

"恩人,你怎么会到这里来呀?"

"菊香师姑,说来话长。现在元兵正在追捕我,你能找个地方把我藏起来吗?"

"元兵?"

"嗯。菊香师姑,大宋亡啦!"

突然,风清观前出现了许多灯笼火把,紧接着传来一片嘈杂声。

龙华人一看情形不对,"不好,元兵追来了,我不能连累你们!"说着拔出佩刀就朝门外冲。

菊香一把拉住他:"恩人!不能硬拼,你先到床底下躲一躲!"说着就硬把这位龙华人往床下推。

刚把龙华人藏好,一群如狼似虎的元兵冲进了西耳房。一个元兵大声喝问:"有没有南蛮逃来?"

"什么南蛮,没有!"菊香说。

"没有?那逃到哪儿去了?"

"出家人不问世事,我们不知道。"

一个头目模样的家伙闯到菊香眼前,打量一阵菊香、瑞思,咧开大嘴笑了:"哈哈,两位师姑受惊了!"说着对手下的元兵呵斥道,"站在这里干什么?还不快到附近山上给我搜去!"

刚把手下人轰走,那头目把西耳房的门插上发出一阵狂笑,对菊香和瑞思说:"今天总算没让老子白跑,想不到这荒山野岭还藏着两个美娇娘!你们自己说吧，谁先陪爷痛快痛快？"

菊香厉声呵斥道："我们是出家人，你不得无礼！"

"出家人？我喜欢的就是出家人！你们宋朝的丞相可以宿娼嫖尼，怎么我就不可以跟你们道姑快乐快乐？"元兵头目说着就扑向菊香。

菊香想冲出去，把这个家伙引走，可是，刚拔掉门闩，就被元兵头目拦腰抱住，用力按倒在床上。瑞思急了，拿起一面鼓狠狠朝元兵头目脑袋上砸去，元兵头目恼羞成怒，拔出佩刀咆哮着向瑞思扑去。

就在这千钧一发之际，龙华人突然从床下窜出，抽刀猛砍元兵头目，随着一阵杀猪般的嚎叫，头目倒在地上。这时，重病在身的静月老道姑由惠云搀着来到西耳房。一进门，看见满地是血，直挺挺地一个人躺在床前，不觉得"啊呀"一声，就晕了过去。菊香她们一见，都慌了神。龙华人上前摸了摸老道姑的脉搏，说："不要紧，还有救，快，快把她抬到床上！"老道姑被菊香她们抬到东耳房的床上，休息了一会儿，就慢慢苏醒了过来。可怜这老道姑本来就病得不轻，刚才又受这一吓，病势就更加沉重了。她自知没有指望，一醒过来就对菊香说："菊香，我真的不行了。我死了之后，你要把我一半骨头埋在这里，一半骨头带回无锡，埋在惠山上，那是生我养我的地方……"

"师傅！"三个徒弟一齐哭了。

龙华人走上一步跪下说："静月师姑，我给你们惹祸了！"

"别这么说，先生！我认出来了，你就是九年前高老大船上的那位龙华人，对吗？"

"是的，师姑，现在我是逃难到这儿来，元兵正捉拿我！"

龙华人的话音未落，只见窗外火把通明，喊声又起，静月道姑急忙说："菊香，你们四人快走，从后门出去，到凤凰寨投百岁奶奶去！"

"师傅，那你？"

"别管我，你们快走！"

"不！"龙华人说，"我不能连累你们，一人做事一人当！"说着他就要开门向元兵冲去。

静月老道姑伸手一把抓住他，说："孩子，你们脱身了我还能有生路；

给他们抓住了，我们五人谁也活不成！"接着她又抓住菊香用尽全身力气，将菊香一把推出门。

这时，喊声越来越近，火把越来越亮。菊香明白，师傅说得有道理，就牙一咬，心一狠，带着龙华人和两个师妹逃出了风清观。

菊香他们对这一带的道路十分熟悉，七转八拐就把元兵甩在后头了。往前又跑了一阵，龙华人突然不跑了，他问菊香："师姑，你是哪年生人？"

"乙巳年。恩人，你问这……"菊香觉得很奇怪。

"菊香师姑，今天你救了我，往后我还少不了要牵累你。你比我年长，我想认你做义姐，不知你肯收我这个义弟吗？咱们若能这样，以后就姐弟相称。你我虽不是同胞，但都是患难之人，从今往后我们姐弟赤诚相待，肝胆相照，你看如何？"

菊香心里一想：这位老乡说得有道理。俗话说男女授受不亲。我认了他做义弟，去凤凰寨投靠百岁奶奶去，说起来也有名分。于是她微微点了点头，龙华人一见急忙弯腰行礼，说："义姐在上，受小弟一拜！"

菊香还礼道："兄弟，愚姐这厢有礼了！"

菊香和龙华人行了结拜礼，又和惠云、瑞思一起急急往前赶路。走了一阵，菊香想：真好笑，认了这个义弟，还不知他叫什么呢！她紧走两步，问："兄弟，你叫什么名字？"

"呵呵，菊香姐，你看我真糊涂，连姓名都忘了告诉你！我姓柳，名字叫铁如，"

"怎么？你不姓吕？"菊香想起了铸在元宝上的"吕府"二字。

"我不姓吕，我义兄姓吕，就是高老大船上我的那个'挑夫'。"

"他现在人呢？"

"在五指山中。菊香姐，这说来话长，路上有所不便。等有了时间，我再跟你细说。"

菊香见义弟这么说，不再问他，小声地把凤凰寨和百岁奶奶的情况讲给他听。

从风清观到凤凰寨有十多里路，由于是夜路，四人走得又急，走了不到一个时辰就到了。菊香轻轻敲龙公柏通家的门，一会儿传出宾弘的声音：

"谁？是谁敲门？"

"宾弘哥，是我。"菊香小声说。

"喔。是菊香师姑，请稍等一会儿！"

一会儿，门开了。出来的是宾弘嫂，她见三位道姑身后还跟着一个后生，不觉得一惊。菊香忙说："宾弘嫂，这是我的兄弟，逃难来的！"

"噢！快，快进屋里来！"

四人进屋，宾弘嫂拴上门。菊香说："宾弘嫂，打扰你们了。龙公睡了吧？"

"你们稍坐一会儿，你宾弘哥叫他去了。"

时间不大，龙公柏通穿好衣裳从后房出来。菊香上前对柳铁如说："兄弟，这就是凤凰寨的龙公柏通。"

"龙公大人。"柳铁如作揖道，"小子深夜至此，多有惊扰。"

龙公见柳铁如说话彬彬有礼，像个读书人的样子，赶忙说："先生不必客气，不必客气。"

菊香把义弟的情况和刚才风清观发生的事情简单一讲，龙公说："铁如先生、菊香师姑，请进书房叙话。"

菊香来崖州九年，来龙公家不计其数，但是从来没有进过龙公的书房。龙公的书房不小，靠西壁有三个书橱，里面放着不少书籍，北墙上挂着一幅家神画像，画像下有一张紫檀木长条供桌，桌上摆着香烛蜡台和供品。书房的东侧是一排六扇屏风，屏风后面有一张竹榻，那就是龙公的床铺了。龙公把柳铁如、菊香他们让进书房，坐下，叫宾弘夫妇去备茶。

第十四节　痛陈血泪兴亡

龙公是位饱学秀才，不但文章做得漂亮，官话也讲得很好。他和柳铁如这位不速之客竟一见如故，谈得十分投机。

喝过了茶，龙公对儿媳说："碧珠，今天是鸳鸯的周岁，祖奶奶累了一天。今晚就别惊动她了。你去收拾收拾紫荆原来住的房间，张罗三位师姑休息，我和先生还要叙话。"

菊香说："我不困，再陪龙公和兄弟说一会话。"

龙公和柳铁如当然高兴。

龙公说道："先生，敝寨地处天涯海角，消息闭塞。德佑二年临安杭州陷落，过了一年我才得悉。崖山一战，前不久我才听到消息。"

柳铁如眼睛里闪着泪光，他没有回答龙公，只是悲痛地点了点头。书房里顿时沉默了。过了好久，柳铁如自言自语似的说道："改朝换代，胜者为王，败者为寇，自古使然，不足为奇。叫人痛心的是大宋不是亡在元兵手里，而是亡在一班狗官奸贼手里！龙公大人，崖山血战，悲壮万分！"

"先生能细讲吗？"

"张世杰将军为了同元军决一死战，将二十余万军民撤到崖山岛上。大宋军将士众志成城，人人决心以死保国，一直和张弘范相持了半个多月。慢慢地岛上淡水没有了，加上连日拼杀，我们的体力渐渐支持不住。到二月初六这一天，李恒的水军赶来增援张弘范。第一阵进攻被宋军打退，可是到中午时分他们从南北两路一齐向我军突击。张将军指挥宋军浴血死战。战鼓声、火炮声、厮杀声响成一片；海面上硝烟四起，烈焰滚滚。到下午，元军发起总攻。这时狂风大作，大雨倾盆，眼看宋军支持不住，陆秀夫陆丞相背着皇上投海殉国，跟着跳海、自杀殉国的有几万之众，海面上漂满尸体，海水变成了血水……"

"文天祥、张世杰两位将军呢？"

"文天祥丞相在粤东五坡岭早已兵败被俘，张将军不知下落，准是殉难无疑了……"

书房里又沉默了。

龙公柏通站起身在书房里慢慢地走着步，过了一会儿他又问："难道宋军全完了？有多少人逃到海南？"

"实数我说不上，我估计最多千里逃一。"

"跟先生一起来的有多少？"

"只有我和义兄吕万钟。我和他在一条船上作战，船身多处被元军火炮击中，在烈焰中我们只得跳海，我和义兄抱着一块船板随波漂流。后来遇上一只无人的漏船，我们兄弟二人爬了上去，等大风把船吹上海岸，我们已经饿得奄奄一息了。上岸吃了些野果，知道海南早已经被元兵所占。我们俩只得昼伏夜行，谁知越往南路越难走，山高林密，天气热得出奇。到了五指山中，我义兄就病倒了，他现在躺在一户黎人家里养病。来到海南我们举目无亲，在万难中想起了静月师姑和义姐菊香，我就到崖州找她们，没想到刚打听到风清观的地址，元兵就追上我了，结果给风清观惹出了大祸，现在又来惊扰你龙公大人。"

"先生忠心报国，九死一生，可敬可佩！望先生不必过分难过，俗话说，'留得青山在，不怕没柴烧'。我看元兵如此暴虐无道，料也不会长久！先生既已来到敝寨，一切皆由小老安排，请先生宽心。"

"多谢龙公大人宏恩！不过有桩心愿，不知可讲否？"

"先生不必客气，请讲。"

"龙公大人若肯垂爱，请以伯侄相待，不再称我先生。"

龙公一听呵呵笑了。柳铁如上前一步跪下："仁伯在上，请受小侄一拜！"

"贤侄快起！快起！"龙公说着扶起了柳铁如，"铁如贤侄，不必多礼，你别看我们地处鄙夷，都是些山野小民，比起张弘范、贾似道那一帮人来，要知廉耻得多！哎，贤侄，听说老贼贾似道死了，你可知道详情？"

"仁伯，这事我最清楚！要不是这个老贼，我还不会结识我义兄和义姐呐！"

"呃，贤侄请讲！"

"仁伯，此事说来叫小侄痛不欲生！小侄家住松江龙华，虽不是名门望族，但也是书香门第。小侄有一个姐姐，名叫玉如，才貌双全，十六岁那年被选进宫去，后来就在万岁爷身边伺候。可恨贾似道这个老贼，襄阳、樊城被元军围困多年，他一直瞒着皇上，自己在杭州葛岭上修起'半闲堂'，整天与妻妾歌女们寻欢作乐。将士在流血，百姓在受难，国家在危亡之中，可是这老贼依旧天天花天酒地、醉生梦死。

有一天，我姐姐出于对大宋、对皇上的一片赤诚之心，悄悄告诉皇上，襄、樊二城已经被围快三年了！皇上一听，吓出了一身冷汗。马上派一位公公去召贾似道。公公到半闲堂一看，老贼贾似道正坐在地上和一群妻妾斗蟋蟀玩！等他玩够了，才出来见公公。经公公横劝竖劝，他才答应明天进宫见皇上。

　　第二天他进宫，皇上问他襄、樊二城已经被围快三年了，怎么办才好？老贼假装惊讶：'蒙古兵已经退了，陛下是听谁说的？'皇上告诉他是一个嫔妃说的。老贼说：'陛下你为什么听一个妇人的话？难道满朝文武大臣都聋啦、瞎啦！'后来老贼打听到这消息是我姐姐告诉皇上的，他竟造谣惑上，逼皇上命我姐姐勒帛自尽！"

　　"这老贼祸国殃民，应千刀万剐！"龙公恨恨地骂道。

　　"我姐姐死得有骨气。自尽前，她朝着葛岭的方向高喊：'我小女子为国而死，冤而无憾！你老奸贼误国欺君，骂名千古！'"

　　"你姐姐真是女中豪杰！"龙公激动得站了起来。

　　"得到姐姐惨死的消息，我就发誓为国除奸，为姐姐报仇。我带了利刃和袖箭到了临安杭州，准备行刺那老贼，可是老贼防范极紧，半闲堂四周警卫森严，他出来时总是前呼后拥，跟着许多亲兵亲将。我在杭州城里整整等了一个月，一直没有下手的机会。

　　一天晚上天黑不久，我见老贼坐着轿子出去，知道他半夜时分要回来，就爬上一个牌楼等着。果然，交过子时，老贼的大轿回来了，等轿子一到牌楼下，我猛地跳了下去。可是匆忙之中，我跳在了一个轿夫身上。那轿夫'啊呀'一声摔倒了，他一倒我也倒了，这时老贼的亲兵亲将一拥而上，将我围了起来。我想今天豁出去了，就举刀向他们猛斩猛砍，一连砍倒了好几个。可是俗话说'双拳难敌四手'，他们人多势众，我渐渐支持不住了。正在这时，突然'哇呀呀'一阵咆哮，只见一个壮士舞着明晃晃的大刀杀了过来，他的大刀像旋风雷电一般，刀光闪处，人头纷纷落地。

　　老贼的亲兵亲将一个个魂飞丧胆，可是我们人少，不敢恋战，那壮士护着我杀出一条血路，冲出了重围。这时，老贼的亲兵亲将见我们只有两个人，又都追了上来，跑到一个小巷口，那壮士一把将我推进小巷，说了声：'快跑！'他就守住巷口和老贼的亲兵亲将杀开了。那壮士杀得性起，被他砍倒的尸首竟将巷口堵住了。

　　我回到自己的客栈，越想越觉得不对头，我和那壮士素不相识，不能让他人拼命，要不也得一块死！可是，我提刀刚要下楼，只见那壮士迈着方步来了。他一见我提着刀，连忙把我推进房间关上门说：'柳公子，全城正在搜捕，你上哪儿去？'我觉得十分奇怪，我与这位壮士素无来往，他怎么知道我姓柳呢？接下来我才知道，这位壮士姓吕，名万钟字镛鸣，湖州人。他的父亲是一位抗元忠臣，贾似道对他又恨又怕，借故杀害了吕老伯。万钟哥明白，不翦国贼，国无宁日；不除国奸，江山不保。于是，他暗藏兵器，天天在西湖葛岭一带寻找杀贼机会。后来他发现了我的行迹，经过密访暗察，知道我是替姐姐报仇的，就在暗中保护我。那一天，要不是万钟哥救我，小侄我早就暴毙街头了！"

"后来呢？贤侄？"龙公问道。

"后来临安城里搜捕得越来越紧，我们无法藏身，只得乔装打扮逃出了临安。我扮成商人，万钟哥扮成挑夫，逃到青龙镇上了海船。在船上认识了义姐菊香。"

菊香一直坐立那里仔细听着义弟和龙公的交谈。现在她明白了，高老大船上救助自己的那一主一仆，原来是虎口逃生的义兄义弟！她为自己有柳铁如这么一位义弟而感到高兴，同时也隐隐感到：义弟出身书香门第，是一个有血性的男儿，自己是一个逃难出来的童养媳，不配做他的义姐。

龙公似乎看出了菊香的心思，他望了望菊香，点点头说："好，你们都是患难之交——哎，贤侄，你还没说那贼是如何死的。"

"后来，由于老贼不发援兵，襄、樊二城终于被攻破。这二城是大宋的门户，大门一开，元兵顺江而下，势不可挡。这时，老贼想瞒也瞒不住了。朝野一致要抗元，老贼没有办法，带了十三万大军来到芜湖。可是，事到如今，老贼还想着议和。元军不允，老贼无法，只得仓促应战。此时宋军已失战机，刚一接仗，就溃不成军，一败涂地。

消息传到临安，朝野上下一致要求严办老贼。老贼被贬到绍兴府。绍兴守臣不开城门；老贼被贬到婺州，婺州百姓将他驱逐出境；最后老贼被贬谪为高州练使，安置循州。我和义兄得此消息，就在后面紧紧追赶，准备在路上收拾这个祸国殃民的老贼。谁知到了福建，还没等我们动手，监押官郑虎臣宁肯拼得自己一死，将这个权倾一时的老奸贼打死在木绵庵了！"

"好极了！郑将军此举，大快天下人心！"龙公高兴得叫起来。突然，他发现天已经亮了，晨曦从槟榔树的树梢上射进了窗棂。

龙公吹灭了灯火，说："贤侄一夜未睡，一定困乏了，请就在我这竹榻上休息吧！"

"仁伯，你也一夜未睡啊！"柳铁如说。

"贤侄不必客气，我有事要安排，你休息吧！"龙公说着转脸对菊香说，"菊香师姑，你也去紫荆房里休息一会儿。"

第十五节　静月道姑西归

菊香坐着听了一夜，她的心随着义弟的话语忽而激愤，忽而悲伤，忽而忧愁，忽而兴奋，睡意全无。现在天亮了，她惦记着风清观和师傅静月老道姑，又哪里会睡得着！她来到紫荆卧房，叫醒两位师妹，胡乱吃了点东西。刚要走，龙公说，要去必须换上紫荆的衣裳，以防不测。菊香她们一听有理，就换上紫荆的上衣、筒裙，每人头上又包了一块绣花头巾，然后急急朝风清观跑去。

三人跑到风清观一看，都大哭起来。

风清观已经烧成了一片灰烬，与自己朝夕相处、恩比慈母的静月师傅化成了一堆白骨！三人跪在师傅的尸骨面前，哭得死去活来。她们谁也没有想到元兵会下此毒手。要知道这样，昨天夜里无论如何也要把师傅背出来！

正当三人哭得悲天恸地，树丛中突然钻出两个人。菊香以为是埋伏的元兵，叫两个师妹快跑，自己准备和他们拼命。可是来人把手一扬，叫她们不要惊慌。菊香抹去泪水仔细一看，来的是杜贝和紫荆。

原来龙公虽然让菊香她们换上黎家的衣裙，在她们走后，仍不放心，叫女儿和女婿赶来探听情况。

菊香望着师傅的白骨，一边流泪一边对他们说："昨晚师傅催我们逃命时，说她死后，要把她的骨灰一半埋在这里，一半带回无锡埋在惠山上。当时我以为师傅急糊涂了，说糊涂话。可是这话现在竟成了她老人家最后的遗嘱！"

杜贝和紫荆一见眼前这惨状，眼泪也忍不住扑簌簌地往下掉。

三位道姑和杜贝夫妇就一起按照老道姑的遗言，把她的一部分骨头埋在风清观后面的园子里，一部分菊香用一块头巾包了起来，准备以后带回她家乡，埋在无锡惠山上。

风清观烧了，师傅死了，三位道姑像无家可归的孤儿，站在师傅坟前又呜呜地哭起来。

紫荆和杜贝劝她们别哭坏了身体，要她们赶快离开这里到凤凰寨去。

现在她们除了凤凰寨，还能去哪儿呢？菊香和两位师妹跟着紫荆、杜贝离开师傅的新坟，一步一回头，一步一行泪。走了一阵，菊香突然想起九年前自己从家乡带来的一包土和用剩下的那个银元宝还留在风清观里。心想其它东西烧了，这两样东西总烧不掉吧。于是她又跑回来，在西耳房的灰烬里，很快找到了自己的那一包土。一看布包早已烧化，土也成了橘红色的了。找到土，她又来到东耳房，在废墟上扒了半天，竟不见元宝的半点影子。

菊香哪里知道，元兵昨夜在放火之前，早就把风清观掳掠一空，连供桌上的香炉蜡台都没放过，还会放过这个五十两的银元宝吗？

柳铁如这一觉睡得真香，一直睡到下午才醒过来。他太困了，照他的心思还要睡。可是他想自己刚来乍到，一切都不可随便。他翻身起来，见屋里静无一人，就在书房里踱起步来。突然，他被北墙上那幅家神画像吸引住了。像上画的是一位头带乌角巾、方脸大耳、美髯齐胸的老者，再往下一看，见画像的下沿写着"恩师苏文忠公东坡先生宝像"十二个苏体楷书。柳铁如精于书画，这画这字实属神来之笔，不知出于谁的高手？他虽然和龙公是初次见面，但深感这位柏通龙公与别的龙公大不一样。他不但开朗、通达、博学，而且身上还有着浓重的忠孝节义的儒家思想。

柳铁如看看屋里的书和墙上的画像，不觉得吟起了诗来：

> 谁知绝乡穷荒地，
> 犹有幽人学士家。

柳铁如刚吟完，忽然听见书房门响，龙公走进来笑着问："贤侄刚才吟的可是卢多逊《水南村》中的诗句？"

"正是。仁伯，小侄有一事请教。"

"不敢当，请讲。"

柳铁如指着北墙上的苏东坡画像，问道："这幅苏公画像是谁的宝墨？"

"呵，呵。"龙公笑了，"这是我家一位祖宗的遗墨。"

"贤侄可知道苏公东坡先生曾来过海南？"

"知道，知道！绍圣四年来，元符三年去，整整在海南住了三年之久。"

"对，贤侄！东坡先生对我们黎人亲如一家。他老人家有一首诗：

半醒半醉问诸黎，竹刺藤梢步步迷。

但寻牛屎觅归路，家在牛栏西复西……

总角黎家三四童，口吹葱叶送迎翁。

莫作天涯万里意，溪边自有舞云风。

贤侄，你可知道东坡先生这首诗的题目叫什么？"

"知道。这诗的题目叫《被酒独行，偏至子云、威、微、先觉四黎之舍》。好诗！好诗！"

"贤侄，你可知道这位先觉是谁？他就是我家祖宗。这画正是出自他老人家的手笔！"

"啊，原来如此！"

"当时，我们黎家有许多后生拜东坡先生为师，先觉公是他最喜欢的一个。东坡先生不顾年迈体衰，对我们黎家子弟以诚相待，循循善诱。东坡先生不仅是博大精深的旷世奇才，他不但教四书五经、诸子百家，还教天文地理、琴棋书画、农医历算。

我们黎家以种香料为贵，很少种稻谷，以致'北船不到米如珠'。我们黎人只是用些杂粮、芋头充饥，东坡先生就要我们多种稻谷，还专门写了一首《劝农诗》；我们黎人以巫为医，以牛为药，生了病，就杀牛祭神，东坡先生就手书柳宗元的《牛赋》，请道斌法师四处诵读，要我们黎人爱牛，切莫随便屠杀耕牛；我们黎人自古有'男坐女立'的习俗，各种重活、累活都压在妇人身上，东坡先生常常口念或手书杜甫的《负薪》，劝导父老体恤妇人的苦痛。

东坡先生和我们黎人情深义重，他说：'华夷两樽合，辞笑一杯同'。他还有一首诗是这样写的，借我三亩地，结茅为子邻，鴂舌倘可学，化为黎母民，当他接到诏命北去时，十分依依不舍，写诗道：'我本儋尔人，寄生四蜀州。忽然跨海去，譬如事远游。知君不再见，欲去且少留。'我们黎人更是舍不得他老人家，哭着送了一程又一程。东坡先生的这幅画像，是他接到量移廉州的诏命之后，我家先觉公亲笔画下的，至今已有一百八十年了。"

"真是名师出高徒。这画这字多有功力！"柳铁如端详着画像，感慨地说。

龙公将了将三绺长须说道："东坡先生北去后，先觉公从儋州来到崖州凤凰寨，他决心遵照东坡先生的教诲，把凤凰寨建成一个海南的桃花源。先觉公不但自己身体力行，而且将东坡先生的教诲一一整理抄录下来，永为子孙治家祖训。说来不怕贤侄你笑话，我们凤凰寨虽然不大，但在崖州地盘上也算一个富庶的寨子。这都是东坡先生的遗泽。"

"这也是仁伯你治理有方呀！"

"我有什么方！我的方就是不忘祖训，扶弱济贫。别的龙公要是有人投他，一开口就要多少条牛，多少面锣。我什么都不要，只要他在东坡先生像前磕三个头，我就收他做龙仔。过日子艰难，我资助；有人欺侮他，我保护。"

龙公柏通正说得慷慨激昂，突然女婿杜贝急急忙忙地闯进了书房。他后面跟着紫荆和菊香三位道姑。人人面带泪痕，神情悲伤。

龙公一见大惊，问道："怎么，果真出事了？"

"阿爸！"紫荆悲伤地说，"风清观被元兵烧了，静月老师姑被烧死在观中！"

"啊呀！"龙公和柳铁如一齐悲痛地叫了起来。

柳铁如上前一步，从菊香手中接过骨头包，顿时泪如雨下，扑通一声跪倒在地："静月师姑，是我害了你老人家啊！"

菊香她们见了，顿时又哭了起来。

龙公抹着泪劝慰道："事到如今，大家要节哀顺变，不要过分悲伤。"

菊香哭着从义弟铁如手中接过师傅的骨头包，悲痛万分地说："风清观被烧，师傅死了，我们……"

"孩子们，都别哭！"百岁奶奶突然闯入书房，"风清观烧了，凤凰寨没有烧；师傅死了，我百岁奶奶没有死！孩子们，就在这儿住下来吧！"

菊香她们见百岁奶奶来，哭得更厉害了。老人走上前，搂着菊香她们三位道姑，哽咽道："孩子，苦命的孩子，从今天起，你们三人就是我的曾孙女，凤凰寨就是你们的家。"

龙公指了指柳铁如对百岁奶奶说："祖母，这位就是菊香师姑的义弟铁如。"

柳铁如上前一步，跪在老人家面前，说："祖奶奶在上，受曾孙一拜！"

百岁奶奶把铁如扶起来，说："孩子，你的事，刚才柏通他们对我都说了。不要怕，你也在咱们凤凰寨住下来！"

柳铁如在凤凰寨住了三天，不见元兵有什么动静，就对龙公说，要去五指山中把义兄吕万钟接来。龙公一听要接吕壮士来，十分高兴。但是他不同意柳铁如自己去接，说："这几天凤凰寨虽然太平无事，但外面风声很紧。元兵派不少人进山搜查，贤侄不会讲黎话，一盘查要坏事。"

柳铁如一听，十分焦急，说："这如何是好！我和义兄有生死之交，他现在卧病五指山中，我却还在凤凰寨悠闲。"

"贤侄别急，我自有安排。"

"仁伯有何良策？"

"吕壮士不是住在五指山下冲石河边的木棉寨吗？"

"对！"

"他左边脖颈上不是有一块巴掌大小的朱砂记吗？"

"对，他家乡湖州一带的百姓都叫他红颈公子。"

"这就好了，我叫宾弘和一个猎户去把他接来。贤侄，你看如何？"

柳铁如十分感激，说："听凭仁伯作主。"

龙公在寨中挑选了一位武艺最强的后生永义和自己的儿子宾弘一块去五

指山中接吕万钟。由于山高林密，路途艰难，估计得一个半月才能回来。龙公叫柳铁如在书房看书等候消息，可是他在书房里如何坐得住呢？

这一天，柳铁如起得很早，他一人踱出书房，穿过一个长长走廊和一间草堂，来到了前院。前院中央有一座六角凉亭，竹瓦木栏，别具一格。亭子中央放着一面比栲栳还大的铜鼓。柳铁如十分新奇，拾级走进亭子，见铜鼓擦得十分洁净、光亮，制作十分讲究的鼓面，上面是十芒的太阳纹，四周铸着六只青蛙，鼓胸、鼓腰铸有羽人舞纹等图案。一根亭柱上挂着一对檀木鼓槌。柳铁如一时好奇，伸手正要去摘鼓槌，突然响起了一个急促的声音："贤侄住手，切莫击鼓！"

柳铁如转身一看，见龙公急奔而来，喘着气笑道："贤侄，这铜鼓不能随便敲。你一敲，全寨的人都会拿起刀枪弓箭上这儿来！"

"哦？"柳铁如十分惊异。

"贤侄，你初到黎寨，有所不知。这面铜鼓为祖宗所传。全寨世代相约，寨中如遇凶险，击鼓为号，鼓响三声，全寨壮男壮女必须立即持枪提刀来亭前听命。三年前一天，突然有一只恶豹窜进寨子，我击鼓聚众，将恶豹杀死。"

"啊，原来此鼓有这等妙用！仁伯，这铜鼓很有年代了吧？"

"是啊，听老人们说，这铜鼓是汉朝伏波将军马援所铸，有的说是诸葛丞相所铸，其实这些都是传说，并无真凭实据。不过这铜鼓倒也明确告诉我们黎汉自古是一家。你看，贤侄，这鼓面上所铸的六头青蛙，自然是黎家图饰。你再看晕圈里铸的这个图形，像个回字，这就是古代的'雷'字。你看这晕圈里云雷相间，一共铸了三十二个云字，三十二个雷字，此乃所谓云雷之像也。"

柳铁如虽然对金石之学也略知一二，但是对铜鼓却一无所知，见龙公说得头头是道，很佩服这个老学究，一边听一边频频点头。

龙公继续说："黎汉自古是一家，这铸着黎家图饰和汉家文字的铜鼓就是信物。"

"仁伯所言极是。"

他们两在亭子里正说得投机，阿榔带着一只猎狗跑来对龙公说："爷爷，我走了。"

"好，要小心啊！"龙公叮咛道。

柳铁如见阿榔手执钢叉，背着弓箭，十分英武，忙问："阿榔你去哪里？"

"打猎去。"

"打猎？"柳铁如这几天闲得心里发慌，一听阿榔要打猎去，忙对龙公说："仁伯，我也去！"

龙公看了看柳铁如，说："贤侄，咱们这里是瘴疠地面，毒蛇猛兽多，你还是不去吧。"

"仁伯放心，我的箭法和刀法还都可以，让我给阿榔当个帮手吧！"

龙公见柳铁如这么说，不好再不答应，就说要吃饱早饭，换上黎家的衣服才能去。

柳铁如吃过早饭，换上了宾弘的衣服，带上了自己那祖传宝刀，挑了一张硬弓和一柄顺手的三刺钢叉，就跟着阿榔出发了。

临走前，龙公对孙子阿榔再三叮咛，到林子里一定要当心，千万不能让铁如叔出什么差错。

阿榔如今已是十六七岁的小伙子，骁勇机灵，活泼开朗。一路上，用他那不太熟练的海南官话，连说带比画地和柳铁如交谈着。

他说：海南没有老虎，野猪见了人就跑，只有打伤了它才会拼命；有种豹子叫云豹，十分凶猛，它常常爬在树上，但一般也不伤人。

柳铁如想：俗语说"一猪二豹三老虎"，猎户最难对付是这三种野兽，现在听阿榔这么一说，在海南打猎倒并不太为难。

两人说着走着，进入了密林。这里完全是个动物世界。各种各样的鸟在鸣叫，猴子、松鼠在树上跳来跳去。可是阿榔看都不看它们一眼，他想打一些黄麂和一两头坡鹿回去。

在密林中走了大约半个时辰，突然一直走在前面的猎狗竖起尾巴，支起耳朵，"汪汪汪"地大叫起来。

阿榔立刻拉弓搭箭，柳铁如握紧钢叉，两人往前走不多远，突然看见一头黑熊站在一棵树下。这头黑熊十分高大，胸前有一块半月形的护心白毛。

柳铁如明白：一场恶斗要开始了。

阿榔拉满了弓瞄准黑熊，步步进逼，等离黑熊很近了，"飕"的一声把箭放了出去。那箭不偏不斜正射在黑熊的心口上。柳铁如挺着钢叉正要上前，不料被阿榔一把拉住。柳铁如大吃一惊，他听人说过，受了伤的熊十分凶猛，连老虎都害怕。现在这熊中了一箭，理应立即用钢叉猛扎，不然将万分危险。说也奇怪黑熊朝前扑了几步，突然倒下了。猎狗竖着尾巴立刻摇晃起来，嘴里发出呜呜的欢叫声。阿榔说了声"倒下时亡"，就立刻向黑熊奔去。柳铁如吓出一身冷汗，难道这黑熊不会猛扑起来吗？可是这黑熊像喝醉了酒似的，瘫在地上，再也没有起来。

阿榔迅速地把四个熊掌砍了下来。

哎呀，阿榔这后生好厉害，一箭射死一头大黑熊！他用的是什么箭？柳铁如拔出熊身上的那支箭，想看个究竟。

阿榔一见，马上说："叔叔，小心！别让箭头划破你的手！"

"哦？"

"叔叔，这是毒木箭，不管多凶猛的野兽，只要挨上一箭，就立即倒地。"

"呀！这么厉害？"

"要是人被箭碰伤，也会马上丧命！"

"这箭怎么这样厉害？蘸了什么药？"

阿榔笑了笑，说："叔叔，我们这里有一种树，叫箭毒木，把它的树皮剥下来捣烂滤出树汁，在这树汁中加上蛤蟆胆汁，这就成了最毒的箭毒啦。我这一筒箭，跟你的不一样，都是毒箭。出来时，阿爸说，今天来不及做解药，不要让叔叔用这毒箭，怕万一伤着叔叔。"

"怎么？还有解药？"

"有，用箭时不小心，误伤了人怎么办，那就得用解药。听阿爸讲，人和野兽一中这箭毒，喉咙马上被封住，一会儿就憋死。所以这种树也叫'见血封喉'。"

"见血封喉？这名字真有意思！唉，我们在崖山时如果有十万支这样的箭，大宋就不会亡了！"柳铁如仰首一声长叹，眼睛潮润了。

阿榔见柳叔叔如此伤感，不知如何安慰才好，只得蹲下身子默默地开膛取熊胆。

柳铁如拭去眼泪，问阿榔："怎么现在就取熊胆？这熊不要啦？"

阿榔说："我们打到熊，只要熊胆和熊掌，其它都不要。"

"嗳，这太可惜了。熊肉好吃得很呐！"

"路这么远，这熊有四五百斤，拿不回去。"

"不要紧，离这里不远有条小河，你刚才不是说那河是通往凤凰寨的吗？我们把这熊拖到河边，然后扎个竹排，用竹排把它运回去！"

阿榔一听，高兴极了："好！叔叔，你真有办法！"

两人用一根青藤套住熊脖子，出了一身大汗，才把它拉到小河边。接着他俩去砍竹子，准备扎竹排。猎狗守着死熊，不让别的野兽闻到血腥味来抢吃。沿河走不远，阿榔和柳铁如看见前方有一大片竹林。那毛竹一根根大得出奇，都有水桶那么粗。

柳铁如想，这么大的毛竹，砍上五根就够用的了。两人正朝竹林走去，突然阿榔大喊一声："叔叔，蟒蛇！"

柳铁如抬头一看，只见前面一棵树下盘着一条海碗口那么粗的大蟒蛇，仰起脑袋来回摆动，喷着紫红色的蛇信，发出呼呼的响声。看来这大蟒蛇好久没吃东西了，今天它是打定阿榔和柳铁如的主意，非要吃个痛快不可。

柳铁如全身汗毛根根竖起，他飕地拔出宝刀，准备决一死战。

阿榔急忙喊道："叔叔，慢！"说着他脱下自己汗水湿透的上衣，衔在嘴里，取出一支毒木箭搭上了，瞄准蟒蛇的脑袋，"飕"的一声，毒木箭射了出去。可是那大蟒敏捷地将脑袋一偏，竟躲过了这支毒木箭！大蟒被激怒了，它腾空而起，闪电般地朝阿榔扑来。可是阿榔比它还要快，他迅速扔掉手中的弓，拿起嘴里衔着的衣裳，像一只猴子似的一会儿跳到左边，一会儿跳到右边，不停地逗弄着大蟒。狂怒的大蟒来回摆着脑袋，可是怎么也找不到咬住阿榔的机会。

过了一会儿，大蟒的动作渐渐迟钝起来，突然阿榔像一支箭似的猛扑上去，用衣裳包住大蟒的脑袋。

柳铁如一个箭步奔上去，手起刀落，把大蟒脑袋砍了下来。阿榔抱着大蟒的头，摔倒在地上，打了两个滚。柳铁如上前把他扶起来，喘着气说："阿榔，今天叔叔我佩服你了！"

阿榔扔掉衣服里的蛇头，说："进森林就怕突然碰上大蟒。这大蟒虽然不毒，但它有一百六十个牙齿，谁给它咬上也受不了！别看它只有碗口那么粗，能吞下整头的猪和羊！"

"阿榔，你用衣服罩住了它的头，怎么它就老实了？"

"大蟒不怕虎豹，就怕人的汗味。我的衣裳叫汗水湿透了，蒙住它的头，它就动弹不得了！"

"噢！原来如此！"柳铁如觉得一进这大森林，就有学不完的学问。

阿榔和柳铁如稍稍休息了一会儿，就去砍毛竹和青藤。时间不大，一个竹排扎好了。他俩把大蟒和黑熊拖上竹排，划着向凤凰寨驶去。

走水路要比陆路多几里，但由于是顺流而下，阿榔和柳铁如又都会划船游水，等到凤凰寨时，太阳还很高。

柳铁如和阿榔费了好大力气，把黑熊和大蟒拖到岸上，可是这小河离寨子还有一里地，这黑熊和大蟒加在一起足有六七百斤重，两人怎么拿得回去？柳铁如说："阿榔，你在河边看着，我去寨里叫人。"阿榔点点头，叫他快去快回。

柳铁如兴冲冲地朝寨子跑去，想早一点把喜讯告诉龙公他们。走到寨子边上，看见菊香正在给水牛喂料，便急忙跑上前，喊道："菊香姐，我们回来啦！打到一头黑熊，一条大蟒蛇！"

"啊！真的？"

"真的，快把水牛借给我们用一下，去河边把黑熊和大蟒驮回寨子！"

"好！"菊香说着牵着水牛跟在柳铁如后面朝小河跑来。

凤凰寨欢腾起来了。黑熊和大蟒，对凤凰寨的乡亲一说，并不稀奇，让他们惊讶和高兴的是柳铁如这位文质彬彬的书生头一次去打猎，竟会有如此收获。当听阿榔说这大蟒是铁如叔一刀砍死的，大家都跷起了大拇指。

菊香看着这条大蟒，想起自己小时候在射猎庙看见那条大黑蛇的情景。不过那时自己年龄小，离得又远，看不真切。现在看得可清楚啦。这条大蟒全身都是金黄色的斑纹，有三丈长。据寨里一位老猎户说，这蛇有二百五十斤重！哎呀，要杀死这么一条大蟒蛇，需要何等的胆气和力气！

龙公叫寨上两个猎户剥下熊皮，把熊肉剁成几十块。阿榔爬上一棵高大的椰子树，把大蟒的头颈用绳绑住，吊了起来。

这大蟒真是太长了！吊在那么高的椰子树上，它的尾巴还拖到地上。阿榔敏捷地用刀将大蟒颈部的皮划开一圈，然后他两手紧紧揪住蛇皮，两脚蹬着树干，随着一阵哧溜哧溜的声音，蛇皮扒下来了。等阿榔双脚落地，再往下一蹲，那条吓人的巨蟒已经变成一根洁白鲜嫩的肉柱子。

大蟒也被剁成了好几十段，和熊肉一起，由百岁奶奶来分，全寨每户分得一份。

当天晚上，凤凰寨家家酒肉飘香，龙公家更是热闹异常。宾弘嫂把熊肉和蟒肉做成了好几个菜，端到桌子上香气扑鼻。龙公特别兴奋。他不仅喜爱柳铁如的学问，而且喜欢他的勇武。他从地窖里拿出一坛酒，对柳铁如说："贤侄，你看这是什么？"

"瑞露！好酒，好酒！这是桂林的名产！"

菊香闻到肉香，心里很想吃。但一想起刚才大蟒的那副可怕的样子，就不大敢伸筷子了。惠云和瑞思见菊香不吃，也都不好意思吃。百岁奶奶一见这情形，说："来，孩子们，你们三人烧了观，死了师傅，不得已还了俗，但是到现在还没开斋，今天就用这熊肉、蟒肉开斋！"老人说着转身对龙公说，"柏通，把你的瑞露酒给我们每人满上，我们也尝尝！"

"是，奶奶！"龙公在一边答应着一边恭恭敬敬地给老人筛了一盅，接着又给菊香她们筛。

百岁奶奶举起酒盅，说："别人都问我，为什么这么长寿？我只有两条秘诀：一是天天干活；二是不乱吃东西。我活到一百多岁，还从来没有喝过酒。今天菊香她们开斋，我也破个例，一块高兴高兴。来，孩子们，喝！"

饭桌上碗筷叮当作响，一个个吃得红光满面。

从这一天起，柳铁如对打猎上了瘾。他想：我不能天天吃白饭，自己别的不会干什么，这打野兽倒刚好用上我的一身武艺。于是，只要天气好，他就天天都和阿榔出去。越打，胆子越大，打猎的本领越精。他俩从来没有空手回来过。

　　转眼一个半月过去了，可是宾弘还没有回来，柳铁如心中焦急起来。为了不让龙公看出自己的不安，还是天天去打猎。很快，又是半个月过去了，宾弘他们还是没有回来。这时，龙公全家和全寨的乡亲也都不安起来，都担心他们在路上遇到凶险。

　　这天早晨，宾弘嫂正在偷偷抹眼泪，宾弘和永义回来了，可是他们并没有接回吕万钟。

　　宾弘说："我们找到了五指山下的那个木棉寨，但房东说吕大哥在前几天走了。因为元兵在那一带来回搜捕，吕大哥怕连累乡亲，就一个人悄悄走了。我们得到这个消息，心想一定走不太远，就分头去找。我们找了整整一个月，毫无踪影。怕你们在家里着急，就回来了。"

　　龙公听了儿子的话，用拳头轻轻敲了敲额头，低声说："那五指山山高水险，狼奔蛇窜，吕壮士人生地不熟，一个人在森林里怎么走得出来！"

　　"那怎么办？仁伯，明天我再去找！"柳铁如说。

　　"不！他俩找了这么久没找到，你去更找不着的。贤侄，我怕你义兄是吉少凶多。"

　　听了龙公的话，柳铁如的眼泪簌簌地落了下来，菊香和其他人的眼眶也都噙满了泪水。

第四章　载艺回故里

第一节　天涯海角思乡

百岁奶奶的一席话，顺顺当当地让三位道姑开了斋，还了俗。

半年之后，又在百岁奶奶的撮合之下，惠云和瑞思，欢天喜地成了家。惠云的丈夫劳海，与惠云同乡，是个干活的好手。年轻时，他爱上邻寨的一妹子，可是他们定情没多久，那妹子得病死了。劳海痛苦万分，就一直没结婚。这一回经百岁奶奶亲自开导，他愉快地和惠云成了亲。瑞思嫁给了永义，凤凰寨最有本领的猎手。他原先家住二十里外的东芒寨，只有孤苦伶仃一个人，因不堪寨主的欺压，七年前来投凤凰寨，当了龙公柏通的龙仔。这一回，经百岁奶奶一说，他就和瑞思高高兴兴地结了婚。龙公和寨里乡亲们帮助两对新人盖起了两幢新草房。

现在，最叫百岁奶奶焦虑的是菊香的婚事。惠云、瑞思成婚时，菊香忙里忙外出了大力气，可是对自己的事，一点也不放在心上。现在她每天除了纺纱织布，就是一心照料百岁奶奶和紫荆的女儿鸳鸯。百岁奶奶喜欢热闹，菊香干脆和鸳鸯一起搬到百岁奶奶房里住。老人见了，真是又欢喜又心疼。

这一天百岁奶奶实在忍不住了，她闯进书房，对孙子大发脾气："菊香今年都三十一岁了，你这个做龙公的也不管一管？要不是铁如在这里，我早就像惠云、瑞思那样给她完婚了！今天等铁如打猎回来，你好好问问他，到底愿意不愿意娶菊香？"

龙公对百岁奶奶向来毕恭毕敬，今天见她发这么大火，赶忙连连点头允诺。

可是，到傍晚见柳铁如打猎回来，龙公又不知如何向他开口。当天夜里，龙公在竹榻上翻来覆去睡不着。他想：铁如贤侄与我同室而卧朝夕相处，他的才学、志趣、勇武我全知道，唯独对这件事不清楚。平日他对菊香是那样的亲热和敬重，但他又是十分自爱和自重。不知道他对菊香到底有意还是无意？最后，龙公还是拿定了主意：明天我直截了当向他问个明白。

第二天，柳铁如又要去打猎，龙公把他喊进书房，劈头说问："贤侄今年贵庚多少？"

"小侄虚度三十。"

"啊，正是而立之年！"龙公略微停了一会儿说，"贤侄，你天天忙着进山打猎，从不为自己的事着急，可是也该为菊香设身处地想一想啊！"

"仁伯，小侄何曾不想？只是……只是……"

龙公见柳铁如面有难色，赶忙说："贤侄，不必为难，百岁奶奶说啦，只要你愿意，她马上给菊香说去，这个月就给你们俩成亲！"

"不！不不！此事万万不可！"

"男女居室，人之大伦，贤侄为何不依？莫非嫌她出身贫寒不成？"

"仁伯，容小侄细秉。小侄能有今日，全仗义姐相救，全仗仁伯全家和寨上乡亲庇护，我永世不忘仁伯全家及寨上乡亲们的恩典，也永世不忘义姐的恩情。可是刚才仁伯所说，小侄实难从命。我与她姐弟相称，姐弟之间岂能婚配？这是其一。还有……"柳铁如说到这里泪如雨下，泣不成声。

"贤侄，有话慢慢讲，不必悲伤。"

"仁伯，小侄命恶，总角之年家严见背，我与家姐全由母亲抚养。十八岁那年家慈为小侄娶妻白氏，婚后我俩情投意合，十分恩爱。不久姐姐被奸贼贾似道害死，小侄上临安为姐报仇，家中唯有拙荆和老母相依为命。小侄报仇不成，和义兄一起乘船南逃。官兵抓不着我，就将我老母活活逼死。妻舅见我家已败，就逼拙荆改嫁。拙荆不从，最后被逼无奈，就投黄浦江自尽了。"

"真是一位贞节烈女！"

"妻不辱夫君，夫君岂能负妻。小侄曾对天发誓今生决不再娶！"

"贤侄，适才是我鲁莽，望多多见谅！"

"仁伯，你和百岁奶奶的雅意小侄明白，其实义姐的终身大事，我也天天挂在心上。"

"喔？贤侄，你是如何想的？"

"小侄不是天天都在打听义兄的下落吗？只要找到义兄，就可两全其美！"

"我明白了，贤侄！"

"万钟哥的相貌、学识、武艺、人品都比我强，可怜他生不逢时，九死一生闯荡了半辈子，还不曾娶过妻室。若能找到他，还望仁伯做月老哩！"

"一定！一定！"

自从上次在崖州城里碰见阿兴嫂母子，以后只要寨里有人去城里办事，菊香总是设法跟着一道去。她多么希望在崖州街头再能碰上从故乡来的人。可是一年、两年、三年过去了，每次她总是抱着希望而去怀着失望而归。

这一天清早，菊香在小溪边洗完百岁奶奶和鸳鸯的衣裳，就和宾弘嫂一道赶着牛车向崖州城出发了。车上装着黎单、黎幔和各种布匹，有自家的，也有乡亲们托卖的。除了这些东西之外，还有五副鹿茸、六个熊胆、四只穿山甲和一筐玳瑁甲。

牛车刚刚出寨子，紫荆抱着鸳鸯追了上来，一边跑一边喊："等一等！等一等！"

菊香把牛车停住，紫荆喘着气对她说："鸳鸯这孩子心里只有你这个姑姑，一听说你要去崖州，就大哭大闹，非要跟着去不可！"

"那就让她去吧，紫荆！"宾弘嫂说。

"紫荆妹，你也一起去！今天东西都卖完好早点儿回来。"

紫荆抱着鸳鸯上车，菊香鞭子一扬，车走了。可是鸳鸯仍不满足，伸开双手叫着非要姑姑抱。菊香把鞭子给宾弘嫂，从紫荆怀里接过鸳鸯。鸳鸯小手搂住菊香的脖子格格地笑了。

拉车的是头五岁的牸牛，很有脚力，两个多时辰就来到崖州城下。

在通往城门的大路旁边，几个黎家姐妹正在织布，不少人围着他们看。当牛车经过她们时，一个一个熟悉的乡音传入菊香的耳朵："这海南什么都是海头海脑，一只虾十斤重，织个布几丈长！"

"是啊，真是叫人开眼界！"说话的是一老一少两个妇女。

"你们二位是从松江来的吧？"

一老一少打量了她一下，那位年轻的兴奋地问："是啊，嫂嫂也是松江人？"

见少妇叫自己嫂嫂，菊香脸一红，但马上笑着说："嗯，我家在乌泥泾，你们呢？"

"周浦。"少妇说。

"嗳，阿妹"，老妇问，"你是什么时候到这儿来的，那车上坐的都是松江人？"

老妇的这句话提醒了菊香，她急忙转身对车上的紫荆和宾弘嫂说："你们先进城去吧，我和鸳鸯一会儿去找你们！"

紫荆和宾弘嫂赶着车进城了。

菊香对老妇说："她们不是松江人，是本地黎人。哎，婆婆，你们是怎么出来的？"

"逃难讨饭出来的，走一路讨一路，一直讨到这天涯海角！"

又是逃难出来的！菊香的心头猛地一沉。过了一会儿，她问："家乡现在还用单锭手摇纺车？"

"嗯。"

"没有用三锭的脚踏纺车？"

少妇说："没有，一家也没有。跟以前完全一样，还是用双手剥棉籽，用尺把长的小弓弹棉絮，织布仍用织夏布的窄幅布机，织的布不但面窄而且短，哪有她们这么宽这么长的！"少妇说着指着路边黎家姐妹正在织的布。

老妇说："这里的工具好，这两天我们在城里转了转，都看见了，擀、弹、纺、织都有一套好工具。"

少妇说："要是我们家乡也有这样的工具那该有多好！可以使多少童养媳少流泪、少挨打，可以使多少人家免得卖儿卖女，四处流浪。"

"你们什么时候回去？我送一套这儿的工具给你们。"菊香说。

老妇人摇摇头："我们婆媳俩这辈子回不去了，我们自卖自身，卖给了一艘昆仑舶，给他们烧二十年饭，才能赎出我们的卖身契！"

"啊……"菊香痛苦地望着这婆媳俩，眼睛里流出了泪水。

"唉，不说了，都是命里注定的。走吧！"老妇说完和少妇走了。可是刚走两步，老妇又回头望望菊香，"阿妹，你要是能把这里的工具带回去，教乡亲纺织崖州被、广幅布，那真是救苦救难的南海观世音菩萨啊！"

望着婆媳俩远去的背影，一股热流涌上菊香的心头。

从崖州城回到凤凰寨的当天晚上，菊香躺在床上翻来覆去怎么也睡不着。她一闭上眼睛，面前就出现了满脸泪痕的凤英，她正在剥棉籽，指甲磨光了，指头磨破了，棉絮上沾着殷红的血迹。菊香睁开眼睛，用力眨了眨，凤英不见了。可是刚一合眼，面前又立刻出现了文娟，她吃力地摇动着单锭纺车。她已经两天多没吃东西了，身上一点劲也没有，纺车转得越来越慢。突然，她婆婆奔到跟前吼道："今天纺不满斤两，休想吃晚饭！"菊香猛地睁开眼睛，文娟和她婆婆都不见了。

菊香翻了一个身，刚想睡，大妈妈张氏又出现在眼前。她背也驼了，眼也花了，手里拿着张一尺来长的线弦小竹弓，正在费劲地弹着棉絮，弹了好久，才弹了一小点儿。大妈妈叹了口气，含着泪说："我力气一年不如一年，官家的捐税一年重似一年！这日子没法熬哇！"

菊香睁眼又翻了一个身，这回她没有再闭上眼睛，两眼直直地望着东窗。突然红菱隔着窗格子喊："菊香！菊香，你来看，这布实在没法织，粗纱太多，动不动就断头。纱断了一地。我的眼睛小时候绣花弄坏了，你来帮我打结头，来呀，好妹妹！"菊香干脆坐起来，揉揉眼睛，这一下可不要紧，顿时曹福和漕河老渔翁一齐出现在她面前，一齐向她说："孩子，当初我们对你说，等你有了出头之日，可别忘了回到这生你养你的三尺血土上来。怎么？如今你忘了？"

俗语说，树高千丈，落叶归根。菊香在心中暗暗发誓：我一定要回到家乡，把黎家的制棉工具和技艺传授给家乡百姓。可是，她又想：凤凰寨的乡亲们，尤其是百岁奶奶，待我如亲生骨肉，自己怎么向他们开口呢？他们怎么会让我离开凤凰寨呢？菊香陷入了苦恼之中。

菊香明显地比以前消瘦了，红润润的面颊变得苍白，乌亮的眼睛失去了神采。为了掩饰和打消自己的苦闷，她拼命地干活，可是晚上一上床就辗转反侧，难以成眠。

菊香的这一切，百岁奶奶看在眼里，疼在心里。这一天早晨，她来到龙公书房，一坐下就冲着龙公和柳铁如骂了起来："你们男人的心就是太狠！人家菊香从小吃了那么多苦，如今还了俗，可是还让她守着自己的影子受孤单！她今年三十出头了，你们要让她苦熬到什么时候去？"

龙公和柳铁如都低下了头，不知如何回答老人才好。突然，瑞思和男人永义急急忙忙跑来了。还没进书房，永义就大声说："龙公！有消息啦！"

"永义，快讲！"龙公催道。

"吕大哥有下落了！"永义说。

"啊！他在哪里？"柳铁如急忙问。

"他被元兵抓住了，押在官寨。"

"就是白云寨？"龙公问。

"嗯。我舅舅说是昨天抓到的，身材很魁梧，左脖上有巴掌大一块朱砂记。"永义说。

"是万钟哥！不错，一点不错！"柳铁如叫了起来。

"我舅舅说，明天一早元兵就要把他押到崖州城里去。"

"哎呀！这如何是好？"柳铁如急了。

"龙公，我们去几个骠悍的后生，带上家伙趁着今晚天黑，把吕大哥抢出来！"永义说。

"寨里有多少元兵？"龙公问。

"共有十来个。"永义答道。

龙公背着手在书房里踱来踱去，百岁奶奶、柳铁如、永义都看着他，谁也不说话。龙公突然收住步，说："不行，硬抢难免要有死伤。"说着他挥笔写了一封信，对柳铁如说，"白云寨寨主与我素有交情，如今白云寨成了官寨，他与元兵面和心不和。我写信请他今晚以犒劳为名，把元兵统统灌醉，然后把你义兄放走。这样，就可以免动刀枪。贤侄，你看如何？"柳铁如点点头，说："若能这样，那是最好不过！"

龙公把信交给永义，嘱咐说："你和宾弘马上把信亲手交给白云寨寨主。另外，你告诉你舅父如果寨主按我信上说的做了，请他今晚在寨边生一堆火；如果没有按信上说的做，就不要烧火。快，你快去告诉宾弘，现在就走，不得耽误！"

永义走后，龙公又对柳铁如说："贤侄，今晚你领着二十个最有武艺的后生去白云寨，由阿榔带路。如果事情顺利，派两个人上寨里领人就是了。如果事情不顺利，不见寨边路口有火堆，你们切莫进寨，把人悄悄带到黑水沟，埋伏起来。那里山高谷深，林木蔽天，是白云寨到崖州城的第一个险恶去处。等明天上午元兵押着你万钟哥走到那里，你们就一齐动手。事情弄到了那一步，你们只得干净利落一点，不可留下后患！"

"仁伯，你放心！"柳铁如说，"明天元兵一定会走黑水沟吗？"

"黑水沟是他们去崖州城的必经之路。"

"如果白云寨寨主放了万钟哥，待元兵酒醒之后不会难为他吗？"

"呵呵，这请贤侄放心，我在信上都写啦，管保他平平安安当寨主！"

"喔！仁伯有何妙计？"

"谈不上什么妙计，我告诉他，就说是五指山里的宋军把犯人劫走的。我们假借宋军的名义写一张告示，用刀插在寨门上，吓唬那帮家伙！"

"好！此计大妙！"柳铁如很佩服龙公这位老学究如此多谋善断。

百岁奶奶平日爱管孙子，今天见他遇事方寸不乱，事情办得稳稳当当，就一句也没有插嘴，只是不停地点头。

龙公笔走龙蛇，写好假告示，递给柳铁如："贤侄，你看合用吗？"

柳铁如从头至尾看了一遍，见行文内容语气无差错，连声说："好！好极了！"

"你把它带上，如果寨主放了人，就把这假告示用刀插在寨门上。还有，你告诉寨主，要他对元兵讲清楚：亏得是他苦苦求情，宋军才没有割下他们的首级！"

"好！"

"你和阿榔他们快去准备吧。成败与否，在此一举！"

"请仁伯放心！"

等天色一黑，柳铁如、阿榔就领着二十个身带弓箭、钢叉的骁勇的后生神不知鬼不觉地出发了。他们一走，把龙公和百岁奶奶的心也带走了。

菊香并不知道柳铁如和阿椰去白云寨的事，她像往常一样吃了晚饭，洗了洗就和鸳鸯一起躺下睡了。一觉醒来，她见百岁奶奶坐在床上，两眼闪着奇异的光，觉得十分诧异，她心里立即闪过一个不祥的念头：莫非百岁奶奶今晚过不去了？想到这里，菊香害怕了，就问："百岁奶奶，哪儿不舒服？"

老人像没有听见一样，坐在那里没有应声，菊香更急了，一骨碌从床上爬起来，走到老人床前问："百岁奶奶，你怎么啦？我给你捶捶背？"

这下老人才像从梦中惊醒过来一样，说："不，你睡吧，别管我！"

"你为啥不睡，都下半夜了！"

"我再等等。"

"你等什么？百岁奶奶？"

老人很想把实情告诉菊香，可是怕事情如果不成功，岂不是让她白伤心一场！百岁奶奶闭了闭嘴，说："你别多问，快躺下睡吧！"

菊香没法，只得躺下。她刚合眼，就听见院门"嘎吱"一声响了，紧接着传来许多人的脚步声。听到这声音，百岁奶奶急忙下床，大声对菊香说："快！快起来！"

"什么事？百岁奶奶！"

"好事！好事！快去看看！"

百岁奶奶拉着菊香来到后院，只见院中黑压压地站着许多人，一个个身背弓箭，手持钢叉，龙公站在书房前的台阶上，说："大家辛苦啦！紫荆她们已经把夜宵烧好了，你们都去吃一点，然后回家好生歇息。"

众人听完龙公吩咐，一个个都吃夜宵去了。

百岁奶奶拉着菊香来到龙公的书房，柳铁如见了，急忙对坐在椅子上的一位壮年说："万钟哥，她就是龙公大人的祖母，高寿一百多岁啦，我们都叫她百岁奶奶！"

"百岁奶奶，曾孙给你老人家请安！"吕万钟说着向老人行跪拜大礼。

"呵呵，快起，快起！孩子，你看看，这是谁？还认识吗？"百岁奶奶说着把菊香拉到吕万钟跟前。

这时，菊香也认出来了，这壮年正是在高老大船上救过自己的那个挑夫，不觉又惊又喜，急忙上前施礼："恩人万福！"

吕万钟也认出了这个一身黎人打扮的女子，就是菊香，高兴得大喊："菊香师姑，我总算找到你了！"

一会儿，杜贝和紫荆用托盘端来了夜宵，大家一边吃一边谈。等吃完夜宵，龙公见天快亮了，就说："万钟贤侄受了刑，身体欠安，大家有话以后慢慢再说。"

"对，对！早点儿歇。"

于是，众人散去，龙公、柳铁如和吕万钟三人就在书房休息。

第二天上午，菊香和紫荆抬着一筐荔枝来到书房。龙公笑着对吕万钟说："万钟贤侄，请尝尝。这是凤卵荔，个儿大，一斤只能称七八个，甘甜得很！"

吕万钟吃了一个连声称好。

龙公乐了，笑着叫大家都坐下，一边吃荔枝，一边叙话。谈了一会儿别的，自然而然吕万钟就说起自己这一年来的经历。

原来，一年前，柳铁如离开木棉寨不久，元兵就来搜山。吕万钟怕连累那黎家房东，就一个人走了。后来遇上了逃入深山老林的宋军残部，有白沙口打败后退下来的，有崖山血战后逃来的，一共有二三百人，其中不少是黎家、苗家的兄弟。这支残军一时还很有一点气势，接连攻下了好几个官寨。可是五指山山高路险，草深林茂，野兽、蛇虫、瘟疫一齐向他们袭来。

元兵又把守着所有的交通要道，这支小小的宋军没有粮食吃，没有药治病，经不起元兵的几次搜剿，二三百人的队伍很快就垮了。吕万钟的右腿受了伤，亏得一位黎家老参将他背到家里，采来草药给他敷服，整整调治了一个月才痊愈。元兵还是不停地搜山，吕万钟心里惦记着义弟柳铁如，又怕连累这位黎家老参，给老人家磕了三个头，就来崖州寻找风清观。他昼伏夜行，餐风饮露，好不容易到了崖州城。可是，他在一家香烛店刚刚打听到风清观的地址，就被几个捕快抓进了官衙。

也是吕万钟命不该绝，当天夜里，官衙里突然起了一场大火。吕万钟砸开枷锁，乘着混乱逃出了崖州城。第二天到风清观一看，只见一片废墟，他向周围村寨打听道姑们的下落，人人都摇头说不知道。吕万钟的黎话是在五指山中现学的，说得不好。黎家老乡见他一口浓重的外地口音，以为是元兵的探子，都用怀疑的目光看着他，从他们的目光中，吕万钟知道，乡亲们是不信任他，不肯把实话告诉他。于是他就在风清观废墟前的大樟树下搭了一个窝棚住下，准备逐村逐寨地去寻找。

有一天，他遇到一位砍柴的黎家老婆婆，向她倾诉了自己的遭遇和不幸，请她帮助找到风清观里的道姑。老婆婆见他情真意切，就对他说："风清观的三位道姑都住在凤凰寨，我女儿还向她们学过绣花哩！"

听到这个消息，吕万钟喜出望外，心想只要找到菊香师姑就能知道义弟柳铁如的下落。可是就在他去凤凰寨的路上，遇上了元兵，其中有一个叫仑百户的元兵头目在崖州城里曾经与他交过手，一见他脖子上的朱砂记，就不由分说把他抓进了官寨。吕万钟想，这一次必死无疑了。谁知绝处逢生，龙公他们把我救了出来！

吕万钟对龙公和乡亲们的救命之恩感激不尽。龙公连连摆手："区区小事，何足挂齿？贤侄大忠大勇，对得起列祖列宗的在天之灵。孟夫子云：'民为贵，社稷次之，君为轻。'如今江山易主。但宋室亡而宋民不亡，我辈犹可为民兴利。"

"仁伯说得对！"吕万钟点点头说道。

"凤凰寨虽然离崖州城只有二十里，但向来宁静。望贤侄安心养伤。"

吕万钟在官寨受了几处棒伤，由于天气炎热，很快就溃烂化脓。尤其是右胸的一处伤口，又大又深，迟迟不肯收口。这一天吃过早饭，菊香给吕万钟换药，想起了师傅静月道姑生瘩背的惨相，不禁心中十分惊慌，双手不住地颤抖起来。吕万钟说："菊香不必害怕，凡是烂肉要切掉，脓血要挤尽，这样上了药才好得快！"

可是菊香如何下得了手呢？她手中的竹签一碰到万钟哥的伤口，她的心就拼命地往喉咙口跳。吕万钟见了只得向菊香要过竹签，自己动手。吕万钟真是条好汉，他像切菜削瓜一般把伤口上的烂肉统统刮除，然后用清水冲洗伤口。菊香背过脸，咬紧牙屏住气，比竹签刮在她心上还难受。一会儿，吕万钟说："行了，菊香给我上药吧。"

菊香转过脸一看，惊呆了，万钟哥的肋骨露出来了！她急忙给敷上药，用新手帕把伤口包好。这时，吕万钟痛得昏过去了，"万钟哥！万钟哥！"菊香大声呼喊着，眼泪像泉水似地流了出来。她感激吕万钟在高老大船上的救命之恩，同情他的不幸遭遇，钦佩他的忠勇刚毅。吕万钟慢慢苏醒了过来，睁开眼睛，说："菊香，别哭，让人看见多不好！"

"万钟哥，还疼吗？"

"不疼了。"

"真的？"

"真的。你干活去吧！"

"百岁奶奶叫我守着你。"

"我不要紧的，有事我喊你。"

"我去把纺车拿来，在这儿纺纱？"

"嗯。"

在菊香的悉心调治下，十天之后吕万钟的伤痊愈了，龙公全家和寨上所有的乡亲十分喜欢。这天上午，龙公在书房里对柳铁如说："铁如贤侄，依你看，你万钟哥和菊香姐的事情如何？"

"依小侄看，已有七分把握。"

"你能否找你义姐谈谈，探探她口气。倘若可以，就当面把事情挑明。"

"好。"

柳铁如从书房出来，见菊香正在草屋里擀棉籽，就拿起一副擀杖，也擀了起来。

擀了一会儿，问："菊香姐，你觉得万钟哥怎么样？"

菊香的脸一红，反问道："你问这做什么？"

"菊香姐，你我虽不是一奶同胞，但胜似一奶同胞。有件事一直压在我心头，现在万钟哥来了，我要把它讲出来……"

菊香心怦怦地狂跳起来，她放下手中的擀杖，一把抓住柳铁如的手说："兄弟，你别说了！你的心思百岁奶奶都对我讲了。万钟哥既是你的救命恩人，也是我的救命恩人，我有什么好说的呢？让我难受的是兄弟你孤孤单单一人……"

"不，菊香姐，我不孤单，你弟妹永远活在我的心里，还有你义姐、万钟哥、龙公、百岁奶奶和那么多乡亲！"

菊香听了义弟的话，只是扑扑簌簌地掉眼泪。柳铁如却笑着说："菊香姐，我走了，向龙公他们报喜去！"说着他跨出草屋朝后院走去。

龙公全家得到菊香点头允婚的消息，心中大喜。龙公就趁热打铁，立即找万钟来谈定。

吕万钟本来就敬重菊香，这十多天的悉心调治更是使他感激不尽。现在听龙公和义弟说菊香愿对自己以身相许，他有什么好不答应的呢？

百岁奶奶见吕万钟点了头，高兴得呵呵直笑。

第二天一早，龙公叫吕万钟和菊香一起到海滩边帮着运玳瑁。他们俩赶着一辆车来到海边一看，只见十多只锅盖大小的玳瑁四脚朝天躺在雪白的沙滩上。吕万钟乐得叫了起来："哎呀，这么多玳瑁！是怎么逮的？"

菊香说："眼下正是玳瑁下蛋的季节，夜里趁它们爬上岸找窝，跑上去把它们掀一个四脚朝天，它们就再也翻不过来了！"

"真有意思！真有意思！"

正当他们俩说笑着，突然紫荆和杜贝从一块光滑的巨石后面出来。紫荆问："菊香姐，你们赶来几辆车？"

"一辆。"

"阿爸真是个书呆子，也不跟你们说清楚！这么多玳瑁一辆车怎么运得回去？"

"紫荆，你！"杜贝看了妻子一眼，"我们原来也没想到一夜会逮这么多玳瑁，能怪阿爸吗？"

"好了，菊香姐，你和万钟哥看着玳瑁，我们回寨赶车去。"说着紫荆拉着杜贝走了，没走几步又回头说："要看好，一共是十四只玳瑁，别让跑了！"

海滩上只留下了菊香和万钟。看着那一只只四脚朝天的玳瑁，万钟十分喜欢。这玳瑁远看像海龟，仔细一看，与海龟不一样，比海龟漂亮多了。它那一排排半透明的甲片绿里带黄，黄里带紫，十分美丽。万钟虽然第一次看见玳瑁，但知道玳瑁一身是宝：肉能吃，甲片可以入药，还可以做首饰。他问："菊香你以前也来逮过吗？"

"嗯。跟紫荆他们来过几次，我还来逮过一次海龟呢！"

"是吗？"

"嗯。海龟可有趣啦，它们一边下蛋一边直掉眼泪！下完蛋用沙子把蛋盖好，在沙滩上绕行两个圈圈才向大海游去。"

"真有意思！"

"有一种抓海龟的办法更有意思。这海里有一种鱼，叫鲗鱼，头上长着碗口那么大的一个吸盘。乡亲们用一根长长的绳子绑住鲗鱼的尾巴，然后把鱼放入海中，绳子的另一头系在船上。等鲗鱼吸住了海龟，就用力把它拉上来，海龟想逃也逃不了！"

"嘿！真是妙极了！"吕万钟说着站了起来。

这碧绿的大海，湛蓝的天空，白雪一般的沙滩和坐在沙滩上的美丽温情的菊香，阵阵海风徐徐拂面吹来，使吕万钟的心醉了。

吕万钟直觉得心旷神怡，如临仙境。他望着不远处沙滩上几块圆光滑溜的巨石正出神，只听得菊香问他："万钟哥，你知道这儿叫什么地方？"

"不知道。"

"这地方就叫天涯海角！"

"真的？"

"嗯。崖州就两个地方最有名，一个是这天涯海角，另一个是'鹿回头'。"

"鹿回头？这名字真有意思？"

"有意思吗？鹿回头离这儿不远，只有几十里地，沿着这海滩一直往东南走就能到。"

"那是个什么地方？怎么叫这个名字？"

"那是海里的一座小山，样子很像一只急奔回首的花鹿。这里还有一个故事哩。"

"什么故事，菊香？你给我讲讲。"

"我是听百岁奶奶讲的，记不大全。"

"不要紧，记多少讲多少！"吕万钟说着坐了下来。

菊香略微想了想，就开始讲了起来：

"说从前有一位名叫巴当的猎手，武艺高强，他父母都不在了，孤身一人靠打猎度日。一天巴当正在打猎，突然一阵狂风刮得林木乱响。他回头一看，只见一只斑斓猛虎正在紧紧追一位姑娘。那姑娘没命地奔跑着，可是哪有老虎快得快呢？眼看姑娘就要被猛虎扑倒，巴当拉弓搭箭，飕的一声射中猛虎的眼睛。那猛虎一阵咆哮，滚下悬崖摔死了。那姑娘走到巴当跟前，深深向他鞠了一躬，感激他救了自己一命。

这姑娘名叫拜娘，长得非常漂亮，巴当一见钟情，心里深深地爱上了她。为了报答巴当的救命之恩，拜娘把他领到一个大山洞中，这是一个宝库，里边金银珠宝应有尽有。拜娘说：'恩人，你拿吧，你要多少拿多少！'可是巴当摇摇头说'我不爱金银珠宝。'拜娘又把他领到一个从未有人到过的山峰，这里长满了奇花异草。拜娘指着一丛丛灵芝说：'这是灵芝草，吃了可以青春永驻、长生不老。你随便采吧！'巴当摆摆手说：'我不爱灵芝仙草。'

拜娘问：'你为什么不爱金银珠宝和灵芝仙草？'巴当说：'金银珠宝可以使人荣华富贵，灵芝仙草可以使人长生不老，但是它们都不能给人带来真正的幸福。'拜娘听了激动地问：'阿哥，那你要什么呢？'巴当说：'我什么都不要，只要阿妹你的一颗纯洁的心，你的心比金子还贵，比灵芝还美！好阿妹，我要与你形影不离，白头到老！'

拜娘羞得脸通红，低下头不说话。巴当问：'为什么不说话？是不是怪我太鲁莽？'拜娘摇摇头说：'不是怪你鲁莽，只因为我天生有个怕老虎的毛病，只要一听见老虎叫，我就吓得浑身直哆嗦，阿哥要是你真心爱妹子，请把五指山里的猛虎全杀光。'巴当对拜娘说：'好妹子，请你等着我！'说完他背起弓箭拿起刀走了。

巴当整整翻过九十八座高山，跨过九十八条大河，穿过九十八个密林，把所有的老虎全部杀死。巴当来到拜娘身边，说：'好阿妹，所有的老虎都已经被我杀死，今后你再也不用害怕了。好阿妹，我们成亲吧！'拜娘的脸又羞得通红，说：'好阿哥，南山下有一头美丽的鹿，你能捉住它，妹就跟你结成双。'

巴当说：'好阿妹，你等着！'他背着弓箭拿着钢叉正要走，拜娘又说：

'好阿哥，请记住，要捉活的，别伤着它！'

巴当来到南山，果然看见山坡下有一头金鹿，正在吃草。见有人来了，它掉头就往南飞奔。巴当在后面紧紧追赶。他几次想放箭，但是一想起拜娘的话，就将箭插进箭筒。巴当翻过了一座又一座高山，跨过一条又一条大河，穿过去了一个又一个密林，一直追到大海边。可是，那头花鹿还不停步，一直往大海里奔去。巴当也眼看进了大海。海水越来越深，波浪越来越大，可是巴当无所畏惧，紧追不舍，眼看越追越近，就要被捉住，突然那头鹿猛一回头，变成了一位美丽的姑娘。巴当一看：啊，原来她正是自己日夜思念的拜娘！'好阿哥！'拜娘扑到巴当怀里。'好阿妹！'巴当紧紧抱住拜娘，两人都流下了激动幸福的泪水。后来他们俩成了亲，就在这大海边住下。巴当种田、捕鱼、打猎，拜娘纺纱织布，过着幸福美好的生活。

以后那海里就长出了一座小石山，样子像奔鹿回头，所以人们都叫它鹿回头。

海南什么飞禽走兽都有，唯独没有老虎，老虎都叫巴当打死了。"

吕万钟从来没有听过这样动人的故事，他完全入迷了。这美丽的故事使他忘记了过去的痛苦和不幸，唤起了他对美好未来的憧憬和向往。

正当吕万钟沉浸在美好的回想之中，菊香突然问他："万钟哥，你想念家乡吗？"

吕万钟望了望菊香，说："想，很想。你呢？"

"我也想，天天想，夜夜想。每回做梦，我总是梦见家乡百姓还在用原来的工具纺纱织布……"

菊香和万钟说得正知心，突然紫荆和杜贝赶着车来了。紫荆跑到沙滩上数了数玳瑁，大声问："菊香姐，怎么少了一只啦？你们是怎么看的？光顾说话了吧！"

菊香心里一惊，赶紧数了数，见玳瑁没有少！就说："紫荆，玳瑁没有少哇，刚才是十四只，现在还是十四只！"

紫荆扑哧一声笑了，说："全跑了也不要紧，你慌什么？"

菊香知道是紫荆故意捉弄自己，脸羞得通红，说："紫荆妹，你坏！"

说笑了一阵，四个人七手八脚地把玳瑁放了血，抬上牛车往回拉。当晚，凤凰寨又是家家开荤，户户飘香。

第二天早晨，万钟要跟阿榔、柳铁如一起去打猎，龙公不让，要他和菊香一起到寨中挑选一块称心的地基，准备给他们俩盖新屋。万钟和菊香说一切由龙公作主。

龙公非得要他俩自己去挑。万钟和菊香来到寨子北头，找到一块空地有一亩大小，地势高爽，林木葱翠，做宅基极为合适。挑好宅基，正要往回走，万钟突然看见草丛中有一只从未见过的大贝壳，惊喜地问："菊香这是什么?"

这是砗磲，是海里的蚌。这砗磲厉害着呢，每个有四五百斤重。听宾弘哥说能夹断铁棍。

"哎呀，这天涯海角，真是无奇不有!"

"这有什么好稀奇的，这里多得是，乡亲们都拿来烧石灰。不过这一个，我们要留着。"

"留着，做啥?"

"你看它里面多滑润，像白玉雕成的一样，以后给小孩做澡盆多好!"说到这里，菊香满脸绯红，羞得低下了头。

第二节 百岁奶长新牙

龙公见菊香和万钟挑好了宅基，正准备派人破土动工，突然惠云的丈夫劳海慌慌张张闯进书房对龙公说："不好啦! 元兵进寨抓人来啦! 说要抓个红脖子。"

吕万钟一听，大喊："不好! 他们是来抓我的!"说着就要往外冲。

龙公一把拉住他，"别慌! 快跟我来!"龙公把西墙边的一个书橱挪开，墙上露出一扇小门，打开小门是间不大的密室。龙公说："贤侄，快躲进去! 不管外面出什么事，你千万别作声!"说完将吕万钟推进密室，关上门，把书橱搬回原处。龙公他们匆匆走出书房，刚来到前院，只见一伙元兵如狼似虎地闯了进来。一个叫仑百户的元兵头目打量了一下龙公，傲慢地问道："你就是寨主柏通吗?"

　　龙公一看仑百户，五短身材，大鼻子、阔嘴巴、圆脑袋，一对小眼睛眯成了一条缝。他的目光从那窄缝里射出来，就跟蛇吐信一般毒。龙公心想：善者不来，来者不善，我得小心对待。他一拱手，笑道："小老正是敝寨寨主。不知百户大人大驾光临，有失远迎，请多多海涵！"

　　"你知道我们到这里干什么？"

　　"小老不知。"

　　"你别装糊涂了，快把那个红脖子交出来！"

　　"什么？什么红脖子？小老实在不知。"

　　"那红脖子是一个要犯，是你把他窝藏了起来，要是你不交出来，别怪我不客气？"

　　"百户大人，小老奉天守法，不曾窝藏什么要犯。"

　　"搜！"仑百户一声令下，十几个元兵闯进龙公家各个房间翻箱倒柜搜了起来。仑百户和几个元兵来到龙公的书房，搜了一阵，什么也没有搜到。突然，仑百户盯住了西墙边的三个书橱，他斜着小眼睛打量了一阵，就朝书橱走去。龙公急中生智，抢上一步打开三个书橱的门，说："百户大人，这橱里藏的都是书。"

　　仑百户一看，果然全是书，没趣地走出了书房。来到院子里，听手下说所有房子都搜遍了，没有找到红脖子。仑百户恼羞成怒，正要朝兵丁身上发泄，突然他发现廊檐下有一个女子，长得很是漂亮，再仔细一看，发现她和别的黎家女子不一样，脸上没有绣黑纹，顿时，仑百户心里就动了邪念。菊香见他那双小眼睛死死盯着自己，不由打了一个寒颤。仑百户扑到菊香跟前，问："你是什么人？"

　　菊香只觉得一股熏人的恶膻味直冲脑门，她避开那双毒蛇般的目光说："我是凤凰寨的人。"

　　"胡说！你是逃来的南蛮！"

　　"百户大人！"龙公急忙上前说，"她是本地人，是我的女儿！"

　　"你的女儿？你的女儿为什么脸上没有绣黑纹？"

　　"百户大人！我们黎家是有文身绣面的习惯，但不是每个人都得这样，有极少数不愿意绣的就没有绣。"

"哼，你想骗谁？凡是黎家的姑娘，都必须文身绣面！她不是本地人，是宋军派来的奸细，来人哪，把她捆起来带走！"

几个元兵蜂拥而上，抓住菊香就要捆。

"住手！"紫荆从人群里奔到仑百户跟前，厉声喝问，"谁称黎家姑娘人人必须绣面文身？百户大人，睁开你的眼睛看看，我绣面了没有？难道我也不是黎人？也是宋军派来的奸细？"

"你……你……也不是黎人！一起抓走！"仑百户气急败坏地吼道。

"什么？我也不是黎人？百户大人，你看看这是什么？"说着紫荆哗啦一声将自己上衣的前襟拉开，露出胸脯上的青蛙等图案。紫荆的目光像两把利剑，怒视着仑百户。威风凛凛的仑百户，顿时像傻了一样。所有在场的人也都被紫荆的这个举动惊呆了。菊香一头扑到紫荆身上，两人紧紧抱在一起，流出了悲愤的眼泪。

这时，突然响起了震耳欲聋的铜鼓声，大家回头一看，只见百岁奶奶抡着鼓槌，使劲地捶着六角亭中那面巨大的铜鼓。她的眼睛里射出愤怒的光，她的胸膛中烧着仇恨的火。听到这铜鼓的声音，凤凰寨所有的青壮年立即都拿着弓箭刀枪奔来了。霎时间，将那十几个元兵团团围住。仑百户慌了，元兵们发抖了。突然，有一个元兵惊叫了起来："毒箭！毒箭！"一听毒箭，所有的元兵都吓得缩成一团。铜鼓还不停地敲着，乡亲们竹箭上弦、刀出鞘，一个个怒火万丈。一看这情形，仑百户立刻满脸堆笑，对龙公鞠了一躬，说："龙公大人，误会，误会！都是误会！我们专为抓红脖子而来，既然他不在贵寨，我们告辞了！"

"慢！百户大人，我告诉你，今天只要我一扬手，马上就叫你们个个人头落地。不过我们是头一回打交道，我不想把事情做绝。望百户大人今后，不要欺人太甚，逼得我们铤而走险！"说罢，龙公把手一抬，大声喝道："送客！"

乡亲们哗的一声，立刻闪出一条道来，仑百户他们一个个夹着尾巴灰溜溜地滚出了凤凰寨。

元兵虽然走了，但是万钟的心情十分沉重。他比谁都清楚自己的处境已经变得极为险恶。他明白，元兵抓不到他决不会善罢甘休。他不能再在凤凰寨住下去了，要不会连累龙公全家和全寨的乡亲。可是叫他上哪儿去呢？国破家亡，江山易主，他死里逃生来到这天涯海角，结果还是无处容身。昨天，他对将来还是充满着希望和憧憬，可是现在一切都变成了梦幻泡影。此时此刻，使他唯一感到宽慰的是：自己还没有与菊香成亲，要不会贻误她一辈子，成为自己终身难赎的罪过。为了菊香，为了龙公全家，为了凤凰寨的乡亲，吕万钟决定独身离开凤凰寨。

吕万钟把自己的打算告诉龙公，龙公无论如何不肯放他走，说："你就安心住在凤凰寨。元兵来，我自有对付的办法。"

第二天中午，龙公特意在前后院中间的草堂里备了几桌酒菜，给万钟他们压惊。寨里的长者、老人全都到齐。龙公站起来一躬身，说：昨天元兵侵扰，惹得全寨不安，今天特备几杯水酒，一面给万钟贤侄压惊，一面向全寨乡亲请安……不等龙公把话讲完，突然瑞思上气不接下气地跑进来，说："不好了！元兵把寨子围起来了！"

众人一听都大惊失色。柳铁如说："仁伯，还是让万钟哥躲进那密室里去吧！"

"不！昨天他们刚走，今天又来搜，这里准有名堂！不能再藏在那里了！"

"那怎么办？"大家都急出了一身汗。

"万钟贤侄，跟我来！"龙公领着万钟走出草堂来到前院，奔上鼓亭，迅速掀起铜鼓，说："贤侄，快进去！"

事情紧急，吕万钟也顾不得多想，一躬身就躲进了铜鼓。龙公将铜鼓按原样放好，迅速回到草堂，对大家说："各位，休要惊慌，来开怀畅饮！"大家举杯正要喝，仑百户带着几十个元兵闯了进来，喝道："柏通，好大的胆子，你窝藏要犯不说，竟敢公然欺骗本官！"

"百户大人，说话要有凭据……"

"今天你少啰唆！给我把全寨的男人统统叫到院子里，谁不来，格杀勿论！"

听了仑百户的这几句话，龙公放心了。他原来怕凤凰寨出了奸细，现在他明白元兵并不知道内情。龙公从容不迫地去召集乡亲，可是还没走几步，仑百户又把他叫住："你告诉他们，谁也不准带弓箭刀枪。今天不是昨天，我们来了二百人，有谁不老实，我就一把火烧了你们寨子！"

龙公冷冷一笑走了。时间不大，全寨男人都来到了前院，大人小孩加老头一共有近二百人。仑百户让老人和小孩站在一边，开始对青壮年挨个辨认。他们不看人的相貌、高矮，专门看脖子上有没有朱砂记。可是查完了，并没有查到红脖子。仑百户叫手下挨家挨户地搜，告诉他们只要搜到男人，不管是老是少，统统砍头。他自己又带几个元兵对院里的青壮年重新逐个辨认，可是仍然没有找到红脖子。仑百户不死心，又逐个检查老头和小男孩，结果还是不见红脖子的影儿。这时，到各家各户搜查的元兵都回来了，说各家各户都没搜出男人。仑百户大怒，心想："几个奸细都说红脖子躲在凤凰寨，为什么自己两次来搜都扑空了呢？"

嗯，风有风头，雨有雨头，龙公是一寨之主，我抓住他就是了。想到这里他走前两步，满脸杀气地对龙公说："柏通寨主！限你三日交出犯人送官！三日之后倘若不交，唯你是问！"说完他带着元兵走了。

等元兵走远，龙公将吕万钟从铜鼓中放出，请他入席继续喝酒。吕万钟哪里还有酒兴？推说待在铜鼓中太久闷得脑袋发晕，就回后院书房休息去了。龙公和各家老人继续坐下饮酒，可是端起酒盅，谁也喝不下去。一位白胡子老汉说："柏通兄弟，仑百户他们一次又一次地来，我看是想要钱要东西。我们只得花钱，买个平安了！"

其他人听了都点头说是。龙公看了看大家，说："事到如今，也只有这一步了。"

最后大家商议停当：后天一早给官寨送去牛二十头，猪四十头，椰子三十担，酒十坛，银子四百两。龙公拱拱手说："各位，为了万钟贤侄，我不惜倾家荡产。但是时间紧迫，这些东西我一时凑不齐，请各位帮一把忙。等我把铜鼓卖了，马上偿还！"

众人一听龙公要卖祖传的铜鼓，都急了。他们谁不知道，龙公家这面大铜鼓是传家的稀世珍宝。以前崖州城里有一家大财主愿出八百头牛，龙公都不肯卖。白胡子老汉说："柏通兄弟，这铜鼓千万卖不得！它不仅是你家的传家珍宝，也是全寨的镇寨宝器。有了它，毒蛇猛兽不能进寨，强盗官兵不敢猖狂。万钟不但是你的侄子，也是我们的侄子，刚才商议的这些东西，你能办多少就办多少，其余由我们各家分摊！"众人点头，说："龙公，铜鼓不能卖，咱凤凰寨不能没有镇寨的宝器！你有天大的难处，我们和你一起分担！"

听了大伙儿的话，龙公连连拱手说："多谢各位，你们的情义我柏通永生不忘！"

各位老人商议完毕，龙公急匆匆回书房想把这办法告诉万钟，好让他放心。龙公进书房一看，万钟不在，就转身上厢房，宾弘嫂说："刚才看见他出去了，他说心里很闷，出去散散心。"

听了宾弘嫂这么一说，大家都放了心。可是到吃饭的时候仍不见万钟回来，龙公急了，叫铁如、宾弘、阿榔他们分头去找。找了大约一个时辰，仍然不见踪影。龙公着了慌。菊香心中更是忐忑不安，但是为了安慰龙公，她说："万钟哥不会出什么意外的，龙公，你吃饭去吧！"

龙公哪有心思吃饭呢？他焦虑地在书房里踱来踱去，突然他发现桌上镇纸下压着一张纸，急忙拿起来一看，是万钟写的告别信。龙公读着读着老泪纵横，他颤抖的手把信递给铁如。不等铁如把信读完，已经泪如雨下。菊香慌忙问："兄弟，万钟哥在信中写了些什么？"

铁如一边流泪，一边把信中的内容讲给菊香听。

万钟在信中说，龙公全家和凤凰寨的乡亲对他恩重如山，情比水深。可恨元兵容他不得，他不能牵累龙公和全寨乡亲。这次出走，实在出于不得已，望龙公见谅。万钟说，他今生与菊香无缘，望菊香宽恕他忘了他，望龙公和铁如为她另结良缘。若能如此，他就死而无憾。信的最后说，为了不使元兵再去惊扰凤凰寨，他要大闹崖州城，让元兵知道要犯红脖子根本不在凤凰寨。这次他若能从刀山剑丛中脱险逃生，就削发为僧，做个云游四方的和尚。

菊香听铁如讲完，只觉得天旋地转，突然眼前一黑，什么也不知道了。紫荆、惠云急将她扶起，龙公拿出一丸苏合香迅速化开慢慢给她灌下。等菊香苏醒过来，紫荆和惠云把她搀进卧室休息。龙公对柳铁如说："贤侄，我们赶快分头去追，一定要把万钟找回来！"

柳铁如摇摇头流着泪说："仁伯，我和万钟哥生死与共十多年，深知他的秉性。我们即使找到了他，他也决不肯再回来，何况他已经走了两三个时辰，深更半夜的上哪儿找他去？"

龙公长叹一声，倒身坐在竹椅上，不再说什么。

过了两天，从崖州城里传来红脖子大闹官府的消息，把官老爷狠狠打了一顿。他会飞檐走壁，眼睁睁地看着他往北逃去。

龙公他们得知这个消息，悲喜交集。喜的是万钟大智大勇，平安脱险；悲的是他四处漂泊，不知何处是归宿。

自从万钟被迫出走，菊香失去了笑语。百岁奶奶、龙公和铁如看见菊香整日愁眉苦脸，心里就像针扎一样难受。寨上的乡亲们见菊香闷闷不乐，脸上也都布满愁云。

时间过得真快，半年多过去了。随着春天的到来，菊香的脸上开始有了一点笑容，百岁奶奶心里很高兴，催促龙公和铁如给菊香另择夫婿。

这一天上午，龙公、铁如正在书房商议菊香的婚事，突然菊香走了进来。不等龙公开口，说："龙公，春天到了，我打算回家乡去。"

"什么？"龙公大吃一惊。

"菊香姐，这太突然了！"

菊香说："不，我已经想了很久了。只是怕你们难过，不敢老早就告诉你们。现在西南风已起，我不得不跟你们说了。我要把这里的纺车、布机带回家乡，教乡亲们织广幅布、崖州被，让他们都能吃饱穿暖！"

龙公沉默了片刻，然后语气沉重恳切地说："菊香，你说实话，是不是我家有人怠慢你？"

"不！不！"

"那是寨里有人不敬重你？"

"不是，龙公！"

"你回去真是为了教乡亲们织广幅布、崖州被？"

"嗯，是真的。"

"孩子，你回去可是要吃苦头的呀！"

"不怕。我婆婆老了，要人养她，不会再打我、卖我了。"

"我不是说这个，孩子！当今皇上把天下百姓分成蒙古、色目、汉人、南人四等，你是南人，是最末一等。"

"吃黄连长大的人不怕苦胆，只要能让家乡百姓用上海南这样的纺车和布机，教会他们织广幅布、崖州被，我就是死十次八次，也心甘情愿！"

"孩子！"龙公热泪滚滚，激动万分，"说得好！有志气！"

"你要去我也不拦你，不过现在你不能走！"

"为什么，龙公？"

"百岁奶奶最疼你，你做的饭菜，她吃得最香甜，你洗衣服她穿上最舒服，你给她搔痒痒，她觉得最惬意！你要是突然走了，她老人家……会活不下去的！"

在凤凰寨，男女老少人人都待她如亲人，但是待她最亲的还是数百岁奶奶。菊香眼泪忍不住扑簌簌地掉了下来。这位慈祥的长辈关心、保护她十多年，现在已风烛残年，菊香怎么忍心因为自己的突然离去而让她老人家不得善终呢？

菊香为此不知冥思苦想熬过了多少个不眠之夜，但是她怎么也想不出一个两全其美的办法来。

龙公见菊香只是流泪不讲话，就说："孩子，有道是人生七十古来稀，老奶奶已经一百多岁了，你就等她故去之后再走吧！"

"走？走到哪儿去？"百岁奶奶突然闯进书房，她举起拐杖朝龙公打来："你这畜生，想把菊香赶走，还诅咒我早点儿死！"

菊香慌忙上前抱住她的手，说："百岁奶奶，都是我不好，你老要打就打我吧！"

"孩子，没你的事，你是不会离开我的。都是柏通这畜生，嫌我老不死，想把你赶跑，挖走我的心头肉，让我活活痛死！"

菊香把自己前前后后的想法全都告诉百岁奶奶，可是老人听了仍然不相信，她指着龙公的鼻子骂道："柏通，你听着，你要是把菊香赶走了，我就不吃不喝，死在你面前！"

龙公低头，连连说："孙儿不敢！孙儿不敢！"

铁如急得直搓手，不知如何向老人解释才好。

菊香流着眼泪说，"百岁奶奶，您千万别生气，我不走了，我要一直守在你老身边。"

百岁奶奶摸着菊香的头慢声慢气地说："菊香，你如果真的要走，也不难。"

"你说什么？"菊香惊喜地望着老人。

"我不要日头从西边出，也不要初一夜里月亮圆。"老人说着用手指指自己掉光了牙的嘴巴，"只要等我长出了新牙，我就送你上船回家。"说完，老人家呜呜地哭了，哭得那样悲伤和难过。

听到百岁奶奶的哭声，菊香心头比刀割还难受，她跪下哭道："百岁奶奶，我不走啦，真的不走啦。"

"真的？"

"真的！"

"骗我是小猪小狗！"

百岁奶奶破涕为笑，扶起菊香说："我说你是不会走的，都是你大伯柏通不好，想赶你走。你别怕他，有我呢！"

于是菊香又像以前一样每天纺纱织布，服侍百岁奶奶，照看鸳鸯，在凤凰寨的土地上撒着辛勤的汗水。

坚实的槟榔果结了一回又一回，火红的木棉花开了一次又一次，又是整整十二年过去了。在这十二年里菊香脸上的红晕渐渐不见了，眼稍和额头出现了皱纹，乌黑的头发中钻出了不少银丝。如今她已是四十六岁的人了，怎么能不老呢？菊香刚来凤凰寨时，紫荆还是一个十二三岁的小姑娘，阿榔是个七八岁男孩。如今紫荆的女儿鸳鸯已经成了十七八岁的大姑娘，阿榔已是一位三个孩子的父亲了。百岁奶奶真是高寿，今年快满一百二十岁了。她变得更加苍老，说话声音变小了，人也变矮了。可是精神还好，还能天天喂鸡喂鸭，在寨子里溜达，走累了就在树下歇息。

这一天清早，百岁奶奶溜达回来，菊香打了一盆清水放在榕树下的石桌上，要给她洗脸。老人不肯，非要自己洗。她对着这盆清水，端详着自己的影子，发现自己真的老多了。满头白发就像蚕丝一样，脸上长了不少老人斑，左腮上还长了一个像鸡嘴似的角，用手摸了摸，很硬。真有意思，脸上怎么会长角呢？老人咧开嘴呵呵笑了。这一笑不要紧，她发现自己上门牙的牙床上露出了两道微微的白痕，用手一摸又光滑又结实。"哎呀，是长出的新牙！"百岁奶奶不觉一怔，自己活这么大年龄，什么事没经历过？可从来没有听说过百岁老人长出新牙来！菊香见百岁奶奶对着木盆发愣，觉得很奇怪，问："百岁奶奶，你在看什么呀？"

老人抬起头，张开嘴，用手指指新长的牙齿叫她看。菊香仔细一瞧，不觉叫了起来："牙齿！百岁奶奶，你长新牙啦！啊呀，真是太好了！"菊香又惊又喜，转身飞也似的往寨中跑去，一边跑一边大声喊："哎，百岁奶奶长新牙啦！百岁奶奶长新牙啦！"

龙公和铁如闻声从书房来到大榕树下，寨上的许多人已经围住了百岁奶奶。龙公走近一看，见老奶奶正坐在地上哭。龙公一怔，看了看菊香。菊香也很纳闷，刚才她还是高高兴兴的，怎么突然又哭了呢？原来，百岁奶奶见菊香这么欣喜若狂，猛地想起十二年前对她说的话，知道自己再也留不住菊香，就伤心地哭了起来。

寨里的乡亲们说："百岁奶奶，你哭什么哩！应该高兴啊！"

"真是恭喜你呀，百岁奶奶！你快一百二十岁了，还长出新牙来，这可是件大吉大利的喜事啊！"

"老奶奶，你真是咱黎家的大寿星！"

"一百二十岁的老人家长新牙来，这才真正叫返老还童哩！"

百岁奶奶听了大家这些劝慰和恭喜的话，不禁咧开嘴笑了。

龙公见了也忙上前说："奶奶，十二年前你说等长出了新牙，就让菊香回家了，现在你果然长出了新牙，这真是天意呀！"

"天意？"百岁奶奶问。

"对，是天意。"众人齐声说道。

"天意难违啊！"老人搂住菊香说："孩子，落叶归根，谁不思念自己的故土？百岁奶奶留你这么多年，实在是舍不得你走。现在再留你，老天爷也不会答应了。你走吧，现在正是阳春三月，回去刚好顺风顺水。"菊香听了百岁奶奶的话，紧紧搂住老人，激动得泪水夺眶而出。

前几年，菊香就做好了回家的一切准备，各种黎单、黎幔的花样和织法，她早已——熟记于心，她还把纺车、布机都按尺寸画好图样，用蜡封在一节竹筒里。杜贝、劳海和永义给菊香做了一架纺车、一张布机、一张弹弓和几副擀杖。有了这些东西，对菊香来说是一应俱全了，只要崖州有船，马上就能动身。

菊香的义弟柳铁如，这些年来一直在凤凰寨和乡亲们一起打猎捕鱼，像亲兄弟一样照顾着菊香。三年前，吕万钟给他和龙公寄来一封信，信中说他当年大闹崖州府之后，逃进了五指山中，一年之后又转辗到了广州，在那里削发出家，当了一名四大皆空的云水僧。后来年岁渐渐大了，他就在义弟铁如家乡的龙华寺驻锡。信中说，江南百姓苦不堪言，他自己报国无门，救民无术，只能整日唪经事佛，以终天年。他在信中一再感谢凤凰寨乡亲的救命之恩、重生之德，并请求千万别在菊香面前提起自己，免得引起她伤心。

菊香要回家的消息，像春天的西南风一样吹遍了四周的村村寨寨。乡亲们尤其是跟菊香学过绣花的黎家姐妹纷纷赶来向她道别，送来各种各样的礼物，吃的、穿的、用的，样样都有。

临行前一天，龙公高搭凉棚大摆筵宴，令全寨人一起为菊香和铁如饯行。开席前，菊香捧出一个布包，向众乡亲拜了三拜，说："各位乡亲，明天我就要走了。这一包是我从家乡带来的土，我要把它撒在凤凰寨的土地上，算是我留给大家的纪念。"菊香说完，就有两个寨上的姑娘抬着一只紫檀木托盘走到她跟前，菊香打开布包，把土倒在托盘里，然后和两个姑娘一起走出凉棚。龙公及众乡亲都跟在菊香后面，恭敬地看着她撒土。等菊香把托盘里的土全都撒完，就正式入座开筵。散席后，龙公把菊香和铁如叫进书房，拿出两个椰子，说："你们明天就要走了，我没什么东西好送，这一个椰子里，装着二百两银子，你带着路上好用。"

菊香和铁如知道龙公家境并不富裕，决意不肯收。龙公说："这银子，不是我的，都是你们自己的。你菊香天天纺纱织布，你铁如天天打猎捕鱼，这是你们的血汗钱，非收下不可！"

菊香说："龙公，你对我们恩重如山，情比海深。没有你的收留，我们姐弟俩怎么能有今天！这钱，我们无论如何不能收！"

龙公真的动了气："不收我就不让你们走！"

柳铁如："仁伯，这样吧，我们收下一半，另一半给百岁奶奶留下，也算是我们对她老人家尽了一份孝心。"

见铁如这么说，龙公不再强求。他把两个装着一百两银子的椰壳递给铁如，然后指着书桌边的两个樟木箱子对菊香说："孩子，这两个箱子里都是黎单、黎幔和各种布匹，每种一件，你带回家去好做样品。"菊香觉得自己的喉咙一阵哽咽，热泪扑簌簌地滚落下来，连声向龙公表示感谢。

第二天一早，凤凰寨全寨男女老少都来给菊香、铁如姐弟俩送行。紫荆、惠云、瑞思抱住菊香呜呜地哭个不停。鸳鸯姑娘听到姑姑菊香要走，一连哭了三天三夜，眼都哭肿了，嗓子也哭哑了。现在见姑姑马上要上路了，哭得死去活来。菊香从自己脖子上取下那枚铸着"崇宁通宝"四个字的古铜钱，一边往鸳鸯姑娘的脖子上套，一边说："鸳鸯，这个铜钱是我姥姥传给我妈妈，我妈妈又传给了我，现在我把它传给你。"

"妈妈！你就是我的亲妈妈！"鸳鸯跪在地上，双手紧紧抱住菊香的腿，号啕大哭。

"我的好女儿，我的亲女儿！"菊香扶起鸳鸯，两人抱作了一团，乡亲们见了这情景，无不纷纷落泪，都哭成了泪人。菊香、铁如向龙公及全寨老人一一道别，最后来到百岁奶奶跟前，给她老人家磕了三个头。百岁奶奶扶起了菊香，说："孩子，你要走了，我没什么东西给你。这根拐杖是花梨木做的，跟着我已经好多年了，送给你留个纪念。你回到家乡一看到它就会想起我。"

菊香忙说："百岁奶奶，我永生永世忘不了你老人家，这根拐杖你老留着自己用吧！"

宾弘嫂说："菊香妹，你快收下，要不百岁奶奶会难过的。她用的我们可以再做！"

菊香双膝跪下接过老人的拐杖，又向她磕了三个头。

菊香和铁如出发了。纺车、布机、椰子以及其它行李物品，装了满满三牛车。乡亲们送了一阵又一阵，菊香一再拜谢，请他们回去，可是送出十里地，乡亲们仍不肯回去。菊香实在过意不去，就下车请乡亲们一定回去。没有办法，乡亲们只得依依不舍地向菊香和铁如挥泪告别。龙公、紫荆、杜贝、阿槟、鸳鸯、惠云、瑞思他们十多个人非要送上船才肯回去。牛车缓缓地往前走着，走了不到五里，刚才回去的那些乡亲们又都赶上来了。菊香回头一看，见百岁奶奶也来了，她坐在藤椅上，让劳海、永义抬着。龙公一看事到如此，就对菊香和铁如说："离崖州只有一半路了，让大家送你们上船吧！"菊香噙着感激的泪花，点了点头，于是一二百口人簇拥着三辆牛车，向崖州走去。

到了崖州码头，菊香和铁如再三礼拜，恳请乡亲们回寨安息，可是谁也不肯走。百岁奶奶说："等船开了，看不见了才走！"

龙公派人从店铺里买来吃食，让乡亲们一边吃一边等。

下午，船上一切收拾停当，就起碇开航了。菊香和铁如向乡亲们挥泪告别。乡亲们挥动着斗笠、头巾，祝菊香和铁如一路顺风。突然，鸳鸯姑娘呜呜地哭了起来，码头上顿时响起了一片哭声。

船离开码头很远很远了，可是乡亲们仍然站在崖边不停地向菊香和铁如挥动着斗笠和头巾。

第三节　崖州·泉州·松江

菊香和铁如他们乘坐的是一艘昆仑舶，船主和船工都是外国人。这船虽然不大，但是走得很快，没有多少日子就驶到了珠江口海面。船家知道，一入珠江口，在东岸赤湾地界上，有一座妈祖庙。这些年，妈祖庙的香火一年盛似一年。自从元朝建都于燕京，名大都，人口激增，南粮北调大忙了起来，漕粮除了河运之外，又增开了海运。这是妈祖庙香火越来越旺的重要原因。

妈祖，本名林默娘，福建莆田湄洲人，热心海上救助。她26岁时在救护时遇难。之后，受到她的事迹的感染，渐渐被民间神化。又经历代帝王敕封，封号从夫人、天妃、圣妃、天后，越来越多，越来越神圣。民间则多以娘妈、妈祖相称。

元世祖至元十八年（公元1281年）因为海运得神佑，封妈祖为"护国明著天妃"。于是，处于海运中央位置上的赤湾天妃庙，声名远扬。为求妈祖庇佑，昆仑舶在赤湾码头靠岸。菊香、铁如随着众船客下船，朝着妈祖庙走去。在庙前不远，建有一座高大的牌楼，上书"海神天妃庙"。

菊香、铁如走进大殿，妈祖神像端坐在神龛里，上方黄色横幅绸幛上绣着"护国庇民广济福惠明著天妃"十二个蓝色大字。铁如凝视绸幛片刻，又低头沉思了一会儿，然后和菊香一起给妈祖上香、祭拜。

走出山门，铁如举头南望，只见蓝天碧海，不远处的大、小伶汀岛，犹如海神娘娘的书案。他在心中感叹道："赤湾胜概，真是名不虚传！"

菊香、铁如和别的船客，在天妃庙拜祭完毕，第二天登船起航，不到半个月，就进入了福建泉州海面。

这天凌晨，昆仑舶很快就要进泉州港。突然海面上狂风大作，巨浪滔天。昆仑舶船小，经不起这么大的风浪，船身颠簸得十分厉害。菊香在心中暗暗叫苦：三十年前自己逃出来时碰上了风暴，想不到现在回去又碰上了风暴！她双手扶住平基上的一摞木箱，仰首望着天空，心里默默祈祷说："老天爷，看在松江父老乡亲们的面上，让我们平安回去吧。等我教会乡亲们织崖州被、广幅布，就是叫我死十次我也心甘情愿！"

就在这时，一个排天巨浪打来，船身向左猛然一侧，菊香扶着的那摞木箱。眼看就要压在她身上，铁如眼疾手快，一把将她推到了一边。可是铁如自己的右脚却被一只木箱砸伤了，顿时鲜血淋漓，痛得他"哎唷"一声跌倒在平基上。

"铁如！铁如！"菊香抱住义弟大叫。

这时，风越来越急，浪越来越大，昆仑舶完全失去了控制。船上的人纷纷抱起舱板、木箱之类的东西，准备自救。铁如一看大事不好，忍着剧痛对菊香说："姐！快准备东西，以防万一！"

菊香把那两大网兜椰子拖过来，一网兜递给铁如，一网兜留给自己。她怕两人被风浪打散，就把两只网兜紧紧绑在了百岁奶奶送的那根拐杖的两端。就在这时，一个小山似的巨浪从半空中压了下来。昆仑舶翻了，船上的人全被掀到水中。菊香和铁如也一齐掉进了汹涌的大海里。好在他们一人抱着一大网兜椰子，任凭风浪多大，也不能把他们吞没。可是铁如那只被木箱砸伤了的右脚，在海水里一泡，痛得钻心。他咬紧牙关与风浪搏斗。他一边叫菊香沉住气，别惊慌；一边暗暗告诫自己：一定要挺住，一定要护送义姐安全回到家乡。

风还是那样猛，浪仍是那么凶。半个时辰过去了，铁如脸色惨白，浑身无力。他水性极好，但是他右脚一直在流血，到这会整条右腿都已经麻木，完全不听使唤。铁如觉得身子越来越沉，知道自己不行了。他使出剩下的一丝力气，把自己的网兜和菊香的网兜紧紧系在一起，然后吃力地对菊香说："姐，正北方向就是海岸，现在风向和潮水都很好，你趴在这两网兜椰子上一直朝北划去。我实在不行了，不能再送你了，不能和你一起……"说着他双手一松，就沉入了水中。

菊香慌忙伸手去抓，哪里还能抓得到！她大声哭叫："铁如！我的好兄弟！"

忽然，铁如在离她不远的地方又冒出了水面，用尽最后的力气喊："菊香姐！龙华！龙……"不等铁如把话说完，又一个巨浪打来，将他吞没在茫茫的大海中。

菊香心似刀绞，泪如泉涌，哀哭声淹没了风浪的呼啸声。

一个时辰后，风渐渐小了，浪慢慢平了。菊香用尽吃奶的力气，终于爬上了海滩。不知为什么，当她拖着那两网兜椰子一上了海滩，立即就像一摊烂泥一样瘫在那里，一动也动不了了。她躺在海滩上，仰望着天空，默默地淌着悲伤的眼泪。

义弟铁如死了，纺车、布机、弹弓、布样全丢了。怎么办？重新回崖州去？不！那样会使凤凰寨的乡亲们伤心难过的。菊香看着身边的那两大网兜椰子，仿佛看见了凤凰寨乡亲们的一颗颗心。她想：要是没有这两大网兜椰子，今天我早就葬海底了。凤凰寨的亲人们哪，在我走投无路的时候，收留我们的是你们！今天救我大难不死的，还是你们！一股感情的热流涌上心头，她一头扑倒在椰子上，热泪奔涌，嘴里不停地喊："亲人啊，亲人！"突然，网兜里那个装着图样的竹筒出现在菊香的眼前。她心里顿时一亮，想：这个竹筒里装着布机、纺车和各种黎单、黎幕的图样，有了这些图样，我回到乌泥泾还愁什么呢？菊香又翻了另一个网兜，见静月师傅的骨灰包、柏通龙公送的那一百两银子，还有那一副子京木做的擀杖也都好好的，心里就更踏实了。

过了一会儿，菊香挣扎着站起来。见远处有几个人在走动，她就挥手向他们呼救，那几个人飞快地向她奔来。一个姑娘问："阿婆，你是从海里游上来的？"

菊香点了点头。

一位慈眉善目的老汉问："你在泉州有亲人吗？"

菊香说："谢谢你们，把我送到七星观去。"

老汉对那个姑娘说："孙女，背阿婆！"说着他自己也和孙子抬起那两网兜椰子朝七星观的方向走去。还没有走出多远，菊香突然看见自己的纺车和椎弓正在浅滩里翻滚，她急忙对姑娘说："阿妹，请停一停！"说着她从姑娘背上下来，一直朝海里奔去。那祖孙三人十分惊异，跟在她后面边跑边喊，可是菊香像什么也没有听见一样，只顾往前跑。她把纺车和椎弓背上沙滩，就身子一歪倒在地上，什么也不知道了。

菊香只觉得自己昏昏沉沉睡了一觉，睡了多长时间她一点也不知道。等她睁开双眼时，发现自己躺在一间干净的房子里。见菊香苏醒过来，一直守候在床前的七星观美珍老道姑眉头一舒，问道："菊香，你醒过来啦？"

"啊！是美珍师姑！"菊香惊喜地叫道。

"还认得我吗？菊香师姐？"一个年龄与菊香相仿的道姑问。

"认得，你是玉华妹！"菊香兴奋地坐了起来。

菊香接连几天，在船上吃不好，睡不好，翻船后，又在风浪里挣扎、搏斗了那么长时间，累得她精疲力竭昏死了过去。现在睡了一觉，虽然周身仍然很疲乏，但是一见到阔别二十五年的师姑和师妹，她恨不得一下子把这些年来种种遭遇全部告诉她们。美珍老道姑说："不忙，先吃点儿东西。"

玉华道姑从厨房端来一只白底蓝花的细瓷盖碗，碗里盛的是炖好的冰糖银耳汤。一打开碗盖，传来阵阵诱人的香味。玉华道姑要喂给菊香吃，菊香不让，从她手里接过碗，用调羹搅动几下自己吃了起来。

这么精美的吃食，放在往日菊香三口两口就全都吃进了肚里；可是现在她心中悲伤，东西吃到嘴里，却难以下咽。菊香好不容易把这碗银耳吃完了，见老道姑叫玉华再去添，忙摇摇头说："别去添，我实在吃不下了。"

老道姑以为菊香不爱吃甜食，就说："这好，留着肚子晚饭多吃一点。"

菊香接过玉华递过来的手巾，擦了擦嘴就开始讲述自己和师傅这三十年来的种种遭遇。美珍和玉华两位道姑一边听一边直掉泪。当听到静月老道姑惨遭元兵杀害时，美珍老道姑不觉老泪滂沱，悲痛万分。她捧起静月老道姑的骨灰包，泣不成声地说："师姐呀师姐！你修了几十年的道，念了几十年的经，结果却是死得这么惨！"

为了不让美珍老道姑太悲伤，菊香故意问："师姑，我是怎么到这七星观来的？"

老道姑看了看菊香，刚想开口，两行眼泪忍不住又落了下来。玉华明白菊香的用意，就说："是林老伯一家用竹榻抬你来的。我和美珍师傅刚看到你，吓一大跳，以为你不行了呢。林老伯说，不要紧，是累昏过去了。"

"林老伯！"菊香说："多亏了他们啊！"

玉华说："林老伯与咱七星观常有来往，他们一家可都是好人。不但把你人送来了，把你的纺车、椎弓、两网兜椰子和那一根拐杖也全部送来了。"

"真是太谢谢他们了！"菊香说。

"哎，菊香姐，三十年前，我带你去天妃宫烧过香，你还记得吗？"玉华说。

"记得，前几天，我们还去过赤湾天妃宫拜祭海神娘娘呢。"菊香说。

"对。这位海神娘娘原来是莆田湄洲人，灵验极了。凡有船只出海，开航前船老大必定要去天妃宫进香，求海神娘娘保佑。据说，这位海神娘娘还是林老伯家祖上的人。"

美珍老道姑见玉华扯得太远了，就对菊香说："你师傅去世之后，你们是怎么过来的？"

菊香就把如何投奔凤凰寨，如何学织崖州被，如何思念故土和乡亲，如何在归途中翻船落水等等，详详细细地讲给她们听。

听完，美珍老道姑抹了抹眼泪安慰说："菊香，你能死里逃生，总算是不幸中的大幸。别太悲伤，自己的身体要紧。"

玉华道姑说："菊香姐，你要好好安心休养，想吃点儿什么可口的，只管对我说！"

菊香在七星观休息了四天，在玉华的细心调养下，身体很快就恢复了元气。在这四天里，从看到的和听到的，菊香知道泉州城仍然像以前一样繁华热闹，七星观还是跟往日一样富裕阔绰。以前的当家道姑去世了，现在美珍老道姑当了住持，成了七星观的一观之主。当年的知客道姑玉华，如今升为监院，总管全观事务。玉华十分同情菊香的不幸遭遇，她真诚地对菊香说："眼下观里的香火很盛，丝毫不比以前差。菊香姐，你别回乌泥泾了，留在七星观吧。"

菊香摇了摇头。

"菊香姐，有美珍师傅和我在，难道还会亏待了你？你是快半百的人了，孤身一人回到家乡，今后的日子怎么过？"

菊香淡淡一笑，说："还是靠两只手纺纱织布吃饭。"

老道姑美珍对菊香更是爱怜，她一心想收留菊香，说："当今皇上虽然崇佛，但是对我们道家也不薄。现在有所谓'一官、二吏、三僧、四道、五医、六工、七猎、八民、九儒、十丐'的说法，你回松江靠纺纱织布过日子，远不如留在这里当道姑。你是一个南人，倘若回去沦为'驱口'或者'匠户'那就惨啦！"

菊香知道老道姑讲的字字真心、句句实情，抹着眼泪说："美珍师姑，你和玉华师妹说的都是为了我好。可是如果我不回去，不教会家乡百姓织崖州被、广幅布，我就对不起生我养我的松江父老，对不起万钟哥和铁如兄弟！人生一世，草生一秋。我是个快半百的人了，倘使我回去能让乡亲们吃得饱一点，穿得暖一点，让童养媳们少挨一点打，我就没白苦、白死！没白到这世上来走一趟！"

美珍老道姑是个明白人，知道人去不中留，听菊香这么一说，就没有再劝她重新出家，但是要她一定多住一些日子。老道姑叹了口气，说："菊香，你一定要回去，我不好再拦你。俗话说，树高千丈，叶落归根。人一上年龄，谁不思念故土！"说到这儿，这位离乡背井几十年的老道姑不觉有些伤感。稍稍停了一会儿，她又说："不过，你得在这儿住上一段日子。直到现在，你兄弟铁如的尸体还没有找到。听林家的人说，倘若再过几天还捞不上来，就没有希望了。这样你只得替他修个衣冠冢。在这荒乱年头，你能遇上这么一个有情有义的兄弟真是难得。常言道，十磨九难出好人。这话一点不假。等观里给你静月师傅做完七天道场，就给你兄弟做，好好超度超度他的亡灵。"

听老道姑讲到这里，菊香的眼泪不觉又流了下来。

"你不要太悲伤，"老道姑说："当心自己的身体，回去的路上还辛苦着哩。"

又过了四天，渔民林老汉来到七星观，说："近几天海上再也没有发现什么尸首。七八天过去了，你们不必再等，该办什么后事就办吧。"

听了林老汉的话，菊香又是痛哭了一场。

按当时的习俗，亲人在海上遇难找不到尸体，家里人就替死者修一个衣冠冢，以后每年清明节好为他上坟烧纸。铁如葬身海底，连一块头巾也没有留下，哪有衣冠可葬？美珍老道姑要出资请人为铁如用楠木造一具假身，菊香摇了摇头没有同意。后来，菊香请匠人用青石给铁如凿了一块神主，用自己的衣衫裹着它埋在了清源山麓。

给义弟铁如办完后事，菊香就想早一点回去。老道姑劝她再住一些日子，可是她归心似箭，怎么也不肯。玉华道姑让厨房每顿都给菊香做美味可口的饭菜，可是她吃到嘴里一点也没有味道。美珍和玉华两位道姑见无法再苦留，就含着眼泪送她上船北归。

这一回菊香在泉州搭乘的是一艘广舶。船主王老大是广东潮州人，他和他手下的一班船工精明强干，在风浪里都练就了一身好功夫。王老大的这艘广舶是当时有名的太平船。它十分高大，前后大小共有五张帆，四根橹，能载五千担货物。王老大驾着它走南闯北，从来不曾出过什么纰漏。

等船驶出泉州港来到大海上，菊香整了整衣衫，面朝西南方，给崖州凤凰寨的乡亲们拜了三拜，然后回到自己的地方坐下。

这时，丽日当空，西南风刮得正欢。王老大让船工们将五张风帆一齐扯足。顿时，王老大的广舶乘风破浪，向前急驶而去。

王老大的广舶在茫茫的大海上昼夜航行。这一天黎明，一轮巨大的朝阳从海底涌起，把大海染得一片通红。让菊香感到惊奇的是：当太阳浮出海面之后，竟躺在万顷碧波上，不肯升上天空。菊香正在纳闷，太阳又突然一跃，一下子就跳离了海面。这时，太阳的颜色变得越来越鲜，越来越亮，一会儿工夫，红日变成了金日，把整个大海照得金光灿烂。

"啊，真是太好看了！"菊香在心里说："怪不得船上的许多人，天天看日出。"自从菊香在泉州一上王老大的这艘广舶，心里想的就是早一点回到乌泥泾，什么看日出日落，她全没有心思。今天听王老大说，船下午就能到上海，要看海上日出，这是最后一次机会。菊香心里想：既然是最后一次机会，我不妨也仔细看上一看。没有想到，她这一看竟看出了惊奇。

船一进长江口，船客们纷纷开始整理自己的行李物品。比起其他船客，菊香的东西最少，只有一架脚踏纺车，一张椎弓，一根拐杖和两个棕绳网兜。网兜里装着静月老道姑的骨灰包，装图样的竹筒，柏通龙公送的一百两银子，十来个椰子和七星观美珍老道姑送的一包裹衣服、布匹。菊香把这些东西分作两头，挑到肩上试了试，感到前后分量差不多。把上岸的一切事情准备停当，菊香就坐下来休息。今天，她显得这样安详和从容。

"进吴淞口啦！船进吴淞口啦！"船客中突然有人叫了起来。

"啊，进吴淞口了！一进吴淞口就是黄浦江啦！"菊香的心怦怦直跳。她看到波涛滚滚的黄浦江，热泪涌出了眼眶。她在心里呼喊："黄浦江啊！生我养我的黄浦江啊！你的女儿在外漂泊了三十年，现在又回来了！"菊香含着热泪走到船舷旁，用吊桶打上了一桶江水，捧起来就喝。喝得这样香，这样甜！她觉得自己喝的不是水，是母亲的乳汁啊！

船进了黄浦江，风向就不顺了，碰上的不是横风就是顶头风。但是王老大凭着他一身高超的抢风本领，依然驾驶着广舶快速向前。

突然，客人中有人喊了一声："看，看见上海城了！"

"哎呀，真的看见了！"不少船客都惊喜地嚷了起来。

一位师爷打扮的客人说："走尽天边，唯富黄浦两边。你们瞧瞧这上海，唐朝的时候只是一个村，到大宋的时候成了一个镇，如今到了大元，则变成了一个城。城里商贾云集，货物山积；江上舳舻尾衔，帆樯比栉；真是比当年的小杭州青龙镇还繁华、热闹！"

菊香想：乌泥泾离上海很近，这些年来上海变化这么大，不知道乌泥泾怎么样？

广舶在上海东门外靠了码头，菊香上了岸恨不得一步就回到乌泥泾。可是抬头一看，天色不早了，一个妇道人家走夜路极不安全，加上这么多天来一直坐船非常辛苦，也该好好休息一下了。于是，她就在码头附近的一家客店里住下歇息。

第四节　陌生人回故乡

第二天清早天刚蒙蒙亮，菊香匆匆用完早点，挑着东西刚想上路，实然从码头跑来一个船工，冲着客店高声喊道："去松江的航船要开船了，请各位客官快上船！"

"请问这航船在乌泥泾停吗？"菊香问。

船工打量了一下菊香，说："停，只要有人下，我们就停。"

菊香抬头辨了辨风向，心里不由得一喜：昨天的西南风今天变成东北风了！她想：这航船顺风顺水，准比我挑着担子走路快。于是她挑起担跟着船工和其他乘客上了去松江的航船。

航船鼓足风帆，拍着波浪，飞快地向南驶着。

尽管昨夜菊香翻来覆去睡不着，今天眼圈微微有些发黑，但是她精神很好。她双手扶住栏板，贪婪地望着黄浦江两岸的秀丽景色。渐渐地，菊香陷入了深沉的回忆和美好的遐想之中。

"龙华塔！龙华塔！"一个男孩突然叫了起来。

菊香转头一看，龙华塔果然屹立在眼前，它仍然像以前那样雄伟和壮丽。一看到龙华塔，菊香就想起了义弟柳铁如，不由得两眼噙满了泪水。

船过了龙华，往南又驶了六七里，便看见浦东的黄家浜了。那是菊香度过童年的地方，她对它有着一种特殊的感情。如今见到它，就像孩子见到了久别的母亲，恨不得一下子扑到她的怀里，紧紧地把她抱住。菊香望着它那一幢幢破败的草屋，在心中暗暗发誓："一定要报答黄家浜对我十年的养育之恩！"

航船驶过黄家浜，顺着稍稍东去的河道又走了六七里，便到了乌泥泾河的河口。

等船在河口码头停稳，菊香挑着东西就上了岸。从河口到乌泥泾镇，有两里路。往常，这条路上来往摆渡的人很多，可是眼下正是麦收大忙季节，一路上竟没有碰到一个行人。菊香将担子换了个肩膀，抬头向远处望去，那一座座炊烟袅袅的村落，那翁郁的树林和竹园，那绿浪翻滚的稻田，那金黄一片的麦地，真是美极了！可是菊香没有心思欣赏这些景色，她心里想的只是快一点赶到乌泥泾。

离乌泥泾越近，菊香的脚步迈得越急，简直像小跑一样；离乌泥泾越近，菊香的心跳得越快，几乎就要跳出她的心窝。

一走进乌泥泾镇东街，菊香的步子就自然地放慢起来，心也不像刚才那样跳得急了。也许正是吃午饭的时间，街上的行人稀少，偶尔有一两个行人走过，他们都不认识菊香，菊香也不认识他们。菊香的脚步放得更慢了，她边走边看，只觉得街道比以前窄了，房屋比以前矮了，其它则没有多大变化。菊香走完东街，向右一拐沿着北街继续往前走。她多么希望能遇上一个熟人，好早一点从他口中得到家里的情形。可是一个也没有碰着。菊香怀着兴奋、激动而又多少有点儿忐忑不安的心情走进沈家弄，来到自己家的院门前。一看，只见屋顶上长满了瓦花，院子中央的那棵老桑像一个饱经风霜的老人一样显得十分苍老。其它则跟整个乌泥泾镇一样，没有多大变化。

菊香急着想知道三十年来，这院子里的人发生了什么变化。她正想抬腿往院门里迈，突然一个十四五岁的姑娘背上驮着一个七八岁的男孩从院门里慢慢爬出来。那男孩的手里握着一根擀面杖。菊香不觉吃了一惊。骑在姑娘身上的男孩仰着头，好奇地打量了一阵菊香，突然用擀面杖一指喊道："陌陌人！"

姑娘听见男孩的喊声，把低着的头抬了起来。这姑娘长得十分清秀。她见菊香肩上挑着行李，忙问："婆婆，你从哪里来？寻哪一家？"

菊香心里百感交集：自己飘零在外三十年，如今回到家门口竟然成了一个陌陌人，问我从哪里儿，寻哪一家！菊香的双眼潮润了，一时竟不知回答什么好。那男孩见菊香不答话，就用手中的擀面杖敲了一下姑娘的头，喝道："不理这个陌陌人，走，驮我到街上去玩！"

"啊，这个男孩多么像当年的宝弟！这个姑娘多么像当年的自己！"菊香心里这么想着，就问男孩："小弟弟，你打她做什么？"

"她是我娘子！不要你管，陌陌人！"

"为什么不要我管？"

"她是我妈花钱买来的，我妈说，娶来的媳妇买来了马，任我骑任我打！"

"她没有错也打吗？"

"怎么没有错？昨天她剥棉籽没剥满数，我妈不让她吃饭，她就哭。今天我妈给我做麸皮饼吃，她馋得直流口水。这还不该打？"

听了男孩的这些话，姑娘的眼泪涌了出来，像是自语自言地说："指甲磨没了，指头磨破了，叫我怎么剥？肚子没有吃东西，身上哪来的力气？"

菊香低头一看，只见姑娘的十个指头鲜血淋漓，心里不觉一阵疼痛。她把担子放在一边，要抱那个男孩下来。男孩大叫大喊，不肯从姑娘背上下来。

姑娘说："婆婆，你是过路人，救不得我的苦。你走吧，别耽误了你赶路。"

男孩鼓起双眼瞪着菊香，骂道："臭陌陌人！谁要你多管闲事？"

菊香仔细打量这个男孩：啊，他那圆圆的脸庞和那微微露在嘴唇外的虎牙，多么像凤英啊！菊香问："小弟弟，你妈是叫凤英吗？"

"是。嗯——"男孩吃了一惊："陌陌人，是谁告诉你的？"

"我不是陌陌人，我是这里的人。"

"啊？"男孩和姑娘都十分惊诧。

"婆婆，你认识我妈？"姑娘问。

"认得，我和你妈最要好了。"

"哎呀，那快请婆婆屋里坐！"姑娘对背上的男孩说："弟弟，快下来，快请婆婆屋里坐！"

男孩仍然不肯下来，说："她不是婆婆，是陌陌人！你快驮我到街上去玩，快！"说着男孩扬起擀面杖就要打。

正在这时，从院子里传来了怒骂声："青莲！你这阴毒鬼！不让你吃麸皮饼，你就把擀面杖藏起来！藏在什么地方？"随着叫骂声，一个四十五六岁的妇人从院门里扑了出来。

啊，多么熟悉的圆脸盘，多么熟悉的虎牙！她……她不是凤英嘛？菊香走上前叫道："凤英妹！"

凤英倒退一步，瞪大眼睛打量了好大一阵，突然伸开双臂大声喊道："菊香姐！"说着扑到菊香身上，泪如泉涌，激动万分。忽然，她昂起头，抓住菊香双臂，一边端详一边问："菊香姐，是真的吗？你真的是菊香姐吗？"

"是我，凤英妹，我回来了！"

"我又是在做梦吧？菊香姐！"

"不是做梦，是真的。"

"以前你每次对我说是真的，可是等我的梦一醒，你就无影无踪了。"

"妈，这回是真的！"青莲说："这位婆婆还跟我和庆法说了好一会儿话呢。"

"对，是真的，是真的！不可能几个人同时做一样的梦！"凤英望着菊香，惊喜若狂，一时竟忘了该怎么办好。她见儿子庆法还骑在青莲的背上，就揪住耳朵将他拉下来，喝道："还不快叫婶婶！"

庆法捂着耳朵规规矩矩地叫道："婶婶。"

青莲从地上爬起来，恭恭敬敬地也叫了一声婶婶。

菊香抓住青莲那十指满是血迹的双手，故意问凤英："这姑娘是谁？"

凤英脸一红，低下头说："是给庆法领的童养媳。"

"噢，是你的媳妇，你当婆婆了！"

"菊香姐，快进屋吧，有话坐下来说。"凤英低声说着就挑起了菊香的担子。

走进院子，菊香见自家的门锁着，就问："凤英妹，我妈呢？"

"你妈？你妈早不在了。你走后没几个月，她就掉在乌泥泾河里淹死了。"

菊香低下了头。她以前恨婆婆，但是现在听到她这么早就死了，不觉得十分悲伤。菊香看看大妈妈的房子，见门的锗钮上插着一根树枝，问："凤英妹，大妈妈出门了吗？"

"拾麦穗去了，一清早出去的，得到晚上才回来。"

"大伯伯呢?"

"大伯伯也不在了,是去年走的。"

菊香浑身一颤,伤心的眼泪夺眶而出。

凤英知道菊香心中悲伤,一把拉住她往自家西厢房走,嘴里说:"你一走就是三十年,这些年家里人来的来,去的去,变化可不小哇。"

一进西厢房,菊香问:"三叔三婶不在家?"

"我爸八年前得病死了……"凤英叹了一口气说道。

"那三婶呢?"菊香忙问。

"在屋后菜园里锄草。你坐着,我让青莲叫她去。"

"不,我去菜园看她!"菊香说着转身就往屋后跑去。

凤英、青莲、庆法跟在她后面,也都一齐朝菜园跑去。庆法心里急,想把这个消息第一个告诉奶奶,不小心一脚把母亲的鞋子踩掉了。凤英骂了他一声,就弯下腰去提鞋。这时,菊香已经转过屋角,来到了菜园。她看见一位头发花白的老妇正在茄子地里锄草,便喊道:"三婶!"

三婶转身一看,大惊失色:"你……你……"

"我是菊香,我回来了!"

"啊——"三婶金氏扔下锄头,没命地往家里跑。她一边跑,一边喊:"鬼!鬼!闹鬼了!"

菊香一怔,上前拦住她:"三婶,你不认识我啦?我是菊香!"

金氏更害怕了。她浑身发抖,两腿站立不稳,扑通一声跪下哭道:"债有主,冤有头。你饶了我吧,害死你的不是我。那天晚上我是骂了你,不过事后知错了,我给你烧过不少香烛和纸钱啊!"

这时,凤英赶来了。金氏像遇见了救星,说:"菊香,你和凤英最要好,看在她的面上饶了我吧!"

听了三婶的这一番话,菊香更加愕然了。

凤英上前扶起婆婆金氏,说:"妈,你别这样。她是菊香,根本没有死,活着回来了,回来看你来了!"

"怎么?没有死?活着回来了?"

"对。你看她人有影,衣有缝,哪是什么鬼啊?"

金氏把菊香上上下下打量了好一阵子，问："菊香，你真的活着回来了？"说着她拉住菊香的手，老泪纵横地哭了起来。

菊香嗯了一声，其它什么也说不出来。

金氏边哭边说："菊香，那天晚上我骂了你，第二天早晨你就不见了。后来人们在石桥边看见了你的一双鞋子，都说你跳河死了。我知道你受了冤屈，三婶我后悔呀，恨不得打烂自己的嘴巴！每年到那一天，我都到河边给你烧纸钱……"

"妈，菊香姐刚回来，你说这些做啥？菊香姐还没吃午饭哩！"凤英说。

"噢！好，快吃饭去！以后有了时间再说，说上三天三夜也说不完！"金氏拉着菊香朝西厢房走去。

凤英给菊香煮了一碗糖滚蛋，菊香说自己不想吃甜的，叫青莲吃。青莲哪敢吃，可是菊香非要她吃不可，说："你要是不吃，我就生气了！"

金氏见了，说："青莲，你菊香婶叫你吃，你就吃吧！"

青莲的肚子实在饿极了，但是见庆法睁大眼睛盯着自己的碗，她就只是喝些汤而不敢吃蛋。

菊香说："青莲，你没吃中饭，把这碗蛋统统吃下去，馋死这个庆法！"

哇的一声，庆法一头扑到奶奶怀里大哭起来。金氏哽噎着说："庆法，这样一碗糖滚蛋，不要说是你，就是我也从来没有吃过啊！今天你菊香婶婶回来，大家高兴，也让你青莲姐高兴高兴。自从她来到我们家，一天好日子也没过上……"

听奶奶说到这里，青莲伏在桌子上呜咽了起来。菊香抚摸着她的背，说："青莲，别哭。吃吧，吃了我还有事对你们说。"

青莲扑到菊香身上，紧紧将她搂住，肩膀不停地耸动着，眼泪止不住地往外流。哭了一会儿，青莲松开手，擦擦泪，端起碗走到金氏跟前，说："阿奶，你吃一个鸡蛋吧！"

金氏闭着嘴摇摇头不肯吃。

这时，凤英红着眼圈端着两碗面条进来说："你吃吧，你已经一天没……"凤英的声音哽咽了，两行眼泪滚了下来。

菊香从网兜里取出两个椰子，说："青莲，那鸡蛋你吃吧，我给你奶奶他们开椰子吃。"说着她用刀熟练地剥掉椰子壳，倒出椰子汁，取出椰子肉，叫三婶、凤英和庆法吃。

他们从未吃过椰子，一边吃一边直夸味道好。金氏说："哎呀，这椰子粗看像小孩头，又像是木鱼，没想到里面的东西这么好吃！"

"这椰子在崖州多得很，一年四季都有得吃。"

"崖州？崖州在什么地方？"金氏问。

"离这儿远着哩，人们说那儿就是天涯海角！"

"什么？你去天涯海角啦？"金氏惊奇地问。

"好，"凤英说："话一说就没个完，叫菊香姐先吃面吧，吃了再讲。"

"对，菊香，你快吃面！"

菊香端起一碗面，倒进青莲的蛋碗，非要她吃下不可，见她动了筷子，菊香才开始吃面。这面虽然是素面，但是味道相当不错，三下两下菊香就把它吃完了。菊香刚放下筷子，突然看见院子里走进一老一少两个人来。老人手里提着一只破篮子，背上扛着一捆柴草。那个十多岁的女孩，手里提着一只布口袋。女孩把布袋往地上一放，准备去开门。老人说："布袋有洞眼，轻点儿放！"说着老人就弯下腰去捡从布袋眼里掉出来的麦粒。

"大妈妈回来了！"凤英说："啊呀，今天回来得真早！"

不等凤英说完，菊香跨出门槛奔到院中，喊道："大妈妈！大妈妈！"

凤英和金氏也跟着跑了出来，说："是菊香，她没死，活着回来啦！"

大妈妈张氏转过身，扶住菊香的肩头，看了看，惊喜地说："菊香，真的是你回来了？怪不得我昨晚做了一夜梦，梦见你坐在大鹏鸟上，往乌泥泾飞呀，飞呀……"

菊香看了看身旁的金氏，哭着问张氏："大妈妈，刚才三婶以为我是一个鬼，吓坏了，你怕不怕呀？"

"怕什么？"张氏说："咱们娘俩还能谁为难谁？"

金氏说："大阿嫂，别站在院子里说话，进屋里去吧。"

"喔，对。进屋里坐！"张氏说："桂芳，快开门！"

那个刚才提口袋的女孩拔掉插在锁钮上的树枝，把门打开，用衣襟擦了擦凳子，请大家坐。金氏不等坐稳就先问："菊香，快讲讲，三十年你是怎么闯过来的?"

菊香就把自己如何从乌泥泾到崖州,又如何从崖州回到乌泥泾的经过,一五一十地讲给大家听。随着菊香的讲述,她们一会儿伤心落泪,一会儿喜笑眉开,一会儿捶胸顿足。菊香整整讲了一个时辰,最后她说:"这是粗略地讲一讲,细讲起来七天七夜也讲不完。以后有的是时间,慢慢再讲吧。"

张氏听完站起来,拉着菊香的手,仔仔细细地端详了好一会儿,用发颤的声音说:"菊香,这么说来你是真的回来了?"

大家很诧异。菊香很快明白了张氏的意思,忙回答说:"是啊,大妈妈,我真的回来了。"

"回来的不是魂吧?"

"不是。大妈妈,你要是再不信,往我手上划刀,看有没有血?"

"孩子!"张氏把菊香紧紧搂住,不觉老泪滂沱。她边哭边说:"相信,大妈妈相信。苦命的孩子,你到底回来了,你没让大妈妈白等这么多年!"

顿时,屋子里一片抽噎哭泣的声音。

第五节　悲戚戚话往事

哭了一会儿,菊香擦擦眼泪说:"大妈妈,这么多年来家里的情况怎么样?你们快给我讲讲。"

于是,张氏、金氏和凤英就你一段我一段地把家中这三十年来发生的事告诉菊香。

三十年前,菊香逃命的第二天早晨,尤氏打开客堂门一看菊香不见了,不由得大吃一惊。她发现北窗下有一个墙洞,墙洞外的湿泥地上还有一溜脚印。尤氏明白:菊香是从这个墙洞里逃走的。可是她又很纳闷:昨天自己查过两次,菊香都结结实实地反绑在磨盘上,她一个人怎么能松绑?不对,一定是有人放她走了!尤氏很聪明,一下子就怀疑到了大伯子曹福头上。因为只有客堂的东腰门没有锁,而这东腰门是通曹福家的。尤氏气急败坏地找到曹福,曹福自然有对付她的办法。他装聋作哑,说万事不管,什么也不知道。说完又闭上眼睛打起了呼噜。尤氏气得七窍生烟,上前朝他脸上左右开弓就是两个漏风的巴掌，骂道："老棺材！装什么孙子，把人交出来！"

曹福挨了尤氏的两巴掌，顿时火冒三丈，正要发作，他突然想起了二弟曹禄。于是，他就强压住怒火说："好有好报，恶有恶报，当心冤鬼来找你算账！"

尤氏没有办法，只得花钱请"神仙哭""鬼见愁"这一伙人去四处搜寻。

突然，对门的洪良慌慌张张跑进院子，嚷道："不好啦！菊香跳乌泥泾啦！她的鞋子放在桥头的石板上！"

一听这话，尤氏、曹喜、金氏、凤英他们一齐朝河边跑去。桥头已经围满了人，尤氏挤进人群一看，见放在石板上的那双鞋果然是菊香的，知道自己的如意算盘全落了空，眼前一黑，双腿一软就坐倒在地上。凤英拿起菊香的鞋子，痛哭不已，在场的人也都伤心落泪。人群里有一位老汉说："这鞋子湿透了，准是在昨天半夜下大雨时跳的河，快捞尸吧！"可是上哪儿捞去？捞了半天，什么也没捞着。

从此，尤氏就得了病，整天疑神疑鬼，总怕菊香的冤魂来报复她。她走在路上见到野兔，以为是菊香的冤魂；晚上睡在床上听见老鼠叫，又以为是菊香的冤魂。后来，她一个人不敢睡觉，就央求德芳陪着她。可是她天天夜里做噩梦，动不动就狼哭鬼号般地喊叫，吓得德芳打断腿也不肯再去陪睡。为了给自己赎罪，尤氏买了一口薄皮棺材，把菊香的破衣烂衫装在里面埋进了曹家的坟地。可是，这也无济于事，尤氏的精神病越来越重。一天上午，她有事要去南街。可是刚走到宾贤桥的中央，她突然惊叫起来："冤鬼！冤鬼！"她叫着就一个跟斗栽进了乌泥泾河。等走在后面的人赶来捞她，人早已无影无踪，怎么也捞不着。等潮水一退，人们发现尤氏就死在桥底下，两只手紧紧抱着桥墩！

自从菊香不见以后，凤英天天都哭。她把菊香的那双鞋子洗净晒干，用布包好压在自己枕头底下。晚上睡觉时就拿出来看着哭，她日哭夜哭，眼睛肿得像桃子。大伯伯曹福实在看不过去，就悄悄告诉她："菊香没有跳河，她被我放走了。那双鞋子是我放在桥边的，好叫荣世桂他们死心，不要四处追寻她。"

"真的吗？大伯伯？"凤英问。

"真的，不过你千万别声张，谁也不要告诉。这事只有你、我、你大妈妈和菊香的干娘林珍知道。菊香河是没有跳，可是她到底怎么样，现在在哪儿，我一点也不知道。以后哪一天菊香能回来，如果我死了，你就告诉她到我坟前说一声，让我九泉之下安心！"

时间一年一年过去了，一直没有菊香的任何消息。渐渐地，曹福、张氏、凤英和林珍也跟其他人一样，以为菊香真的死了。

凤英和德光一共生了六个孩子，现在留住的只有女儿庆芸和儿子庆法。庆芸今年十五岁，庆法才八岁，其他几个大的全死了。因为家里穷，怕以后取不起媳妇，在庆法四岁那年就给他领了一个童养媳青莲。青莲是乌泥泾镇北谢家宅长工谢世堂的女儿。谢老汉得了鼓胀病，眼看自己养不起女儿，就把她卖给曹家当童养媳。他自己没熬上半年，就双脚一蹬归了西天。

德明是二十岁成的亲，媳妇是镇上的更夫阿炳根的女儿引娣。他们俩生了四男三女，留住了两男两女。今年儿子庆章十七岁，庆元十一岁。女儿庆兰十二岁，庆燕七岁。由于西厢房住不开，由大伯伯、大妈妈作主，叫德明一家住在二伯伯曹禄留下的房子里。但是德明没和哥哥德光分家，全家一口锅里吃饭。

德芳是十七岁那年出的门，嫁给镇西朱家圈的木匠朱顺林。现在有五个孩子，大的十六岁，小的才三岁。

德光和凤英种着家中的几亩薄地。德明跟着妹夫顺林学会了木匠，天天带着儿子庆章、庆元别人家做工。

自从八年前曹喜得病一死，家里的日子就过得更艰难了。

大伯伯曹福家的日子就更苦啦。出租街上的那两间街面房子，一年没有多少收入，其余全靠张氏纺纱织布换几个钱。十二年前的一个早晨，张氏去小北河淘米，突然听见小孩的哭声；抬头一看，见河面上飘着一只旧木盆，小孩的哭声正是从这只木盆里传出来的。张氏找竹竿将木盆拨到岸边一看，里面躺着一个刚出生的女婴，身上裹着几块破布。张氏明白："这准是哪一家养不起孩子，又不忍心将她溺死在马桶里，于是就想出这个办法，让孩子讨一条活路。"来淘米洗菜的人都劝张氏把孩子抱回家。张氏是一个心地慈善的人，膝下又无儿女，听众人这么一劝，就顾不得自己日子的艰难，把孩子抱了回来。曹福一见，满心喜欢，当时正是邻居施家的桂花放香的时候，就给她取了个名字叫桂芳，当作亲闺女养着。老两口穷是穷，但对桂芳十分疼爱。自从抱了桂芳，曹福就不再一天到晚坐在门口闭目养神打呼噜，而是昼夜不停地搓草绳、编织草鞋。去年，曹福病死，张氏的身体也大不如前，母女俩靠纺纱织布挣的钱越来越少，日子也就越过越艰难。

张氏、金氏和凤英在屋里你一段我一段地说个没完，可是天很快就黑下来了。德明和两个儿子庆章、庆元背着木匠工具回来了，德光和女儿、侄女庆芸、庆兰和庆燕拣麦穗也回来了。他们见到菊香，也是十分惊讶和喜悦，问这问那没个完。

等青莲煮好晚饭，金氏就拉着菊香和大嫂张氏的手，说："吃了晚饭再谈！"

张氏知道老三家十分紧巴，不肯去吃，就岔开话说："菊香当年的几个伙伴中，最惨的是文娟和洪良。洪良十七岁那年，文娟已经二十三岁。洪良娘梁氏没有钱给他们俩圆房，洪良就偷偷地抱着文娟玩。后来玩出了事，文娟的肚子大了起来。婆婆梁氏一看苗头不对，就问洪良：'这是怎么回事？'洪良说：'不知道。'梁氏拿着门闩就打了文娟，边打边骂。文娟实在受不了，就在洪良面前，说：'洪良，你说句实话，我肚子里的这个孩子是不是你的？'洪良犹豫了一会儿，说：'不知道，不是。'梁氏听罢举起门闩又要打。文娟说：'阿妈，你别打了，都是我不好，做出了这丢人的事情！'说完就猛地朝灶角上撞去。顿时，文娟的脑袋开花，血流了一地。一见这情景，洪良悔恨万分，跪在文娟面前哭道：'文娟是我害了你，我该死啊！'文娟用微弱的声音问：'洪良，我快要死了。临死前，我再问你一次，你要掏出良心说话，我这个人规矩不规矩？''规矩，我是没出息，硬逼着你解裤带。'听了洪良的这句话，文娟的嘴角微微一笑，头一歪就死了。后来，洪良和外地跑来的一个女痴子结了婚。开始，那个痴子还好，后来就天天发痴。一天夜里，她竟把洪良活活地掐死在床上。过了不到半年，那个痴子自己也死了。现在，洪良家只剩下老母亲梁氏一个人孤苦伶仃地过着日子。"

到了吃晚饭的时间，张氏说："今晚我和桂芳热一下早上剩下的冷饭，就对付了！"

　　金氏掀开锅盖，见锅底里放着一小碗麦粥，就嚷了起来："这点儿粥怎么够两个人吃呢？今天我家煮的是白米饭，炒青菜、新黄瓜、嫩米苋。大阿嫂，今天是菊香从天涯海角赶回来，咱们一起吃顿团圆饭，热闹热闹！"

　　张氏拗不过金氏的这一顿好劝，就拉着菊香一齐朝西厢房走去。

　　吃罢晚饭，自然又接着谈乌泥泾和崖州的事。农家妇女活条命真不容易，两只手十个指头时时刻刻不得闲着。她们老老小小围坐在油盏旁，有的用纺锤纺纱，有的剥着棉籽。德光和德明也不闲着，也都抓了一把棉花剥了起来。张氏一边剥一边说："菊香，你不是说你在崖州的事讲七天七夜也讲不完吗？今天你就给我们讲一个晚上吧。"

　　"对，菊香。"金氏边纺纱边说："你就讲吧，听你讲那些事，比听戏、听念宣卷还有劲。"

　　菊香按住张氏剥棉籽的手，问："大妈妈，乌泥泾还全都用手剥棉籽吗？"

　　"嗯，是啊！"张氏觉得菊香问得奇怪。

　　"三婶，咱们这儿还用这纺锤纺纱？"菊香抓住金氏手中的纺锤问。

　　"对，还用。"金氏说："虽然有手摇纺车，但这纺锤仍然扔不掉。"

　　凤英说："菊香姐，还跟你走的时候一样，没什么变化！"

　　"还用一尺来丈长的小弓弹棉絮？"菊香问。

　　"嗯。"凤英点了点头。

　　"还用以前的织布机？"

　　"是啊！"

　　"这么说，我在一路上打听到的没有错。"

　　张氏越来越纳闷："菊香，你……"

　　"大妈妈，你等一等，我先给你们看几件东西。"菊香说着取来自己的小包裹打开，把里面的崖州被、广幅布一样样拿给大家看。

　　"哎呀！这么宽的布！"张氏惊讶了。

　　"大阿嫂，你看，这被面上的花纹多好看！"金氏赞叹道。看了看，说："看，这经纱、纬纱纺得多细密，怪不得织出的布这样好！"

　　菊香说："我在崖州上船前，凤凰寨龙公送给我两箱子各种崖州被、广幅布，让我带回来做样子，可惜全翻在海里了。这几块是泉州七星观美珍师傅送给我的。"

"嗳，菊香姐，"凤英问："崖州是用什么布机织的？怎么织得这么宽、这么好？"

"她们用的是宽幅织布机，比我们这儿的好用得多！"菊香说："她们不但布机好，其它的工具也比我们的好。"

"喔？"大家很是惊喜。

"先说去棉籽。"菊香说："崖州百姓不用手剥，而是用擀杖擀，不但快而且好。再说弹，人家用的是四五尺的绳弦大弓……"

"婶婶，你带回来那张就是吗？"青莲忍不住问。

"对。用这样的大弓弹，棉絮弹得又松又干净，比我们的线弦小弓不知要快多少倍！"

"嗳，菊香姐，"凤英问："这么说你带回来的那部三锭脚踏纺车是纺棉纱的？"

"是啊。崖州人不用纺锤，也很少用单锭的手摇纺车，都喜欢用三锭的脚踏纺车。只要学会了，这脚踏纺车可好使着哩！"

"婶婶，你试给我们看看，好吗？"青莲说。

"好！"

于是，菊香把她带回来的三件制棉工具逐一试给大家看。她一边试，一边讲。在菊香的擀杖下，张氏今天晚上准备剥的一捧棉花，工夫不大就都去了籽。接着，菊香用绳弦大弓一弹，顿时变成了疏松白净的棉絮。然后，菊香把棉絮擀成棉条，放在脚踏纺车上纺了起来。才一炷香的时间，所有的棉条全都纺成了纱。屋里的人都瞪大眼睛看着菊香的每一个动作，他们都看呆了。等菊香把纺好的纱从纺车上取下来，每个人脸上都露出了惊喜万分的神色，眼睛里闪着激动的泪花。张氏说："菊香，有指望了！咱们穷苦人今后的日子有指望了！"

金氏说："是啊，菊香，刚才你干的这么点儿活，我得干一天啊！照你这个样子干，咱们不愁过不上好日子了！"

菊香看了看大家，说："我的布机掉在大海里，现在不能试给你们看，不过不要紧，我们可以自己造。"说着她从竹筒里取出图样，对德明说："德明弟，你是木匠师傅，明天起你就按照这图上画的，赶造布机和纺车。"

"菊香姐，你放心好了，明天一早我就动手。"德明说。

德明的大儿子庆章提醒说："爸，还有我和庆元呢！"

"对！庆章、庆元也算上。"金氏说："还有，德明，明天你去把你妹夫顺林和两个大外甥惠忠、惠平也一起叫来！"

"好！"德明说："不过这木料……"

"德明，把我那副寿材板先用上！"张氏打断侄子的话说。

"那怎么能行？"德明的媳妇引娣急了，"大妈妈，你的寿材板才刚买齐。为了这副寿材板，不知你熬了多少个夜，不知你剥了多少棉籽，纺了多少棉纱！"

"我叫你们用，你们就用！"张氏有点儿生气了。

菊香非常感动。她知道家乡有这么一句俗语："在家再苦，不算穷；死后盘陀路，真正穷。"许多人宁可在活着的时候卖掉房子，也决不肯死后睡不上一口棺材。见张氏坚持要拿自己的寿材板来造纺车和布机，菊香忙说："大妈妈，你的寿材板怎么能动呢？买木料我这里有钱！"她打开一个椰子，对德明说："这里装的是五十两银子，你拿去买木料。造纺车、布机这一摊事就托给你了。你们要抓紧时间，等造出了纺车、布机，我就开始教大家纺纱织布。"

"嗳，菊香，这擀杖和弹弓也得赶快做。"金氏说。

"对，三婶说得对。"菊香说："这弹弓好做，屋后竹园里有的是竹子，叫德明他们做一些弹椎也容易。难的是这擀杖。这一副是子京木做的。这儿没有这么硬的木头，得请铁匠打铁的。"

"铁？这上哪儿弄去？"金氏皱紧眉头，犯愁地说："如今是大元的天下，官兵怕百姓打造刀枪造反，铁匠铺全由蒙古人管着！"

"是啊！到哪儿去弄铁？就是有了铁，咱们也不能私自打造啊！"德光焦虑地说。

凤英看了丈夫德光一眼，说："不怕，我有办法！"

"什么办法？"大家忙问。

"找阿窑叔去!"凤英说

"对!对对!"大家齐声点头说。

一听"阿窑叔"三个字,菊香眼前猛地一亮,忙问:"他还健在?快给我讲讲,这些年来他老人家怎么样?"

于是,大家又把有关阿窑叔这些年的情况一一告诉菊香。

在菊香逃离乌泥泾之后的第六年,临安杭州失守,大宋的江南鱼米之乡全部归了大元。元兵所到之处,烧杀抢掠,无所不为。江南百姓生活在水深火热之中,苦不堪言。元世祖忽必烈在江南建立社甲,二十户为一甲,甲主由北人担任。这些甲主一个个骄横跋扈,任意欺压乡亲,"衣服饮食惟所欲,童男少女惟所令"。在沈家弄担任甲主的是个蒙古人,名字叫海力。他天天喝酒吃肉,喝醉了就撒酒疯打人,谁见了他都怕。不管多淘气的小孩,只要一说海力来了,在哭的马上就不哭了。

有一次,海力又喝得酩酊大醉。他在大街上硬逼着八十一岁的施老汉给他磕头,叫他爷爷。这时,刚巧阿窑叔走过,他一见二话没话,背起海力就往自己的破窑里走。咳!说也奇怪,打那以后海力收敛了,不再随便欺侮人。不仅海力服阿窑叔,其他甲主也都买他的账。这样,乌泥泾乡亲们的日子就稍微好过了一些。原来规定晚上不许点灯,后来可以点了;原来几家合用一把菜刀,后来每家可以有一把;等等。自然,这些都是阿窑叔周旋的结果。镇上的乡亲们全在心里感激和敬佩阿窑叔,说:"这阎王怕真厉害,不但'鬼见愁''神仙哭'这些地痞流氓怕他,连蒙古人也都让他三分!"

阿窑叔是个猎人。开始元兵不让他打猎,收缴了他的弓箭和铁叉。后来他到镇主耶百户家里大吵了一顿,耶百户不但把弓箭和铁叉还给了他,而且允许他在窑里支起一个小小的铁匠炉,箭头用完了自己打,铁叉用钝了自己钢。乡亲们的铲子、锄头、镰刀磨损得不能用了,也都偷偷地送到阿窑叔这儿,请他一钢就整旧如新了。可是时间一长,阿窑叔存的铁就用完了。有一天,阿窑叔提了两只狗獾去找镇主耶百户,直接问他要铁。耶百户最爱吃野味,见阿窑叔向他讨铁,就干脆把废铁库的钥匙交给他一把。这样,阿窑叔再给乡亲们钢各种铁器农具,就不愁没有铁了。

听大家讲到这里,菊香十分高兴,说自己明天一早要去看望阿窑叔,请他多帮忙。

张氏看看天上的月亮，说快交丑时了，要大家都去睡觉。

第六节　算命人不信命

菊香家的房子由德明一家住着，金氏一定要给她腾出来。可是菊香怎么也不让，说她就住在大妈妈那儿。张氏和桂芳当然满心喜欢，拉着她就往屋外走。

菊香跟着大妈妈和桂芳走了几步，突然回头看看青莲，又看了看凤英，说："青莲，跟我作伴去！"

青莲心中好高兴，抬头望着婆婆和奶奶。金氏说："傻呆呆地看什么？还不快扶婶婶去睡觉！"

"晚上睡觉规矩点，别挤着婶婶！"凤英嘱咐说。

第二天一清早，菊香就醒了。她起来洗漱完毕草草吃了点早饭，拿着那副子京木擀杖就与青莲一起朝阿窑叔的住处走去。

阿窑叔突然见到菊香，惊喜万分。这位脾气古怪、心地善良的老人热泪盈眶，高兴得竟站在那里说不出话来。当菊香向他说明了来意后，他爽朗地满口答应说："你们放心，一切包在我老汉身上！"

"那真是太感谢阿窑叔了！"菊香说。

"谢什么？以后有什么用得着我的地方，你尽管说！"

"往后准少不了麻烦您老人家。这次先劳你打三十副铁擀杖。"菊香把子京木擀杖递给老人："就按这个样子打。"

"好，明天下午你们来取。"

菊香从袖中摸出一锭十两的银子，说："阿窑叔，这锭银子，您老收下，买碗水酒喝。"

"不！不不！"阿窑叔连连摇头，"我哪能用你的银子！"

"阿窑叔，这锭银子，报答不了你对我的大恩大德，但也算是一片心意，请你一定收下。"

阿窑叔仍然不肯收下。在他心中，菊香是整个乌泥泾最苦命的童养媳，她漂泊在外三十年，能活着回来实在不容易，自己怎么能花这个苦命人的钱呢？

菊香望着这位白发苍苍的老人，想起以前他对自己的种种救助，心里充满感激之情，见他不肯收下银子，眼泪就扑簌簌地掉了下来："阿窑叔，你一定得收下……"

"孩子，别哭，我收下就是了！"阿窑叔急忙把银子收下。

菊香擦了擦眼泪问："阿窑叔，一次打这么多铁擀杖，有难处吗？"

阿窑叔向窑外看了看，说："这些年来，地方上还算太平，所以官兵对铁器管得不像以前那么严了。在这里当社长甲主的蒙古人、色目人不服水土，大多数都走了。原来管你们的沈家弄的甲主海力，也走了。镇主耶百户跟我有点儿交情，他是一个酒肉朋友，我时常给他送点儿野味去，所以我给乡亲们打点儿铁器，他就睁一只眼，闭一只眼。不过，你们不要声张出去，免得惹麻烦！"

"你放心，阿窑叔，我们决不张扬。"

菊香告别了阿窑叔，和青莲一起往回走。一进院门，只见院子里挤满了人。原来是老街坊闻听菊香回来了，都争先恐后地来看她。菊香十分高兴，和老街坊一一见礼后，就把自己回来的打算告诉了他们。街坊们听了，一个个乐得眉开眼笑。邻居施大伯指指金氏手中的一条崖州被说："菊香，刚才我们都听你大妈妈和三婶说啦。你教大家织崖州被、广幅布，可比背回来一座金山还有用啊！"

洪良的母亲梁氏拉着菊香的手说："菊香，你婶婶命苦，现在就剩下我孤老婆子一个人了，家里那三间房子闲着。你们造纺车、做布机就上我家里去吧！"

"嗳，好！多谢婶婶！"菊香说。

其他的街坊也都你一句、我一句地争着说。

"菊香，我家的客堂也空着！"

"我的那棵老榆树，已经放倒六年，干透了！"

"我家也有木料，一会儿我儿子扛来！"

"菊香，你需要什么，尽管说！"

　　看着一张张热情至诚的脸，菊香激动地说："各位回到家里，有木料的准备木料，有房子的腾出房子。我让人多画一些图样，分发给你们，你们就请人按图样造纺车和布机。过几天，你们就叫自己的女儿、媳妇来，我就开始教她们。等到她们学会了，你们自己家的纺车、布机也造好了，她们回到家就可以用。大家看，这样办好不好？"

　　"好！好！"街坊们都欢天喜地地散去了。

　　菊香送走街坊，让德光、凤英带着庆芸、青莲、庆兰去把梁氏的三间屋子打扫出来。她自己来到屋后竹园，砍了两根黄皮老竹做成两张四五尺长的绳弦弹弓。然后，她叫德明的儿子庆章做了两个榆木弹椎。试了试，觉得很顺手，她就吩咐庆章："按照这个样子，做十张弹弓，十个弹椎。"

　　到中午时分，德明把一部分木料买来了。德明的媳妇引娣上朱家圈把德芳、顺林他们的五个儿子、女儿都请了回来。

　　互相见礼之后，菊香对顺林说："三婶把饭做好了，先去吃饭。下午我们就正式开工。"

　　吃完午饭，菊香带着顺林、德明他们正要去梁氏家做纺车，突然院子里涌进来了一大群女孩子。大的十六七岁，小的八九岁，个个衣衫褴褛，人人面黄肌瘦，见到菊香都跪倒在地上。一个十一二岁的女孩哭着说："黄婆婆，你看看我们的十个指头剥棉籽全剥烂了，你教我用擀杖擀吧。"

　　另一个八九岁的女孩说："黄婆婆，我外婆的眼睛瞎了，她养不起我，要把我卖给孟府当丫头。你救救我吧，收我当徒弟，教我织崖州被！"

　　别的女孩也都流着泪恳求说："黄婆婆，你收我做徒弟吧！"

　　"黄婆婆，教我用大弓弹棉絮吧！"

　　"教我用脚踏纺车纺纱吧，黄婆婆！"

　　见到这些可怜的女孩，黄婆婆就想起了自己苦难的过去。她的眼睛模糊了，哽咽着嗓音说："教！我教！我统统都教！我从天涯海角赶回来，就是为了教你们啊！"她一边说一边含泪将女孩们一一扶起。

　　可是，刚把这一批女孩扶起来，院门里又进来一批跪下了，黄婆婆赶紧又把她们逐一扶起。这样，连着来了四批，一共有四五十个女孩子磕头拜黄婆婆为师。

　　黄婆婆把最后一批女孩扶起来送走，正想去梁氏家中看看顺林、德明他们赶造纺车的情况，突然沈家弄里一片喧哗，原来是乡亲们送木料来了。他们亲切地向黄婆婆打着招呼，把肩上扛着的木料码放在院子里。不到一炷香的时间，半个院子里堆满了木料。这些木料，什么样的都有，有房梁、橼子、有拆了的旧床和桌子。望着这些木料，黄婆婆的心情十分着急，恨不得一下子把自己的本领全都教给乡亲们。

　　日头快要落下去的时候，一位白发苍苍的老汉领着一个十二三岁的女孩来找黄婆婆，人还没进院门，老汉就喊："黄婆婆！黄婆婆！"

　　"啊呀！是许师傅！你老人家怎么也叫我黄婆婆？"

　　"现在镇上的人不管男女老少，都这么叫！黄婆婆，我在谢家宅做工，来迟一步。我来有两件事要拜托你。我把孙女龙妹交给你，让她跟你学织崖州被。"说着老汉叫孙女龙妹给黄婆婆磕头。

　　黄婆婆见龙妹活泼可爱，心中非常喜欢，赶忙将她扶起来。许老汉又说："黄婆婆，别看我这个老木匠六十出头了，上了年纪，可是手里还有一把力气！要我干什么事，尽管吩咐吧！"

　　"多谢许师傅！我们正愁人手不够。"

　　"我一共带了十九个徒弟，现在活着的还有十四个，他们有的自己也都带出了不少徒弟。不瞒你说，你妹夫顺林就是跟我学的手艺。只要你一句话，明天我就把所有的徒弟统统叫来！"

　　"那太好了，许师傅！我想这样，现在许多人家都在腾房子，备木料，你就让他们按照图样分头去造。我们这儿先赶造出一批来，我教的时候好用。你看这样行吗？"

　　"行！行！"

　　"这造纺车、布机的事就请您老多费心啦！"

　　"嗳，黄婆婆，说这话你就见外了！我这一把老骨头别的没什么牵挂，就是龙妹这孩子叫我放心不下。唉，黄叶不落青叶落，她爷娘死得早，从小由我这个做爷爷的拖着。如今我老了，怕哪一天脚一伸见了阎王爷，叫她一个女孩家孤苦伶仃地怎么活呀！"说到这里，许老汉那满是皱纹的老脸上挂满了泪珠，他用手抹了一把脸，又说："现在好了，把她交给你，我就放心了。我和顺林他们抓紧把纺车、布机造出来，让姑娘们早一天织出崖州被、广幅布！"说完，许老汉就走进梁氏家和顺林、德明他们一道忙去了。

整个下午，来曹家院子的人络绎不绝，黄婆婆忙于接待。吃了晚饭，来曹家的人更多了，乡亲们都想听黄婆婆讲天涯海角的各种奇闻趣事。黄婆婆也不推辞，一口气讲了一个多时辰。从海底的红树林讲到床底下生长几十斤重的波罗蜜，从攀鲈爬树讲到蜘蛛捕鸟，从会捉飞虫的猪笼草讲到见血封喉的箭毒木，从会叫的壁虎讲到十斤一只的大螃蟹，从黎家妇女绣面文身讲到百岁奶奶长出新牙。乡亲们鸦雀无声，一个个都听入了迷。当听说一百多岁的老人能长出新牙，大家十分惊奇，要黄婆婆把百岁奶奶的故事详详细细地讲一讲。这时，邻居施大伯说了话："大家都回去吧！黄婆婆刚回来，今天又忙了一整天，让她早点儿休息。还有，我们几十口人聚在一起，让镇主和官兵知道了，也吃罪不起啊！"

施大伯这一番话，顿时提醒了大家。元朝政府除了不准江南百姓练武、打猎外，还不许聚合，不管是庙会还是说书唱堂会，统统不准许。像今天这样，这么多人聚在一起讲故事，谈山海经，当然也是犯法的。大家的心里猛地一沉，都低着头告辞走了。

街坊们一走，黄婆婆的心情也很沉重。她正想和青莲、桂芳进里屋去休息，突然传来了敲门声。黄婆婆一惊，心想：莫非是镇主他们真的找麻烦来了？她诚惶诚恐地将门打开，只见门外笑呵呵地走进一位老人，问道："黄婆婆，你还认得我吗？"

黄婆婆打量了一阵，惊喜地说："啊，是神算先生！"

乌泥泾的老人，数康神算的变化最大。以前，他黑胡黑须黑发，黑衣黑裤黑鞋，很是威严和神秘莫测。如今他满头银丝，须眉皆白，身上的穿戴也都换成了浅色，很有几分仙家风度。平时，康神算在晚上是很少出门的，那么今天这么晚了他来曹家干什么呢？原来，黄婆婆昨天中午突然回来的消息轰动了整个乌泥泾镇。康神算是今天清晨吃早茶时在泰和茶馆听说的。他听到这个消息，除了惊喜之外，还从内心感到内疚和不安。他想找黄婆婆聊一聊，除了想听听天涯海角的奇闻，更主要是要向黄婆婆讲明自己的心迹。康神算能掐会算，知道白天找黄婆婆的人少不了，自己只得深夜来拜访。黄婆婆招呼康神算坐下。他上下打量着黄婆婆，一边坐下一边说："老了，是老了，怪不得全镇老少都叫你黄婆婆。"

"神算先生，你变化也不小，刚才我差点儿不敢认！"

"嘿嘿，岁月不饶人呐！嗳，黄婆婆，听说这么多年你一直在海南崖州？"

"嗯。"

"你给我讲讲海南的风物吧。我这个人闯荡了一辈子，什么湖广、两淮、四川、辽东都去过，就是没去过海南。"

黄婆婆就把崖州的山川物产、风土人情，拣要紧的讲给他听。康神算虽然见多识广，但是黄婆婆讲的都是他见所未见、闻所未闻的事，听得他津津有味，频频点头。接着黄婆婆又简单地讲了讲自己三十年来的经历。

康神算听完叹了口气，说："黄婆婆，你回来，全镇的人都很高兴，我心上的一块石头也落了地。我这个人，心地不坏，但常常做坏事情。多少年前，我给你婆婆算命。闻听她不规矩，一心想让她学好，我就吓唬她说冲了子孙堂，儿子保不住。她一听急了，要我替她想办法解难禳灾。我就告诉她：一、去妙真庵捐门槛赎身，以后悔过自新；二、替儿子宝弟找一个属小龙的媳妇。当时我想，俗话说'男大三，金银山'属羊的找个属小龙的也不犯什么禁忌。没想到你婆婆怕宝弟保不住，就把你买来做童养媳。你也是属小龙，可是比宝弟大了这么多岁。你这几十年里吃尽了人间的苦楚，都是让我那一句话害的！"

"嗳，神算先生，你说到哪里去了，各人有各人的命！"

"命？我是个算命先生，而且还有一点小名气，可是我不相信命。当然，这话我只能在这里讲。"

黄婆婆笑着问："神算先生，你果真不相信？"

"根本没什么命。就说你吧，你从浦西到浦东，又从浦东到浦西，长大后从乌泥泾漂泊到崖州，三十年后又从崖州回到家乡。这一切，我这个称作神算先生的可一点儿也没算着啊！"康神算顿了一下，又说："不过，有一点我现在算着了。你这次回来教乡亲们织崖州被、广幅布，这是一件造福子孙的大事业。"

"神算先生，你说到哪里去了！"

"真的，黄婆婆！你知道这些年来皇粮国税压得老百姓喘不过气来。除了正税，还有多如牛毛的杂税。几年前，皇上设立了江南木棉提举司，要我们江南百姓每年输棉布十万疋。这可不是一个小数目啊！现在棉花比以前种得多了，可就是原来的那一套工具不好用，去籽、弹絮、纺纱、织布都跟不上，百姓们着急得很哪！你在这个时候回来，真好比是雪中送炭啊！"

"我回来得太晚了，神算先生。这两天我心里十分着急，许多女孩拜我为师，今天就来了几十个呢！"

"几十个？以后会来几百个，几千个。乌泥泾的来了，四乡八里的来，外县的也会来。你收不收，黄婆婆？"

"我只有一个人，怎么办呢？这纺纱织布是心里和手上的功夫，得靠慢慢练，不像猜谜语，把谜底一告诉他们就行了。"

"别急，有办法，我看这样，你先教十个姑娘擀、十个小伙子弹、十个姑娘纺、十个姑娘织。等他们学成之后，叫他们回去每人教十个徒弟。这样一传十，十传百，百传千，不要多长时间，黄婆婆你们的本事就会传遍黄浦两岸。"

"对，神算先生这个方法好！我就按你说的办。"

"夜深了，我该回去了，以后有用得着我的地方，你只管吩咐！"说着康神算就告辞回家去了。

第七节　我就是黄婆婆

阿窑叔花了一天一夜的时间，提前把三十副铁擀杖打出来了，第二天一早他就给黄婆婆送来，黄婆婆见了十分感激。送走阿窑叔，她挑了三十个姑娘和十个小伙子，准备正式教他们擀、弹、纺、织的本领。

黄婆婆在院中摆了一张桌子，桌上摆了一把椅子，把百岁奶奶的花梨木拐杖放在这椅子上。椅子前燃着一炷香。黄婆婆说："孩子们，我所以能活着回到乌泥泾，全靠崖州凤凰寨的乡亲们。在大灾大难中，他们收留了我，供我吃，供我穿，教我织崖州被、广幅布。这根花梨木拐杖是黎山老母百岁奶奶临别时送给我的，一见到它，就像见到了百岁奶奶和所有黎族乡亲。今天，我开始把黎家擀、弹、纺、织的本领教给你们。你们要记住两件事：第一，你们学会之后，每人要教十个徒弟，叫徒弟每人再教十个徒弟，要让所有的穷苦人都有碗饱饭吃！第二，以后有了好日子，要饮水思源，时刻想念海南黎家父老兄弟姐妹。你们都记住了吗？"

"都记住了，黄婆婆！"青年们齐声说。

黄婆婆领着四十个青年朝着崖州的方向，恭恭敬敬地拜了三拜，然后就开始教十个姑娘用铁擀杖擀棉籽，其他的人在一旁看。教的用心，学的认真，一天时间，这十个人擀得又快又干净。黄婆婆见了，满心高兴。这十个姑娘学成后含泪告别黄婆婆，回到各自家中。她们一到家，见已经有许多人正等着，就按黄婆婆的吩咐，每人教十个徒弟。

黄婆婆教会了十个姑娘擀棉籽，就开始教那十个小伙子弹棉絮。弹棉絮不能在院子里，要不大风一起，就会把棉絮全刮跑了。可是眼下又没有空房子，怎么办呢？黄婆婆正在犯愁，大妈妈张氏对她说："菊香，你在客堂里教吧。"

"那怎么行呢？大伯伯的灵台在里头，我们在屋里弹棉絮，会闹得他老人家不安宁的！"

"再有一个月，就是他的周年。我原本想，等过了周年，就把灵台撤了。可是现在你们要用房子，等不及了，今天就撤吧。"

"大妈妈，使不得！"

"不要紧，你大伯伯是个开通的人，知道你用这客堂是为了教后生们弹棉絮，他一定会高兴的。"

"不，不，他们另外找房子！"

"现在各家都在造纺车，做布机，哪有空房子闲着？"

黄婆婆仍然不肯马上撤曹福的灵台。张氏说："菊香，你我都不用争了，还是问问你大伯伯自己吧。如果他答应今天撤，我们就今天撤；如果他不答应，我们就等过了周年再撤。"

黄婆婆惊异地望着张氏，问："大伯伯不在了，怎么问他？"

"有办法！你稍微等一会儿。"张氏说完转身从家里拿来一炷香和一捧纸钱，叫菊香、金氏跟她一起进客堂。

曹福的灵台摆在客堂的西北角，桌上供着曹福的灵牌和一只当香炉用的粗瓷碗。除此之外，就别无他物，连副蜡台也没有。一看这副情景，就能知道死者身前的窘迫和丧家日子的艰难。张氏点燃香插进粗瓷碗的烟灰里，对着丈夫的灵牌说："桂芳她爹，你临走时一直念着菊香，现在她回来了，她有话要对你说。"

看到大伯伯的灵牌，菊香就想起三十年前他在这客堂里救自己逃离虎口的情景，一股感恩怀念之情涌上心头。她双膝跪地，叩了三个头，泣不成声地说道："大伯伯，三十年前您老救我逃出虎口时，一再叮嘱我：以后有了出头之日，一定要回来。现在我回来了，可是您老却不在了……"

张氏抹着眼泪说："桂芳她爹，菊香是从天涯海角赶回来，要教乡亲们织崖州被、广幅布。现在想借用一下客堂，但又怕惊扰你。所以，我想，今天就把你的灵台撤了，不知你的意思如何？你是个爽快人，是乐意还是不乐意，都告诉我一声。"张氏从袖中拿出一瓣棉花，扯下一点儿棉絮，往曹福的灵牌上贴去，嘴里说，"桂芳她爹，你要是愿意，今天撤灵台，就把这点棉絮吸住；要是不愿意呢，就不要吸住。"

说来奇怪，张氏手中的棉絮刚碰上曹福的灵牌，就像磁石吸铁一般被吸住了。黄婆婆和金氏又惊又喜。张氏高兴地说："菊香，看见了吧，你大伯伯答应了！"

黄婆婆被感动得热泪盈眶，在灵台前跪下，说："大伯伯，你的恩德我们永远不忘！"说完又磕了三个头。

张氏烧完了纸钱，就和菊香、金氏一起撤了灵台。黄婆婆叫那十个学弹棉絮的小伙子一齐动手，将客堂里的柴草、杂物搬出，打开八扇后窗，掸掉蛛网，清扫地面，不到半个时辰，客堂就收拾得干干净净、清清爽爽的了。

黄婆婆搬来四条长凳，卸下两块门板搁上，然后把擀去了籽的棉花往门板上一铺，拿起自制的绳弦大弓就弹起来。她一边弹，一边给小伙子们讲窍门。

过了一会儿，她就让小伙子们自己弹，她在旁边指点。

七八天之后，十个小伙子都学会了用大弓弹棉絮。黄婆婆说："我把你们带入了门，要弹得好，得靠往后你们自己下苦功夫练。你们都回家教徒弟去吧！"

把弹好的棉絮，卷压成棉条，这个很容易，乡亲们本来就会，用不着多教。

松江一带是江南有名的蚕桑之乡，对纺纱纺线有一整套先进的技术和工具。就讲当时的纺车，有双锭到五锭的脚踏纺车，但是它们不能用来纺棉，纺棉仍然用古老的纺锤和手摇单锭纺车。这次黄婆婆赶造的是三锭脚踏纺车，专门适宜于纺棉纱。

等许师傅、顺林他们把纺车造好，黄婆婆就挑选十个十五六岁的姑娘，开始教她们。第一天上午，黄婆婆光是自己纺，让姑娘们看。下午还是她纺，让姑娘们照着她的样子纺空车。第二天，她才让姑娘们用棉条学纺。俗话说：天下无难事，只怕有心人。这些姑娘起早贪黑，勤学苦练，先用一只锭子纺，然后用两只锭子，最后同时用三只锭子纺。曹家院子和客堂成天嗡嗡地响着，随着锭子飞转，一条条雪白的棉条变成了棉纱。别的想学的姑娘都站在一旁看，客堂、院子里挤不下，就站在院子墙外的长凳上看。一向僻静冷落的沈家弄，变成了乌泥泾最热闹的地方。

这十个学纺纱的姑娘，其中有一半是童养媳。以前，她们在家里不是挨骂就是挨打，身上常常青一块紫一块。但是，自从她们跟黄婆婆学了纺纱，家里人就对她们另眼相待了。为了抓紧时间，她们中午都不回家吃饭，由小姑或者婆婆把饭送来。往日，童养媳只能吃些残汤剩饭，如今她们吃的是家中最上等的饭菜。黄婆婆发现：每家送来的几乎都是满满一大碗白米饭，菜嘛有鱼、荷包蛋、咸肉等等。黄婆婆还有一个有趣的发现：如果是婆婆送来的，菜放在米饭的上面；假使是小姑送来的，菜就放在米饭的旁边。

有一天中午，别的姑娘都吃上了饭，唯独阿萍的婆婆没给她送饭。阿萍正想回家去，突然见还未圆房的男人永年提着饭篮走进院门。黄婆婆问："永年，今天阿萍的饭怎么送得这么晚？"

"我妈有事，一时脱不开身。"永年说着就把饭篮递给阿萍。

"嗳，慢着！"黄婆婆说，"你不能一只手递给阿萍，要两只手捧着送到她手里！"

黄婆婆的话谁能不听！永年只得当着大家的面把饭篮双手递给阿萍。

阿萍打开篮子盖，黄婆婆发现米饭上没有菜，又生了气，问："永年，阿萍是你什么人？"

"是……是我姐姐。"

"现在是你姐姐，以后是你什么人？"

"是……是……是娘子。"永年的脸羞得像红灯笼。

"既然是你姐姐，是你娘子，你为什么虐待她？"

"黄婆婆，我没……没虐待她。"

"还说没虐待她！为什么不给阿萍拿菜？叫她光吃饭？"

永年红着脸望了望阿萍，不说话。

"黄婆婆，他没有虐待我……"阿萍红着脸说。

"阿萍，你还护着他？"

"是真的，黄婆婆，你看！"阿萍说着用筷子扒开米饭让黄婆婆看。

"唔？"黄婆婆见米饭底下埋着好几块红烧肉，不由得笑了，"呵呵，闹了半天，是我黄婆婆错怪你了，永年！你们俩再有两三年就要圆房了，还这么遮遮掩掩地干什么？把红烧肉藏在米饭底下，怕我黄婆婆嘴馋？"

"不！不！"

"那是为什么？"

永年低声说："是怕我妈看见，说我……说我……"

"怕说你什么？"

"怕说我只要摸奶亲，不要吃奶亲。"

一直在嘿嘿笑着的姑娘们，一听这话都低下头抿住嘴不让自己笑出声来。黄婆婆没有笑，她想起以前宝弟也曾经对她说过这样的话，不由得感慨万分。黄婆婆立刻说："永年，你到底对你妈亲，还是对阿萍亲？"

"都亲。"

"对！说得对！"黄婆婆进屋里拿出一个椰子，说："永年，来！我从崖州带回来十来个椰子，现在只剩下这一个了，我把它送给你。希望你和阿萍以后孝敬父母，恩爱到老！"

永年用颤抖的双手接过椰子，阿萍激动地望着他，两眼噙满了幸福的泪水。所有在场的姑娘都用羡慕和幸福的目光望着永年和阿萍，打心底里感激和尊敬慈祥的黄婆婆。

黄婆婆回到家乡已经一个月了。这一个月里，她天天忙得不可开交。这日，吃罢晚饭，她难得有点空闲。许师傅他们赶造布机的事，进行得很顺利，所以黄婆婆心情很好。她一个人走出院子，准备在街上走走，看看乌泥泾的夜景。

江南水乡的夏夜是迷人的。皎洁的月光给这古老的乌泥泾镇披上了柔软的轻纱。在徐徐的晚风中，古镇显得这样妩媚多姿。黄婆婆在街上慢慢走着，不觉来到了东街干娘林珍的家门口。她正想抬腿走进去坐坐，但马上又收住了脚。干娘在三年前去世了，如今家境十分困苦。干娘一共生了七个孩子，个个都是姑娘。为了这，干娘不知挨了多少骂，受了多少气。她把六个大的女儿都嫁了出去，给小女儿素娥找了个上门女婿。哪料到素娥生的六个孩子又都是女儿。在那个时候，女孩是赔钱货，干娘林珍把自己的六个女儿打发出门，差点儿没累断了腰，后来又为六个孙女的嫁妆，日夜劳累。听大妈妈说，干娘在临死的前一年，人都糊涂了，从早到晚，除了干活别的什么她都不知道。晚上要是素娥忘了叫她睡觉，她一个人就会黑着灯剥一个通宵棉籽。自从干妈去世后，素娥的日子更加难熬，实在没有办法，只得将家中的几亩地卖了糊口。如今友昌有病，两个大女儿出嫁了，家中还剩四个小的，玉芬十五岁，玉兰十三岁，玉英十岁，玉梅八岁。现在玉芬正在学纺纱，这姑娘非常懂事，比其他几个姑娘更加肯学，学得也相当不错。黄婆婆想：再过几天，等玉芬姑娘学成了，我就送两架纺车给素娥家。现在还是不进去了，免得大家见了面又是哀声叹气流眼泪。

于是，黄婆婆转身朝西街走，没走多远，只听见从一家茅屋里，传来弹棉花的弓弦声。好像夏夜的青蛙，有一只带着鸣叫，其它的都跟着鸣叫起来。茅屋里的弓弦声一响，顿时四条街上弓弦声响成一片。黄婆婆心中大喜，想不到才一个月的时间，乌泥泾上已经有了这么多张弹弓！她想：我得抓紧时间，让这里的姑娘早点儿学成，等她们能回去自己带徒弟，我就可以开始教织布了。想到这里，她就转身往回走去。

黄婆婆刚走进沈家弄，突然看见自家院子门前有一个黑影在月光下一闪。黄婆婆一惊，忙问："是谁？"

那人并不搭话，将身子紧紧贴在院墙和院子之间的夹角里。黄婆婆打量着这个人的背影，见此人很瘦小，不大像个行凶作恶的歹徒。她走近一看，原来是个十三四岁的女孩。黄婆婆问："你是谁！躲在这里干什么？"

那女孩没有说话，低声抽泣起来。黄婆婆明白了：准是挨了婆婆打，逃出来的童养媳，于是她温和地问："你是哪一家的？是婆婆打你啦？"

女孩摇了摇头。

"是阿妈打你啦？"

"我没有阿妈，阿妈在我三岁时就死了。"女孩说着哭得更伤心了。

听到女孩子凄惨的哭声，黄婆婆的眼睛也湿润了，问："这么晚了，你到这里干什么？"

"我想求黄婆婆教我织崖州被。"

"那你为什么不进去？"

"我怕黄婆婆不肯教我。"

"黄婆婆怎么会不肯教你？"

"我奶奶说我们家与黄婆婆有仇。"

"有仇？"黄婆婆不觉一怔，与自己家有仇的，在乌泥泾只有大财主孟家。难道这个衣衫褴褛的女孩是孟家的人？绝不可能。老的孟大老爷死了，孟大少爷孟光祖成了孟大老爷，在乌泥泾掌管着家业。那个当年吃对口疮治病的孟二少爷孟光宗，元兵一来连升三级，如今当了松红府的总管，虽然他事事要听命于达鲁花赤，同时又受到同知的牵制，但在松江地面上也是个炙手可热的人物。他们家的人怎么会穿得这么破烂？怎么会来学织布？黄婆婆问："孩子，你们家怎么会跟黄婆婆家有仇呢？"

"听我奶奶说，几十年前曹家的阿福爷爷在街上开着一片肉庄，和我爷爷的馄饨铺是斜对面。原先，他们俩很要好。后来，有一次阿福爷爷和我爷爷开玩笑，一脚踢在我爷爷的肚子上，我爷爷笑个不停，笑了一个多时辰就死了。本来阿福爷爷是无意的，可是我奶奶硬说他是故意的，闹着要告官。最后弄得阿福爷爷倾家荡产，一直穷到他死。"

对于大伯伯曹福家的兴衰，以前黄婆婆曾听大妈妈张氏说过。现在听女孩这么一提，就完全记起来了。大伯伯和大妈妈是好人，对馄饨铺李二顺的死，是愿意承担责任的。但是李二顺的老婆秦氏心太狠，非把大伯伯家彻底搞垮不行。结果，除了房子，所有的土地、现钱、家俱全都归了李家。一提起这件事，大妈妈总是伤心落泪，说："只要让我们的店开着，会亏待得了李家吗？可是李家非要连瓜带秧一起拔！"一点不错，曹李两家是冤家对头。曹家踢死了李家的人，李家断了曹家的生计。怎么办？难道让老一代人的冤仇一辈一辈传下去？黄婆婆想："冤家宜解不宜结。现在李家有难，应该劝大妈妈不计旧怨。"她问女孩："刚才你说的都是你奶奶告诉你的？"

"嗯。我奶奶说她对不起曹家，想跟阿福奶奶赔不是。可是我们家早把钱用光了，现在只剩下了奶奶和我两人，种着两亩旱地，连肚子都填不饱，没有钱还给阿福奶奶。"

"孩子，阿福奶奶怎么会要你们的钱呢？她和桂芳现在都会用脚踏纺车纺纱，不愁没钱花！嗳，孩子，你叫什么名字？"

"我叫水芹。"

"噢，水芹，你回去告诉奶奶，说黄婆婆收下你这个徒弟啦！"

"不，黄婆婆不会教我的。"

"傻姑娘，你认不认识黄婆婆？"

"不认识，我不敢到沈家弄来。"

"我就是黄婆婆。"

"啊！"水芹借着皎洁的月光，仔细地打量着黄婆婆，突然她猛地扑进黄婆婆怀里，一边哭一连喊："黄婆婆！黄婆婆！"

"水芹，别哭，快回家去吧，过几天你来找我，我一定教你织崖州被、广幅布。"

水芹擦了擦眼泪，兴高采烈地回家去了。

黄婆婆回到家里，心情沉重。自己收下水芹这个徒弟，大妈妈会不会和自己翻脸？大妈妈是家里最和善的人，但以前听婆婆和三婶说过，她要是真动了气，谁都拿她没办法。整整一个晚上，黄婆婆在床上翻来覆去，怎么也睡不着，一直在想如何劝解大妈妈的办法。

第二天早晨吃过早饭，黄婆婆赔着小心说："大妈妈，我有件事要和你商量。"

"什么事？和李家讲和的事？"张氏问道。

黄婆婆吃了一惊，没想到大妈妈会这么问自己。她昨夜想好的章程一下子全打乱了，一时不知该怎么回答好。

"昨晚你和水芹在院墙外说的话，我全听见了。夜里你翻来覆去睡不着，我也一夜不曾合眼……"

"啊？"

"菊香，还是你做得对。大妈妈我想通了，俗话说'少一个冤家就少一堵墙'，让过去的事情都过去吧！"说着老人的两眼滚出了泪珠。

黄婆婆抓住大妈妈的双手，激动得不知说什么好。就在这时，院子里走进一老一少两个人。黄婆婆一看，原来是水芹领着她奶奶秦氏来了。不等黄婆婆和张氏开口，秦氏就先说了话："阿福奶奶，黄婆婆，我给你们磕头来了！"说着就跪下，张氏和黄婆婆急忙把她扶起来，张氏说："妹子，过去的事不要再提了，我们都苦出头了！"

秦氏拉住张氏的手呜呜地哭了起来，一边哭一边说："昨晚水芹回家把遇见黄婆婆的事对我一讲，我又高兴又难过，眼泪不住往外流。"

见秦氏哭，张氏、黄婆婆和水芹又都簌簌地落泪。泪水冲刷掉了几十年的怨仇，曹、李两家又重新和好了。

几天之后，十个学纺纱的姑娘满师了。以前，姑娘们用纺锤，一人一天只能纺一两纱；用手摇单锭纺车，一天也只能纺半斤左右。现在她们从黄婆婆这里学会了用双锭脚踏纺车，一人一天就能纺一斤！姑娘们打心底里感谢黄婆婆。黄婆婆说："你们别谢我，现在镇上大约造出了一二百架脚踏纺车，你们快回去教徒弟吧。你们一边教，一边自己也要长进。现在你们每人每天能纺一斤，以后慢慢纺到一斤半、两斤，那才差不多。"

送走这十个纺纱的姑娘，黄婆婆就开始教织布。原来乌泥泾一带用的布机，是用织夏布的织机改成的，不但机杼短，而且其它部件也比较简单，所以织出的棉布每疋只有二尺来宽，质量也不好。现在黄婆婆造的是宽幅的大织布机，造得十分机密，用起来非常灵巧。

黄婆婆带着原来挑好的十个姑娘和水芹把棉纱染色、上浆，然后将经纱装上布机，穿好筘，就开始织了起来。她一边织一边讲如何"错纱配色"，如何"综线提花"。等姑娘都明白了，就让她们自己学着织，她在一旁随时指导。

世界上所有的人中，姑娘家最有心、手最巧。她们一边织一边问，日夜勤学苦练。一个月之后，她们织出的崖州被跟真正的崖州被差不多了。黄婆婆非常高兴，说："现在乌泥泾有几百副擀杖在擀，几百张弹弓在弹，几百架纺车在纺，就是新造的布机还都停着。寸金难买寸光阴，你们回去抓紧时间教吧"。

这十个姑娘没有辜负黄婆婆的期望，回去之后就用心向乡亲们传授织崖州被、广幅布的技艺。黄婆婆自己更是忙碌，一天到晚走街串巷，上各家各户去指点。

第八节　一人能抵三人

黄婆婆教织崖州被、广幅布的消息，像春风一样吹遍了黄浦江两岸。各地来乌泥泾向黄婆婆求教的人天天不断。他们有的学擀，有的学弹，有的学纺，有的学织，有的学造纺车和布机。黄婆婆一个人忙不过来，就叫自己的徒弟帮着教。她告诉徒弟和镇上的乡亲，对外来学艺的人，一定要待如亲人，悉心传授；让他们早日学成，回去好再教别人。这样，来乌泥泾学习的人就更加多了，有来自上海、松江、青浦的，还有来自昆山、太仓、常熟等地的。勤劳、智慧的乌泥泾乡亲，在黄婆婆的传授和指点下，织出的崖州被越来越好，花样也越来越多，有折枝、团凤、棋局等图案，深受人们的喜爱。他们亲昵地称这里织出的崖州被为"乌泥泾被"。上海、松江、青龙镇的商人纷至沓来，他们除了争相购买这里的被面之外，对披巾、花带、头布、手巾和种种广幅布也是你争我抢。乌泥泾原来是个不出名的小市镇，如今整个江南一带都知道它了。

辛苦的汗水变成了幸福的甘露。

乌泥泾乡亲们的日子比以往好了许多。从前，不少人穿了裤子没短衫，吃了上顿没下顿；如今，人人安居乐业，个个吃饱穿暖。别人不说，就说

"鬼见愁"吧，他是乌泥泾最潦倒的一个。年轻时他和"神仙哭"两人为非作歹，干尽坏事，是有名的泼皮。十五年前，"神仙哭"暴死街头，"鬼见愁"少了一个帮凶。不到一年，他自己又摔断了右腿。从此，他再也不能去干那盗墓扒尸的营生，只得拖着一条跛腿靠乞讨点儿残汤剩饭活命。黄婆婆从海南一回来，他就沾了光。许师傅让他在木工场烧烧水，看看门；一天三顿饭亏待不了他，逢年过节还有碗酒喝哩！

这一天吃过早饭，黄婆婆拿着几只新车好的枣木锭子，来到素娥家。一进门，只见全家正在忙碌，素娥用铁擀杖擀棉籽，她男人友昌弹棉絮，玉芬、玉英纺纱，玉兰织布，九岁的玉梅帮着父亲把弹好的棉絮卷成棉条。

"哎唷，你们开起作坊来了！"黄婆婆高兴地说。

屋里的人见黄婆婆来了，忙停下手里的活亲热地向她打招呼。素娥用衣襟把椅子擦了擦请黄婆婆坐，吩咐大女儿玉芬沏茶。

黄婆婆把手中的枣木锭子交给素娥，一边坐一边问："友昌弟，你的身体最近好些吗？"

友昌搔了搔后脑勺，说："比以前好多了，黄婆婆。"

"他的寒腿病呀，就是怕冷水泡！"素娥说，"如今我们把租孟府的田退了，他在家帮我们娘几个弹弹棉絮，虽然活也不轻，但总比一天到晚泡在水田里好。这几个月来，他没有犯过病，脸色也比以前好多啦。"

"这多亏了黄婆婆你呀！"友昌感激地说，"你没有回来前，我在田里累死累活干一年，缴去租税，剩不下什么了。我们全家顿顿只见青菜不见米粒。"

"咳，那时候说起来真可怜呐！"素娥伤感地说，"小姑娘一个个饿得皮包骨头，一点血色也没有。"

这时，玉芬沏好茶端了进来。黄婆婆呷了一口，嗔怪道："玉芬，茶里放糖做啥？我又不是三岁小孩！"

玉芬抿着嘴，微微一笑，没有说话。

友昌憨笑着说："黄婆婆，要是在以前，你就是叫我放糖，我们也没有啊！"

"说起这糖，我就想起了一件事。"素娥看了看大女儿玉芬，"四年前，玉梅才五岁。有一天她吵着非要吃糖，我就狠狠心给她买了一块核桃大小的冰糖。你看几个姐姐多没出息，看见玉梅拿着冰糖，眼睛都瞪得圆圆的，口水都流了出来。一见她们的这副馋相，我就说：'玉梅，听妈的话，让她们一人咬一点儿。'见玉英、玉兰咬了，玉芬也不客气。结果一口咬在了玉梅的手指上，痛得她哇哇大哭。当时我正在卷棉条，举起竹扦就朝玉芬打去。咳，没想到一根竹扦，竟在她额角上划了一条寸把长的口子，顿时血流满面，吓得我腿都软了。"

"好了，黄婆婆难得上我们家来，你怎么尽说这些事，不说高兴的事！"玉芬埋怨母亲说。

素娥笑着说："现在好啦！自从你黄婆婆回来，我们的日子好过多了。以前怕孟府逼租，现在退了田，再也不怕了。咱们靠纺纱织布过日子，一家六口没人闲着，日子越过越顺当！"

"黄婆婆，"玉芬兴奋地说，"一样纺纱织布，现在我们一个人能干以前三四个人的活。这全仗你给我们造的这些好工具啊！"

黄婆婆呷了一口茶，说："今天我来，想问问你们现在的这套工具还有什么毛病？"

"毛病？没有，什么毛病也没有！"素娥认真地说。

"什么毛病也没有？"黄婆婆笑道，"素娥妹，把你的手掌给我看看！"

素娥天天用铁擀杖擀棉籽，两个手掌上长满了比铜钱还硬实的老茧。她搓了搓手，笑着说："刚擀的时候，手掌痛得钻心，现在长上老茧就好了。"

黄婆婆问："你每天能擀多少棉花？"

素娥回答："能擀二三斤。不但比用手剥省力，而且快了许多！"

"告诉你们一个好消息，许师傅他们正在试一种搅车，一天能轧十来斤棉花！"黄婆婆说。

"真的？"

"真的。他们把样车已经造出来了，很快就可以大批地造。"黄婆婆回答说。

"哎呀！真是太好了！"屋里所有的人都高兴地喊了起来。

"嗳，友昌弟，"黄婆婆问，"你说这弹弓什么地方还不行？"

友昌答道："原来这弹弓光靠手提，很吃力。后来你想办法，在背后腰带里插一根小竹竿，用绳子把弹弓往小竹竿上一吊，这样弹的时候就轻便多了！"

"还有什么毛病？"

"这弹弓是竹子做的，这竹子爱变弯，弯了弹力就差。"

"晚上不用时，把弓弦松开呢？"

"这样是好多了，但时间一久还是要弯。嘿，这算不得什么，咱们这儿有的是竹子，用弯了再换新的就是了。"

"嗯，这倒是。"黄婆婆点了点头，然后转向玉芬和玉英，"你们姐妹俩是专门纺纱的，觉得这纺车怎么样？"

玉芬说："以前用纺锤纺，一天只能纺两把；后来用单锭手摇纺车，每天也只能纺半斤左右；现在改用这三锭脚踏纺车，一天能纺一斤半，够快的了！"

"要是再加一个锭呢？"

"好是好，就怕我们跟不上。"

"嗳，我用的就是四锭纺车。"

"黄婆婆，我们哪能跟你比，你是天上织女星下凡啊！"

"玉芬，你这死姑娘，这么不正经！"

"我说黄婆婆，"素娥挪了挪椅子，问："乌泥泾镇上和附近四方八里的人都在传，都说您是织女星下凡，是真的吗？"

"咳，你这素娥！三十年前，有人说是我丧门星、扫帚星，你说是真的吗？"

"咳！那哪儿是真的？"

"那现在说我是织女星，就是真的啦？什么是不是，你们别信人家瞎说！嗳，玉兰，你怎么今天一句话也不说？你天天坐在布机里织布，说说这布机什么地方不好用？"

玉兰说："这布机没有什么大毛病，但有一个地方要改一改。"

"什么地方？你快说！"

"我们推机杼，穿梭子，断纱接头，总是在前俯后仰，现在的坐板平放在布机的横木上，我们前俯后仰全靠自己的腰使劲。要是把坐板的两端做成半月形，在织布机的横木上挖两个半月形的浅槽，这样坐板可以转动，织布时我们的腰就省劲多了。"

"对，说得有道理！"黄婆婆乐得眉开眼笑，"下午我就叫木匠来帮你改。现在的这纺车和布机是靠大家慢慢一点一点改成功的，不是哪个人一夜之间做梦想出来的。这些工具比以前的是好用多了，不过还得改。工具总是越改越好用。"

素娥、友昌以及他们的四个女儿一边听黄婆婆讲，一边直点头。

黄婆婆从素娥家出来，就进了梁氏的家。见许师傅他们正赶造搅车，她说："许师傅，你们一个个都别累坏了，歇会儿吧！"

"好，德明，顺林，歇会儿再干！"老木匠放下手中的锯子，在一个木墩上坐了下来。

顺林、德明以及他们的儿子惠忠、惠平、庆章、庆元也都放下手中的工具，找地方坐下来休息。

黄婆婆对德明说："刚才去了趟素娥家，玉兰姑娘说，她布机上的坐板要改一改。你看下午叫谁去？"

不等德明开口，他的大儿子庆章说："爸，下午我去吧。"

德明看了看黄婆婆，黄婆婆点点头说："好，庆章，你去吧。怎么个改法，玉兰会告诉你的。如果改得好，以后家家户户都会改。"

黄婆婆正说着话，"鬼见愁"捧着一碗热茶谦恭地送到她面前，说："黄婆婆，喝碗茶。"

黄婆婆接过茶，说："其昌叔，你拖着一条瘸腿不方便，这端水倒茶的不要你干。"

"鬼见愁"一边给许木匠他们倒茶一边点着头说："知道，知道。"

顺林的大儿子惠忠接过他手中的铜壶说："其昌公公，我们自己倒！"

黄婆婆拖过一条板凳，让"鬼见愁"坐下，从惠忠手里接过一碗茶，递到他面前："其昌叔，你也喝一碗暖暖身体。"

"鬼见愁"接过碗，看看黄婆婆，又看看自己手中的热茶，两颗热泪滚出了眼眶，连声说："谢谢，谢谢！"

与许师傅他们聊了一会儿，黄婆婆就回家去了。她刚要走进客堂门，只听见大妈妈张氏、三婶金氏和洪良的母亲梁氏正在一边纺纱一边拉呱。

"做梦也没想到，我们的日子像甘蔗的根——老来甜！"张氏说。

"是啊，菊香给咱造了这脚踏三锭纺车，咱们这些老婆婆就不愁吃穿啦！"梁氏说。

"我已经十多年没有做衣裳了，这次过年凤英给我做了一身新衣裳！"金氏说。

"我这身也是新做的，"张氏看了看梁氏，"嗳，洪良娘，菊香给你做的那身新衣裳，你为啥不穿？"

梁氏说："我真过意不去，菊香她……"

"这有什么过意不去的！"金氏嗔怪地说，"德明他们天天在你屋里做木工，你又不收房钱，给你做套把新衣裳还不应该吗？菊香说啦，等你做不动了，由她伺候你到老！"

梁氏的眼睛湿润了，哽咽着说："菊香这孩子一向有情有义，叫我不知怎样感谢她才好！"

张氏问："洪良娘，你为什么舍不得穿那身新衣裳，是不是留着当寿衣？"

梁氏的心事被说破了，低下头不说话。

"看你身上这衣裳破成什么样子？有了好衣裳还不穿！"金氏有点埋怨了。

"我活着穿了一辈子破衣裳，死后一定得穿身新衣裳。常言说：活着穷不算穷，死了穷真正穷……"

听了梁氏这些话，站在门外的黄婆婆心里好不难受。她走进门，说："婶婶，你把那身衣裳穿上吧！等您老了，我们会好好给您老人家送终的，你一万个放心吧！"

梁氏看了看黄婆婆，又看了看张氏和金氏，蓦地站起身说："我穿！我现在就穿！"说完就跑回家去了。

望着梁氏的背影，张氏说："洪良娘苦了一辈子，苦怕了，她怕死后还要受苦受难，所以有点儿好东西，总想留着带到阴间去。"

"唉，是啊！"金氏叹了口气说。

一会儿工夫，梁氏穿着一身崭新而合身的新衣裳回来了，她乐得嘴都合不拢，说："我坐轿子出嫁那会儿，也没有穿得这么好啊！"

张氏、金氏和黄婆婆见梁氏乐成这副模样，也都十分高兴。

大家说说笑笑乐了一会儿，黄婆婆问张氏："大妈妈，上回听你说，街上的那两间店面房子，过了五月初五，租期就满了。对吗？"

张氏说："对啊。这两间房子年久失修，王老六的香烛店生意也越来越清淡，他不想再租了。"

"大妈妈，我们干脆把它收回来，不出租了，自己用！"

"自己用？"

"对，我们开爿店！"

"开店？开什么店？"

"刚才我去看了看许师傅他们，搅车造得很快。不过这种车同时要用三个人，两人摇轴，一人喂棉花。有的人家没有这么多人手，怎么办？我想在街上开一爿轧棉店，专门替人家轧棉花。"

"好，好！等过了端午节，我们就把房子收回来，开轧棉店！"

第九节　六月六女儿节

黄婆婆回乌泥泾不知不觉已经一年多时间过去了。这一年多，她天天忙得团团转，徒弟、街坊、外地来向她求教的人，总是弄得她不得空闲。看见自己的技艺迅速向外传播，看见乌泥泾和附近一带的乡亲们织出的被面、布匹越来越好，黄婆婆的心里有说不出的高兴。

在这高兴的同时，她也暗暗感到不安。自己回家乡一年多了，但是黄家浜竟一次也没去过。黄家浜是黄婆婆度过童年的地方，父母又都安葬在那里。她天天都想回黄家浜看看，但总是脱不了身、抽不出空。她心里明白，回一趟黄家浜，非得住上十天半个月的不可，叫她哪儿来这么多时间呢！现在，离女儿节六月初六越来越近，黄婆婆心中感到更为不安了。让黄婆婆不安的还有另外两件事：一是师傅静月道姑的骨灰包还没有送到无锡惠山安葬，二是还没有去漕河找到老渔翁潘爷爷和他的孙子金保。这一天晚上，黄婆婆和张氏、金氏、凤英她们商量决定：不管怎么忙，六月初四动身去浦东黄家浜；过个把月后，去无锡安葬师傅的骨头，顺路打听老渔翁和他孙子的下落。

六月初四这一天清晨，万里无云，碧空如洗。黄婆婆把家中的事都交代清楚，雇了一条船，装上搅车、弹弓、纺车和布机，带着青莲和玉芬，离开了乌泥泾。

船沿着弯弯曲曲的乌泥泾河，缓缓向东驶去。船一进入波涛起伏的黄浦江，黄婆婆心里也翻腾开了。她想：自己离开黄家浜这么多年了，不知黄家浜变得怎么样？不知那里还剩下几位认识的老人？黄婆婆惦记的是金祥叔。在乌泥泾知道金祥叔情况的只有干娘林珍一个人。她一去世，就没有人知道了。

船工阿炎叔好像懂得黄婆婆的心情，他扯足了风帆，仍嫌船走得太慢，又叫侄子福财使劲地摇橹。

船离黄家浜愈来愈近。看见黄家浜的那棵老榆树，黄婆婆的心都快要跳出来了。她曾经在这里度过童年时代的十年光阴。三十八年后的今天，她又要重新踏上这块土地。顿时，酸甜苦辣一齐涌上了心头。不等船停稳，黄婆婆就跳上岸快步朝村中跑去。可是跑了一阵，她的脚步又放慢了下来。她想：自己离开这里已经三四十年了，准会像一年前回到乌泥泾时一样，到了自家门口竟被当作了"陌陌人"。

突然，村头出现了一个十五六岁的姑娘，白皙的面孔，水灵灵的眼睛。不等黄婆婆开口，那姑娘惊喜地叫了起来："哎呀，这不是黄婆婆吗！"

大出黄婆婆意料，她问："姑娘，你认识我？"

"嗯。四个月前，我去乌泥泾学纺纱，见过你！"

"噢，原来是这样。"

"黄婆婆，快请到我家去！"

"好，好！"

黄婆婆招呼后面的青莲和玉芬，跟着这个姑娘朝一栋茅屋走去。黄婆婆正想问姑娘是谁家的孩子，那姑娘却欣喜若狂地大喊了起来："阿妈！阿妈！

看，黄婆婆来啦！乌泥泾的黄婆婆来啦！"

"什么？黄婆婆？真是黄婆婆来啦？"随着这声音从茅屋里跑出一个五十多岁的老妇。这老妇看到黄婆婆突然呆住了，黄婆婆也愣住了。她们互相仔细打量了一阵，几乎同时惊喜地叫了起来：

"菊香妹！"

"红菱姐！"

这一对阔别了三十八年的患难姐妹，互相抓住胳膊，用满是泪水的眼睛看着对方。突然，两人抱作一团，呜呜地哭了起来。青莲、玉芬和红菱的女儿，都惊喜地看着这两位哭作一团的长辈。

红菱擦了擦眼泪，把黄婆婆领进草屋，对女儿说："丽娟，快去叫娘舅、外婆来！"说完她用衣襟揩了揩椅子，让黄婆婆坐下。

黄婆婆正想说什么，国福搀着母亲苏氏来了。黄婆婆急忙站起来叫道："金祥婶！"

苏氏没有答话，朝前走了两步，上上下下仔细打量了起来，等她认准了，真是又惊又喜："不错！一点不错！真的是菊香！真的是菊香！"

"你还认得出我，金祥婶？"

"认得出，认得出！跟你妈长得一模一样！"

"国福弟，"黄婆婆转向苏氏身旁的国福，"你呢？"

"认得，认得。"国福连声说。

红菱拉过竹椅："菊香妹，快坐，坐下说话。"

这时，屋里屋外挤满了人，黄家浜几乎全村的人都来了。苏氏让家中和村上的人一一和黄婆婆见礼。红菱说："村上唱山歌的姑娘们天天唱黄婆婆，可是我做梦也没想到黄婆婆就是你菊香妹！"

"是啊，菊香姐，"国福说，"丽娟她们好几个人到乌泥泾学纺纱织布，都见到过你，可是一个也没认出来。"

"丽娟她们怎么会认得？"苏氏说："菊香走的时候，不知道她还在哪儿拣赤豆呢！"

苏氏的话，逗得大家都哈哈大笑。

见人群里没有金祥叔，黄婆婆心里一沉，正想问，青莲走到跟前对她说："阿炎公公问，船上的东西往哪儿卸？"

"喔，对了，"黄婆婆转向国福，"国福弟，你带几个后生到船上把那些东西卸下来，卸完后请阿炎叔他们摇船回去吧。"

国福领着五六个小伙子走了，苏氏和红菱就你一段我一段地向黄婆婆讲述黄家浜这些年来的种种情况。

在黄永泰夫妇去世之后，村上的老人——文海公公、红菱的奶奶、阿黑的母亲，一个个相继去世。黄家浜现在有九户人家，大都是十几年前各处逃难来的。虽然原来大家都互不相识，但这十几年来相处得不错。

阿黑姑娘出嫁后第二年，难产死了。

红菱到夫家后，日子过得很苦，但夫妻之间还恩爱。不料十年前一场大病，夺走了丈夫的性命。第二年又遭了火灾，把所有的房屋家什烧了个精光。红菱没办法，只好领着儿女边走边哭投奔娘家。现在，大女儿丽贞已经出嫁，儿子富根去年成的亲。丽娟是小女儿，今年十六岁。

国福娶的是殷家堂的翠芹，生了四个儿子。海成二十四岁，海兴十八岁，海祥十七岁，海宁十四岁。海成前年成的亲，有了一个小男孩。

黄婆婆见苏氏和红菱一直不提起金祥叔，忙问："金祥婶，金祥叔呢？"

"他……他……他在柏树坟。"苏氏说。

"什么？金祥叔不在啦？"顿时黄婆婆的眼泪涌了出来。

"不！不！你金祥叔在，在！"苏氏急忙安慰说。

"不！金祥婶，你在骗我！"

"真的，他真的在！"

村上的人也都说："黄婆婆，真的，到吃饭的时候他就回来！"

听大家这么说，黄婆婆才知道是自己一场虚惊。她拉住苏氏的手："金祥婶，你快告诉我，金祥叔好吗？"

"好，好，你一回来，就什么都好啦！"苏氏的声音激动地有些发颤。

"是啊，黄婆婆，你一回来，一切都好啦！"村上的人都兴奋地说。

这时，国福擦着汗走进屋子："菊香姐，船上的东西都卸下来了，放在老榆树下。"

"阿炎叔他们摇船回去了吗？"

"回去了。"

"好。金祥婶，红菱姐，走，我们去看看！"黄婆婆和苏氏等走出茅屋，来到老榆树底下，村上其他的人也都跟了过去。

黄婆婆指着那些工具，说："这弹弓、纺车、布机，可能你们这儿都有了。不过这搅车还没有，这是不久前新造出来的。"

"这搅车是轧棉籽用的吗？菊香姐？"国福问道。

"对。这搅车两人摇轴，一人喂棉，一天能轧十多斤棉花。"

"太好了！我那四个儿子叫他们学纺纱难为情，学织布不好意思，这些都是姑娘们干的活。现在有了这搅车，我就得把他们拴住，只要地里没有活，就给我轧棉花！"国福笑着说。

"嗳，国福弟，这搅车只要三个人，你有四个儿子，多出一个怎么办？"黄婆婆打趣地问。

"多出的这个，听你黄婆婆发落！"国福笑道。

"真的？"黄婆婆变得认真起来。

"真的。"国福点了点头，郑重地说。

苏氏以为黄婆婆要认一个干儿子，心里很高兴，说："菊香，我是个直性子，说话喜欢干脆。我这四个孙子你喜欢哪一个，随你挑！"

红菱说："你要是喜欢要个女儿，就把丽娟领走吧！"

"菊香姐，你还是要个儿子吧！"国福有些急了。

童年的记忆是最深刻的。不知怎么搞的，这时国福突然想起：自己七岁那年，有一天当着菊香和全村许多人的面要陆氏把菊香给他做娘子，结果惹得满屋的人笑痛了肚皮，菊香羞得低下了头；国福自己遭了奶奶和妈妈的一顿好骂，也窘得面红耳赤。可是谁也没想到，就在事后的第二年，菊香被迫卖到了乌泥泾。今天，当国福看到菊香孑然一身和她那花白头发，心里有说不出的滋味。童年时青梅竹马、两小无猜的真挚感情，使国福产生了一个淳朴的想法：让自己的儿子去服侍她，孝敬她。

黄婆婆似乎不明白国福的心思，笑道："现在不说这个。到时候我把人带走，你们可别心疼！"

人群里发出一阵欢笑声。

黄婆婆让丽娟拿出一捧棉花，叫国福的两个儿子海兴和海祥摇轴，自己把棉花慢慢喂入搅车。随着辊轴的转动，棉花被分成了棉絮和棉籽。棉絮被吐出去了，棉籽则落在搅车下的簸箕里。乡亲们见这搅车如此好使，都齐声称赞。黄婆婆对苏氏说："金祥婶，你在黄家浜最年长，这一套工具我交给你了，由您老安排。"

苏氏呵呵笑道："好，好！我这就分！"说着她朝人群里大声喊了起来，"阿珠！阿珠！"

随着苏氏的喊声，从人堆里钻出一个十四五岁的姑娘。她一身衣裳补丁摞补丁，眨着大眼睛问："金祥阿奶，你叫我？"

"阿珠，这架布机是黄婆婆从乌泥泾带来送给你的。今后你就可以靠织布养活你那瘫痪妈妈了。"

阿珠的双眼滚动着炙热的泪珠。突然"扑通"一声，她跪下给黄婆婆磕头，成串的热泪洒在地上。黄婆婆急忙将她扶起，紧紧地搂在自己怀里。

金祥婶又喊："阿道娘！阿道娘来了吗？"

"你不是造不起纺车吗？这架送给你。往后，你和瞎眼儿子阿道的生活就有指靠了。"

"谢谢金祥婶！"阿道娘说着转向黄婆婆，"你真是救苦救难的活菩萨啊，黄婆婆！"

"阿勇！"金祥婶对一个四十多岁的汉子说，"这副弹弓和弹椎送给你，日后你靠弹棉过日子，比给财主家看坟守墓强！"

"嗳，好！多谢金祥婶，多谢黄婆婆！"阿勇接过弹弓和弹椎连连感谢。

金祥婶接着对一位名叫阿森的壮年说："阿森，你是木匠，你给我照这搅车造四架。我出料，你出工。造好之后你自己留一架，其它三架分送给王家、杜家和李家。黄婆婆这一架，我留着自己用。"

"金祥阿奶，你放心吧！我快点赶造出来！"

苏氏听木匠阿森这么回答，看了看黄婆婆笑着问："菊香，这样行吗？"

"行，行！"黄婆婆笑道："金祥婶，你和红菱姐领我到各家去看看，好吗？"

"好，这就走！"金祥婶说着转过身对大孙子吩咐道："海成，你们兄弟几个帮着把这架布机抬到阿珠家去。"

村上的人见黄婆婆要上各家看看，都争着请她先到自己家去。苏氏说："谁也不要争，挨个来！"

于是，黄婆婆由苏氏、红菱和国福夫妇陪着，从村西到村东，一家一家地看过去。黄婆婆走到哪一家，全村的人都涌到哪一家。黄婆婆每到一家，每家都要留她吃饭，但苏氏都不答应。

最后，黄婆婆来到村东头的阿珠家。阿珠娘躺在竹榻上，见黄婆婆来了，用手指着她送的布机，感激地说："黄婆婆，你真是我们家的活命恩人哪！"

黄婆婆俯下身子，说："妹子，别这么说。咱们这黄家浜历来都是这样，穷怜穷，苦帮苦。你问问金祥婶，是不是这样？"

"可不！"金祥婶说，"咱们黄家浜的人家，都是逃难来的，穷人还能不帮穷人？"

黄婆婆问阿珠娘："妹子，你这两条腿是怎么坏的？"

"哎！"阿珠娘长长叹了一口气，"十五年前我生下阿珠，还没出月子她爹就撒下我们娘俩走了。村上的乡亲们凑钱，好歹把他埋了。可是，我们这孤儿寡母的，日子怎么过呢？没办法，我只得去给莫老财家做短工。那一年天大旱，莫老财家的几条黄牛都累趴下了，就让我去帮他家稻田车水。为了给阿珠挣上点米回来熬粥，我一连给莫老财家车了七天水，累得我手和脚都肿了。第八天，我踩在水车上就像腾云驾雾一样，踩着踩着突然眼前一黑，从水车上摔了下来。等我醒过来，下半身不能动了。哎呀，急得我想去跳黄浦江，可是两条腿一点儿也动弹不得。后来，多亏金祥婶她们一口粥一口饭地接济我们母女俩，我们才活到了今天。我躺在床上常常想：黄家浜的乡亲们待我们这么好，我今生报答不了。死后不管是变牛还是变马，我一定要报答乡亲们的恩情！"

"嗳，阿珠娘，你又说这些了！"红菱说，"这些年来，你们娘俩吃了许多苦。阿珠能活下来，能长到这么高，真是不容易。现在快熬出头啦！"

国福的妻子翠芹一直没有说话，国福推了她一把。她看了看婆婆苏氏，见婆婆点了点头，就俯下身子说："阿珠娘，有句话我一直憋在心中，没有说话的机会。今天黄婆婆回来，全村的人都高兴，我就把它说出来，听听你妹子的心思。"

"国福嫂，有什么话你就直说吧！"

"妹子，阿珠姑娘今年十五岁了，我家海祥也十七岁啦，都不算是小孩子了。海祥和阿珠从小就像亲兄妹一样，现在海祥长大了，他还是一天几趟往你家跑。村上的人都知道，他是来帮着干点儿活，可是我怕外村的人说闲话。所以我想：要是你妹子不嫌弃，今天就定下来，日后让海祥给你们做个上门女婿，和阿珠一起服侍你一辈子。"

"国福嫂！"阿珠娘激动得热泪滚滚，"你这几句话，我不知道想了多少年，可是一直不敢说出来。海祥这孩子，打懂事起就来帮我做事。如今，我家里的粗活、重活，哪一样不是他干的？他对我比亲儿子还亲。阿珠要是跟了他，我就放心啦！"

"阿珠和海祥从小就有情义，亲事就这样定了吧！"金祥婶苏氏说，"黄婆婆，这大媒可就是你啰！"

"好，好！我做媒！"黄婆婆笑着说，"不过我给海祥做了媒，海兴怪我怎么办？"

"海兴给你当儿子，你以后在乌泥泾给他找一个！"国福说。

"以后不行啊！哪有哥哥落在弟弟后头的道理？"黄婆婆说。

"那……那怎么办？"国福为难了，"眼下又没有合适的姑娘！"

"怎么没有？有！"黄婆婆笑道。

"在哪儿？"苏氏问。

"远在天边，近在眼前！"黄婆婆说着把玉芬推到跟前，"金祥婶，你看这姑娘怎么样？"

"她是？……"苏氏说。

"她是专门来相亲的！"黄婆婆说。

"哎呀！多好的姑娘！"苏氏喜出望外。

红菱、国福夫妇和屋里其他人，也都一个个喜形于色。玉芬的脸顿时红得像熟透了的桃子。

"不过我得说清楚，我对他们兄弟俩不能偏心。"黄婆婆一本正经地说，

"海祥做上门女婿，海兴也得做上门女婿。不知你们乐意不乐意？"

翠芹看看国福，国福又看了看母亲。苏氏生气了："你们看我做什么？黄婆婆说的还会有错？这么好的姑娘上别处打着灯笼也找不到！海兴今年多大了？你们让他打一辈子光棍？"

国福连忙说："菊香姐，只要玉芬姑娘和她家里愿意，我们是求之不得！"

"玉芬，你愿意吗？"黄婆婆问。

玉芬低着头不说话。黄婆婆一连问了几次，她才像蚊子叫似地说："问我妈去吧。"

"哎，你妈把这事托给我了。现在我问你，你愿意不愿意？是不是刚才没有看清楚？"黄婆婆转向苏氏，"金祥婶，海兴躲到哪儿去了？您老去把他找来，让玉芬好好看一看！"

"不，不！黄婆婆！我愿意！"玉芬急忙说。

满屋子的人都乐得呵呵直笑。

说话之间，中午到了。阿珠娘一定要留黄婆婆吃饭，苏氏怕她动气，就答应了。这一下可就得罪人了，村上别的邻居都说苏氏办事不公平。苏氏没有办法，只得答应明天起从村东到村西，黄婆婆在每家吃一顿饭。听苏氏这么说，大家才满意地散去。

黄婆婆心里惦记着金祥叔，吃完午饭和阿珠娘稍微说了一会儿话，就由阿珠陪着匆匆朝金家走去。进门不见金祥，心里一怔，"怎么？金祥叔还没回来？"

"快了，菊香，你再稍微等一等！"苏氏说。

黄婆婆心里纳闷：吃饭时间早过了，金祥叔怎么还不回来？他一个人在柏树坟干什么呢？莫非他……

突然，院子里传来一阵脚步声，翠芹说："阿爸回来了！"

黄婆婆刚要迎出去打招呼，苏氏一把拉住她，说："菊香，你先别说话！"

这时，一个满脸皱纹，一头白发的老人跨进了门槛。他肩头扛着一捆新搓的草绳，浑身上下都是汗水。

"爸!"红菱叫了起来,"怎么回来这么迟,今天有喜事!"

金祥老汉头也不抬,放下肩上的草绳,在饭桌旁坐下准备吃饭。

"你这老头子,等了你这么长时间不回来!你看看,是谁回来了?"说着把菊香推到了金祥老汉的眼前。

"金祥叔,是我回来看你老来了!"黄婆婆激动地说。

老汉把黄婆婆打量了一阵,又惊疑地看了看苏氏他们,没有说话。

"她是菊香!是你日思夜念的菊香!"苏氏大声说。

"爸,菊香没有死!她逃到了天涯海角去了。去年回的乌泥泾,今天来看你来了!"红菱说。

金祥老汉的嘴角抽搐了几下,摇了摇头,仍不说话。

黄婆婆见金祥老汉认不出自己,拉住他的手说:"金祥叔,你真的一点也认不出我了?我是你的侄女菊香啊!"

"是啊!她是菊香,跟永泰嫂长得一模一样,你怎么一点也认不出来呢?"苏氏急了。

国福说:"真的是菊香姐回来了,她根本没有死!"

金祥老汉瞪了儿子一眼,端起桌子上盛饭的缽头,跨出屋门去了。

黄婆婆正要追上去,却被苏氏拦住了。黄婆婆觉得诧异,只是苏氏脸上挂满了泪水,红菱、翠芹、丽娟他们也都跟着直掉眼泪。苏氏让黄婆婆坐下,说:"追上他也没有用,他不相信你是菊香。"

"为什么?金祥叔他怎么啦?"黄婆婆急切地问。

事已至此,苏氏、红菱她们只得把金祥老汉这些年来的事,一一讲给黄婆婆听。

那年,金祥在乌泥泾挨了母老虎尤氏的两记耳光,正想发作,被菊香的干娘林珍苦苦劝住,硬拉到了自己的家中。金祥为人老实忠厚,但是这口气他实在咽不下。整整一个晚上他没有合眼,想着明天该怎么办,最后他拿定了章程:卖掉自家的房子和地,将菊香赎出来。把菊香救出之后,他要好好教训尤氏这个泼妇。可是金祥万万没有想到,第二天一早,泰和茶馆的小二跑来说:"菊香姑娘跳乌泥泾河死啦!她的鞋子搁在宾贤桥旁边的青石板上!"

一听这消息，金祥只觉得脑袋嗡地一下。他冲出林珍家的院门，奔到桥边，拨开人群，一见菊香的鞋子，就捂住脸失声痛哭起来。哭着哭着，他突然大喊一声"我真浑!"纵身跳进了乌泥泾河。大家七手八脚把他从河里捞起来，他嘴里总是不停地重复着："我真浑! 我真浑!"

从乌泥泾回到黄家浜，金祥就像傻了疯了一样，谁劝也没有用。曹福得知这消息，就暗中要林珍告诉金祥：菊香没有死，是他给放走的。可是金祥怎么也不肯相信。他在柏树坟地四周栽上一圈槿树，在旁边搭了一个小草棚。只要地里没活，他就来到这里，守坟、搓绳、编席、打草鞋之类的活，他全在这小草棚里干，有时候晚上也不回家。他坐在草棚里，手里默默地干着活，两眼望着浦西乌泥泾的方向。他常常干着干着眼泪挂满了两腮。每到清明节，每到永泰夫妇和菊香的忌日，他总要备些酒浆饭菜和纸钱，在坟头摆一摆，烧一烧，然后就坐在坟前默默流泪。

听到这里，黄婆婆早已把自己的衣襟哭湿了。她哽咽着说："金祥婶，我们得想个什么办法。"

"没用，"金祥婶摇摇头，"算命卜卦，求神拜佛，我们什么办法都试过了。有一年，板桥镇的邱秀才见他实在可怜，就出主意写了一封假信，说你逃在苏州，在一家员外家里当佣人，一切都好。可是不等邱秀才把信念完，他就走了。你福桥婶有个远房侄媳妇，年龄、相貌都跟你差不多。福桥婶就在一个晚上，让那侄媳妇冒充你来看他。谁知道被他一眼就识破看穿了!"

红菱抹着眼泪说："原来我们想，这回你真的回来了，他一定会高兴得跳起来，一高兴病也就好了，可是没想到他还是不相信。看来他真的是疯了，傻了。"

黄婆婆安慰说："你们别难过，我在黄家浜多住些日子。我想金祥叔早晚会认出我来的。"

第二天过去了。金祥老汉还是不认黄婆婆，见了她就像没有看见一样。苏氏、红菱、国福他们愁眉苦脸，全村人心情都很沉重。

第三天是六月初六女儿节。按照当地的习俗，这一天，凡是出嫁的女儿，都是和夫婿一起回到娘家孝敬父母。父母呢，也要好好招待女儿女婿。这一天早晨吃过早饭，黄婆婆拿着从乌泥泾带来的香烛和纸钱，向柏树坟走去。红菱和苏氏帮她提着饭菜，跟在后面。

黄婆婆她们刚走近槿树圈，金祥老汉突然从草棚里走出来，问："你们来干什么？"

"金祥叔，今天是六月初六女儿节，我来给爸爸妈妈烧点纸钱。"黄婆婆说。

金祥老汉看了看黄婆婆没有作声。

黄婆婆十一岁时离开黄家浜，历尽人间的各种艰险和苦难；三十八年后回来，看见父母和兄弟的坟头树木森然，顿时泪如雨下，泣不成声。她点燃香烛，一边哭一边把自己三十八年的经历讲给父母和兄弟听。从黄家浜讲到乌泥泾，从乌泥泾讲到海南崖州，又从海南崖州讲到乌泥泾，从乌泥泾讲到黄家浜。黄婆婆跪在父母坟前哭诉了整整一个时辰。苏氏和红菱怕她伤了身体，劝她别哭了，早点儿回去。可是常言说："哭到伤心处，怎能把泪收！"黄婆婆这一辈子吃了多少苦？受了多少难？她死里逃生回到家了，在父母的面前她有多少眼泪要流，有多少话要诉说！

苏氏和红菱劝着劝着自己也哭了起来。三人哭得正伤心，金祥老汉扔掉手中搓着的草绳，来到黄婆婆身边，抹了抹红肿的眼睛，用发颤的声音问："怎么，难道你真的是菊香？"

"金祥叔！"黄婆婆转向老汉跪下，哭道："我十一岁那年，你背我到乌泥泾去，现在我满头白发回到了黄家浜，父母兄弟都已不在人间，好在你金祥叔还在，可是您老为什么不认我？这三十八年来，我哪一天不想到黄家浜，哪一天不念着你金祥叔！"

"孩子，快起来！"金祥老汉把黄婆婆扶起来，"孩子，如果你真的是我那苦命的菊香，那你就告诉我，三十八前我是从什么地方把你背起来送到了乌泥泾去的？"

"金祥叔，你跟我来。"黄婆婆拉着金祥老汉走上堤坝，来到一个地方停了下来，说："三十八年前，就在这堤坝拐弯的地方，我妈妈搂住我不肯放手，嘴里大口大口地吐着血，是福桥阿奶把我妈抱住，你金祥叔背起我朝陈家渡走去……"

听到这里，金祥老汉猛地用手拍了拍自己的脑门，说："我真浑！我真浑！"说着他老泪滂沱，泣不成声。

苏氏说："老头子，别哭了。多少年来你天天念着菊香，如今她回来了，应该高兴啊！"

"对，应该高兴！"金祥老汉说着奔回柏树坟，把黄婆婆带来的纸钱点着，在黄家坟前拜了三拜，说："永泰哥，永泰嫂，菊兴，你们听我说，菊香没有死，她回来了，你们在地下合眼安息吧！"

黄婆婆和金祥老汉他们从柏树坟回到黄家浜，全村的人好不高兴，他们杀鸡宰鹅，打酒买肉，好好地热闹了一番。

对乡亲们的深情厚谊，黄婆婆觉得十分过意不去。从初七开始，她和玉芬、青莲分头上各家，一边帮着纺纱织布，一边帮着解决捍、弹、纺、织中的各种疑难问题。

附近村庄上的乡亲们听说黄婆婆来到了黄家浜，都纷纷跑来看望她，向她讨教织乌泥泾被和广幅布的经验。不管谁来，黄婆婆总是悉心传授，认真指点。一时间，黄家浜人来人往，变得十分热闹，很像当年射猎庙雷劈黑蛇精后的情形。不同的是，那一回人们是来向黄家小姑娘求仙讨药，如今是来向黄婆婆请教纺纱织布的本领。

六月十四这一天，黄婆婆得空领着玉芬、青莲到谢家庄看了看。这儿是玉芬的奶奶林珍的娘家，这时林珍的父母福桥老夫妇俩早已不在了，他们的后人见到她们自然十分高兴。黄婆婆见谢家庄织的被面不比乌泥泾差，心里很是惊喜。

下午，黄婆婆她们又来到了板桥镇。如今，当年的木板桥不见了，出现在人们面前的是一座高大的石拱桥，但镇的名字仍然叫板桥镇。黄婆婆刚走上桥头，只见桥栏的石柱上刻着三个大字——"泄恨桥"。

原来，这座石桥造好之后，荣世根觉得为自己建了一座大牌坊，于是他鱼肉百姓更加肆无忌惮。乡亲们被他逼得忍无可忍。二十年前，就在一个冬晚放火烧了他的房子。那天夜里西北风刮得很紧，火借风势，风助火威，半个时辰将荣世根的半条街烧成了一片灰烬。荣世根从睡梦中惊醒，仓皇跳进青羊河才拣了条性命。可是没过多久，恶贯满盈的荣世根连病带气，一命呜呼见了阎王。荣世根一死，荣家就彻底败落了下来。镇上的百姓就把石桥上

"世根桥"三个字凿掉，凿了这"泄恨桥"三字。

登上泄恨桥的最高处，黄婆婆望着弯弯曲曲的青羊河，一桩桩悲惨、辛酸的往事不禁涌上了心头。附近乡亲们的各种苦难，自己一家的各种不幸，哪一件哪一桩和荣世根没有关系？

黄婆婆擦擦眼泪正往桥下走，突然迎面来了一位驼背老汉。他是那样面熟，但一时就是想不起他的名字。那老汉停住脚步，望着黄婆婆不住地打量。青莲见了，心里觉得奇怪，喊道："黄婆婆，我们走吧！"

"黄婆婆？对，你就是黄婆婆！"驼背老汉又惊又喜。

"你是……"

"哎呀！菊香，我是你松泉叔！你忘啦？当年造这座石桥时，你每次给你爸送午饭来，见到我总是叫我松泉叔？"

"啊！松泉叔，想不到在这桥上遇见您老人家！"

"这半年来，我总是听见姑娘们唱山歌：黄婆婆，黄婆婆，教我纱，教我布，两只筒子两个布。昨天我在茶馆里听说，黄婆婆就是黄永泰的女儿，从天涯海角回到了乌泥泾，这几天正在黄家浜，我准备明天找你去的！"

"松泉叔，这些年来您老可好？"

"咳，石匠的日子好比清水煮石头——难熬啊！自从造了这座石桥，荣半镇与我们结上了仇。没办法，我们只得远走他乡，跑到了福建泉州。那里到处都在造桥，我们就留了下来。开始，我们大家的日子还算安定。可是后来大宋的江山越来越不稳，朝廷逃到了福建，元兵在后面紧紧追赶。一打了仗，还造什么桥啊！我们就各奔东西，散伙了。后来，有人陆陆续续跑回家了，我是十二年前从赣州回来的。"

"阿强哥回来了吗？二十多年前，我在泉州见到过他，还是他告诉我到七星观去的路。"

松泉老汉摇了摇了头，说："他没有回来，九年前有人捎信回来，说他在抬石头时被压死了。"

说着老石匠低下了头，黄婆婆、青莲和玉芬都低下了头。

"嗳，菊香，别在这桥上站着了，到我家里去坐坐！"松泉老汉说。

在泄恨桥东边的瓦砾堆上，盖着两间草屋，这就是老石匠的家。顾松泉结婚不到一年，妻子就得病死了。后来，他一直没有再娶。他从赣州回来后，收养了两个孤儿。男孩叫志石，今年十六岁，女孩叫湘琴，今年十二岁。以前，松泉老汉身体好的时候，日子还能过得去。这些年老汉的背越驼越厉害，身体一年不如一年，家中主要靠志石帮人打凿石臼、石磨、石碑、石碾之类的挣几个钱糊口，日子过得十分艰难。

老石匠请黄婆婆她们三人在草屋里坐定，叫志石和湘琴上前一一见礼。黄婆婆上下打量了湘琴，对老石匠说："松泉叔，让湘琴跟我学纺纱去吧！"

"那当然好哇！"老石匠高兴地说。

黄婆婆从袖里摸出一把散碎银子，说："松泉叔，这点儿银子您老收下，给你和孩子们添两件衣服，另外再买点儿棉花回来。明天我就把湘琴带回乌泥泾去，等她学会了纺纱，我就送一架纺车给她。"

"这再好没有了，黄婆婆。不过，这银子我不要！"松泉老汉说。

"松泉叔，别客气！要是不嫌少，请一定收下！"

顾松泉是个走南闯北的爽快人，见黄婆婆这么说，就把银子收了下来。

湘琴端来凉茶，黄婆婆呷了一口，对老石匠说："松泉叔，向你打听两个人，不知你知道不知道？"

"什么人？你说吧。"

"很多年前我在崖州碰到从周浦逃难出去的婆媳俩……"

"知道，知道。她们是周浦西街上的人，在家里实在活不下去，就逃难走了。可是一去就杳无音讯，不知是活在人间还是已经死了。"

"唉！"黄婆婆难过地叹了口气，过了一会儿又说，"我在崖州还碰见过一个叫阿兴嫂的莘庄人，还带着一个两岁的儿子，说是要去狮子国投奔她的伯伯。这次我回来，问了许多来乌泥泾学纺纱织布的莘庄人，都摇摇头说不知道。"

老石匠叹了口气，说："逃难出去的人有几个能活着回来？"

黄婆婆痛苦地点了点头，没有说话。

第十节　扶杉篙说往昔

六月十五日，黄婆婆要回乌泥泾去了。黄家浜的乡亲们苦留不住，只得流着眼泪送她上路。他们听说黄婆婆要从龙华绕道回去，就要送她到陈家渡码头。但当送出村口，黄婆婆怎么也不让再送了。金祥老汉好说歹说，黄婆婆才同意海兴、阿珠和丽娟他们几个青年人送。

到了陈家渡码头上，黄婆婆笑着问玉芬和海兴："你们俩还有什么话要说吗？"

这一对年轻人顿时羞得满面通红，低下头什么话也说不出来。青莲、阿珠和湘琴在一旁嘻嘻直笑。

黄婆婆说："面皮嫩，不好意思说。好了，海兴，你们回去吧。有什么事，到乌泥泾来找我。"

"嗳，我们回去了。黄婆婆，有空你一定再来！"说着海兴就和丽娟、阿珠她们回黄家浜去了。

黄婆婆她们一行四人乘上摆渡船，工夫不大就到了西岸。上了岸，黄婆婆领着三个姑娘一直朝龙华寺走去。青莲心里感到纳闷：黄婆婆以前是个道姑，龙华寺是一座和尚庙，这佛道两家少有来往，今天黄婆婆去龙华寺做什么呢？可是青莲不好问，只得跟着往前走。走着走着，龙华寺的七级宝塔变得越来越高大，越来越巍峨。黄婆婆见有一个庙祝迎面走过来，上前施礼问道："请问，宝刹附近可有一个柳家庄？"

庙祝打量了一下黄婆婆，说："提起这柳家庄，已是三十年以前的事了。今天你刚巧问的是我，如果碰上一个年轻一点的，这柳家庄三个字恐怕连听说都没听说过。"

"怎么？那柳家庄已经没有了？"

"早就没有了。喏，这一片柳林就是当年柳家庄的宅基地。原来是个挺殷实的庄子，后来柳家遭了奸臣的陷害，死的死，逃的逃，很快就败落了下来。元兵来时又放了一把火，整个庄子变成了一片瓦砾。后来弘苌法师来龙华寺驻锡，就陆续开出了这片柳林。"

"噢，是这样，多谢！"

"不用客气！"庙祝合十还礼走了。

黄婆婆望着面前的这片柳林，心里想起义弟铁如和他一家的不幸遭遇，想起柳铁如对自己的种种情义和他临死前的情景，怀念和悲伤两行眼泪扑簌簌地掉了下来。湘琴见此情景，感到很奇怪，问道："黄婆婆，您老怎么啦？"

"没什么，我们回家去吧。"黄婆婆擦了擦眼泪说。

"黄婆婆，我们不进龙华寺啦？"青莲憋不住问。

"不进了。"

"那我们来做什么？"

"来看这片柳林。"

听黄婆婆这么一讲，青莲她们感到更加不解了，但不好再问，只得跟着黄婆婆回乌泥泾。

谁知黄婆婆她们刚离开柳林，柳林里立即响起了一片哇哇的蝉鸣。这声音是这样的急切和哀伤，好像是死难的义弟柳铁如在呼喊她。黄婆婆猛地转过身，望着柳林心里想：义弟沉入海底之前向我大喊两声"龙华"，现在我来了，怎么能马上就走呢？黄婆婆对青莲她们说了声"你们慢点儿走"，就快步朝柳林跑去。

黄婆婆一进柳林，蝉鸣立即停止。她扶住一棵柳树，大滴大滴的眼泪滚落下来，洒到柳树身上。柳树垂着长长的枝条，像有无数的话要向她诉说。黄婆婆低声对柳树说："兄弟，你别难过。等明年一开春，我来锯一根柳枝回去，种在我家院子里。这样，我们姐弟俩就可以朝夕相见了。"听黄婆婆这么说，柳树顿时舞动枝条，送来习习凉风。

黄婆婆挥泪走出柳林。在回乌泥泾的路上，兄弟柳铁如和吕万钟的影子总是不断地在她的眼前出现。青莲她们见黄婆婆一路上不说话，走路高一脚，低一脚，愈发感到奇怪。玉芬唐突地问道："黄婆婆，怎么啦？你在想什么心事？"

"唔？"黄婆婆一怔，不知该如何回答好，但她马上急中生智，笑道，"想什么心事，回到家你就知道了！"

将近傍晚时分，黄婆婆她们回到了乌泥泾。张氏、金氏十分高兴，忙着叫凤英张罗晚饭。刚坐定，黄婆婆就叫桂芳去把玉芬的母亲素娥请来。

时间不大，素娥兴冲冲地赶来了。一进门她就问："黄婆婆，我托你的事怎么样？"

"怎么样？你问问玉芬自己吧！"黄婆婆故意装出很不高兴的样子，"我百里挑一，好不容易给你找到一个好女婿，可是玉芬她连说两句我不愿意！我不愿意！"

"哎呀！玉芬你这冤家！黄婆婆看中的人还会有错？"素娥又气又急地数落着女儿。

玉芬感到莫名其妙，低下头不知说什么好。青莲和湘琴知道是黄婆婆故意逗玉芬，抿着嘴直笑。一看这情景，素娥更急了："冤家，你今年已经十七岁啦！难道你打算跟阿妈过一辈子？咳，只怨我没有生儿子，所以事事得依着你。人家姑娘都听父母之命，媒妁之言，谁像你还要亲自看一看男家。我和你爸一合计，也就答应了你，可是你……"素娥越说越气，眼泪都快要掉下来了。

青莲见玉芬娘急成这副模样，笑着说："婶婶，黄婆婆是在逗你呢！玉芬说的不是'不愿意'，而是'我愿意！我愿意！'她连喊两遍，声音大得很，我们好几十人都听得很清楚！"

"什么？黄婆婆，你……"素娥疑惑了。

"哈哈！哈哈哈！"黄婆婆笑了，"素娥妹，看你急成了这副样子！实话告诉你吧，我给你找这个上门女婿，谁见了都夸！好了，详细的我不说了，回家好好盘问玉芬去吧。"

到这时玉芬姑娘才明白过来，黄婆婆原来是在跟自己开玩笑。她想：难道这就是黄婆婆在路上想的心事？

玉芬母女俩在曹家吃过晚饭，又和黄婆婆聊了一会浦东的情况，天色就完全黑了下来。临走时，凤英让青莲和桂芳送她们。等青莲走后，凤英小声问黄婆婆："菊香姐，自从你回来以后，青莲天天跟你吃在一起，睡在一起，这次她又跟你在浦东住了十多天，她……她跟你说了些什么？"

"没有，什么也没有说。"

"我不信。她没有说我以前虐待她?"

"没有,半句也没有。"

"菊香姐,这一年多来,我总觉得挺对不住青莲这孩子的……"

"凤英妹,青莲真的什么也没有说你。不过,今天我要说你几句。你我都是童养媳出身,最知道童养媳的苦楚。我们可不能用婆婆以前对待我们的一套,去对待自己的媳妇。你想想,我们小时候多苦,见到婆婆就像老鼠见了猫,一声不敢吭。听到婆婆咳嗽一声,吓得心里跳半天。要是婆婆给个笑脸,心里不知有多高兴!"

"菊香姐,你别说了,都怪我以前糊涂。说真的,有时我也很可怜她,可是转念一想,我好不容易从媳妇熬成婆,不摆摆婆婆的威风,太亏了。"

"这么说,以前我们的婆婆打我们、骂我们,也都是应该的,因为她们也都当过媳妇!"

"现在我明白了,菊香姐,老是这样一代虐待一代,永远也没个完。"

黄婆婆和凤英正说着话,青莲推门回来了。黄婆婆问:"青莲,你妈以前虐待你,你记恨吗?"

青莲被问得愣住了,"没……没有,没有。要不是阿妈收养我,我早就饿死、冻死了。"

青莲的这几句话,说得凤英的眼泪都流了出来。她搂住青莲哭道:"孩子,以后咱们一家和和睦睦过日子!"

"妈妈!"青莲的眼泪也涌了出来,"我一辈子孝敬奶奶、你和黄婆婆,要是我不孝,你就打死我!"

"哎,青莲,"黄婆婆说:"光孝敬我们老人还不行,以后等你做了婆婆,一定要体贴媳妇,不要虐待媳妇。"

凤英擦了擦眼泪说:"你妈以前也是个童养媳,吃尽了苦,可是当我做了婆婆,却又虐待你。你可不能学我的样!"

"妈——"青莲扑到凤英怀里,久久说不出话来。

第二天早上,黄婆婆吃过早饭,正在教老石匠顾松泉的养女湘琴纺纱,突然从院门外传来了陌生男子的声音:"黄婆婆回来了吗?"

凤英说:"这个人真奇怪,每天都来找你,肩上还扛着一段木头!"

"他找我有什么事?"黄婆婆问。

"不知道,问他,他不肯讲。他说对别人说不清楚,非见到你本人才讲得明白。"

"噢,那快请他进来!"黄婆婆说着跨出屋门迎了出来。

这时那男子已经走进院子,把肩上扛着的一段杉篙靠在院中的老桑树上,见黄婆婆从屋里出来,惊喜地问道:"你就是黄婆婆?"

黄婆婆打量着这个陌生的庄稼汉,点了点头。

"黄婆婆,你不认识我了吧?我小的时候,你还抱过我呢!"庄稼汉说。

听庄稼汉这么一说,黄婆婆觉得更奇怪了:这一年多来,不知有多少人来请教她、投奔她,但是却未遇见过今天这样叫人摸不着头脑的事情。

庄稼汉见黄婆婆不说话,急了:"黄婆婆,你不认识我,这根杉篙总该认识吧!"说着他转身把杉篙捧到黄婆婆面前。

这是根枯旧的杉篙,上面长满水锈,砍着一道道的刀痕,中间有一道砍得比别的都深。

一看到这根杉篙,黄婆婆眼前立刻浮现出自己十七岁那年,老渔翁潘爷爷送她过漕河的情景。她扶住杉篙,用发颤声音问:"你就是潘爷爷的孙子金保?"

"嗯。"庄稼汉点点头。

"你爷爷呢?我正想去看他哩!"

金保的眼睛里露出悲哀的光:"我爷爷九年前就死了。临死时,他指着这根杉篙对我说:爷爷在漕河上打了几十年的鱼,把许多逃命的丫鬟、童养媳送过河去。每送走一个,我就在这罾棚的木桩上刻下一道刀痕。这木桩上一共刻了多少道,我记不住了。我只见那些苦命的姑娘哭着离去,不见她们有一个笑着回来。中间这道最深的刀痕,是我送走乌泥泾的一个童养媳时刻下的。她姓黄,要逃到天涯海角去。她答应我,以后有了出头之日,她一定回来,一定来看我。现在我不行了,看不见她回来了。倘若以后她真的回来,你拿着这木桩去乌泥泾找她,叫她到我坟前告诉一声,好让我在地底下安心。"

听了金保的话,黄婆婆流下了悲伤的眼泪。她抚摸着杉篙说:"潘爷爷,我回来了，你放心吧。明天我到你的坟上去，给你老烧纸、祭祀。"

按照原来的打算，黄婆婆从浦东回来后，花个把月的时间，到镇上各家走一走，看一看，然后就去漕河边上的潘家村。接着再往北走，去无锡，把静月师姑的骨头安葬在惠山上。现在黄婆婆改变了主意。

第二天一清早，黄婆婆把湘琴交代给桂芳，让桂芳好好教她纺纱，自己带着青莲和许木匠的女儿龙妹跟金保一起朝北出发了。

小半天工夫，黄婆婆她们就来到了潘家村。金保媳妇见来了客人，连忙把她们迎进茅屋，说："黄婆婆，你不认识我吧？我可认识你。一个月前我去乌泥泾学织布时，就见过你，还跟你说过几句话哩！"

金保说："黄婆婆，你的底细还是雄妹他妈告诉我的。她从乌泥泾回来就对我说：黄婆婆是去年从天涯海角回来的，准是从前爷爷用小船送过河去的那个童养媳！"

这时，一个五六岁的男孩从屋外进来，见家里来了这么多陌生人，怯生生地不敢上前。金宝叫道："雄妹，你看，黄婆婆来了！"

"啊！"小男孩顿时乐了，扑上来连声叫："黄婆婆！黄婆婆！"

金保媳妇对黄婆婆说："金保去乌泥泾找了你四五趟，每趟雄妹这孩子总是闹着要带他一起去，说他也要找黄婆婆。虽然他没有见过你，可是你的名字他早就知道了。"

黄婆婆摸摸雄妹的脑袋，笑着对金保说："时间过得真快，当年你爷爷送我过漕河时，你躺在船舱里睡觉，还没有雄妹这么大哩！"

龙妹姑娘对这个小男孩的名字感到很奇怪，轻声问黄婆婆，"他怎么叫雄妹呢？妹妹还有雄的吗？"

金保媳妇听见了，苦笑道："我呀一共生了六个孩子，留住四个，全都是男孩。他一生下来，我就给他起了这么个名字，把他当作女孩子养。以前女孩子是赔钱货，但自从黄婆婆回来后，女孩子可变成有用啦！一个十来岁的姑娘，学会了纺纱织布，不但能养活自己，对家里还大有补贴哩！咳，可惜雄妹是个假姑娘，学不了纺纱织布。"

金保媳妇的这一席话逗得黄婆婆她们呵呵直笑。雄妹望望母亲，又看看黄婆婆，说："黄婆婆，你教我织布吧。我妈可喜欢我学织布了！"

"好！好！等你长大了一定教你！"黄婆婆笑道。

突然，三个差不多大小的男孩像一阵旋风似地闯进屋门，叫道："妈，肚子饿极了，有东西吃吗？"

金保说："阿海，你们看谁来了？快给黄婆婆磕头！"

三个男孩一齐跪下，向黄婆婆磕头行礼。黄婆婆将他们一一扶起，问金保："他们三人中谁最大？"

"阿海最大，今年十二岁；阿江老二，十一岁；老三阿河，九岁！"金保答道。

金保媳妇说："别看他们个儿都不大，吃起饭来可凶啦！"

"这年龄正是能吃能玩的时候，一个个都是漏底米桶，放进多少也填不满呐！"黄婆婆笑道。

"咳，黄婆婆，这几句话都让你说着了！"金保媳妇说着脸上露出了愁容。

刚才来潘家村的一路上，黄婆婆从金保口中得知，金保家中没有地，全靠他给东家打短工和媳妇给人家洗洗涮涮、缝缝补补挣几个钱来糊口，日子过得十分艰难。近来金保媳妇学会了织布，但无奈孩子太多，家里依然很紧巴。黄婆婆想了想说："金保兄弟，我大妈妈在乌泥泾街上有两间铺面房子，准备开爿轧棉店。因为缺少人手，一直没有开起来。你们夫妻俩带着孩子去吧，不收你们房租，搅车是现成的，只要你们把轧棉店开起来，包你们不愁吃穿。"

"哎呀，黄婆婆，那真是太好了！"金保喜出望外，"我爷爷在地下得知也会感谢你的。"

黄婆婆说："要说感谢，应该感谢你爷爷。我能有今天，能回来教乡亲们织崖州被、广幅布，全仗了你爷爷这样的好人帮我救我！走，我们现在就到爷爷坟上祭祀去。"

等黄婆婆她们从老渔翁的坟上祭祀回来，天色已经不早了，金保夫妇忙着张罗晚饭。吃完饭，金保媳妇劝黄婆婆她们早一点休息，明天一早好赶路。

第二天一早吃完晚饭，金保媳妇说青莲和龙妹年纪轻，劝她们留下，由她自己陪黄婆婆去无锡。黄婆婆想了想,决定叫龙妹和金保媳妇陪自己北上,青莲陪金保回乌泥泾,先把轧棉店开起来。没想到青莲听了黄婆婆不让她陪着去无锡,竟哭了起来。黄婆婆心一软,忙改口说:"青莲你也去无锡,我们四人一起去!"

青莲一听这话,立即破涕为笑了。

从乌泥泾到无锡,一个来回得花十天半月的。这么长的时间,叫金保和四个孩子拿什么开销?黄婆婆思来想去,最后决定自己陪金保到乌泥泾把轧棉店开了,再赶回来和青莲她们去无锡。

金保推着独轮手推车,一头放着行李,一头坐着黄婆婆和雄妹,急急赶往乌泥泾。一路上,阿海他们兄弟三人,互相追逐打闹,好不痛快!

黄婆婆把金保和四个孩子在乌泥泾一切安排停当,当天下午又赶回潘家村。睡了一晚,第二天吃过早饭就和金保媳妇她们上了路。

潘家村离上海县城不远,从上海到苏州、无锡有航船。但是黄婆婆她们决定步行去无锡。她们一边走,一边打听沿途乡亲们纺纱织布的情况。一路上,她们每到一个村庄,女人们就都把她们团团围住,问这问那地向她们请教。黄婆婆她们不管走得多乏多累,总是毫无保留地把自己的经验传授给她们。这样,赶路就耽误了。黄婆婆她们足足花了一个月的时间才赶到无锡地面。

这一天中午,黄婆婆她们正赶着路,看见前方不远有一个村庄。村庄虽然不大,但古木参天,茅舍整齐。黄婆婆她们准备进村讨水喝,突然从村口跑出一群姑娘,一共有十七八个,都是十几岁的年龄。黄婆婆问:"你们到哪儿去?"

领头的姑娘说:"我们去刘家村找黄婆婆,听说她在那儿收徒弟。"

金保媳妇嘴快:"你们不用去找啦,她就是黄婆婆!"

"啊!真的?"姑娘们又惊又喜。

"真的!"青莲和龙妹说。

姑娘们纷纷跪下,说:"黄婆婆,您老收我们做徒弟吧!"

"快起来,孩子们!"黄婆婆一一把姑娘们扶起来。

在姑娘们的簇拥下,黄婆婆她们来到了村中。全村都轰动了,他们围住黄婆婆问寒问暖，十分亲切热烈。一位白发苍苍的老妈妈说："黄婆婆，你真是活命菩萨啊！自从你从崖州回来，一方百姓都交上了好运。咱李家寨的姑娘心高，昨天听人说你在刘家村传艺，今天就非要去拜师不可，说一定要学会织最新式、最好看的乌泥泾被！"

李家寨的寨主笑着说："今天姑娘刚上路，您老就来了。这真是大吉大利呀！黄婆婆，请您老多辛苦，在敝寨多住几天。"

"别这么说，李老伯。我们庄稼人过日子不容易，男耕女织，全凭一双手。我从海南回来教大家织崖州被、广幅布，就是盼望乡亲们的日子过得好一些。"

"黄婆婆，您老的大恩大德，我们永世忘不了！"村上的人齐声说道。

这样，黄婆婆她们被李家寨的乡亲们留了下来。她们四人分头到各家各户手把手地教，把自己经验、诀窍毫无保留地传授给乡亲们，帮助乡亲们解决各种各样的疑难。半个月之后，李家寨织出的被面、布匹比原来大有长进。有的被面跟真正的乌泥泾被差不多了。黄婆婆她们见了十分高兴，村上的乡亲们不知怎么感谢她们才好。

李家寨离惠山不远。寨主得知黄婆婆要去惠山安葬师傅的骨灰，就叫寨里的石匠用青石凿了一只石匣和一块墓碑。这天早上，寨主请了一位风水先生到惠山看好风水，然后请人挖好墓穴。中午，黄婆婆她们来到惠山南坡，将装着静月师姑骨灰的石匣放进了墓穴，接着一齐动手将墓穴用土填好，在墓前竖起了墓碑。

在静月道姑的墓前，黄婆婆点燃香烛，跪下磕了三个头，哭道："师傅，这么多年您老的骨灰包跟着我东奔西走，一直不得安宁。现在按照您老人家的遗愿，把您老的骨灰葬在这惠山上。您老可以安息了！"说完，黄婆婆烧了一些纸钱，挥泪走下山去。

黄婆婆知道，静月师傅从小孤苦伶仃，家中没有什么人了。李家寨的寨主告诉她，经多方打听，静月道姑连一个远房亲戚也没有了。所以，黄婆婆等把师傅的骨灰安葬完毕，就告别李家寨的乡亲们，带着金保媳妇、青莲和龙妹往回走。

黄婆婆她们来的时候，走的是东路，回去时走西路。跟来的时候一样，她们还是走一路教一路，走走停停，停停走走。这样，在路上花的时间就长了。她们四人六月中旬离开乌泥泾，到九月初才回到家里，比原来打算的晚了近两个月。这可把乌泥泾的乡亲们急坏了，他们天天盼，日日等，以为黄婆婆她们在路上遇到了不测。

九月初九，重阳这一天，黄婆婆她们乐呵呵地回到了乌泥泾，乡亲们心上的一块石头才算落了地。

黄婆婆一回来，就到镇上各家看了看，然后把她所有的徒弟叫到一起，说："我们这趟出去了两个多月，大开眼界。不少地方织的布和被面，不比我们乌泥泾差。可是仍然不断地到我们这儿来求教。我们乌泥泾可得好好动一动脑筋，把乌泥泾被织得更结实、更好看。这样，才对得起人家远道来学的人。我们的乌泥泾被，已经赶上崖州被了，但是你们几十个人中，还没有一人赶上我。你们要是赶不上我这个老太婆，你们就不是我的徒弟！我已经老了，头发都白了不少，乌泥泾被的名声得靠你们去创！"

勤劳智慧的乌泥泾人民，没有辜负黄婆婆的希望。在黄婆婆的经心传授指点下，他们织出的乌泥泾被和其它种种棉织品越来越多，越来越精美。

第十一节　教我纱教我布

黄浦江的潮水涨了又落，落了又涨。黄婆婆前年春上从龙华柳林砍来一根柳枝，种在自家院子的南墙下，如今已经长得有碗口那么粗了。

在这几年间，乌泥泾的变化真不小。以前，乌泥泾是个冷落、不景气的市镇。如今每天车来船往，人欢马叫，十分热闹。镇上到处是轧棉店、弹棉铺、染坊，以及专门做纺车和布机的木匠店。南、北、东、西四条街上和各条小巷里，竟拥有了七八百架纺车和布机。真是家家纺车响，户户闻机杼。乡亲们的制棉技术越来越精湛，乌泥泾被的名声越来越大。它不仅深受江南百姓的喜爱，而且畅销于中原各地。

随着乌泥泾被的销路愈来愈好，乡亲们的日子也一天更比一天过得自在了。有地的人家，男耕女织；没地的人家，就专门纺纱织布，或者开个小作坊给别人轧棉、弹絮、染色。日子过富裕了，镇上穷乡亲们的地位，尤其是贫苦妇女的地位也有了很大的提高。从前，乌泥泾一带有歧视女子的陋习，都认为姑娘是赔钱货。所以，女婴一生下来，往往被溺死在马桶里。一个婴儿呱呱落地，家里人问的第一句话是："男孩还是女孩？"有的稳婆不忍心将刚临盆的女婴弄死，就谎报说："是男孩。"现在的情形就大不相同了。某人家生了女孩，稳婆就兴冲冲地说："恭喜，恭喜，快准备一张布机吧！"

黄婆婆不仅是乌泥泾乡亲们的福星，而且自从她回来，镇上公婆打媳妇的，小辈虐待老人之类的事情就少了很多。就是偶然有发生，只要黄婆婆一到，没有一个不听劝的。乡亲们都说："真是'一善消万恶，一正压百邪'啊！"为了表达对黄婆婆的感激爱戴之情，乌泥泾的乡亲编了不少歌谣。他们唱道：

> 黄婆婆，黄婆婆，
> 教我纱，教我布，
> 两只筒子两个布。

童养媳和穷苦人家的姑娘对黄婆婆的感情最深，她们唱道：

> 黄婆婆，胜爹娘，
> 教我织，教我纺；
> 一日三顿吃得饱，
> 过年能着新衣裳。
> 童养媳，最凄凉，
> 一年四季泪汪汪；
> 自从婆婆回了家，
> 童养媳有了好时光。

乌泥泾的乡亲们过上了安居乐业的好日子，一个个眉开眼笑，喜气洋洋。他们打心底里敬重、感激黄婆婆。但是有一人却天天诅咒黄婆婆，对她恨得咬牙切齿。他不是别人，正是乌泥泾的头号大财主——孟大老爷孟光祖。

孟府号称"富甲一乡"，跟镇上何、周、邵等几家大户一起霸占着镇西那肥沃的八千亩良田。经过这几十年的变乱，何、周、邵几家都逐渐衰败了下来，而孟府不但不衰，反而比以前更兴盛了。如今，孟府一家就有上好的水田六千亩。乌泥泾镇和附近村庄上的贫苦农民没有土地，或者只有很少一点贫瘠的旱地。他们不得不租种孟府的地，成为孟府的佃户。孟大老爷孟光祖依仗着自己有钱有势，自家的水田又好，所以收的租子很重。别人家有四六开的、有对半开的、也有六四开的，孟府不行，非得三七开不可。农民风里来雨里去，累死累活打下稻谷，得把七成给孟府送去。要是风调雨顺，农民勒勒腰带还能过去。碰上荒年灾月，田里的收成连租子也交不上！在乌泥泾镇上和附近的四乡八里，有多少佃户被孟光祖逼得卖儿鬻女、家破人亡！自从孟光祖的兄弟孟光宗在松江府当了总管，孟光祖就更加有恃无恐，在乡里横行霸道，作威作福。

可是，自从黄婆婆从崖州回到了家乡乌泥泾，孟大老爷的日子就一年比一年过得不自在。从前，只要孟大老爷说句话，乌泥泾镇得晃三晃，谁敢不听！可是如今乡亲们不怕他了，有时在街上碰了面，就像根本没看见一样。以往，孟大老爷拿田来卡佃户，谁冒犯了他或者交不出租子，他就收田。现在这一着不灵了，你收了田，他们就靠纺纱织布吃饭，比当佃户舒服多了。

最叫孟大老爷恼怒的是：佃户们嫌租子太重，纷纷提出减租，不减就退田不种了。孟府的人都是手不能提、肩不能挑的人，这六千亩水田不租出去，叫谁去耕种？没有办法，孟光祖只得答应把租子从三七开降到四六开。但是过了一年，佃户们提出租子还是太重，要降到对半分。孟光祖迫于无奈，又答应了。可是没想到，第三年佃户们又闹着要退田。孟光祖咬着牙忍痛把租子从对半开降到了六四开。孟光祖算了一笔账。这几年中，穷小子们闹减租，使他仅稻谷的租子就少收了十万多担！而所有这一切的祸根，就是那个死不了的黄老婆子。

孟光祖给在松江府当总管的兄弟写了许多封信，要他回来看一看，想想对付的办法。可是他兄弟孟光宗一直没有回来。孟光祖急了，前天他亲自上松江去找他兄弟。这位总管大人却对他说："众怒难犯，不可轻举妄动。"他劝哥哥从长计议，在家好自为之。孟光祖灰溜溜地从松江回到乌泥泾，气得一夜都没有睡好觉。最后，他拿定主意，非要除掉黄婆婆不可。

这一天中午，黄婆婆要到镇南的闵家村去，看看村上妇女们纺纱织布的情况。她走完北街，刚要上宾贤桥，突然听见南街上有人大喊："抓住她！抓住她！"

黄婆婆跑上桥顶一看，只见两个三四十岁的彪形大汉，正追着一个十五六岁的姑娘。这姑娘是孟府的丫鬟，名叫秋媛。她的一只鞋跑丢了，脚上淌着血，但她仍然拼命奔跑着。秋媛奔上石桥，见桥上有人挡住去路，后面追她的人越来越近，牙一咬就要往乌泥泾河里跳。黄婆婆眼疾手快，连忙一把将她抱住："秋媛！有话好好跟黄婆婆说，别这样！"

"啊，是黄婆婆！"秋媛抬头一看，顿时泪如泉涌，哭道："黄婆婆，您老还是让我清清白白跳河死了吧！"

黄婆婆说："秋媛，别怕，有我黄婆婆在！"

这时，那两个追赶秋媛的汉子奔上了石桥。他们是孟府的家丁，一个叫孟洪，一个叫孟康。孟洪喘着粗气骂道："你这个贱货，跑得倒快，害老子追得上气不接下气！"孟康一把抓住秋媛的手，喝道："给我滚回去！你跑，能跑到哪儿去？还能跑出孟大老爷的手心？"

秋媛见孟洪、孟康要拖她回去，就挣扎着又要往河里跳，黄婆婆死死抱住秋媛，对孟洪、孟康说："现在你们别逼她回去，逼出人命怎么办？"

"怎么办？你说怎么办？"

"先让她到我家去，等她气平了，我给你们送回去，行不行？"黄婆婆说。

"黄婆婆，这事我们可作不了主！"孟康说。

"我知道你们在孟府吃这碗饭也不容易。不过你们二位想想，秋媛姑娘多可怜，没爹没娘的，你们能照应的地方还能不照应一点儿？"

这时，桥南桥北围满了人。他们都替秋媛说情，胆大一点的，就夹在人群中骂孟光祖不是个东西。孟洪一看这势头，就自己给自己一个台阶下，说："黄婆婆，你既然这么说了，我们兄弟也不好驳您老的面子。不过你说我们回去，怎么向孟大老爷回话？"

"你们就说，秋媛让黄婆婆领回家，等她气平了，黄婆婆马上就送她回来。"

"好，黄婆婆，你真是个痛快人！就依你说的办，回头见！"孟洪说完扯着孟康走了。

黄婆婆把秋媛领到家中，替她包扎好脚上的伤口，就让她吃饭。大妈妈张氏一边给秋媛夹菜，一边说："秋媛，别哭了，有话等吃饱了饭再慢慢跟黄婆婆讲。"

秋媛，是孟府佃户闵老六的女儿。生下她的第二年，母亲死了。闵老六既当爹又当娘，好不容易把她拉扯到七岁，自己也害了重病，躺在床上动弹不得。为了让女儿讨条活路，闵老六就把她卖给了镇上开客栈的虞阿金家当童养媳。虞阿金夫妇是只认钱不认情的人，打起秋媛来心狠手毒。虞阿金的儿子，十多岁的人了，还天天穿着开裆裤，白天只知道吃和玩，夜里只知道尿床。秋媛在虞家咬牙苦熬了三年，公婆先后得病死去，虞阿金有个弟弟，叫虞阿银，他的心肠比哥哥还狠毒。为了把哥哥的家产弄到手，竟用毒药把侄子毒死，然后把秋媛卖给了孟府当丫头。那时，秋媛的父亲早已病死，家中什么亲人也没有了。孟光祖见她孤身一人，长得既出众又聪明伶俐，就让她在上房里当一名使唤丫头。在孟府，开始几年吃些皮肉之苦，秋媛还能忍受。后来，她越长越大，越长越标致，孟大老爷就对她起了歹意，几次三番想欺侮她。后来这事让孟大奶奶知道了，她就和孟大老爷大吵一架。往后孟大奶奶把怒气全撒到秋媛身上，将她打得遍体鳞伤，并把她撵出上房，打发到磨坊推磨。

自从黄婆婆回到家乡，镇上的乡亲们织起了漂亮的乌泥泾被和各种各样的广幅布。孟大奶奶虽然有穿不完的绫罗绸缎，但见了那些精美结实的棉布和被面，也经不住眼红起来。她打发秋媛也去学。这样，秋媛就认识了黄婆婆。黄婆婆非常可怜她，但她是孟府的丫头，自己除了向她传艺之外，别的就无能为力了。今天宾贤桥上的这一幕告诉黄婆婆：再不想办法，秋媛非去寻死不可。

等秋媛吃完饭，黄婆婆问她："秋媛，今天是怎么回事？你说给我们听听。"

还没有开口，秋媛的眼泪又流出来了。黄婆婆和张氏一再宽慰，可是她仍然哭个不停。突然，秋媛"扑通"一声跪在黄婆婆面前，哀求道："黄婆婆，你救救我！救救我啊！"

黄婆婆急忙把她扶起来，说："秋媛，有话慢慢讲。"

"黄婆婆，自从你回来以来，乌泥泾有多少穷人、苦人的日子变了样。可是我这块掉在深井里的石头，什么时候才能见到天日！"

"今天到底是怎么啦？"张氏问，"孟大老爷又起歹意了？"

"哼，那老畜生，瞎了他的狗眼！以前，他来硬的，这回来软的了。今天上午，我正在织布，老东西鬼鬼祟祟地走到我身边，咧开蜡黄的狗牙嘻嘻一笑，把一只金戒指递到我面前，说：'秋媛，这些日子让你受委屈啦，这只戒指是点小意思，来戴上吧！'说着他动手就要往我手指上戴，我急忙往后躲。他说：'怎么？你不敢要？你害怕？不用怕，那只老母狼今天上龙华寺烧香去了。'说着他就向我扑来。我急了，忙喊：'快来人哪！快来人哪！'他笑着说：'你喊吧，告诉你，今天答应也得答应，不答应也得答应！只要你肯顺从，到明年我就正式娶你做偏房。到那时，你就住雕楼，穿绸缎，吃山珍海味，有享不尽的荣华富贵！'说完他像发了疯似地把我搂住，乱摸乱抓，我死命挣扎也脱不了身，一急就朝他手背上狠狠咬了一口。趁他松手，我就奔出了门口。他仍不死心，在后面紧紧追赶。我奔出二门奔大门，拼命朝镇北跑。他见追不上我，就吩咐孟洪、孟康来追我……"

"噢，是这样……"黄婆婆点点头，心情十分沉重。

"黄婆婆，我们人穷，志气不穷，骨气不穷，活要清清白白地活；死，也得清清白白地死。黄婆婆，如果你硬要把我送回孟府，我就撞死在您老面前！"

"别说这傻话，我怎么会硬要你回孟府呢？"

"你刚才在桥上跟孟洪、孟康是怎么说的？"

"你这姑娘，根本没听懂我的话。刚才我对他们说等秋媛气平了，就把她送回去。你要是气不平，我怎么会送你走呢？你一天气不平，我一天不送回去；你一月气不平，我就一月不送回去……"

"我这一辈也不会气平！"

"那我就一辈子不送你回去。"

"真的，黄婆婆！"

"真的。"

秋嫒嚯地退后一步，跪下要给黄婆婆磕头。黄婆婆一把拦住，说："别这样。只要你愿意，就留在黄婆婆这儿，天大的风险由我来承担！"

"黄婆婆！我的救命恩人，我的亲娘，亲娘！"从小失去母亲，备尝人间苦难的秋嫒，扑到黄婆婆的怀里，眼泪像热泉一般涌了出来。

这天中午，淫心飞动的孟大老爷不但没能遂意，反而被秋嫒在右手背上狠狠地咬了一口。他看看手背上的血痕，心里又气又恼。拥有万贯家财的孟大老爷，兄弟又是松江府的总管，在这黄浦两岸谁人不知，谁人不晓？现在竟让家中的一个下贱的奴婢咬了一口，真是犯上作乱到了极点！孟大老爷在书房里踱来踱去，心想：等孟洪、孟康把她抓回来，非打断她的腿不可！但是老色鬼转念一想，打断了她的腿，岂不是再也吃不成这块肉了？嗯，以前我来硬的，不成；刚才来软的，也不成；现在我得软的硬的一齐来，看她顺从不顺从！孟大老爷取来两只盘子，摆在桌子上。一只盘子里放着一把尖刀和一根麻绳，另一只盘子里放着刚才的那只戒指和一副翡翠手镯。孟大老爷把这一切布置好，自言自语地冷笑道："等把她抓来，我就让她自己挑，看她到底是要活还是要死！"

孟大老爷的话音未落，孟洪、孟康气喘吁吁地跨进了门槛。孟洪禀报说："老爷，秋嫒没抓回来。"

"嗯？怎么回事？"

"她被黄老婆子领回了家……"

"什么？"孟大老爷怒不可遏，一拳猛砸在桌子上，震得那两只瓷盘和瓷盘里的东西飞蹦乱跳。

"秋嫒跑得像飞一样，我们好不容易在宾贤桥上抓住了她，可是她死也不肯回来，拼命要往河里跳。这时黄老婆子刚好路过石桥，说：'别逼出人命来，我先领她回家，等她的气平了，马上就送她回孟府。'"

"蠢货！家丑不可外扬！让这贱货和那帮穷花子们搅在一起，还不把什底都兜出去？"

"老爷，刚才桥南桥北围满了人，都替秋媛说话。如果我们来硬的，恐怕……"

"滚！给我滚！"

孟大老爷把两个家丁骂走之后，马上把管家孟俞仁找来，把刚才的事跟他一说，要他拿主意，孟俞仁知道，老爷是想叫他去要人，他可不会去讨这个没趣。他眼球一转，说："老爷，你别急，黄老太婆不是说了吗，等秋媛气平了，就把她送回来。你也得给那黄老太婆一点面子，如今她在地面上名声很大。"

"哼，都是那帮穷花子们捧的！"

"俗话说'土帮土成墙，穷帮穷成王'。我看还是二老爷说得对，众怒难犯，我们遇事要三思而行。"

"照你说，我们只能等她把人送回来了？"

"对，事到如今，也只得这样。"

孟光祖在心里暗暗骂道：他妈的！这老东西愈变愈奸猾了。近几年来，除了想方设法挖我的银子，什么时候真正替我卖力办过一件事情！但是见孟俞仁已经把话说到了这一步，孟光祖也只得暂且作罢。

一天过去了，不见黄婆婆把秋媛送回来。

两天过去了，仍然不见黄婆婆把秋媛送回来。

第三天早上，孟光祖把管家孟俞仁叫到跟前："今天已经是第三天了，那黄老婆子为什么还不把人送回来？"

"这……这我就不知道了。"

"去！你去给我把人领回来！"

"老爷，恐怕解铃还须系铃人吧。"

"什么？你的意思是叫我自己去？"

"不，不。这么一件小事，哪里要你大老爷亲自出面？我是说，人是孟洪、孟康放走的，还得他们去把人讨回来。"

孟光祖一听，心想老东西，又在耍滑头，可是人家说的也有道理，于是只得吩咐孟洪、孟康前去讨人。

不到一炷香的时间，孟洪、孟康垂头丧气地回来了，禀报说："黄老婆子不肯放人，说秋媛的气还没有平。等她的气平了，才能送回来。"

孟光祖一听，气得鼻子都歪了。孟俞仁知道事情不妙，忙说："大老爷休急，不妨再等几天。"

"什么，再等几天？秋媛是我买来的丫头，你这吃里扒外的老东西，非但不去把人领回来，反倒要我再等几天。去！你带上孟洪、孟康他们十几个拳棒好的，马上把那个贱货抓回来！"

"这……这……"

"去！马上把她抓回来！"

孟俞仁一看孟光祖这副气急败坏的样子，知道这一回推不过去了。可是如果他带上孟洪他们这帮家丁打手走，非坏事不可。要是真的打起来，那帮穷花子们人多势众，孟洪、孟康他们这几个人哪是人家的对手？弄得不好，今天会把我的老命赔进去！想到这里，他咧开嘴干笑道："嘿嘿，大老爷息怒。老仆愿自己一个人跑一趟。"

管家孟俞仁走后，孟大老爷在书房里踱来踱去。这几天，他实在是心烦意乱，气恼之极。孟大老爷正烦躁不安地踱着步，突然孟大奶奶闯进了书房。与丈夫正相反，孟大奶奶这几天十分高兴，她巴不得秋媛一辈子别回来。她见丈夫在书房里踱来踱去，就问："在想什么心事？又在想那个小妖精吧！"

孟大老爷瞪了她一眼，嘴唇抽搐了几下，终于把想说的话噎了回去。

"我告诉你，你敢把那只小妖精弄回来，我就掐死她！"

孟大老爷压住火气，仍不理她。他从书桌上拿起那面祖传的透光铜镜，对着太阳照了起来。

孟大奶奶见丈夫故意不理睬自己，气不打一处来："你这老棺材，照什么镜子？面孔老得像草鞋底，眼睛红得像狗屁。五十多岁的老棺材，见到女人就走不动路……"

"啪！"孟大老爷猛一巴掌打在孟大奶奶的脸上，"太放肆啦！亏你是个知书识礼的人，竟说出这等粗野、下流的话来！"

孟大奶奶多少年来积在心中的怨恨和怒火，被丈夫这一巴掌打得像决了堤坝的河水，一下子全涌了出来。吼道："好啊，我粗野下流，你这个正人君子高雅！"说着她猛扑到孟大老爷身上，乱抓乱捶，像发了疯一样，嗓音也变了，"我粗野下流，你正经高雅！家里请的绣娘前后有七八个，你哪个没睡过？连烧火的杨妈，你也不放过。你把她摁在灶后柴堆上就……你正经！你高雅！"

正当孟大老爷和孟大奶奶扭作一团，打得难分难解的时候，管家孟俞仁回来了。既然闹到了这一步，孟大奶奶也顾不得什么脸面了，她见管家回来，愈发撒起泼来。她指着丈夫的鼻子，骂道："你偷了婆娘，反倒来打我！我是明媒正娶，坐花轿到你们孟家来的！刚才你这一巴掌好毒，打得我金星直冒，差点儿跌倒。今天不让我打还，没完！"说着她趁丈夫不备，啪的一声，一个漏风巴掌打得孟大老爷脸上顿时显出了五道指痕。孟光祖勃然大怒，举起红木椅正要朝孟大奶奶砸去，却被管家孟俞仁喝住了。孟俞仁是孟光祖的远房叔叔，但大不了孟光祖几岁。平时，他对财大气粗的侄子总是老爷长老爷短地叫，可是现在他拿出了长辈的架势："光祖，大事不好！你还在这里跟你娘子瞎闹些什么？"

"俞仁叔，出了什么事？"孟光祖问。

"刚才我上黄老婆子家去，一路上站满了人，他们一个个都对我怒目而视。我走进曹家院子，呵，聚着二三十人，嚷着要到孟府去评理。他们见我来了，就七嘴八舌地问我，问得我实在开不了口……"

"你高雅！你正经！害得俞仁叔的脸都没地方搁！"孟大奶奶还不罢休。

"后来黄老婆子对我说：'孟管家，你回去告诉你家老爷，我决不会食言，等秋媛的气平了，马上送她回孟府。'黄老婆子的话音未落，秋媛从屋里窜出来，冲着我嚷道：'你回去告诉那个老畜生，我的气这一辈子平不了！'黄老婆子马上说：'孟管家，秋媛说的是一时的气话，我想她总有一天会气平的。你们耐心等着吧，一年不行，等三年，三年不行，等五年。要是你们不愿意等，就请把她的卖身契拿来，她的十两卖身银子，我们给凑好了。'"

"那你为什么不把银子拿回来，俞仁叔？"孟大奶奶问。

"什么？十两银子就能赎她？这六年吃的饭，穿的衣裳，都不要啦？"孟大老爷吼道。

"那些穷花子们说啦，秋媛在孟府干了六年活，抵掉六年的吃穿还有余，秋媛的嫁妆应该由孟大老爷出！"孟管家说。

"反啦！简直是反啦！这个黄老婆子，几年来害得我光是稻谷就少收了十万多担租子，现在竟把秋媛这个小贱人藏在自己家里，公开与我作对。我岂能容她！"

"光祖，依我看，这倒是一件好事。"

"怎么讲？"

"以前你想除掉黄老婆子，只愁没有借口。现在她把秋媛藏在自己家里，你就告她一状，告她拐骗良家女子。状纸递进松江府，该如何处置这个黄老婆子，难道你兄弟会不明白吗？"

"对呀！我怎么就没想到这一招呢！"

一连好几天，乌泥泾镇上显得异常平静。当然，黄婆婆和乡亲们都明白，孟府是决不会善罢甘休的，一场大风暴就要来临。黄婆婆做好了最坏的打算，她悄悄把秋媛送到了无锡李家寨，一切后果由她来承担。乡亲们也做好了准备：如果孟府来害黄婆婆，他们就豁出命来拼了。许木匠和金保怕硬拼对乡亲们的损失太大，就找到康神算，讨教对付的良策。

五天过去了，一切如常。十天过去了，仍然不见什么动静。黄婆婆和众乡亲感到疑惑和不解。但是，对此最感疑惑和不解的，却是孟光祖。他依管家孟俞仁之言，写好告黄婆婆的状纸，立即命家丁孟洪送往松江，让他的兄弟孟光宗过目。可是像石沉大海一样，这么多天过去了，竟一点消息也没有。

原来，松江府总管孟光宗在接到哥哥写的状纸的第二天，收到了一张乌泥泾老百姓联名告他哥哥孟光祖的状纸。状纸的刀笔十分厉害，列举了孟光祖的十大罪状。如果准了这张状纸，那孟光祖就得受凌迟之刑。孟光宗在官场混了几十年，是个圆滑世故的官僚，同时他也深知哥哥孟光祖的为人。他一看到这两张状纸就感到事情不妙，在心中告诫自己：不得草率从事。

最叫孟光宗感到不安的是，近日里松江府新任达鲁花赤海都即将到任。在元朝，地方各州、府、县都设达鲁花赤一职，下设同知和总管。达鲁花赤只能由蒙古人担任，同知由色目人担任，汉人和南人只能担任总管的职务。

同知和总管都得听命于达鲁花赤。江南是富庶的地方，所以江南各州府的官职，被认为是最有油水的肥缺。派到江南来当达鲁花赤的，不是皇亲国戚，就是皇帝的亲信爱将。他们来到江南，一个个有恃无恐，飞扬跋扈。地方上汉人、南人官吏的荣辱，甚至生杀全掌握在他们手里。身为松江府总管的孟光宗得知新任达鲁花赤即将到任的消息，天天提心吊胆，坐卧不安。他派心腹四处探风摸底，打听这位海都大人的底细。

这一天，有确实的消息告诉他，这位新任达鲁花赤曾经救过皇上的驾，深得皇上宠信。他脾气古怪，喜怒无常。汉人、南人官吏见了他无不心惊胆战。听到这个可怕的消息，孟光宗躺在床上翻来覆去睡不着觉。他想：俗话说伴君如伴虎，这达鲁花赤就是皇上派来的耳目，一旦得罪了他们，不仅功名利禄全完了，而且还要招来杀身之祸。怎么办呢？想来想去还是老办法——用钱买。常言道：有钱能使鬼推磨，银子不咬手。这位海都大人脾气怪，难道还会怪到不爱钱？他既然如此深受皇上宠信，那我就应该舍得花血本，弄好了，就能一本万利。主意拿定，孟光宗一骨碌从床上爬起来，伏案给自家哥哥孟光祖写了一封信。第二天一早，打发两名家人骑马送往乌泥泾。

正在疑惑、埋怨中的孟光祖，见兄弟突然派人送信来，心中大喜。可是等拆开信一看，他顿时就像傻了一般。原来，孟光宗在信里对告状一事只字未提，而只是让他把一对祖传的"柿子金"交给来人带往松江。孟光祖不仅是个老色鬼，而且是个守财奴。孟家祖上一共传下两件宝物：一件是透光古铜镜，它的正面与普通青铜镜一样，可以照人，背面铸着花纹图案。神奇的是，当把镜子的正面对着阳光，背面的图案就会投在墙上或天花板上。第二件宝物就是这一对"柿子金"，成色极好，每锭有五两重，因形状像柿子，所以得了这么个名字。关于这一对柿子金，还有一段来历，和那面透光古铜镜一样，是孟家秘不宣人的传家之宝。现在见兄弟突然派专人持信来取这一对柿子金，孟光祖的心中就乱了方寸：给吧，不知兄弟拿去干什么，实在舍不得；不给吧，兄弟在信中写得十分急切，怕误事伤了兄弟之间的情义。孟光祖正在犹豫，门外又有一人飞马来到。孟光祖一看，来人是兄弟身边的心腹随从孟童。

原来，孟光宗生怕贪婪、吝啬的哥哥不肯把柿子金交给来人带回松江，心里很是放心不下。正在这时，一个探听消息的心腹回来禀报说：新任达鲁花赤海都大人，明天就到松江。一听这消息，孟光宗急忙又给哥哥写了一封信，派最得力的心腹随从孟童策马立即送往乌泥泾，吩咐带了柿子金立即赶回松江，一刻不得耽误。

孟光祖见兄弟的第二封信催得更急了，但仍然不讲要这对柿子金派什么用场，就问孟童："你可知道二爷要这一对宝物干什么？"

孟童回答说："二爷不曾向小人交代，只是吩咐小人取了宝物马上回松江，片刻不得耽误！"

见问不出个名堂，孟光祖只得进上房开箱取出柿子金交给孟童。孟光祖本想再问问孟童是否知道告状的事，谁知道孟童接过柿子金藏好，向他一拱手就立即翻身上马朝松江方向急驰而去。那两个先来的家人，也跟着一起走了。看到这匆匆忙忙的情形，孟光祖的心猛地往下一沉，觉得事情不妙，兄弟那里准是出了什么大事。望着孟童他们远去的背影和马蹄扬起的尘土，孟光祖忧心忡忡，茫然不知所措。

第十二节　人算不如天算

孟光祖在大门前站了很久，他刚转身想跨进门槛，突然传来了清脆的报君知的敲击声。回头一看，原来是康神算正敲着报君知朝这边走来。孟光祖一向对这位算命先生佩服得五体投地，见他来，急忙向他打招呼："神算先生！"

"喔，是孟大老爷！"

"屋里请，神算先生！"

"多谢！"康神算笑呵呵地登上台阶。可是当他抬头一瞧孟光祖的脸，不觉大吃一惊："哎呀，不好！"说着他急忙退下了台阶。

"神算先生，你为何这般慌张？"

"孟大老爷，小老不敢……不敢说。"

"神算先生，你我非一日之交，万望不吝赐教。"

"这里不是说话之处……"

"请进屋里讲。"

孟光祖把康神算请进自己的书房，命人沏来香茶，摆上时鲜果子，就惶恐不安地问："神算先生，你刚才为何见了我大惊失色？"

"孟大老爷，恕我直言，刚才我登上台阶，见你脸上有一团黑气。在小老看来，不出十日，孟大老爷你全家有……"说到这儿，康神算顿住了。

"有什么？请先生快讲！"

"有杀身灭门之祸！"

"啊！"孟光祖双腿一软，坐倒在地。

等孟大奶奶和丫鬟们七手八脚把孟光祖扶上椅子，康神算起身就要告辞。孟光祖急了，哀求道："神算先生，你老别走，千万给指一条逢凶化吉的明路！"

康神算抬头看着窗外，不作声。孟光祖更急了。就在这时，管家孟俞仁慌慌张张闯进书房："大老爷！不好啦！"

"什么事？出了什么事？"孟光祖急忙问。

"咱家祖坟上的乌桕树死啦！"

"什么？谁告诉你的？"

"刚才我在街上走，听见不少人都在说：孟府要败了！孟府要败了！我听了很纳闷，问一个卖鱼的是怎么回事？起先他不肯说，后来被我催促不过，才说：'孟家老坟上的乌桕树突然死了，这是孟家要败的凶兆。'我赶到老坟一看，那棵乌桕树果真死了。"

"啊！"孟光祖吓得面如土色。

原来，孟家祖坟上有一棵老乌桕树，长得郁郁葱葱，枝繁叶茂。孟府和乌泥泾镇上的人都认为这棵乌桕树是孟家祖宗庇荫的象征。乌桕树的勃勃生机象征着孟府的兴旺昌盛。现在，这乌桕树突然死了，这不是正应了康神算刚才说的那一番话吗？孟光祖摆摆手，让其他人统统回避，然后关上门向康神算哀求道："神算先生，你老不能见死不救啊！只要能替我化险为夷，要多少地，多少银子，你老自己说。"

康神算低着头，不说话。

"神算先生！"孟光祖双膝跪地，哭道："你老可怜我一家老小，千万要指一条活路！"

"大老爷请起。"康神算伸出一只手拉起孟光祖，长叹一声，"办法是有啊，不过你必须以诚相见！"

"一定！一定！"

"孟大老爷，以小老看来，你准是冲撞了什么神人。"

"什么？冲撞了神人？"

"嗯。近来你去过哪些地方，干了些什么？"

"没有……没有……"

"孟大老爷，小老告辞了！"康神算脸一沉，起身就走。

"请先生息怒！"孟光祖急忙拦住康神算，扶着他重新入座。他想还是身家性命要紧，面子、名声顾不得了。于是他把自己如何想凌辱秋媛，如何与黄婆婆结仇，如何写状纸告她拐骗人口等等，如实告诉康神算。末了，他说："除了这些，近来我没有干什么。你老知道，那黄老婆子又不是什么神人。"

"此言差矣！"康神算显得有些惊恐，"孟大老爷，黄婆子决非寻常妇道。看来你冒犯的神人不是别人，正是这位黄婆婆！"

"怎么？难道她真的是神人？"

"孟大老爷，你好糊涂！我问你，那天涯海角是什么地方？有诗云：'一去一万里，千去千不还，崖州在何处，生渡鬼门关。'黄婆子一个妇道人家，孤身一人，居然能漂洋过海，生去生还。还有，自从黄婆子回到家后，植棉织布之风大盛，她造的搅车、弹弓、纺车和布机风行江南各地，乌泥泾被和各色广幅布更是畅销全国，致有'松郡棉布，衣被天下'之誉。孟大老爷，此等业绩，非神人不可为也！"

"对呀！"听了康神算这一番振聋发聩的言语，孟光祖对黄婆婆由鄙视仇恨转为恐惧。

"自从黄婆婆回到乌泥泾，曹家总有一股祥瑞之气。到了夜里，整个镇北上空都发亮。孟大老爷，倘若不信，今晚可登楼向北一望。"

"我信，我信。"

"退一百步说，即使她不是神人，我等也万不可冒犯她。如今，黄婆婆的名字在黄浦两岸，谁不知道？那些耕夫织妇视她如同生身父母一般。你要是伤着了她，他们还不把孟府夷为平地？"

"啊！神算先生，这如何是好？"

"你说呢？"

"我给黄婆婆送上一桌酒席，向她赔罪。把那张状纸撤回，当她的面焚毁。另外，干脆把秋媛送给她当个贴身丫鬟……"

"孟大老爷，你说的这些都是人事，我不必多言。该怎么办就怎么办，万勿疏忽大意就是。我要说的是法事……"

"法事该如何办？先生请讲。"

康神算一抬手，叫孟光祖俯耳过来，低声说："我有一法，能为贤侄禳灾祈福，不知大老爷愿听否？"孟光祖听他称自己贤侄，很是吃惊。

"请先生不吝赐教。"

康神算呷了口茶，说："刚才贤侄所说的那几件事，明日一天之内全部办妥。从后天起，你贤侄就开始斋戒。"

"如何斋法？"

"斋法有三：一设供斋，可积德解愆；二节食斋，可和神保寿；三是心斋，即疏瀹其心，除嗜欲，澡雪精神去秽累，掊击其智绝思虑。"

"多谢先生指教。"

"还有，必须在家宅四周挖一条三尺宽、二尺深的明沟，沟底撒上鸡血，三步插一竹签，五步埋一符箓，请一班道士来作法念经，然后再回填土将明沟填平。只要贤侄肯依小老之法，我保你全家逢凶化吉，遇难呈祥。"

"若能如此，仁伯的大恩大德，我全家没齿不忘！"

"好，就按刚才我们说的办！"说罢康神算起身告辞。

康神算走后，孟光祖感到身上一阵阵发凉，用手一摸，原来刚才出了一身冷汗，内衣全湿透了。可是，他顾不得换衣服，吩咐家人分头去做办酒席和做法事的准备，自己备了香烛和管家孟俞仁一起急急忙忙朝老坟走去。

走近老坟，孟光祖见那棵一向生机勃勃、枝繁叶茂的乌桕树像被开水烫过似的，所有的叶子又黄又蔫，心里就比来的时候更加害怕和不安了。心想：孟家传到我这一代，难道真的要败了吗？他诚惶诚恐地点燃香烛，捣蒜般地给祖宗磕头，祈祷祖宗保佑。

回家的路上，孟光祖和孟俞仁主仆俩心情沉重，谁也没有说话。在离家不远的地方，他们突然看见一位身穿袈裟，手持禅杖和铜钵的和尚，迎面而来。孟光祖抬头一看，只见这位和尚身高体大，相貌非凡，左边脖子上有一块巴掌大小的朱砂记。和尚见了孟家主仆，合十施礼，口念阿弥陀佛。孟光祖这个吝啬鬼，今天突然变大方起来。他从袖中取出一块银子，放进和尚的铜钵。和尚道过谢，持杖向北而去。

孟光祖走到自家门前，不觉吓了一跳，黑漆大门前的两尊石狮子离开石座倒在了十步之外的墙根之下。这一对石狮子是孟府的镇宅之宝，每尊足有千斤。是谁有这等神力竟能把它们从石座上抱起来放到十步之外？孟光祖觉得自己的脊梁骨直发麻。这时，家丁孟洪出来禀报说："大老爷，刚才有位和尚来到门前，对小的说：告诉你家主人，善有善报，恶有恶报，时辰一到，一切皆报！他说完抱起石狮子扔到了墙根底下，然后念了声阿弥陀佛就走了。"

"那和尚的脖子上可有块朱砂记？"管家孟俞仁问。

"对！这和尚长得魁伟高大，脖子上有一块巴掌大小的朱砂记。"

孟光祖一听，心里暗自庆幸，亏得刚才自己没有怠慢那位和尚，给他的那块银子，足有二两之重。到这时，孟光祖对康神算说的完全信服了，没有一丝一毫的怀疑。他把禳灾祈福的希望，全部寄托在康神算的身上。

当夜，他给兄弟孟光宗写了一封信，要求索回状纸。信写好，让管家孟俞仁向镇主艾百户借了一匹快马，差家丁孟洪连夜骑马送往松江，叫他取了状纸第二天赶回乌泥泾。

康神算告辞了孟光祖，就来到金保的轧棉店。金保媳妇说金保不在家。康神算沿着乌泥泾河往西走，来找"阎王怕"阿窑叔，可是他也不在家。于是，康神算敲着报君知又向沈家弄走去。金保、阿窑叔、许木匠他们正和黄婆婆一家聚在客堂里议事，从屋里传来金保的声音："黄婆婆，乡亲们都准备好了，只要孟光祖敢来害你，我们就和他拼了！"

"嗳，别这样，你们都是拖家带口的人。我这个孤老婆子，已经是年近半百的人了，早死一天，晚死一天有什么要紧！叫我放心不下的是我们的搅车、椎弓、纺车和布机还都要改；乌泥泾被的花样还不多。青莲，我死后，望你们……"

"黄婆婆！你……"青莲、桂芳她们终于忍不住哭出了声来。

"别哭，孩子！"许木匠安慰说，"文打官司武动手，我们都不怕。现在神算先生正在孟府，如果他的办法行，那是再好不过！"

"大家不必担忧。"康神算进屋，笑嘻嘻地说，"现在事情已经有了七分把握。"

"喔——神算先生！"屋里的人面露喜色。

阿窑叔说："神算先生，你在孟府怎么待这么长时间？我有要紧的事情找你商量。"

"什么事？阿窑兄弟？"

"替我写封信。"

"给谁写信？给海都将军？"

"哎呀，神算先生！我心中的事怎么也让你算出来了？"

"俗话说'秀才不出门，尽知天下事'，你在乌泥泾住了几十年，你的事我怎么会不知道呢？阿窑兄弟，今天没有外人，我干脆替你把窗户纸捅破了。"康神算望了望四周一张张惊异的面孔，笑道，"你们都知道阿窑叔不是本地人，但他到底是哪里的人，你们谁也不清楚，他也没有告诉过任何人。可是，阿窑兄弟，你瞒得过别人，却瞒不过我。你是位蒙古兄弟，是隐姓埋名逃难来的，对吗？"

"对，神算先生！"阿窑叔点头说。

"松江府新任达鲁花赤海都将军，是你的亲侄，对吗？"

"对，是！"

"你们叔侄本来情深义重，就是因为他当了大官，深得皇上宠信，所以你一直不肯去找他。如今，你突然求我写信，是想叫海都将军惩办孟家兄弟，为黄婆婆解难，对吗？"

"我的神算先生，这一切你是怎么知道的？我对谁都没有讲过啊！"

"嘿嘿，怎么知道的？算出来的，要不大家都会叫我神算先生！"

"神算先生，我的这个主意行吗？"

"你们蒙古人讲究义气，你们叔侄又是至亲，我看事情能有三分把握。"

"怎么？只有三分把握？我和侄儿的关系非同一般！"

"怎么非同一般？"

"海都是我大哥的独子，我比他大十三岁。我大哥早亡，海都从小由我抚养。他从十二岁起，就跟我一起征战沙场，生死与共。一年夏天，天气异常燥热，我们在荒山中奔驰了一天，人困马乏，饥渴难熬。拐过一个山坳，突然出现了一条小溪，哗哗的流水清澈明亮。我的坐骑'蛟龙黑'见了水，撒蹄往溪边狂奔。我们人和马一起喝了个痛快。谁知这一下闯下了大祸。原来大汗蒙哥正在离我们不远的下游饮马，他的禁军发现了我们，立即把我们围住了。我侄儿海都说：我们隔着一个山冈实在没有看见大汗，请千万开恩恕罪。几个禁军不由分说，举鞭就朝我侄儿猛抽。我忙说：祸是我闯下的，与侄儿无关，一切罪过应该由我承当！禁军立即把我捆绑起来，打得我死去活来。大汗蒙哥准备在第二天拿我开刀问斩，来个杀一儆百。当天晚上，我被绑在旗杆下，心想这一回准死无疑了。到了半夜，我的'蛟龙黑'悄悄跑到旗杆下，咬断捆在我身上的绳索，然后趴下身子，让我爬到它的背上。就这样，我死里逃生，活了下来。我得罪了大汗蒙哥，不敢再在北土待着，就一直往南跑。几经转辗，最后来到了乌泥泾，一住就是几十年。原来我以为侄儿死了，后来在闲聊中从镇主艾百户那里得知，他非但没有死，而且还当了不小的官儿。艾百户曾在他部下当过兵，说他一直在寻找我的下落。"

"你们的叔侄关系，艾百户知道吗？"康神算问。

"不知道，我没有告诉他。"

"你为什么不去找你的侄儿？"

"我不去找他。俗话说：入了公门，六亲不认。他是达鲁花赤，高官厚禄，威风凛凛；我是个打猎的穷老头，又不贪图荣华富贵，去找他干什么？"

"既然如此，阿窑兄弟，我看连这封信也不要写了。"

"这……"

"你们叔侄四十多年不曾见面，现在光凭一封书信海都大人就肯扳掉一个总管？俗话说：衙门是黑漆皮灯笼，官官相护！再说，要是真的除掉了孟家兄弟，孟府的地入了官，我们乌泥泾的百姓就更苦了。官田的租税比私田更严苛！"

"那怎么办？"

"我有办法，阿窑兄弟，你放心，请静候佳音。"

"好，那又要看你神算先生的了！"

阿窑叔和康神算这一席对话，使屋里的人都听呆了。黄婆婆不禁想起了当年阿窑叔送给她天鹅的情景。啊，这位秉性刚正，脾气古怪的老人，原来竟是一位流落他乡的蒙古族人！康神算笑道："大家不必奇怪，更不必担忧！"说着转向黄婆婆，"黄婆婆，明天中午你们不用做饭，孟大老爷给你送酒席来。"

"是吗？"屋里的人都活跃了起来。

"他送来，你们就不要客气。另外，秋媛的卖身契别忘了向他讨！"康神算说。

"好，神算先生，你老费心啦！"黄婆婆说。

"别说见外的话，黄婆婆！"康神算将金保叫到身边，小声说："你那一蒲包盐咸死了孟家老坟上的乌桕树，现在还有办法救活它吗？"

"救活它？"

"对。要是能救活，就显得我的法术更灵了。孟光祖进了棺材也不会怀疑我们做了手脚。"

"好，我一定想办法。"

"实在救不活，也不要紧。"

"你放心，神算先生，我尽力救活它！"

元朝的政治十分黑暗、腐败。一个蒙古族官吏走马上任，同僚下属，尤其是汉人、南人官吏，总是要为他大摆接风筵席，奉送名目繁多的赠礼，以求得蒙古权贵的欢心和赏识。

松江府总管孟光宗以前为新任上司接风洗尘，总是山珍海味、琼浆玉液，把酒筵搞得十分隆重盛大。

如何才能把这一次接风酒筵办得比以往更好，孟光宗搜肠刮肚，冥思苦想了整整一夜。他想：松江是有名的鱼米之乡，这儿的特产松江鲈鱼，人称四腮鲈，自古为名鱼中的珍品。眼下时值暮春初夏，正是吃四腮鲈的大好时节。名贵的鲥鱼也已开始上市……想着想着，孟光宗得意地笑了。他决定用"全鱼宴"来为新任达鲁花赤海都接风洗尘。他明白：这位海都大人是皇上的宠信，他久居官宦，熊掌鹿尾、燕窝鱼翅一类的山珍海味，一定吃腻了；而我这全鱼宴既隆重热烈又别致风雅，准保吃得他心满意足。

第二天中午时分，威风凛凛的新任达鲁花赤海都，在孟光宗等一班同僚下属的前呼后拥下进了松江城。

当天傍晚，松江府衙的花厅里，灯火通明，丝竹鼓乐之声悦耳。孟光宗及其僚属为新任达鲁花赤海都举行的接风宴会开始了。三张紫檀木八仙桌在花厅里一字排开，海都在主桌首席坐定，同知脱脱木、总管孟光宗等大小官吏，按照自己的身份，依次在各桌就座。每张桌上都摆着六只冷盆，全是用煎、炸、熏、醉、糟等法制成的各色鱼菜。桌子中央的一只白底蓝花细瓷盘里，放着薄批细切的生鱼片。孟光宗举杯道："海都大人乃圣上之爱将，国家之栋梁，美名远播。今海都大人来松郡主事，实为松郡百姓之造化，吾等荣幸。为此，我等特备薄酒一杯，为海都大人接风洗尘，聊表绵薄之忱！"

海都也不客气两句，就仰头"咕咚"一声，把酒一饮而尽，咂咂嘴，赞许道："好酒！"

孟光宗胁肩谄笑道："大人，这是窖藏了五十年的临邛酒。"

"怎么？这酒真的藏了五十年了？"

"是，大人。"

"这么说，咱们喝的是宋朝的酒？"

孟光宗顿时吓出了一身冷汗，不知如何回答是好。孟光宗惊魂未定，海都却哈哈大笑，抱起酒坛咕嘟咕嘟地喝了起来。喝了一阵，用袖子抹了抹嘴巴，连说："好酒！好酒！"孟光宗见他这般快乐，一颗悬着的心才算落了地。

一会儿，开始上热菜。第一道上的是红烧四腮鲈，盘子一端上来，顿时满屋飘香。孟光宗笑着说："海都大人，这四腮鲈是松江第一名鱼，吃口极好。请大人动箸。"

海都夹了一块放进嘴里，连声叫好："名不虚传！名不虚传！"

一听这话，孟光宗他们一个个受宠若惊，不知如何是好。

端上来的第二道热菜是清蒸鲥鱼：一条尺半长的白银似的鲥鱼，热气腾腾地躺在一只椭圆形的瓷盘里，散发出阵阵诱人的香味。海都不等孟光宗他们说请，就自己动起筷来，味道自然十分鲜美。陪席的僚属见海都吃得眉开眼笑，都劝他多用。可是当海都再动筷夹鱼时，不觉吓了一跳。他只觉得自己的筷子触在了什么硬东西上，用筷子一扒，只见鱼腹中露出两块紫红色的石头一样的东西。海都顿时脸色大变，瞪圆双眼扫视四座。陪席的官吏一个个吓得面如土色，浑身像筛糠一般。此时，唯有孟光宗不慌不忙，用筷子把那两块紫红色的硬物夹起。这时，早有一个长得机灵、清秀的小仆捧着一只红木托盘来到孟光宗身边。托盘里放着两只象牙雕成的小匣子，匣子里垫着大红绸缎。孟光宗把那两块紫红色硬物放在开水里涮了涮，装进象牙小匣；然后将托盘接过，躬身递到海都面前，恳求道："海都大人，这是卑职孝敬你老的一点儿薄礼，聊表寸心，万望笑纳。"

海都一看，是两锭成色极好的赤金，不觉心中大喜。

陪坐的众官绅一场虚惊之后，都在心中暗暗佩服总管大人巴结上司的手段实在高明。

"千里做官只为财。"海都见到面前的两锭赤金，眼睛笑成一条线："这等成色好的赤金，我还不曾见过，不知大人何时何地所得？"

"禀大人，这两锭赤金形如柿子，所以俗称柿子金。虽然分量不大，却是祖上留下的传家宝物。说起来，还有一段来历哩。"

"哦——大人请讲。"

"汉朝年间，赵飞燕沐浴，成帝每往窥视，袖中必藏柿子金，以赐侍从婢女。我家祖上有一位女祖宗是飞燕的贴身奴婢，这一对柿子金就是这位女祖宗传下来的。到如今已有一千多年了。"

不等孟光宗说完，海都突然一拍桌子，大怒道："咄！孟南蛮，你好大胆子！这柿子金既然是汉成帝赐给奴婢的，今天你又将它送给我，是何用意！"

听了海都怒斥，孟光宗吓得魂飞胆裂。他献出传家宝物，一心想取悦于上司，万万没想到竟弄巧成拙、适得其反，眼看着大祸就要临头，孟光宗用哀求的眼光望着同知脱脱木，又用脚轻轻碰了一下他的靴子。脱脱木平日得到过孟光宗的许多实惠，尽管他此时对孟光宗搞的这一套向海都献金的把戏很有几分妒意，但还是站起来躬身说：海都大人息怒，孟大人是一片好意。其他陪坐也连忙求情说："海都大人息怒，孟大人是一片好意！"

"好意？"海都转怒为喜，"哈哈，哈哈哈！孟大人，别介意，我是跟你闹着玩的！"说着他把一对柿子金收了起来。

陪席的众官绅也都如释重负，趁着海都高兴，纷纷献上礼物。海都毫不推让，一一笑纳，多多益善。孟光宗见此情景，就像在断头台上遇了大赦一般。

宴会继续进行，端上来的第三道热菜是"香菇冬瓜鳖裙羹"。这也是一道名菜，用肥嫩的雄甲鱼裙边、上等香菇和冬瓜等原料做成，不但脍炙人口，而且大有滋补养身的功效，是夏令时菜中的佳品。海都舀了一调羹放到口中，大声称好，问："这是驼峰吗？"

"不是，大人，这是鳖裙羹。"孟光宗笑道："今天我们用的是全鱼宴，没有飞禽走兽，全用河鲜做成。"

"嗯，好！这鳖裙羹的味道真不错，比我们的驼峰还好吃！"

"不瞒大人说，"脱脱木给海都斟满一盅酒，"这驼峰、鳖裙都是席上的珍品。有道是：'北有紫驼峰，南有青鳖裙。'"

"不错，一点不错！"海都快活得哈哈大笑。他大口喝酒，大口吃菜，好像他刚才发怒的事儿根本没有似的。

脱脱木和其他陪坐中的蒙古人、色目人也都一个个狼吞虎咽，足吃尽喝，唯有孟光宗这班汉人、南人官吏谁也不敢贪杯，都赔着笑脸轮流向新任上司敬酒劝菜。

海都已经有了几分酒意，一抹油嘴，说道："吃了这顿全鱼宴，我才明白圣上为什么放我到松江来。俗话说：'走尽天边，唯富黄浦两边。'这话一点不假，松江真是一个富庶的鱼米之乡！"

"大人，松江不仅有鱼有米，还有布哩！"脱脱木说。

"大人，如今有所谓'松郡棉布，衣被天下'之说，不知大人在大都城中可曾闻听？"孟光宗问。

"嗯，听说过，听说过！各位，现在江南各地遍设木棉提举司，不过圣上对松郡最为倚重。你等不可辜负了圣上的浩荡皇恩！"

"圣上乃千古英主，我等即令肝脑涂地，也要为皇上效尽犬马之劳！"孟光宗说着竟滚出了热泪。

其他陪坐官吏也都纷纷表示对皇上的一片忠心。

海都大喜，"咕咚"一声喝了一大口酒，说道："你等可知道，乌泥泾被在大都城里很是吃香！达官贵人，以致皇亲国戚都喜欢得很呢！"海都讲到这里，心里愈发高兴。他想：我有了这精美漂亮的乌泥泾被和各色各样的广幅布，还怕日后不能升更大的官，发更大的财？

菜上了一道又一道，酒喝了一坛又一坛。海都、脱脱木等一个个酩酊大醉。

散宴后，孟光宗疲惫地回到自己的宅第，想起刚才席间的情景，不免心有余悸。他明白，这位海都大人比以往任何一个上司都难伺候，自己今后必须时时留神、处处小心。这天夜里，孟光宗躺在床上翻来覆去睡不着觉，交过子时他仍然没有合眼。突然，老家人进来禀报，说乌泥泾老家的孟洪来了，有要事要面见二爷。孟光宗不觉眉头一皱，估计准是哥哥在老家闹出了乱子。他从孟洪手中接过书信一看，知道事情并没有他估计的那样坏，便长叹了一声，对孟洪说："你去睡一个时辰，明天凌晨再走。"

孟洪一走出去，孟光宗在屋里踱来踱去。他想给哥哥写一封回信，可是竟不知从何写起。堂堂的总管大人，此时完全乱了方寸。想想达鲁花赤海都的喜怒无常，看看哥哥告黄婆婆和乌泥泾百姓联名告哥哥的状纸，不觉心乱如麻。等孟洪一觉醒来，孟光宗仍在房间里踱步。他把告黄婆婆的状纸递给孟洪，说："回去告诉大老爷，对众乡邻只能好生安抚，切不可轻举妄动，以防有所不测。"

第十三节　得饶人且饶人

孟洪快马加鞭，从松江城回到乌泥泾，正是中午时分。

这时，孟光祖早已命人做好给黄婆婆赔罪的其它一切准备，见孟洪及时赶回来，急忙问："状纸取回来了？二爷有何吩咐？"

孟洪把状纸递给孟光祖，回禀道："二爷说，对此乡邻只能安抚，不可轻举妄动，以防不测。"

孟光祖"嗯"了一声，吩咐家人挑起备齐的东西，跟着自己朝北街走去。

黄婆婆跟往日一样，在院子里教着几个外地姑娘纺纱。孟光祖怀着敬畏的心情，一进曹家的院门，连忙拱手作揖，说："黄婆婆，孟某生性愚昧，有眼不识泰山，以前对黄婆婆多有冒犯，万望黄婆婆恕罪！"

"孟大老爷，你说的可是真心话？"黄婆婆问。

"是真心话，黄婆婆！这是我告你的状纸，昨晚连夜从松江取回来的，我要当你的面烧掉！这是秋媛的卖身契，我也要当面烧掉！"孟光祖说着从孟康手中接过纸捻点着，当场将状纸和卖身契点火烧化。然后，他从衣袖中取出一张地契，说："黄婆婆，这是你家六亩水田的地契，我还给你。"

孟光祖还地契，出乎黄婆婆的意料。她一时竟不知如何办好。金保见了，忙说："黄婆婆，既然孟大老爷这么诚心，你就把地契收下吧。"

"好吧。"黄婆婆接过了地契。

"多谢黄婆婆恕罪！"孟光祖躬身说道。

看到这副情景，站在一旁的龙妹忍不住插话说："孟大老爷，你还没给秋媛谢罪呢！你得给她磕九九八十一个头！"

"这……这……"孟光祖十分尴尬。

不知"鬼见愁"什么时候进来了，他拖着一条跛腿上前一步说："磕头不必啦，叫孟大老爷出一百两银子给秋媛办嫁妆吧！"

孟光祖望了望黄婆婆，低声问："黄婆婆，行吗？"

黄婆婆反问道："你说呢？"

"行，行！我听黄婆婆的！"

见黄婆婆脸上露出了一丝笑容，孟光祖忙吩咐家丁把酒席挑上来，笑道："黄婆婆，我专门备了几个家常菜，几杯水酒，实在不成敬意，望您老笑纳。"

黄婆婆为了早点儿打发孟光祖他们走，就笑着说："那么多人情、银子都受了，这一桌酒菜怎么好不受？孟大老爷，我们领情了。"

"黄婆婆，你对孟某人如此赏脸，真叫我感激涕零！"孟光祖见黄婆婆收下了酒席，如释重负，向黄婆婆和众人躬了躬身，告辞退出了曹家院门。

这时，沈家弄里挤满了看热闹的人。孟光祖从人群里穿过，不但不感到难堪和狼狈，反而像刚从神灵那儿赎罪归来，感到十分轻松和高兴。

回到家中，孟光祖马上让管家孟俞仁把秋媛的嫁妆钱给黄婆婆送去。孟俞仁心中暗暗骂道："我伺候了你一辈子，你何曾对我这么大方过？今天你倒慷慨，把丫鬟白送给人家不说，还要倒贴一百两银子的嫁妆钱！"他心中这么骂着，嘴里却不敢露出半个字，只得乖乖地把银子送去。

第二天，孟光祖按照康神算的吩咐：焚香沐浴，素食净衣，开始斋戒。康神算先请人在孟府宅院的四周挖了一条明沟，然后请来一班道士撒鸡血，插竹签、唪经文、埋符箓、焚青词、步罡踏斗，吹吹打打，闹了三天三夜。孟府的花费自然不小，但只要能禳灾祈福，再多的钱孟光祖也舍得花。

第三天，孟大老爷向黄婆婆赔罪的事，很快就传遍了乌泥泾镇和附近的四乡八里。乡亲们听了无不拍手称快，街上、田里、家中，人人都在谈论黄婆婆真了不起，连孟光祖这样的大财主都害怕她！从此，乡亲们对黄婆婆更加敬重和爱戴了。

正当乡亲们喜气洋洋、兴高采烈的时候，金保可累坏了。接连几个晚上，他悄悄跑到孟家老坟，先把埋在乌桕树下的一蒲包盐挖出，然后将四周的咸泥一点点掏尽，再担淡土填好。这一切，必须干得干脆利落，不能露出一点破绽。

半个月之后，孟家老坟上的乌桕树居然起死回生，枝头上长出了新叶。孟光祖得到消息，急忙备了香烛来到老坟。见乌桕树果然死而复生，心中有说不出的喜悦。他在祖坟前烧香磕头，祈求各位祖宗永远保佑子孙。

从老坟回到家中，孟光祖立即命厨房办一桌酒席，派孟洪去请康神算。康神算也不客气，跟着孟洪就赶来了。

席间，孟光祖对康神算感激再三。康神算说："孟大老爷，不必谢我，你应该谢黄婆婆！是她不讲旧怨，宽宏大量，所以你一家大小能逢凶化吉，遇难呈祥。要不然，你家祖坟上的那棵乌桕树怎么会死而复生呢？"

"对，神算先生所言极是！"

"光祖贤侄，我有一言相告。"

孟光祖见康神算又一次改口叫自己"光祖贤侄"，先是一愣，接着马上恭敬地说："仁伯有何见教？"

"你可知道那个打猎的'阎王怕'是什么人？"

"这……这个小侄不知。"

"他不是本地人。"

"这我倒听说过。"

"他是蒙古人！"

"噢？"

"他是松江府新任达鲁花赤海都将军的亲叔！"

"啊！可是真的？"

"千真万确。贤侄，听说你和他有过不快？"

"是，他曾帮我的佃户闹抗租退田。"

"这个'阎王怕'可是得罪不起啊！听说他对贤侄的怒气还不小呢。这对贤侄，对令弟的前程很不利呀！"

"是啊，这可如何是好！"

"贤侄，别急，听我慢慢说来。他们叔侄分离已几十年，况且海都现在还不知道他的叔叔就在乌泥泾。所以，贤侄你不妨每月接济他一些银子，让他在乌泥泾好生养老。人生七十古来稀，他还能破费你多少银子！"

"对，仁伯说得对！"

"听说海都大人一直在寻找叔父的下落，他们叔侄情义非同一般。所以你得写信给令弟，让他千万不要把'阎王怕'的情况告诉海都大人。话又得说回来，你现在待这老头好，以后即使他们叔侄相聚了，也不会为难你们。"

"多谢仁伯指教！"

孟光祖对康神算非常感激。吃完酒，他命账房先生取来两封银子，对康神算说："仁伯，这包银子一百两，是小侄孝敬你老的。请不要嫌少！"

"贤侄，你这么一说，我只得收下了。"

"这一包是三十两，烦劳仁伯转送阿窑叔。请告诉他，以后每月我都有十两银子相赠。"

"这好说，都包在我身上了。"

康神算笑眯眯地拿着银子，走出了孟府的黑漆大门。他在泰和茶馆喝了几杯茶，就一直朝镇北曹家走来。他见了黄婆婆，笑着说："事情过去了。过几天你派人把秋媛从无锡接回来吧。刚才，孟光祖请我喝酒，还给了不少银子。这一包是给阿窑叔的，你让人给他送去。告诉他，孟光祖说，以后每月都有十两银子相送。"

"为什么？"

"孟光祖听我说阿窑叔是海都的亲叔，还不赶忙巴结他？"

"阿窑叔不会要的。"

"不要就用来周济外地来学艺的人。"康神算说着，把自己的一包银子打开，"这一包是一百两，你把它分成五份，一份给金保，孟家老坟上的那棵乌柏树死而复生，全是他出的力。另外几份给豆腐店牛二嫂，东街泰淮老汉，赵南闵家村阿大根，镇北谢家宅谢阿月家送去。他们都是孟府的佃户，都遭过孟府的害，被逼得家破人亡。"

"上次你做法事得的三十两银子，都让我周济了乡亲。这一百两，您老留下一些吧。"

"嗳，黄婆婆，这银子全是佃户们的血汗，我怎么忍心用呢！"

"那我替各家谢谢神算先生了！"

"物归原主，还用谢吗？"

"神算先生，许师傅、金保他们联名告孟光祖的状纸，现在还在孟二老爷手里，怎么办？"

"让它放在那里，以后再说。"

"难道我们真的告不倒孟大老爷？"

"如今的衙门都是昏天黑地，要告倒孟光祖，不容易啊！他们有的是钱，花上几千两银子上下买通，还不照样无事？况且，孟大老爷倒了，还有孟二老爷，孟二老爷倒了，还有他们的儿子、孙子。所以我想：要是孟光祖肯把地租从四六开减到三七开，我们就算了。"

黄婆婆叹了一口气，说："得饶人处且饶人，看来也只能如此。"

随着黄婆婆在乡亲们心目中的声望越来越高，托她为自己儿女做媒的人越来越多。

当时乌泥泾一带跟别的地方一样，男女青年全凭父母之命、媒妁之言和花红彩礼来决定婚姻。俗话说：捆绑不成夫妻。这包办婚姻和买卖婚姻不知毁了多少青年男女的终身。对此，黄婆婆不但耳闻目睹，而且更有切肤之痛。所以，她当月老，总是设法成全青年人的心愿。在黄婆婆的提调和撮合之下，一对对有情人终成眷属。他们在婚后男耕女织，互敬互爱，生活得很是美满。当时，在乌泥泾一带流传着这么一首歌谣：

> 想娶好媳妇，去找黄婆婆。
> 想嫁好夫婿，去找黄婆婆。

看到新人们双双对对过着恩爱、幸福的生活，听到一个个新生婴儿坠地的啼哭声，黄婆婆的心中感到说不出的欣慰和愉快。

但是老话说，新年催旧岁。没有几年工夫，大妈妈张氏、三婶金氏、阿窑叔、老木匠许师傅、水芹的奶奶秦氏、"鬼见愁"桂其昌、玉琴的母亲素娥以及浦东的老石匠顾松泉、金祥叔和金祥嫂，像互相约好了的一样，先后都离开了人间。这给黄婆婆带来了极大的悲伤。黄泉路上无老小。在三婶金氏去世的当年，德光、凤英和德明的小女儿庆燕也生病死了。黄婆婆头上的白发越来越多，人越来越苍老了。

元朝统治者对广大人民，尤其是对广大的汉族人民，实行野蛮的经济剥削。像苍蝇一样多的王孙贵族，像蚊子一样多的大小官吏和兵勇，无不需要民脂民膏来养活。沉重的赋税，压得老百姓喘不过气来。元朝的赋税制度很复杂，南方和北方又不一样。江南地区实行的是夏、秋两税制：秋税征粮，夏税征棉花、布绢、丝绵等物。正税之外，还有五花八门的杂税。盐、酒、茶、醋、金、银、铜、铁、铅、矾、竹、木、煤炭、蒲苇、乳牛、鱼苗等等，无所不税。当时有人说："雁过拔毛，鱼过剥鳞"，真是丝毫不差。除此之外，贪官污吏还总是绞尽脑汁，对老百姓进行种种额外的敲诈勒索。求见官吏要"拜见钱"，逢年过节要"追节钱"，官吏寿辰要"生日钱"，办事得送"常例钱"，告状诉讼要"公事钱"，官吏无端白要得送"撒花钱"。除此之外，元朝统治者常常滥发纸币，造成物价飞涨，来嫁祸于民，穷苦百姓还要忍受地主老财、高利贷者的剥削，当时有一种叫"斡脱钱"的高利贷，也叫"羊羔儿息"，一锭银子放出去，十年之后就是一〇二四锭。多少人被这种"斡脱钱"弄得倾家荡产，卖儿卖女！可是，元朝政府专门设立"斡脱所"，来保护这种疯狂、野蛮的剥削。

在黄婆婆的精心传授和指点下，乌泥泾出的被面、布匹、花带、头帕、手巾等棉织品的数量越来越多，质量越来越好。但是，随之而来的统治阶级对乌泥泾老百姓的剥削也越来越重了。所以，乌泥泾乡亲们的生活只能维持在温饱的水平上，不能有更多的提高。尽管如此，这同当时其他地方比起来，乌泥泾算得上是一块乐土了。当然，乌泥泾的乡亲们心中都明白：要使自己不再贫穷，保住吃饱穿暖的日子，必须不断提高纺织技艺，织出更多更好的被面和布匹。

第十四节　乞巧节巧事多

从黄婆婆回到家乡的第三年起，每年七月初七乞巧节的第一天，乌泥泾都要举行一次纺织比赛。当然，每次比赛都请黄婆婆来主持，参加比赛的人除了本镇的以外，还有附近几十个村庄上的姑娘。在比赛中获胜的，黄婆婆奖给每人一块手巾。这手巾虽然不值几个钱，但是姑娘们都把它看得很重。当时，农家娶媳妇，主要看姑娘会不会劳动，能不能纺纱织布。这样，凡是得到黄婆婆奖赏的姑娘，上她家提亲的人就会纷至沓来。于是，这姑娘不但可以挑选一个中意的夫婿，而且还能让父母少为自己的嫁妆担忧。所以，每次比赛结束，当获胜的姑娘领到黄婆婆的奖赏时，都激动得热泪滚滚。她们打从心底里感谢黄婆婆：黄婆婆呀黄婆婆，您老真比爹娘还亲，是你教我们纺纱织布，让我们不再挨饿受冻；如今你又奖给我们这手巾，让我们都能找到一个好夫婿。做一个姑娘，有了这两样，别的还要些什么呢！

今年七月初七举办的是第八次比赛，参加比赛和观看的人比以往更多，共有十八个姑娘得了奖。发完奖，黄婆婆又同以往一样，进行纺织表演。表演前她说:"我已经老了,腿脚不灵便了,这是最后一次做样子做给你们看。"说完就踩动纺车,纺起纱来。一边纺一边讲纺纱的要领和窍门。看到满头银丝的黄婆婆谈笑风生,姑娘们对她又是钦佩又是心疼。

黄婆婆纺了纱,又要表演织布。青莲递给她一条手巾,说:"黄婆婆,你太累了,让我来试试看。"

"好,你织给大家看看!"黄婆婆说。

青莲坐进布机,经过这么多年的勤学苦练,在机杼的轧轧声中,青莲的织布技术已经到了炉火纯青的地步,梭子像流星一般来回飞蹿。她换一只梭芯只要打个喷嚏的时间,接一个断头只要一眨眼的工夫。黄婆婆擦了擦汗,对姑娘们说:"你们都能像青莲这样织得快,织得好,我就高兴了!"

姑娘们说:"黄婆婆,您老放心吧,我们回去后一定抓紧练,明年七月初七,您老看我们长进不长进!"

一年一度的比赛结束了,可是姑娘们谁都不肯离去。黄婆婆见大家望着自己,觉得很奇怪,问:"你们还有什么事吗?"

姑娘们你看着我,我看着你,谁也没有胆量出来挑头说话。过了一会儿,许木匠的孙女龙妹上前说:"黄婆婆,这十多年来,你为了教我们纺纱织布,披星戴月,费尽了心血。对你老的恩德,我们永世也报答不尽。明年八月十六,是你老六十的寿辰,我们全镇的乡亲商议好了,想替您老热热闹闹地庆寿。"

"嗳,龙妹!"黄婆婆的笑容不见了,"我当你们有什么要紧的事,原来是又要给我祝寿。我不是有话在先吗?怎么能说了不算数呢!"

馄饨店李三顺的孙女水芳说:"黄婆婆,我们每年都想给你做寿,你都不让。五年前,我们要给你庆五十五大寿,你说乡亲们刚有了几个钱,不能拿去破费。现在你的六十寿辰要到了,我们都比以前富裕了,想凑几个钱给你做碗寿面,表表我们大家的心意。你一定得答应啊!"

"不行!不能答应!别再说了,你们都回去吧!"

黄婆婆的话音刚落,洪良的母亲梁氏颤巍巍地走到黄婆婆跟前,说:"黄婆婆,这事可不是这几个姑娘自己想出来的,是镇上所有的乡亲一起商议定的。现在你大妈妈和三婶都不在了,你得听我这个婶婶的话呀!你为了让乡亲们过上好日子，漂洋过海回到家乡，这十年来，为了教乡亲们纺纱织布，你起早摸黑、日夜操劳，现在乡亲们日子比以前好过了，就拿我这个孤老婆子说，也不愁吃穿了，要不是你我这把老骨头早就喂野狗了……"

老人的声音哽咽了，黄婆婆扶老人坐下，深情地说："乡亲们的好意我领了，一个人过生日吃碗寿面，大家热闹一番也合乎常理。可是我不能让大家破费啊！"

"黄婆婆，你为我们，头发熬白了，心操尽了，我们敬你一碗寿面难道不应该吗？"

"黄婆婆，在这十多年里，你除了教我们纺纱织布，自己还纺了数不清的纱，织了数不清的布，可是你除了几身更换的衣服，还剩下什么呢？你把一切都给了我们穷人！"

青莲最清楚黄婆婆的家底，听了这位婆婆的话，忍不住鼻子一酸，哭道："黄婆婆，你就答应了吧！"

见青莲一哭，在场的人都忍不住泪流满面，恳求道："黄婆婆，答应我们吧！"

"咳，我能活到今天，能教大家纺纱织布，不知有多少人帮了我的忙，救了我的难！你们要谢，应该谢他们。"

"黄婆婆！"龙妹哭道，"黄婆婆，你老是我们穷苦人的活命恩人，要是没有你，我们还是用手剥棉籽，用竹弓弹棉花，有单锭纺车纺纱，用老式的窄幅布机织布，我们仍然过着挨饿受冻的日子，现在我们不愁吃不愁穿，过节时能吃荤菜，过年时能穿新衣裳，这都是您老人家的恩惠啊！现在您老了，头发越来越白，手脚不如以前灵便，眼睛也不如以前好使了，我们镇的乡亲们聚在一起，商议给您老庆过六十大寿，就不让你老再纺纱织布了，我们每户每年出两锭纱，养你到老！"

"呵呵！"黄婆婆笑了，眼睛里噙着激动的泪花，"要你们出纱干什么？等我真的做不动了，我就挨家挨户吃现成的去！"

大家见黄婆婆乐了，又都七嘴八舌地央求黄婆婆答应他们的要求。梁氏、金保媳妇也在一旁直劝，可是黄婆婆怎么也不肯答应。姑娘正为难间，从院门口挤进一个四十多岁的汉子，肩上挎着一个破旧的褡裢，身后跟着两个十一二岁的姑娘，衣衫褴褛，面有饥色。

汉子挤到黄婆婆跟前，扑通跪下说："黄婆婆！我们爷仨投奔你老来了！"

那两个女孩见父亲跪下，也都跟着跪下给黄婆婆磕头。黄婆婆赶紧把他们搀起，说："你们从哪儿来？"

汉子道："我们从杭州来。"

"从杭州来？那可是大地方，你们到我们这小小的乌泥泾来干什么？"梁氏不禁问道。

"咳，说起来一言难尽！"汉子看了看满院子的人，面有难色地说："我只求黄婆婆收下我这一对孪生女儿，教她们纺纱织布，好让她们姐妹俩有条生路！"说完，汉子领着两个女儿又给黄婆婆磕头。

黄婆婆说："快起，快起，我收下她们做徒弟啦。"

听到黄婆婆这句话，爷仨热泪滚滚，激动得什么也说不出来。过了一会儿，汉子哽咽着说："黄婆婆，你收下我这一双女儿，我就放心了。我走了，等你明年过生日那一天我再来。请告诉我，黄婆婆，您老的生日是哪一天？"

黄婆婆和其他人都觉得奇怪，这汉子为什么把两个姑娘留下，自己要走呢？

黄婆婆问："你上哪儿去？"

"浪迹天涯，四海为家。不过到你明年生日那一天，我一定赶回来，给您老祝寿！"

"给我祝寿？"

"是的。刚才你们在院子里议论祝寿的事，我在院门外全听到了。乡亲要给你祝寿，是一片赤诚，您老不让祝寿，是怕乡亲破费钱财。现在我有一个好办法，到了您老生日那一天，我包您老高兴，包乡亲们人人满意。钱呢，一个也不用花！"

这话引起了大家的极大兴趣。玉芬问："你有什么好办法？说来大家听听。"

"现在不能讲，到那一天，大家就知道了。反正包你们大家称心满意！"

黄婆婆心里沉思：这个汉子见人多嘴杂，不肯当面讲出自己的身世，留下两个女儿自己就要走，他一定有难言的苦衷，我得先留住他，然后再好好问他。

黄婆婆看了看大家，说："祝寿的事就这么定了，一文钱也不花。你们大家都回去吧！"接着，她对汉子和两姑娘说，"走，先进屋里去！"

汉子和两个姑娘跟着黄婆婆、青莲她们进了屋，桂芬忙把茶递上。汉子端起茶碗，热泪禁不住涌了出来，不等黄婆婆问，汉子就把自己的身世和遭遇从头到尾地说了。

这位汉子姓宋名树森，世居襄阳城里，祖上开着一间豆腐坊。虽说小户人家，日子过得不殷实，但从不为柴米油盐发愁。后来襄阳被蒙古军围困，城里缺少柴、盐和布匹，但百姓齐心协力和驻军一起守城。一直守了六七年。到宋高宗咸淳九年，襄阳守将吕文焕投降元朝，城中五万军民被俘，沦为"驱口"。从此，他们不但本人永世为奴，而且子子孙孙代代相袭。

宋树森的父母被元军首领阿术赏赐给一个千户哈麻当私奴。后来哈麻去京城做官，他们也都跟着来到了大都。父母被折磨死了，就由宋树森来顶替。私奴就是主人的财产，要打要骂随主人的意，不要了，可以送到人市去出卖。主人打死私奴无须偿命。宋树森在千户家当牛做马二十多年，受尽了屈辱和折磨。在他二十六岁那年才娶上亲，妻子华氏也是一个私奴，十分温存贤惠，日子虽然苦，但小夫妻俩婚后过得很恩爱。第二年，他们生下了一对孪生姐妹，取名金花和银花。孩子刚长到两岁，一场大祸降临了。一天傍晚，宋树森回家，只见两个孩子在号哭，妻子华氏不见踪影。直到第二天早晨，华氏才披头散发地回来。她一见丈夫，就抱住他失声痛哭。她说她已经失身了，现在只有一死，来换取丈夫和孩子的自由。她嘱咐丈夫把金花、银花抚养好，做了良民之后，领着孩子离开大都，到别处去谋生。

宋树森听说妻子遭到主人的奸污，心如刀绞。但是在当时主人随意霸占"驱口"的妻女是司空见惯，不算一回什么事，根本就无处申诉。宋树森安慰妻子说："别伤心，千万别寻短见！"可是华氏只是流泪，没有说话。第二天，华氏就撞死在千户大门前的石狮上。按照元律规定：主人杀死无罪的"驱口"，杖八十七；将被杀"驱口"全家放良可以免罪。原来华氏想：自己死了，哈麻肯定不愿去挨八十七杖打，而会把丈夫和孩子放了了事。哪知千户哈麻竟说华氏是自杀，与主人家毫无干系！在那个暗无天日的年代，根本就没有穷人讲理的地方，宋树森只得忍住悲痛去给妻子收尸。自从妻子死后，宋树森就一直在想如何逃离虎口。前年夏天，宋树森找了个机会，终于带着两女儿逃出了大都。他听人说上有天堂，下有苏杭，他们爷仨一出大都顺承门城门，就一直往南逃。历尽千辛万苦，来了杭州。杭州是个花花世界，米珠薪桂，宋树森举目无亲，一家三口无法生活下去。后来，一位要猴的老艺人见他爷仨实在可怜，就教了宋树森几套小把戏，让他挣几个钱糊口。这日子当然过得十分艰难。宋树森想：两个女儿渐渐大了，老让她们跟着自己流浪，岂不要误了她们的终身？

有一天，宋树森带着两个女儿在一个村镇上卖艺，忽然听到有人在唱《两个筒子两个布》的山歌。宋树森见唱山歌的是个十五六岁的姑娘，就上前问她。这黄婆婆是谁？姑娘把自己知道的事一五一十地讲了一遍。宋树森听了，心里有说不出的高兴，就领着两个女儿一边卖艺一边朝乌泥泾走来。最后宋树森对黄婆婆说："我现在是四十多的人了，给哈麻千户抓回去，至多也就是一死。我最担心的是金花银花姐妹俩，要是她俩落入虎口，叫我怎么对得起她们的妈妈！"说完，眼泪又止不住流下来。

黄婆婆安慰他说："别难过。你别走了。你们爷仨都在乌泥泾住下来吧。金花、银花跟我住在一起，离这儿不远，西北上有一座烧砖的破窑，原来阿窑叔住在里头，前年他去世了，你先搬进去住，等以后日子慢慢好过了，再想办法搭两间草房。你看怎么样？"

宋树森感激中带着害怕，说："这样当然好，可是我是一个逃出来的驱口，是一个黑人，万一官府发觉了，岂不是要连累你们大家？"

"不要怕！"黄婆婆说，"以前住在那座窑里的阿窑叔是个蒙古人，他隐名埋姓在乌泥泾生活了四五十年，要不是临终前几年他自己讲起，到现在我们也不会知道他是个蒙古人。再说，这几年乌泥泾陆续搬来了不少人，其中有一半是外地人。这里头就有不少是逃出来的驱口。所以你不用害怕，只要你我守口如瓶，不向外人说出你的身世，决不会出什么事的。"

黄婆婆的这一席话，说得宋树森完全放了心。自从他逃出大都，三年来一直提心吊胆过日子，今天他才觉得自己真正摆脱了哈麻千户的魔爪，能和两个女儿一起自由自在地做人了。他心里有说不出的激动和兴奋，突然在黄婆婆面前双膝一跪，说："黄婆婆，你老对我恩重如山，请你认我做个干儿子吧，我和金花、银花一辈子侍候你老人家。"说着，热泪像泉水一样涌了出来。

黄婆婆见他这么恳切和真诚，不好不答应，就点头同意了。宋树森纳头便拜："干娘在上，受愚儿一拜！"说完，给黄婆婆连磕了三个头。不等宋树森吩咐，金花、银花都跪下给奶奶磕头。黄婆婆把他们搀起，让他们爷仨和家中所有的人一一行过礼。然后黄婆婆叫德明："你领树森去阿窑叔的窑中安顿。安顿好了，领他到金保那儿，叫金保给他找个活干。"

就这样，宋树森父女三人在乌泥泾住了下来。每天，金花、银花学习纺纱织布，宋树森在潘金保的轧棉店里当伙计。

金保媳妇告诉金保：七月初七那天，树森说等到了黄婆婆明年生日那天，由他来替大家给黄婆婆祝寿，管保人人称心满意，而且一分钱也不用花。金保追问了几次，树森总是不肯讲，只是说到时候你们就知道了。金保心中更怀疑了，以为他是个走江湖的人，只有嘴上的功夫。但是这些日子过去了，见树森干活卖力，为人忠厚，又觉得他不像是在诓人。青莲、玉芬、龙妹她们心里也都在嘀咕：这位树森哥到底用什么办法来为黄婆婆祝寿呢？

常言道："巧媳妇难做没米粥。"一文不花，怎么能让大家个个满意，人人称心呢？对，问金花银花去，俗话说："小孩子嘴角讨实话。"可是当她们一问金花银花，小姐妹俩回答说："爸爸不让我们随便讲。"不管青莲她们怎么哄，怎么套，小姐妹俩守口如瓶，滴水不漏。这下子青莲她们更憋不住了，急急忙忙朝街上金保的轧棉店跑去。一进门就问："树森哥，明年八月十六，你打算怎样给黄婆婆祝寿呀？"

宋树森看了金保一眼，笑道："现在不能说，到那天你们就知道啦！"

"你现在就不能先透露一点？"龙妹说。

"讲了到那一天就不新鲜了。"树森说。

"嗳，树森，你先给咱们屋里这几个人讲讲还不行吗？又不会给你张扬出去的！"金保说。

"这……"树森搔搔头，"好吧，我先告诉大家，不过，出去别讲，要不然人人都知道了，到那一天就没意思了。"

"好，好，树森哥，你快讲吧！"青莲她们七嘴八舌地催促道。

"你们别急。我讲给你们听，不如做给你们看。你们等等，我回去一趟，一会儿就来！"说着他走出店门，朝自己的破窑跑去。

时间不大，宋树森肩上背着一只布褡裢回到了轧棉店。他进屋一看，嘀，轧棉店里挤满了人！原来刚才街坊们见轧棉店里闹嚷嚷的，都进来看发生了什么事。青莲怕人多了，树森会变卦，所以只是抿着嘴笑，不肯漏底。龙妹和金保媳妇嘴快，经不住街坊三问两问，就全对他们说了。街坊一听，全不肯走了。

树森见此情景，心里有些犹豫。金保说话了："各位听清楚，我有言在先，大家看了之后，回去别乱传。要不，树森会不高兴的！"

听金保这么一说，树森就向大家拱拱手，笑着说："到明年黄婆婆生日那一天，我想耍两个小节目给黄婆婆和乡亲们看，讨个高兴和吉利。现在，我先演给大家看一看。"

说着，宋树森从褡裢里掏出七只大小不等的乌龟，放在一张桌子上，然后又掏出一副竹板。随着有节奏的竹板声，七只乌龟爬到桌子中央，老大在最下面，老二伏在老大背上，依次相叠，最小的老七在最上面。如同七层宝塔一般。屋里的人又惊又喜，没想到这乌龟这么听话灵巧。

树森笑道："这叫'乌龟叠塔'。"接着他又从褡裢中拿出一块红布和一个陶罐，将红布往另一张桌上铺好，把陶罐里的东西往红布上一倒，原来是蚂蚁。它们在红布上东奔西突，犹如千军万马上了战场一样。突然，树森吹起了悠扬动听的口哨，那些蚂蚁一听到口哨声，立即不再四处乱爬，而是井然有序地寻找自己的位置。一会儿的工夫，红布上出现了一个蚂蚁写成的斗大"寿"字。宋树森说："这叫'蚂蚁祝寿'。"

"好，好！真是太好了！黄婆婆见了一定高兴！"金保媳妇高兴得叫了起来。

树森说："大家看过了，别出去说。这两出小把戏是我的拿手好戏，靠着它挣几个钱养家糊口。来到乌泥泾后我为什么一直不肯演呢，一是因为黄婆婆和金保叔收留了我，吃穿有了保障；二是想到黄婆婆生日那天突然拿出来，让黄婆婆和祝寿的乡亲们看个新鲜，都高兴高兴！"

"好！树森！"金保拍着树森的肩膀说，"你这两出戏实在是好！到明年八月十六，黄婆婆见了一定会笑得合不拢嘴！"

树森收起乌龟和蚂蚁，又嘱咐大家说："什么稀奇的把戏都是看第一遍新鲜，第二遍就不新鲜了。你们大家回去后可不能给别人讲，在黄婆婆生日之前，我再也不演了。"

俗话说：门好封死，嘴难上锁。第二天，整个乌泥泾都传遍了：等黄婆婆生日那天，轧棉店的宋树森要演"七龟叠塔"和"蚂蚁祝寿"。经过人们添枝加叶，这两个稀奇的节目就传得更加神乎其神。好奇的人们络绎不绝来到轧棉店，央求宋树森再演一次，让他们享享眼福。可是这一回，宋树森怎么也不肯再演，说等到明年黄婆婆生日那一天一定让大家看个痛快。开始人们还不死心，天天来轧棉店磨。后来见宋树森这个人心眼很实，怎么说就怎么做，就只得盼黄婆婆的寿辰早日到来。

金花和银花是两个从小苦惯的姑娘，人又聪明伶俐，跟着黄婆婆学纺纱，十分肯下功夫。二十多天的时间，姐妹俩都学会了纺纱。接着，她俩就向黄婆婆学织布。这一天中午，黄婆婆见姐妹俩织布进展很快，心里十分高兴，对她俩说："你们天天纺纱织布，不觉得心里闷吗？来，我带你们上街去逛逛。"

如今的乌泥泾不是十年前的样子了。街上各种作坊、店铺增加了许多倍。光是大小布庄就有二十多家。黄婆婆领着两个小姑娘走出沈家弄巷，沿着街道一直往南走。一会儿就到了金保的轧棉店。金保夫妇见黄婆婆她们来了，赶忙将她们迎进屋里。树森放下手里的活，从里间走出来，问："干娘，你有事吗？"黄婆婆本来是顺路随便进来坐坐，并没有什么事，但听干儿子这么一问，不觉就有了话题。她问："树森，听说你在我明年生日那天，要演两出小把戏？"

"怎么？你老也知道了？"

"详细的我不知道。青莲她们这帮鬼丫头都瞒着我，叫我现在别打听，到生日那天，一定让你笑细了眼睛！"

"是呀，黄婆婆。"金保媳妇说，"到你明年生日那一天，一看见树森要的把戏，准能让你和大伙儿眉开眼笑！"

"好，好！只要不让乡亲们破费，又能让大伙儿高兴，我当然也高兴！"黄婆婆说，"好，你们忙你们的，我们上街走走。"

黄婆婆带着金花和银花，跨出轧棉店，继续往南走。

在泰和茶馆的斜对面，新开一家大客店。客店隔壁是乌泥泾最大的布庄——东来布庄。这客店和布庄都是孟府的买卖。原来在前年孟大老爷孟光祖生病死了，孟大少爷孟其舜当了家。这孟其舜比他老子要精明得多，见佃户们纷纷要求减租，不然就要退佃，他就答应把地租从四六开减到三七开。这在租重压死人的元朝，算是比较轻的租子了。孟其舜稳住佃户以后，就把他父亲埋在地下的银元宝挖出，在乌泥泾、上海、松江开了几家布庄，才两年的时间，孟家的买卖翻了几番。这家东来布庄才开张三个月，可是生意十分兴隆。当时，江南各地织棉之风已经大盛，但数乌泥泾出的最佳。许多中原和闽广商人为了买到真正的乌泥泾被，千里迢迢赶来乌泥泾。布商们都靠乌泥泾被发了大财。

黄婆婆看了看三上三下的东来布庄，只见它雕梁画栋、张灯结彩，店堂里香烟缭绕，挤满了商客。黄婆婆叹了口气，心里想：棉花是我们种的，纱是我们纺的，布是我们织的，可是到头来发财的还是他们这些有钱人。我们穷人累断筋骨，费尽心血，至多只能免于挨饿受冻。黄婆婆正沉思着，突然从东来布庄店堂里传来一位广东潮州客商的声音："掌柜的，宝号有黄婆婆亲手织的乌泥泾被吗？"

"有，有！"一个伙计指着一个红漆竖柜说，"这里的布都是黄婆婆织的。"

"哎呀，这么多布都是她一人亲手织的？"潮州客人问。

"黄婆婆是织女星下凡，织起布来又快又好！我们这里有一首山歌：黄婆婆，黄婆婆，吃是吃，做是做，一日能织三个布。你想，她一天能织三个布，一个月能织多少？一年呢？"

"哎呀，真是名不虚传！"潮州客人用手摸了摸红漆柜里的布，问，"这些布什么价钱？"

"老板，不瞒你说，凡是黄婆婆织的布，比别人织的布要贵两倍到三倍。这话我是现在对你说，过了一两个月，等大都的客商一到，就不是这个价了！"

"好，好！这柜橱里的布我都买下了！"

听到这里，黄婆婆心里有一种说不出的滋味，拉着金花银花朝西街走去。

原来，由于黄婆婆名气大，织的布好，所以各家布庄收她布时，价钱要高二三成。可是黄婆婆没想到，东来布庄一转手，竟以二三倍的高价将自己的布卖给外地客商！

黄婆婆领着金花银花拐进一条小巷，来到了水芹家。

水芹已经有两个孩子，这一年来，丈夫仁清有病躺在床上，一家四口全靠水芹一双手，日子自然过得非常拮据。

水芹见黄婆婆她们来了，忙招呼她们坐下。黄婆婆问了问仁清的病情，安慰他好好养病，不要着急，水芹端上茶，说："黄婆婆，你们喝茶。"

黄婆婆见水芹面无血色，眼圈发黑，问："水芹，你又是一夜没睡？"

水芹轻轻地点了点头，没有说话。躺在床上的仁清说："她为了给我抓药，总是整宿整宿地织布，快把命都织进去了！"说着眼角滚出了泪珠。

"水芹，"黄婆婆说，"你也得当心自己的身体，要是你也累倒了，这一家大小怎么办？"

水芹抹了抹眼睛，点点头"嗯"了一声。

黄婆婆从衣袖里摸出一锭银子放在桌上，说："等一会儿，给仁清抓药去，再给他买点好吃的，补养补养。"

"黄婆婆！"水芹抓起银子还给黄婆婆，"这一回我怎么也不能再用你的银子，您老自己的身体也不好。"

"你要是不收，我以后就再也不来你们家了！"黄婆婆说。

"黄婆婆，您老……"水芹的声音哽咽了。

"水芹，治病要紧，快抓药去吧！"说完黄婆婆把银子放在水芹怀里，领着金花银花走出了屋门。

水芹和仁清望着黄婆婆的背影，脸上挂满了泪花。夫妻俩都想起了去年奶奶临终前的话："黄婆婆是咱乌泥泾穷百姓的恩人，永生永世不能忘记她的恩情!"

黄婆婆和金花银花回到沈家弄,刚要迈进院门,只听见院子里传来一个潮州人说话的声音:"请问大嫂,黄婆婆什么时候能回来?"

德明的媳妇引娣回答说:"请稍坐一会儿,她一会儿就回来。"

黄婆婆觉得十分奇怪,这个人说话声音怎么这么耳熟?他是谁呢?推门走进院子。只见一位五十开外的外地客人坐在大桑树底下,旁边一只高脚机上放着一把青瓷茶壶和一个茶盅。客人慢慢地喝着茶,安闲中带着几分焦急。

"回来了,黄婆婆回来了!"引娣叫了起来。

"黄婆婆!"客人猛地站起来,"黄婆婆,我可等到你了!"

黄婆婆愣住了。眼前的这位潮州客人好像在什么地方见到过。

"怎么?黄婆婆,你认不得我啦?"客人问。

"噢——"黄婆婆想起来了,"刚才在东来布庄买布的可就是你?"

"是啊,是啊。"

"请问客官,你从哪儿来?"

"哎呀,黄婆婆,看来你是真的不认识我了,我可认识你呀,刚才你一进院门,我就认出来了,一点不错,不过比十多年前老了许多……"

"啊?你就是王老大?"黄婆婆终于想起来了。

"是啊,是啊!十多年前你是乘我的船回来的!"

"王老大,你还记得我?"

"记得,记得!俗话说:天下船载天下客,我开了几十年的船,南来北往不知送过多少人,可就是对你忘不了。你在我船上每天早晨朝西南方拜三拜,开始我觉得很奇怪,后来才知道你年轻时逃难到崖州,在那里生活了二三十年。你每天拜三拜,是在向崖州的乡亲们祝福呢!"

"天下的巧事真多,当时我怎么也想不到十多年之后还会在这里见到你王老大!"

"黄婆婆,我是慕名而来的。听人家讲,黄婆婆是从崖州回来的,我心里想:这位黄婆婆莫非就是十多年前乘我的船回上海的那位大嫂,一见面果然不错!哈哈!我真是太高兴了!"

"王老大，你不开船啦？怎么做起买卖来了？"

"咳，黄婆婆，我哪叫做买卖呀？三十年前，我岳父给我一条船，现在还是一条船。当真做买卖的话，我该有一二十条船了！"

"你刚才不还在东来布庄买布的嘛？"

"不瞒你黄婆婆说，以前的棉布只有从闽广运往苏杭的道理，而决无从苏杭运往闽广的道理。这几年变了，松江、苏杭的棉布超过了闽广，你们乌泥泾的棉布闽广百姓尤其喜爱。除了质地好之外，花样多，花样新。其它什么地方都不及你们。我这回特意到乌泥泾来专门买你黄婆婆织的布，是想带回潮州，让家乡的百姓照着你的样去织。"

"我织的也不好。"

"嗳，黄婆婆，你别客气啦！有一首歌唱：天下棉布数松江，松江棉布数乌泾；乌泾八百神织手，都是黄婆亲教成。"

"咳，王老大，那都是瞎传，你别相信。山外有山，天外有天，比我能的人有的是！"黄婆婆说着走进屋子拿出几匹布，说，"王老大，你看，这几匹布怎么样？价由你说。"

"不错，不错！出自哪位高手？"

"我的一个徒弟。"

"哎呀，真是名师出高徒！哎，黄婆婆，我想把你们乌泥泾出的布，每样买十匹回去，你能帮帮我吗？"

"行，行！"

"五天之内你帮我把货凑齐，我明天把银子送来，一准不会亏待乡亲们！"

"好，你王老大办事我还能不放心？"

王老大见黄婆婆满口答应，就高兴地告辞了。

四天之后，王老大的船装满货物扬帆启航了。临走时，王老大一再对黄婆婆说，明年他一定再来乌泥泾。

第十五节　黄母恩满人间

时间过得真快，转眼又一年时间过去了。离黄婆婆的生日越近，乌泥泾和附近四乡八里的乡亲们心里越急切。他们都想向黄婆婆好好表达表达自己的感激之情。另外，也想饱饱眼福，看看"七龟叠塔"和"蚂蚁祝寿"到底是怎么回事。

八月十五中秋节，吃过中饭，金保的轧棉店里挤满了人，男女老少都有。他们在商议，明天怎样给黄婆婆祝寿。金保说："我们人多，黄婆婆家的院子又不大，我们不能一起都进去。得分批进去，向黄婆婆行礼道贺；树森就演'七龟叠塔'和'蚂蚁祝寿'。第一批人出来了，第二批、第三批人再进去。"

一位三十多岁的媳妇问："后来进去的人看不到树森哥的把戏啦?!"

"看得到。那七个乌龟叠成宝塔只要我的竹板声不停，它们就会一直叠在那里。蚂蚁也是这样，我的口哨声叫它们散，它们才散呢!"

"这样也不行，后进去的人只能看叠好的塔和写好的寿字，看不到怎么叠、怎么写的，多没劲呀!"一个十七八岁小伙子说。

"嗳，这你就不对了!"金保说，"我们是去给黄婆婆祝寿的，还能计较这个?"

"这也好办!"树森看了看大家，说，"每进去一批，我都重新演一次!"

"好，好!"

这几天黄婆婆特别忙。她知道自己生日那天，乡亲们都要来给自己祝寿，事到如今，自己也不好再回绝，好在有言在先，不让乡亲们破费。黄婆婆想：乡亲们日夜忙碌，难得有空闲歇息，如今趁自己生日让他们歇上半天，看看树森演的把戏，大家一起高兴高兴也好。又想：乡亲们对自己这样深情厚谊，自己也应该对乡亲们有所回报。于是花了许多时间，用她那几十年纺织经验，精心织成了一条被面。在蓝底的被面上，白云朵朵，一只只仙鹤展翅翱翔，栩栩如生，生动逼真。这幅精美的云鹤被是黄婆婆毕生心血的结晶，是名闻中外的乌泥泾被中的珍品。这天夜里，黄婆婆把云鹤被从布机上取下来，在油灯下看了又看。黄婆婆对自己织的布从来没有满意过，今天她对着这幅精美绝伦的云鹤被笑了。

青莲从西厢房看见黄婆婆的屋里还亮着灯，就过来劝道："黄婆婆，都半夜了，明天是您老的生日，您老该上床休息了！"

"好，好。我总算把送给大家的礼物赶出来了！"黄婆婆说着就进房间休息去了。

元成宗大德九年八月十六，乌泥泾像过年一样，镇上和附近村庄的乡亲们，吃过早饭，就朝黄婆婆家走来。他们都想第一批给黄婆婆拜寿。青莲对他们说："你们来得太早了，黄婆婆昨晚到半夜才睡下，现在还没起床呢！"

乡亲们一听黄婆婆还睡着，说话都小声起来，生怕惊扰了她老人家。青莲对他们讲："黄婆婆这几天一直在织送给大家的礼物——云鹤被，到昨天半夜才织成。这云鹤被可漂亮啦！"

"那当然！平时黄婆婆一天能织两三匹布，这幅云鹤被花了她这么长时间，那一定织得极为精美！"一位乡亲说。

突然，黄婆婆的门"吱呀"一声开了。乡亲一看，出来的是金花和银花。桂芳问她俩："黄婆婆醒了吗？"

金花说："还没醒。"

"黄婆婆每天都起得很早，今天怎么这么好睡？"龙妹问。

青莲说："这几天她太累了，昨晚她赶织云鹤被，躺下时，已敲四更了。"

拜寿的人越来越多，屋子里挤不下就站在院子里，院子里站不下就站在沈家弄里。过了一会儿，青莲见黄婆婆还不起来，就叫金花到房间里看看。金花轻手轻脚走进去，一会儿就出来对大家说："我进去一看，见黄婆婆在笑，以为她醒了，一叫她，才知道还没醒，在做梦哩。"

"你这丫头，你怎么知道黄婆婆在做梦？"树森问。

"人睡着发笑，不是在做梦又是什么？"金花俏皮地回她爸爸一句。

过了一会儿，见黄婆婆还不起来，树森就叫银花进去看看。银花出来也说："黄婆婆睡得正香，脸上笑呵呵的。"

又过了一顿饭的工夫，见黄婆婆还没有起床，青莲怕乡亲们等的时间太久了，就进房去叫醒她。乡亲们一个个正急切地等待黄婆婆出来，突然从她的房间传出了青莲呼天抢地的哭喊声："黄婆婆啊，黄婆婆，你怎么不告诉我们一声，一个人就走了啊！"

院子里的乡亲们听到这哭声，犹如晴天一声霹雳，几乎都要昏厥过去。

"不，不可能！她昨天还好好的！"龙妹说着朝黄婆婆的房间跑去，其他人也都跟着拥进去。

黄婆婆安详地躺在床上，面带笑容，是那样的慈祥和可敬；可是任凭乡亲们千呼万唤，她却只是躺在那里微笑，并没有回答乡亲们的呼喊。黄婆婆——这位中国五千年文明史上的杰出女性已经与世长辞了。

顿时，乡亲们的哭声、喊声响成一片。太阳失去了光辉，天空变了灰暗，整个乌泥泾沉没在无限悲哀之中。乡亲们看到黄婆婆床头上摆着那条叠得整整齐齐的云鹤被，哭得更加伤心了。

"黄婆婆啊黄婆婆，您老到临终前，还在为我们操劳，你为我们把心血都熬干了！"乡亲们悲痛万分，恸哭不止。眼睛哭肿了，嗓子哭哑了，青莲、玉芳、龙妹、水芹、桂芳等人都哭得几次昏死过去。

梁氏一边流着泪一边把她们扶起来。哽咽着说："大家别哭了，黄婆婆哪一天来，哪一天去，不是个凡人。她给我们留下这条云鹤被，自己骑着仙鹤，驾着白云走了，我们想留也留不住。现在给黄婆婆办后事要紧。"

乡亲们一边抹泪一边商议如何安葬黄婆婆。最后决定：由乡亲们给她举行公葬，有钱出钱，有力出力。同时派海兴和玉芳当天赶到浦东黄家浜报丧。

一听这噩耗，黄家浜整个村子淹没在一片痛哭之中。红菱、秋媛、阿珠等哭得死去活来。

阿珠的母亲瘫在床，抹着眼泪说："你们光哭有什么用，快去乌泥泾奔丧，抬我一块去！"

红菱想阿珠娘的身体太弱，怕路上折腾，心里又悲痛，哭晕了醒不过来，就劝她留在家里。可是阿珠娘怎么也不依，非叫女儿女婿抬她去不可。

国福连夜上板桥镇借了一只航船。第二天一早，全村老少都披麻戴孝，乘船赶往乌泥泾。

　　哭得最惨的是秋媛，她在黄婆婆的床上哭昏了几次。黄婆婆一手把她从孟光祖的魔爪下救出来。在黄婆婆一手操持下，秋媛和板桥镇老石匠的养子志石成了亲。黄婆婆过生日时，小夫妻俩特意赶来为她拜寿。在秋媛眼里，黄婆婆比她的亲娘还要亲。要是没有黄婆婆，怎么会有秋媛的今天呢？现在黄婆婆去世了，怎么能叫她不痛断肝肠呢？

　　八月十七这一天，乌泥泾所有的布庄、茶馆、杂货店、轧棉店、弹棉铺全都关了门，镇上的和四周村庄上的乡亲们都赶来给黄婆婆送葬。

　　道士吴世清是乌泥泾这一带有名望的法师。他听说乡亲们要为黄婆婆举行公葬，就领着自己的弟子赶来为黄婆婆做法事。乡亲见吴法师他们来，请他为黄婆婆写灵牌。吴世清当了几十年法师，不知写过多少灵牌，可是今天提起笔来，却不知这灵牌该如何写。

　　吴法师想：黄婆婆没有夫君、没有后嗣，亡妻、先母之类的称谓不能用。写"黄婆婆之位"吧也不好。这黄婆婆是称呼，不是名字；写"黄菊香之位"更不好，这样不但对死者不敬重，而且镇上除了几个老人之外，谁也不知道她的这个名字。怎么办呢？

　　老法师拿着笔在屋子里踱来踱去。最后他只得拿着笔和灵牌到隔壁房间，请教神算先生。康神算一个人默默地坐在屋子里，脸上满是泪痕。听吴法师讲完，他低下头来沉吟了一会儿，说："菊香在海南当过多年道姑，自她回到家乡之后，江南织棉之风大盛。我们是公祭，干脆写'先棉黄道婆之位'吧！"

　　"好呀，你说得非常有道理！"吴法师提笔蘸墨在灵牌上写下"先棉黄道婆之位"七个遒劲清秀的楷书。

　　过了一会儿，妙真庵的尼姑也都赶来参加公祭，为黄婆婆诵经祈祷。

　　按照当地习俗，父母去世，入殓时由儿子抱头，女儿抱脚。黄婆婆无儿无女，可是给她抱头抱脚的却不知有多少。客堂里的乡亲们见黄婆婆就要入殓了，顿时哭声大作，痛断肝肠。站在院子里的乡亲和街上的乡亲们一听屋里大哭，知道是在入殓，从此再也见不到黄婆婆了，也都呼天抢地恸哭起来。在出殡的路上，道路两旁伏满了披麻戴孝的人。他们见到黄婆婆灵柩都趴在地上给黄婆婆磕头，哭得泪流满面，泣不成声。一路上，吴法师他们和妙真庵的尼姑也都一边念经，一边直掉眼泪。

黄婆婆的墓穴挖在镇北，一里的路程足足走了一个时辰。灵柩放进了墓穴，开始填土，梁氏、阿珠娘、桂芳、龙妹、玉芬她们都哭瘫在墓前；金花和银花哭着哭着就跳进墓穴，说："黄婆婆，你带我们一起去吧！我们要服侍您老一辈子！"德明、引娣忍着泪水把这一对小姐妹抱上来，可是刚把金花银花抱上来，青莲、秋媛、水芹她们又都跳进了墓穴，哭着说："黄婆婆，让我们换你去吧！乌泥泾的乡亲们不能没有你啊！"

梁氏从地上爬起来，用沙哑的声音说："青莲，你们快起来，要不黄婆婆会不安的……"

金保媳妇、素娥、引娣她们费了好大的力气才把青莲她们从坑里抱了起来。

康神算含着眼泪用双手捧起一抔黄土庄严肃穆地撒在黄婆婆的灵柩上；其他的乡亲也都含着眼泪捧起黄土依次往黄婆婆的灵柩上撒。

长天在鸣咽，大地在哭泣。一个时辰之后，在乡亲们的泪雨哀号中，黄婆婆墓上坟头做好了。这时镇上四位石匠抬着刚刚凿好的墓碑赶来了。上面刻的是老法师吴世清七个苍劲有力的颜体楷书"先棉黄道婆之墓"。

乡亲们把墓碑树好，又在墓的四周种了一圈冬青树。一会儿，从东北方向来了一行十几位僧人，领头的是一位五六十岁的老和尚，他体格魁伟，方额大脸，左边脖子上有一块巴掌大的朱砂记。乡亲们有人认得，他是龙华寺里的住持苌弘大和尚。苌弘大和尚和他的弟子一到黄婆婆的墓前就合十诵经，为黄婆婆追福。在乡亲们的一片哀哭声中，苌弘大和尚的脸上挂满了热泪。

黄婆婆去世，给乌泥泾百姓带来了无比的悲哀和痛苦。水芹和仁清为了感念黄婆婆的恩德，在家里供起一尊黄婆婆的坐像。很快，乌泥泾镇上和四乡的百姓都在自己家里供起黄婆婆的像。

后来，乌泥泾百姓在镇上盖起了一座先棉祠。除了黄婆婆的塑像，把黄婆婆生前用过的纺车和崖州百岁奶奶送给她的花梨木拐杖也供在祠里。每年八月十六这一天，镇上和附近的乡亲都到祠里来焚香磕头，感谢黄婆婆的恩德，同时祈求继续得到她的庇佑，希望自己的布越织越好。

　　到了明清两朝，江南各地的棉纺织得到进一步发展。于是，松江、上海、奉贤、嘉定、太仓各地的百姓兴建了许多先棉祠、黄母庵、黄婆庙，来纪念和感谢这位为人民作出了巨大的贡献的纺织家。其中有一首《先棉祠》诗这样写道：

　　　　黄母衣被恩，
　　　　太湖装不尽；
　　　　枫林亲手植，
　　　　年年十月红。

　　黄婆婆带给乡亲们的，除了"衣被恩"，还有一颗热忱的"帮人心"。她经常对街坊邻居和学艺的徒弟们讲："人来到世上做啥？享福？谁真正享到福了？荣半镇、孟光祖享到福了？他们是怎么死的？是不是这世上人人都苦？仔细想想，这世上人人都苦，是不是？"

　　听的人都点点头，心里都在说："是啊，人人都苦。"

　　黄婆婆又说："人人都苦，活在这世上有啥意思？"

　　"没意思！"大家都摇摇头叹气说。

　　"不，有意思！"黄婆婆说："因为世上人人都苦，所以要人帮，帮助人少受苦，这就是做人的意思。生不带来，死不带走。金银财宝，荣华富贵，一点意思也没有。只有帮人，才有意思。瞎眼阿奶跌跤，扶她站起来；小孩子爷娘死了，无依无靠，去领回家当亲儿女养。这样做人，就有意思了。帮人就是福。"

　　以上这几句话，黄婆婆一直挂在嘴边，不知讲了多少遍。慢慢地，街坊邻居徒弟们，在她的身教言传下，"帮人就是福"成了信念在心里扎下了根。

　　黄家浜的乡亲们为了永远铭记黄婆婆的恩情，在村上也盖起一座庙，庙名叫黄母庙。上海人称庙里的神灵叫"太太"，因为黄婆婆是乌泥泾人，所以浦东一带的乡亲们对黄家浜黄母庙的黄婆婆，尊敬地称作"乌泥泾太太"，时间一久，这座黄母庙就被叫作乌泥泾庙。后来，黄家浜这个村子，也被叫作乌泥泾庙了，一直沿用至今。

光阴似箭，星移斗转。黄婆婆的身影渐行渐远，但她的精神永远活在人们心里。浦江两岸，华夏大地，歌唱黄婆婆的民谣，依然不时响起：

> 黄婆婆，黄婆婆，
> 教我纱，教我布，
> ……
> 黄婆婆，胜爹娘
> 教我织，教我纺，
> ……

后 记

一九八〇年暑假的一个上午，晴空万里，我在北大红四楼（备斋）二楼的宿舍里奋笔疾书，正紧张地进行小说《黄母祠》的创作和修改。不知从什么时候开始，我养成了在废讲义纸背面写作的习惯，洁白的新纸反倒令我不忍下笔。我用单面印的废旧讲义，写得很是顺手。因急于完稿，一直不肯停笔休息，写了一张又一张。终于，新的一章写好了。我伸了伸腰，走到西窗前。红四楼和红三楼（均斋）之间是一个园子，种了不少柿子树。由于日夜不停地写，我的眼睛有些近视了。听说多看远处的草木或天空，对近视有好处。于是，每当我写累了，就看园子里的柿子树或空中云彩。北京的盛夏，草木葱茏，柿子树绿得更像泼了墨一般。突然，一棵柿子树的枝头一颤，一个柿子掉到了地上。不可能，夏天的柿子还青着呢，怎么会掉下来！但这又是我眼睁睁看着发生的。出于本能的好奇，我转身就要往楼下奔。"爸爸，你干吗去？"我这突然的举动引起了正在练字的郁秀的注意。"爸爸下去看看，马上回来。"我说着出了房间，来到那棵柿子树下。只见一只青里微微透黄的大柿子躺在草丛里，蒂的部位有些开裂了。我捡起来看了看，不见任何虫斑，闻一闻，有一股香甜之气，就把它带回了宿舍。郁秀见我匆匆回来，又问："爸爸，你到底干吗去了？"我掰开柿子，用舌尖尝了尝，说："很甜，一点都不涩。这一半给你，那一半给你姐姐留着。"一会儿的工夫，郁秀把半个柿子吃完了。见她吃得津津有味的样子，我对她说："那一半你也吃了，谁知你姐玩到什么时间回来。"郁秀望着我，摇了摇头。我把另外半个柿子塞到她手里："别搁坏了，招来蚂蚁。"于是，郁秀一个人美滋滋地吃了一个夏天里早熟的柿子。

我和所有双胞胎的父亲一样，对郁英、郁秀讲究待遇公平，吃一样的东西，穿一样的衣服，不肯有半点偏心。但这天让郁秀独吃一个柿子，我并不感到有何不妥。大概是因为一个柿子算不得什么，何况又是捡来的。

十年后，十六岁的郁秀悄悄地写了部《花季·雨季》。我和她母亲看了书稿都吃了一惊，这孩子怎会这么早熟？探寻答案，是人类的本性之一。不管答案正确与否，有总比无好。有意思的是，我心里总是把她写《花季·雨季》一事与吃早熟的柿子联系起来。

又过了十年后的二〇〇〇年，郁秀敦促我修改《黄母祠》。我手抚发黄的手稿，感慨良多。这是我花了许多业余时间写成的，度过了多少个不眠之夜。现在，郁秀一不留神成了作家，尽管家里人不大承认，但别人都这么认为，而我的小说稿依然躺在床下纸箱中睡大觉。许多记者采访我，问是怎样培养女儿的，有的还问我有否失落感。我用大仲马和小仲马的故事打发他们，但自己的胸中块垒却还是无法消解。

"爸爸，要不要我帮你改改？"郁秀调皮而善意地说。

"算了吧，我的小说你改不了。"我这么说，是因为《花季·雨季》刚问世时，有人怀疑是父母代笔或修改的，现在我不愿意《黄母祠》出版时，又被人怀疑是女儿捉刀或润色的。

书稿打印出来后，妻子一边看一边鼓励。为了提高我的信心，她总是说写得比女儿好，拍电影、电视一定好看。在女儿和妻子的催促下，我真想集中精力尽快将小说改好送出版社。可是仔细一检查，问题来了：由于多次搬家，书稿已不完整，中间一章丢了一半，最后一章只有初稿，不见了修改稿。这样，就大大增加了修改定稿的工作量。我日常的教学和工作已忙得不亦乐乎，实在没有时间和精力完成这么大的工作量。于是，只得又把打印稿装进了纸箱。

感谢妻子和女儿的不断催促，让我心中一直惦着这部小说。我问妻子："我的小说到底行不行，说实话。""行，保证吸引人。"妻子是个实在人，几十年来贬我多，褒我少。我相信她的话，说："如果这部行，那我还有好几部小说的题材。"为了证明我此言不诬，就把腹稿中的几部小说的书名和故事梗概讲给她听。她听了说："提早退休，抓紧写你的小说吧。"她很认真，把家中的废纸搜集起来，一本本地整理装订好，并在每本首页写上了小说名。看来她是真的要把我往小说的道上赶。

妻女总是带感情色彩的。我的小说到底成不成，只有读者说了算。我应该尽快让《黄母祠》出版问世，与读者见面。于是，我利用今年暑假，闭门谢客，将这部二十多年前写的小说稿，重新增删修改出来，奉献给广大读者。

在写作过程中，曾经有过几个书名，像《河汉女》《少年黄道婆》《先棉祠》《黄婆庙》等等，最后定名《黄母祠》。因为黄母祠是历史上众多黄婆庙中最早、最具代表性的一座，而且已于1987年列为上海市级文物保护单位。以此为书名，我认为是相宜的。

最后，我要告诉读者，《黄母祠》是一部长篇小说，或者说是历史题材的长篇小说，但不是史书。创作这部小说的动机，是我觉得黄道婆精神是我们中华民族精神财富的一部分，天被天下，造福百姓，勤俭、坚毅、创新、慈爱，是民族复兴所不可缺少的。我谨以此书献给腾飞的上海，献给腾飞的中国。对于作品中的缺点、错误，欢迎读者不吝指教。

……

光阴似箭。二〇〇一年写好"后记"至今，又过去了二十年，不是不上心，实在是太忙，总是挤不出相对完整的时间对书稿进行修改。这些年，当然也没有完全停着，我又修改了几稿，根据大家的意见，小说名也定为了《黄道婆》，写了《古代劳动人民的好榜样——序长篇小说〈黄道婆〉》《长篇小说〈黄道婆〉简介》。期间，得到蒋慧琳、张玮、吴蔚琳等老师，以及庄锡华教授、甘利英作家的实质性帮助，还得到大学同学上海老年作家冯就宜先生、《文汇讲堂》主任、高级记者李念女士的关心与推荐。感谢人民出版社的远见卓识，感谢贝拿勒斯印度大学朋友的热情支持。最后，要特别感谢我三十多年的老拍档、著名文化学者吴俊忠教授，在百忙中帮我修改定稿。希望《黄道婆》的出版，能为中国青少年思想教育、中国影视文化的发展献上一份绵薄之力，也希望对"棉花之路"研究及中印关系发展有所助益。

五月十五日，吴俊忠教授将新打印的《黄道婆》送到彩田村。第二天，他要赴北京帮着张罗恩师蓝英年先生的八十八岁庆典。我将他的印稿又校了一遍。因依《辞海》黄道婆条，将她的出生从宋理宗淳祐十年改为五年，就需要有一系列的改动。加上原稿中的疏漏，一共有好几十处修改。无巧不成书，五月二十三日，黄蓉老师利用送儿子参加考试的间隙到彩田村名典咖啡厅，和我谈重点课题"中国印度学研究"的问题。谈毕，我问她能否帮助把《黄道婆》再打印一稿。她一如既往，满口答应。我赶回家拿手改稿交给她。六月四日，我收到她寄来的印本，又仔细校读了一遍。请她将电子稿改定后再发给俊忠教授，由他依五月打印本的版式再出一个六月打印本。

我还要特别感谢著名学者陈继会教授，他不但对小说作出高度评价，而且对结尾提出了指导性的修改意见。

校对，又称校雠、校勘、校阅，是一门平凡而又专深的学问，需要特别的心性和能力。刘群教授是一位富有创见的经济学家，同时又有校勘的天赋。二〇二二年元旦，通过电话和微信，他为《黄道婆》提供了十多处校对、修改意见。在此，深表谢忱！

《黄道婆》最后由人民出版社出版，要感谢两个人。一位是著名文艺评论家周思明先生，他写的书评《超越苦难的生命传奇：评郁龙余历史小说〈黄道婆〉》，让没有读过书稿的人，明白了小说的内容、艺术特色和出版的意义；另一位是泰戈尔研究的权威学者董友忱教授，他不顾年老眼花，不断研读《黄道婆》，并将自己的心得告诉王萍主任，极力向人民出版社推荐此书。我和读者都应该感谢他。

《黄道婆》即将由人民出版社出版的消息，给书画界朋友带来不小惊喜和创作冲动。著名书法家黄子良先生为小说题写书名。充满传奇的著名画家黄菊天先生，经认真考证研究后为黄道婆造像。当红画家高师先生，在百忙中为《黄道婆》画插图。滕文生先生是我国理论界的卓然一大家，也是一位特色鲜明的书法家，他闻讯欣然命笔为《黄道婆》题词。在此，我向所有支持出版《黄道婆》的各界朋友，表示衷心感谢！

郁龙余于深圳大学

二〇〇一年八月二八日

二〇二一年五月三十一日改定

二〇二一年六月六日又记

二〇二二年一月二日又修订

二〇二二年正月二十三日定稿